LA MASONERÍA ESOTÉRICA

Galo Sánchez-Casado

LA MASONERÍA ESOTÉRICA

EDICIONES OBELISCO

Si este libro le ha interesado y desea que le mantengamos informado de
nuestras publicaciones, escríbanos indicándonos qué temas son de su interés
(Astrología, Autoayuda, Psicología, Artes Marciales, Naturismo,
Espiritualidad, Tradición…) y gustosamente le complaceremos.

Puede consultar nuestro catálogo en www.edicionesobelisco.com

Colección Estudios y documentos
LA MASONERÍA ESOTÉRICA
Galo Sánchez-Casado

1.ª edición: mayo de 2024

Corrección: *Elena Morilla*
Diseño de cubierta: *Enrique Iborra*

© 2024, Galo Sánchez-Casado
(Reservados todos los derechos)
© 2024, Ediciones Obelisco, S. L.
(Reservados los derechos para la presente edición)

Edita: Ediciones Obelisco, S. L.
Collita, 23-25. Pol. Ind. Molí de la Bastida
08191 Rubí - Barcelona - España
Tel. 93 309 85 25
E-mail: info@edicionesobelisco.com

ISBN: 978-84-1172-102-8
DL B 5385-2024

Impreso en los talleres gráficos de Romanyà/Valls S. A.
Verdaguer, 1 - 08786 Capellades - Barcelona

Printed in Spain

PRÓLOGO

En las páginas que componen este libro trataré de explicar la historia y la filosofía o doctrina del que posiblemente sea uno de los ritos masónicos menos conocido y, en muchos casos, mal comprendido que existe. Me refiero al Rito de Menfis-Mizraim, las razones que le han llevado a esa situación son muchas, vamos a tratar de analizar algunas de ellas.

A través de estas páginas buscaré, en la medida de lo posible, señales que nos lleven a desentrañar el porqué uno de los ritos más ricos en su contenido ha ido cediendo terreno a otros ritos que a lo largo de los años han bajado su perfil. Incluso, lo ha hecho, ante otros ritos que nunca tuvieron un gran contenido espiritual y mucho menos esotérico o iluminista.

Esta masonería de la que voy a tratar en las siguientes páginas persigue, precisamente, dotar a sus miembros de unos mecanismos de entendimiento y formación. La intención es que conduzca a sus iniciados a descubrir los verdaderos objetivos a través de su realización interior. Los dos ritos que vamos a examinar –Menfis y Mizraim– tanto si lo hacemos unidos o separados, siempre han tenido algo en común y es que se caracterizan por su discreción y secretismo.

Ambos ritos, tanto Menfis como Mizraim, son esencialmente elitistas en el sentido noble del término, no buscan el poder o la riqueza, sino la calidad intelectual, espiritual y humana del buscador o la buscadora.

Siempre han sido definidos como deístas, lo cual en cierto sentido es verdad, aunque no es totalmente correcto. Son más bien gnósticos porque quienes los practican confían en un origen divino del universo, de lo creado y de lo increado, y consideran que la vida humana tiene un significado que, tal y como apunta el ritual, «…es a través de su conciencia que el hombre se vincula a lo divino».

Aunque aquí, por limitación de espacio, sólo podremos acercarnos a tener un primer contacto con la historia y, en algún caso, con los temas que se desarrollan en sus sistemas de Altos Grados, que constituyen la Escala Filosófica. Con ellos, pretendemos aportar unos puntos de referencia a todos los que deseen profundizar en el aspecto historiográfico de la investigación.

Durante los dos últimos siglos ha sido mucha la literatura que se ha escrito sobre la masonería y son muchos los autores que se han interesado por la Ciencia Masónica, sin embargo, casi toda ella trata del Rito Escocés Antiguo y Aceptado o sobre el Rito Francés. En menor medida, sobre el Rito de Emulación, el Rito de York o el Régimen Escocés Rectificado. Curiosamente, sobre el Rito de Menfis-Mizraim, apenas se encuentra documentación, y mucho menos en España.

Estos dos Ritos Egipcios convertidos en uno, al igual que el de los Filaletos, los Filósofos Desconocidos del barón Tschoudy, los Filadelfos, los Perfectos Iniciados de Egipto, los Arquitectos Africanos, etc., están un poco separados del mundo masónico convencional porque su origen no es el mismo.

En efecto, el Ritual de Mizraim –que es el nombre en hebreo y arameo para la dual tierra de Egipto–, aparece en Venecia en 1788, sin duda, bajo la égida del conde de Cagliostro, quien había fundado en 1784, el Rito de la Masonería del Alto Egipto. La belleza de este ritual es deslumbrante y marcó todos los ritos referentes a Menfis y Mizraim, «creados» a partir de entonces.

De los pocos libros que se encuentran, algunos se han escrito con un cierto grado de superficialidad, otros, tratando los temas propios de esta línea de pensamiento, lo han hecho de una forma totalmente elíptica. Esa falta de fondo documental, particularmente en España, se debe a la persecución, tanto por las autoridades seculares como por las religiosas, al igual que ha ocurrido también en otros ritos. Sin embargo, en este caso, tenemos que añadir que, no sólo en España, sino en Francia, Inglaterra y otros países, la oposición de otras organizaciones masónicas, con una filosofía excesivamente materialista e incluso atea, ha sido en algunas ocasiones beligerantes, como fue el caso del Gran Oriente de Francia.

Por lo tanto, los ritos masónicos egipcios, a menudo, se veían obligados a ocultarse, entrar en «sueños» o trabajar bajo tierra.

Por desgracia, existe otro gran inconveniente que, con el paso del tiempo y lo descrito anteriormente, cada vez se van agravando más, ocurre en el interior de algunas Órdenes masónicas, donde se han enquistado ciertos elementos mediocres e ignorantes. Estos individuos han olvidado el propósito inicial de la masonería, que no es otro que la transmisión de la Tradición Primordial.

¿Qué es la tradición? Si la definimos, etimológicamente, es «lo que se transmite». Entonces podemos decir que es lo que viene del pasado y tiene su lugar en el presente. Pero a diferencia de lo que se hace a través de la educación, la tradición no es un cuerpo de valores y conocimientos tamizados a través del análisis y la crítica racional.

La tradición es parte de ese cuerpo de hábitos tan profundamente arraigados en la naturaleza de los humanos, tan visceralmente asociados con quienes los usan, que cualquier mirada crítica sobre ellos se vuelve imposible.

De modo que la tradición puede ser contradictoria, irracional, incluso bárbara. Sin embargo, también es necesaria por su propia naturaleza, ya que el presente la invoca desde el pasado para iluminar y orientar su vida cotidiana.

Hay una tradición masónica que se compone de aquellos usos y costumbres que han perdido la memoria de su origen y que se resiste a cualquier reducción racionalista. Ésa es la que cada masón, si está lo suficientemente avanzado en el Arte Real,[1] siente la necesidad de transmitirla a las siguientes generaciones. ¿Por qué? Es un gran misterio…

Pero todo masón sabe que lo esencial en la masonería es el legado de este depósito imaginario, ritual y simbólico. Proviene del más allá, del pasado sin memoria. Existe desde la historia de Hiram, el constructor del Templo de Salomón, hasta las nuevas generaciones del asfalto y lo concreto, sin olvidarnos de las que aguardan el mundo posterior al desastre nuclear.

Estas constelaciones de imágenes, de gestos arcaicos y ancestrales, se han fosilizado tanto desde el siglo XVII, que se han convertido en rituales. El significado a veces se pierde, de modo que su cuestionamiento crítico no arroja más luz sobre su significado, o en ocasiones lo difracta en una infinidad de significados contradictorios. Sin embargo, continúan trans-

---

1. Término de origen alquímico, el Arte Real designa la práctica masónica en su dimensión más noble, la que pretende construir el templo y el Hombre.

mitiéndose entre sí a la sombra de los Templos de la Sabiduría, bajo la Bóveda Estrellada de generación en generación.

Hay tres formas de conectar con la tradición.

- Primero, los conservadores creen que la tradición masónica es un anquilosamiento de la costumbre, y si esa costumbre cristaliza en rituales tan necesarios para el mundo de hoy, es porque el mensaje que transmiten del pasado es un elemento muy valioso. Y esto debe enriquecer un don, que en realidad no lo es tanto. Así nace la interpretación reaccionaria y nostálgica de la tradición, que afirma que proviene de la antigüedad celestial y de la época de los constructores de catedrales. Esta primera escuela masónica invoca la Constitución de Anderson.

  Lo cierto es que la masonería es un paradigma que ni siquiera se puede reproducir en los tiempos modernos. Por lo tanto, la nostalgia por la edad de oro del feudalismo y el monoteísmo lleva a algunos masones a decir que hemos entrado en una era de decadencia y corrupción, y que debemos rastrear el flujo de los ideales hasta la Edad Media para encontrar la dirección de la vida humana. Esta visión retrógrada y tradicionalista, que no Tradicional, caracterizada por el miedo a la historia y con hostilidad a los valores de la modernidad (agnosticismo, racionalismo, crítica a la autoridad, descentralización, etc.). Tiene su lugar hoy dentro de la masonería designada y conocida como conservadora, interesada en el reconocimiento del Vaticano, hostil a la individualización de las sociedades modernas y al multiculturalismo, refugiada en el retraimiento y el sexismo retrógrado.

- En segundo lugar, están los que señalan que la tradición es ante todo un juego de costumbres que intenta escapar de la ordenación racional, preocupada con el lugar que se le da en el seno de la modernidad, a la que incomoda profundamente. Para esta segunda línea de pensamiento que representa a la modernidad, los rituales no parecen tener ninguna base objetiva, excepto que unen a una colectividad en torno a puntos de referencia comunes aún no expuestos a una inteligencia emancipada. Sin embargo, en el contexto de la experiencia de la década moderna dominada por el contrato social y el libre acuerdo, cualquier comunidad que escape de la regulación racional, le molesta.

Para este grupo, evocar rituales y símbolos antiguos como aglutinante social les parece no sólo ineficaz, sino también peligroso. En otras palabras, después de la adopción del contrato social proclamado por Rousseau, todos los tratados que los hombres hagan entre sí y se establezcan están en ese origen. Los valores comunes que definirán su alianza son también el fruto del común acuerdo. Por lo tanto, creen que deben eliminar los parásitos míticos e irracionales; en consecuencia, piensan que deben alejarse de la tradición.

Para fundamentar su retórica moderna y antitradicional, usa las reglas generales de la llamada francmasonería especulativa moderna, que son un excelente ejemplo de regulación de la coexistencia de diversos hombres sin invocar a la trinidad, ni esperando el sometimiento divino. En efecto, hay algo de blasfemo en las Constituciones que prescriben los principios de la vida en la logia, sin una alianza de hermanos bajo los auspicios de Dios, ni bajo ninguna diosa, ni tan siquiera del Gran Arquitecto del Universo. Por eso consideran la tradición como un obstáculo a vencer y superar. Tal corriente masónica, si se concilia con su tiempo a diferencia de la primera, no lo hace a través de los rituales a los que le da poca importancia. Tampoco el significado del secreto masónico, la transferencia de las baterías, las contraseñas y los toques tienen poca relevancia. Los aceptan, aunque les parecen residuos del pasado, del que tarde o temprano tendrán que deshacerse.

- Pero hay una tercera vía entre la tradición conservadora y la modernidad, antitradicional. Una escuela que también defiende la tradición masónica, es decir, su esoterismo y sus secretos, así como las prácticas rituales. Por otro lado, defiende el espíritu del contrato social y el beneficio mutuo que debe repercutir en la sociedad. Esta tercera corriente esotérica y al mismo tiempo social, alcanzó su apogeo en las últimas décadas del siglo pasado en algunas logias masónicas. Quería combinar la alegría de la libertad, que experimentó la liberación de los pueblos con la tradicional espiritualidad del hermetismo. Es social y ocultista, rebelde y romántica, soñadora y simbólica. Esta tercera vía está extraída del primer romanticismo e inspirada socialmente en el sansimonismo.[2] Que ve en los movimientos de las personas en su con-

---

2. El sansimonismo es una corriente ideológica basada originalmente en la doctrina so-

quista por su libertad, una metáfora alquímica: la ruptura con la materia hacia su propia asunción de lo divino. Vio, en los diferentes cambios revolucionarios, las huellas de un pueblo que se había convertido en Dios. Sus teóricos son muchos, pero actualmente rara vez se leen porque han sido duramente atacados por el racionalismo materialista, que ahora no los quieren en absoluto, y por los reaccionarios conservadores que sólo aman lo que está bajo su dirección.

En estas páginas voy a hablar de todos ellos, poco o mucho, dependiendo del contexto.

Durante los últimos quince años, los ritos Antiguos y Primitivos de Menfis y Mizraim han sido ciertamente un fenómeno de gran importancia en el panorama masónico. De hecho si, por un lado, despertó gran entusiasmo entre los Maestros, por otro, lamentablemente hay que subrayarlo, provocó indudables reacciones por parte de algunas Obediencias, que indiscutiblemente no han sido muy fraternales.

No obstante, espero que la lectura de este libro ayude a algunos masones a comprender los elementos tradicionales y esenciales que distinguen al Rito Antiguo y Primitivo de Menfis-Mizraim de otros cuerpos masónicos, tanto en su forma ritual como en su contenido.

En resumen, intentaré especificar los proyectos, herramientas y prácticas operativas que el rito pretende ofrecer a los iniciados, con el fin de desarrollar y aumentar cada vez más todas las cualidades y virtudes esotéricas y espirituales necesarias para todo Maestro Masón. Así, cada cual podrá alcanzar por sí mismo el verdadero y auténtico «estado interior» del Adepto.

El rito Iniciático no surge por casualidad, sino que es el resultado de una filosofía o creencia que puede derivarse de una fuente particular o construirse bajo la influencia de muchas ideas y conocimientos que se unifican poniéndose de acuerdo entre sí, y creando de esa forma un rito en el sentido estricto.

Estos textos son el resultado de una investigación minuciosa y profunda. Tanto histórica, como doctrinal. Y surge la pregunta, ¿qué es lo que me ha llevado a considerar e investigar sobre los ritos masónicos egipcios?

---

cioeconómica y política de Claude-Henri de Rouvroy de Saint-Simon (1760-1825), de quien toma su nombre.

Es muy simple, en un momento dado me doy cuenta de que la mayoría de autores que siempre me han interesado leer y estudiar, antes o después, han pertenecido a los Ritos Egipcios de Mizraim, Menfis o Menfis-Mizraim: Raimondo di Sangro, conde de Cagliostro, Dom Pernety, barón de Tchoudy, Rhegellini di Schio, Savalette de Lange, Globet d'Alviella, Martínez de Pasquallys, Louis-Claude de Saint-Martin, Gérard Encausse (*Papus*), Robert Wentworth Little, William W. Westcott, «MacGregor» Mathers, Rudolf Steiner, Oswald Wirth, Arthur E. Waite, Swinburne Clymer, René Guénon, Gastone Ventura, o Robert Ambelain, etc. Todos ellos han dejado un legado a través de sus obras y gracias a su investigación paciente y meticulosa, hoy podemos reconstruir la historia del Rito de Menfis-Mizraim con claridad y precisión.

Algunos que ya son masones, dirán, que el autor principal de la alta masonería egipcia fue Cagliostro. Es cierto, lo veremos en la tercera parte de este libro, su gran labor contribuyó a levantar el espíritu de la masonería en general y de la masonería egipcia en particular. El Rito de Mizraim, de la rama napolitana y veneciana, todavía están imbuidos de él.

Estos círculos reconocen la influencia de Cagliostro en los *Arcanum Arcanorum* del Rito de Mizraim. Al leer las enseñanzas de Cagliostro, descubrimos un misterio impresionante. De tal forma que revela una visión alquímica y hermética de la masonería. Nos infunde un sentido de lo sagrado, y nos lleva al verdadero mundo espiritual. Explica, a través de los materiales recopilados, que los rituales de la masonería egipcia reflejan una unidad doctrinal que garantiza su vigencia y autenticidad.

El mundo esotérico siempre oscila entre dos posiciones: descubrir los secretos u ocultarlos. Cagliostro parece estar revelándolos mientras le quita el velo, pero detrás de ese velo hay otro.

Una vez leídas las páginas de los *Arcanum Arcanorum*, el lector pensará: ¡Por fin conozco el secreto de los secretos! Pero pronto se dará cuenta de que sabe sin saber. Ante lo indecible, el secreto no se revela, ¿podría ser de otra manera?

Sabemos que el «camino» es difícil y lleno de obstáculos, pero con la ayuda del Gran Arquitecto, la benevolencia y la solidaridad fraterna podremos discernir y comprender cuáles son los «pilares» del proyecto masónico universal.

Llegados a este punto, debo subrayar en esta etapa que la operatividad y la especulación de la masonería se basan en sus enseñanzas y en la observación cuidadosa y profunda de la naturaleza. Isis, Madre y Señora que la representa, nos muestra siempre el camino que conduce al descubrimiento y comprensión del secreto de los secretos. Nos enseña que es innato y proclive al misterioso pulso de la vida que transmite el sistema alquímico-hermético. Este nos muestra con cruda sencillez, a través de su lema: *Solve et Coagula,* dos palabras latinas que resumen toda la Gran Obra y nos hablan sobre la desintegración y muerte del *Hombre Viejo,* que debe dar paso al nacimiento de un *Hombre Nuevo,* virtuoso e integrado. *Solve et Coagula* es un principio alquímico, que significa: disolver y coagular, es decir, destruir para construir algo más perfecto. Los alquimistas entendieron la frase en un sentido literal, y metafísico.

Observemos cómo nace una flor, cómo produce frutos un árbol y reflexionemos sobre las estaciones, siempre cambiantes. Luego, poco a poco, en las mentes de aquellos que buscan la verdad con espíritu honesto, veraz y humilde, veremos que pronto florecerá de forma mucho más concreta el conocimiento y la participación en el *noúmeno,*[3] que rige los fenómenos naturales. Por lo tanto, el objetivo del Adepto es poseer y comprender la dinámica subyacente de la ley universal y eterna de causa a efecto.

¿Qué más podemos decir al que quiera acercarse a los venerables Ritos Egipcios?

Sólo nos queda desearles que la Luz de la Fuerza, la Belleza y la Sabiduría se materialice en sustancia de sustancia y que la corona de Osiris se ajuste sobre sus cabezas.

GALO SÁNCHEZ-CASADO
Reus, 2023

---

3. Según la RAE, realidad hipotética independiente de las posibilidades del conocimiento humano.

PARTE I

REALIDAD DE LA VÍA INICIÁTICA

Si analizamos cualquier tipo de sociedad, desde los inicios del mundo hasta la fecha, comprobaremos que no ha existido una sociedad sin iniciación. Es cierto que no todos los individuos la han practicado. Sólo los que poseían un determinado conocimiento se daban a ello, unos practicaban la iniciación de paso y otros la iniciación a los misterios. No obstante, debemos tener cuidado con confundirlos. La iniciación de paso la practicaban o practican un número elevado de miembros de diversas sociedades como entrada a la vida adulta, mientras que la iniciación a los misterios la ejercían una minoría elegida.

No podemos obviar el paso significativo que supone la llegada a la adultez, es decir, la transición de la infancia a la vida adulta para los jóvenes, que se convierten en adultos. Aunque la forma y la edad en que todos ellos pasan a la adolescencia depende de varias cosas: el ritual practicado, la cultura y el lugar donde viven y crecen.

Este rito de paso, se practica a través de ceremonias especiales en sociedades que siguen siendo tradicionales, como en la región amazónica de Brasil, de los Sateré-Mawé que practican la Iniciación de las Hormigas Bala. En el norte de la Isla de Baffin, los chicos Inuit entre los 11 y los 12 años mantienen la tradición de salir junto con sus padres a cazar en la naturaleza para poner a prueba sus habilidades; los masái de Kenia y Tanzania tienen diversos ritos de transición que llevan a los chicos a la adultez. Los chicos entre los 10 y los 20 años se reúnen para iniciarse como la nueva «clase guerrera» de la tribu y se alojan en decenas de casas construidas especialmente para la ocasión. En Vanuatu, un pequeño país insular del Pacífico Sur, los chicos pasan a la adultez saltando de una torre de casi 30 metros de altura con una liana amarrada a los tobillos que apenas los protege de estrellarse contra el suelo.

Hay otro tipo de ceremonias que tienen mucho que ver con la religión. En todo el mundo, los jóvenes judíos celebran, según el sexo, su Bar o Bat Mitzvás a la edad de 13 y 12 años para demostrar su compromiso con la fe y reconocer a partir de ese momento su responsabilidad con la Ley Judía. En Malasia, para algunas chicas musulmanas, el cumplir 11 años es muy especial, ya que da comienzo al momento en el que pueden celebrar Khatam al Korán, un prestigioso ritual y demostrar así su madurez en la mezquita local. Para Japón, el segundo lunes de enero es un día especial –el día en el que los jóvenes de 20 años de ambos sexos pueden vestirse con su más fino atuendo tradicional y asistir a una ceremonia en el ayuntamiento local–. En algunas partes de China recientemente ha habido un resurgimiento de las ceremonias de Ji Li (para chicas) y Guan Li (para chicos), ceremonias de paso a la adultez del confucionismo.

En los países occidentales, el rito sobrevive en formas más o menos alteradas. En la tradición amish, el Rumspringa representa el momento en el que los jóvenes cumplen 16 años y finalmente pueden pasar fines de semana lejos de la familia sin ninguna supervisión. Durante este período, se les anima a disfrutar de cualquier placer que ellos quieran. Entre los protestantes la Confirmación del Bautismo es a los 16-17 años, en las iglesias católicas, entre los 14-15, es por este sacramento que las personas bautizadas se integran de forma plena como miembros de la comunidad. También está las fiestas de paso entre los 15 y 16 años en Estados Unidos (Sweet 16) e Iberoamérica (Quinceañeras). Existen otras más recientes, como en Suiza, la ceremonia de recepción cívica reservada para los jóvenes de 18 años que acaban de inscribirse en el registro electoral. Hay otros aspectos aún más enmascarados que, por supuesto, demuestran que Occidente ha olvidado el origen de esta iniciación llamada de «paso», aunque de alguna forma las sigue practicando.

Analizando las concepciones tradicionales en *La Ciencia Secreta de los Iniciados*,[1] he podido constatar que este conjunto de símbolos y de ideas afirmaba la realidad de la iniciación en la vida. Esto se impone incluso como el único fin para la humanidad, evolucionada.

Sin embargo, existe otro tipo de iniciación que deriva de los Antiguos Misterios y que es de otra naturaleza, principalmente porque no es accesi-

---

1. Serge Marcotoune, *La Science Secrète des Initiés et la Pratique de la Vie*, André Delpeuch, París, 1928.

ble ni inclusiva para todos. Está reservada para los buscadores de los Grandes Misterios de la vida, que se sienten obligados a acercarse a la verdad que se esconde bajo las mil máscaras que ocultan su apariencia. Es un misticismo al exigirle al iniciado un trabajo sobre sí mismo, un trabajo interior que siempre se debe acompañar de una técnica voluntaria de disciplina. Una característica de este tipo de iniciación es su progresión gradual, el adepto debe de asimilar poco a poco el grado en que se encuentra antes de continuar. Desgraciadamente, no todos los humanos están preparados y tienen la mente dispuesta para esta progresión, por ello los misterios no pueden ser un fenómeno de masas. Un ejemplo claro lo tenemos en la masonería, que no ha dejado de ser una iniciación a los misterios.

Podemos afirmar que las posibilidades de la evolución humana son infinitas. Y también reconozco que, en un cierto grado de esta evolución, el hombre deviene superior. Dicho de otra manera, alcanza horizontes y conoce sentimientos inaccesibles para el hombre ordinario. Convirtiéndose así en apto para encauzar su conducta y sus realizaciones en un plano altamente espiritual e iniciático.

Dado que la base de todas las ideas iniciáticas es siempre el desarrollo y la riqueza de la experiencia interior de los seres humanos, será dentro de este desarrollo donde profundizará y se enriquecerá con visiones e ideas creativas de nuevas formas continuamente dinámicas.

Siempre nos han asaltado las mismas preguntas que constantemente nos han estado preocupando desde que el mundo es mundo, ¿por qué la vida?, ¿por qué la muerte?, ¿de dónde venimos?, ¿a dónde vamos?, ¿cómo debo comportarme en el contexto actual? Está claro que los humanos no debemos confiar exclusivamente en el conocimiento científico. Antiguamente, ciencia y espiritualidad iban juntas y en el siglo XIX se separaron, pero con el conocimiento del mundo subatómico y la mecánica cuántica parece que vuelven a unirlas.

Si bien el mundo del macrocosmos es bastante extraño, el atómico y subatómico es infinitamente más singular, hasta tal grado que los conceptos de la física clásica dejan de ser aplicables. La ciencia siempre ha tratado de responder al cómo y no al por qué. Creo que para responder a ese por qué se establecieron en cualquier tipo de sociedad dos caminos con diferentes características: el iniciático y el religioso.

No voy a analizar el camino religioso que corresponde a otro estudio, sino la forma iniciática, que tiene que ver mucho más con los ritos, por los que extiende toda su enseñanza a través de los símbolos, y que finalmente terminan influyendo en la psiquis de los individuos. Si se quiere ir más allá del porqué existencial, hay que seguir un tipo de formación que se va asimilando poco a poco y adquirir de esa forma un conocimiento esencial.

Si lo implícito está en la mente, como aseguran algunos escritores masónicos, en este caso cabe preguntarse si los Misterios Antiguos inducían bajo varios *modus operandi* a crear diferentes estados psíquicos. Si eso era así, es evidente que no deberíamos seguir por ese camino, a pesar de que sea factible la sugerencia. Simplemente, porque esa no es la intención ni el fin del SER.

No se trata de mirar hacia atrás e intentar penetrar en lo que se hizo en los Antiguos Misterios, porque, aunque tengamos referencias de escritores de la época, no podemos profundizar en sus trabajos. Lo cierto es que los procesos psíquicos inducidos no conducen a encontrar la verdad espiritual. Por el contrario, los procesos psíquicos simbólicos que hacemos nuestros, a través de la introspección en la ceremonia iniciática, sí que nos conduce a un estado en el que se nos descubren los hechos del pasado y donde los misterios cósmicos nos son revelados. Tenemos un buen ejemplo en la muerte simbólica del candidato en el tercer grado, donde se trata de entrar en un estado que podríamos llamar *de muerte mística* al crearse una suspensión de todas las facultades, pero manteniendo una comunicación constante con las cosas externas.

De esa forma, se consigue la iniciación individual sobre cada persona, según los procesos esotéricos que tengan lugar. El propósito principal de la iniciación es despertar las capacidades de emancipación. Se consigue al poner en marcha los procesos personales (microcosmos) y los universales (macrocosmos) que permiten poner en contacto con su propia divinidad a los hombres y a las mujeres.

Sin embargo, para que esto suceda el rito y el ritual debe de estar en consonancia con la Tradición Primordial. De esa manera, durante la iniciación existe una influencia espiritual mediante un elemento «no humano» que logra a través del rito una conexión con el «orden divino», que es un concepto que une a la idea de jerarquía –Causa Primera–, la pureza de las formas geométricas, es decir, el triángulo.

Al ser iniciados, la ceremonia provoca una transmutación en el individuo, que lo convierte en una persona nueva que debe profundizar en su interior, liberándose de las limitaciones humanas y despertando la conciencia divina que hay en él.

Si nos queremos iniciar, siempre será en un Santuario y ese sitio tiene una puerta que es por el único hueco que podemos entrar. El lugar puede ser masónico o de otra vía iniciática, aunque hablando simbólicamente, la puerta será siempre la misma y el Santuario también es el mismo. Si queremos conocer cuál es el propósito, pero sobre todo el significado, debemos ser introducidos en el Santuario.

Independientemente de lo que aportemos culturalmente o del conocimiento intelectual que tengamos, la Puerta es para cada uno de nosotros un símbolo que nos habla con naturalidad. Incluso aunque la puerta sea simbólica, siempre nos permitirá precisamente superar los límites naturales impuestos por el espacio y el tiempo.

Si nos fijamos en el alfabeto hebreo, su cuarta letra es *Dalet* y su valor es cuatro. Su significado es «Puerta», y *Dalet* tiene mucho que enseñarnos. En el idioma hebreo no existen los números, por lo que se usan letras para representar su valor. Veamos algunos puntos donde encontramos el cuatro:

El cuarto día de la creación se hizo la Luz, son cuatro los puntos cardinales, cuatro las estaciones del año, cuatro las fases que tiene la Luna, el cuarto mes hebreo se llama también Tamuz.[2] Hay cuatro niveles de interpretación: nivel *PESHAT*, nivel *REMEZ*, nivel *DRASH*, nivel *SOD*.

— La primera interpretación, *PESHAT*, es el texto en sentido literal.
— La segunda interpretación, *REMEZ*, es la explicación alegórica del texto.
— La tercera interpretación, *DRASH*, es la explicación simbólica del texto.
— La cuarta interpretación, *SOD*, es el significado oculto, esotérico o místico del texto.

Esto ocurre porque los Cabalistas pusieron a punto un método en cuatro interpretaciones, de las que las iniciales forman la palabra «PaR-

---

2. Tamuz era un dios de la abundancia en la Mesopotamia antigua, cuyos primeros registros escritos aparecen en el III milenio a. C. Se le conoce también como Dumuzi («hijo legítimo») en Sumeria o en Babilonia.

DéS». El vocablo hebreo «PaRDéS» significa «jardín, huerto, prado», y alude al prado de la sabiduría. ¿De dónde surge esta correspondencia? Del hecho de que «PaRDéS» es un acróstico compuesto por las iniciales de las palabras que designan los cuatro niveles de lectura de la Torá y, por ende, de la realidad que la mística medieval judía utilizaba para evocar los cuatro niveles de interpretación.

Por lo tanto, la Puerta es la inspiración que hace que las imágenes viajen a través de la mente. Hay pensamientos que atraviesan por la puerta trasera de la mente, y nos revelan la analogía que cualquier hombre dotado de razón, puede deducir que es una correlación entre dos espacios diferentes. El mundo crea barreras y muros donde siempre debe haber una puerta y dos espacios definidos a cada lado de la puerta, uno exterior y otro interior.

Volvió, pues, Jesús a decirles: «De cierto, de cierto os digo: Yo soy la puerta (*Dalet*) de las ovejas» (Juan 10:7). «Yo soy la puerta (*Dalet*); el que por mí entrare, será salvo; y entrará, y saldrá, y hallará pastos» (Juan 10:9).

El ciclo solar viaja desde la puerta de los dioses, es decir, Oriente (el este) hacia Poniente (el oeste), para finalizar su curso a medianoche. Eso es también lo que dicen los rituales masónicos. Pero, con este transcurrir, ¿qué nos dicen las sabias estrellas?, que la Puerta se cierra en ese momento sobre la Luz. Resulta evidente que los que buscan deben viajar sumergidos en la oscuridad, una formación de Luz a través de la Puerta por la que entramos y salimos, no por la puerta de los dioses, sino por la de los hombres, es decir, la del Sol poniente. La que atravesamos en nuestra iniciación hacia Oriente, la puerta baja, la de la humildad.

«Entrad por la puerta (*Dalet*) angosta (humildad); porque ancha es la puerta, y espacioso el camino que lleva a la perdición, y muchos son los que entran por ella; pero angosta (humildad) es la puerta, y angosto el camino que lleva a la vida, y pocos son los que la hallan» (Mateo 7:13-14).

Los Santuarios de las distintas vías iniciáticas se adornan y revisten de diferentes formas, según el simbolismo que les marca su ritual. Sin embargo, hay algo común en todos ellos: es el Candidato, cruzando el umbral de la Puerta. ¿Qué le espera más allá? Si lo cruza, encontrará un mundo de conocimiento que de otra forma le estaba vedado.

Por otra parte, antes que a un Candidato se le permita entrar, hay que preparar su espíritu para ese trance, que tendrá más o menos dificultades y que variará según el rito. El modo de prepararlo será diferente, pero el fondo siempre es el mismo, la entrada en un recinto «sacro» y el abandono de los hábitos terrenales, sobre todo, lo material, con el fin de emprender la vía hacia una nueva vida.

Surge la pregunta: ¿Cuál es el motivo que le empuja a entrar? ¿Cuáles serán las circunstancias de su recepción? ¿Quién lo recibe, dónde entra? Veremos en los siguientes capítulos que los humanos en general siempre han buscado la iniciación para superarse a sí mismo, ayudados por los que ya lo han recibido y que él considera que están en una situación superior a la suya.

Quiere traspasar la puerta que siempre ha sido una simbología de los Antiguos Misterios, ¿y qué es el Santuario?, pues sencillamente, el misterio en sí mismo. El Candidato cruza el umbral como un ser que no puede caminar solo y tiene que ser ayudado, va con los ojos vendados, pues no posee los ojos para ver la luz que encierran los conocimientos secretos. Dicho de otra forma, porque es ciego en su interior. Estas fórmulas empleadas de diferente manera por cada fraternidad están en comunión con la tradición, que es hija de su pasado inmemorial y de la iniciación universal.

La iniciación es un umbral, un escalón que nos eleva a un plano simbólico y consciente que nos ayuda a atravesar en la vida. Esta transición es un acto que nos abre los ojos y nos conecta como individuo con un Gran Todo. Suele ir acompañada de una modificación espiritual y psíquica, aunque el mundo moderno la ha eludido y, en algunos casos, se ha burlado de los ritos de iniciación. Resulta curioso que estos nunca hayan dejado a la humanidad.

La iniciación, bien entendida, es un recorrido abstracto o enigmático para que el alma del hombre se reintegre con la Causa Primera. La masonería, en todos sus ritos y denominaciones, en mayor o menor medida, ofrece una síntesis de esa ciencia de la que Thomas Vaughan dijo que era tan antigua como infinita. En su importante *Antroposophia Theomagica*, Vaughan[3] da una visión de lo que es la muerte desde la perspectiva alquímica: «La muerte es un *receso de la vida hacia el ocultamiento*, no un aniquilamiento de alguna partícula en específico sino una retirada de las naturalezas ocultas hacia el mismo estado en el que estaban antes de ma-

---

3. Thomas Vaughan, *Antroposophia Theomagica,* Holmes Publishing Group, Washington D. C., 1986.

nifestarse. En este receso, los diferentes ingredientes del hombre regresan a aquellos diferentes elementos de los cuales provienen antes de acceder a un compuesto. Puesto que pensar que Dios crea la menor cosa *ex nihilo* en el trabajo de generación, es pura fantasía metafísica. Así las partes terrestres –como sabemos por experiencia– regresan a la Tierra, las celestiales a un limbo celestial superior, y el espíritu a Dios, quien lo dio. No debe sorprenderles que afirme que el espíritu del Dios viviente está en el hombre, cuando Dios mismo lo reconoce como suyo».

Esa proyección del alma no es otra cosa que el abandono del cuerpo material, una facultad que poseen los seres humanos encarnados de explorar así otros planos de conciencia cósmica o del absoluto que no tiene y que no está sujeto a ninguna restricción o control por parte de las leyes. Si, como mantiene el profesor de ciencias cognitivas Donald Hoffman,[4] es probable que la materia y el tiempo-espacio sean sólo ilusiones funcionales producidas por la conciencia. En ese caso, a los habituales estados del SER, agobiados por el miedo a lo desconocido o al vacío que lo llevaría a contraerse, le correspondería experimentar más o sentir estados superiores de conciencia.

Soy muy consciente que este pensamiento que afirma el desarrollo de planos de conciencia superiores, se dirige a una pequeña parte de iniciados que se mueven a través de un mundo de sombras dentro de los ritos o vías a los que pertenecen y que no existe ningún Maestro que pueda hablar de lo que hay tras la Vida.

La vida espiritual representa un fenómeno natural en el ser humano, ya que surge de ella y tarde o temprano no puede evitar volver a ella. Es un atributo natural que convive con todos nosotros, y por esa razón nadie necesita vivir una forma de vida especial en la Tierra. Ahora bien, debemos reintegrarnos a esa Causa Primera a través de la transición que se da constantemente en los estados de ensueño, sueño, ensoñación o coma.

Ese proceso secular de iniciación, que emana un tipo de Luz y que forma parte de nuestra vida diaria, sigue adelante en el mensaje de los símbolos y en el pórtico de los Templos.

---

4. Donald Hoffman, *The Case Against Reality and Visual Intelligence,* W. W. Norton, Nueva York, 1998.

LAS LEYENDAS ANTIGUAS

Siempre han existido y existirán soñadores que, basándose en sus deseos y recuerdos románticos, ignoran totalmente la historiografía. No saben hacer la distinción cuando hablamos de masonería, entre lo operativo y lo especulativo. Muchos de ellos son fabulistas que se hacen pasar por historiadores, y sus historias espurias nos llevan a planteamientos tan poco objetivos como que existía una masonería en la época del Paraíso de Adán. Lo podemos comprobar, al leer las propias Constituciones de Anderson. En la primera etapa de la estructuración de la masonería siglo XVIII, el tema estaba tan enraizado que se llega a decir que los constructores de las pirámides, de la torre de Babel o del Templo de Salomón ya practicaban los tres grados simbólicos de la masonería azul. También se asegura que los Esenios eran masones, o que la primera logia estuvo en Egipto.

Lo cierto es que antes y después de la formación de la Gran Logia de Londres, e incluso cuando se convirtió en Gran Logia de Inglaterra, disponían de escaso conocimiento de cómo la tradición secreta de Egipto o de Israel tenía algo que ver con la masonería. Su enfoque era una derivación más del Antiguo Testamento, pero en realidad sabían muy poco de Enoc, Abraham, Moisés o Salomón. Mucho menos de Isis, Osiris, Horus o Seth, ni de los paralelismos existentes entre las dos religiones. Sin embargo, a pesar de tener un conocimiento confuso de esa tradición, supieron recoger los destellos de conocimiento que a lo largo del tiempo habían ido ampliando con lecturas de personajes como Plutarco, Pico della Mirándola, Marsilo Ficino, Reuchlin, Francis Bacon o el Barón von Knorr Rosenroth. En resumen, los procedentes del mundo hermético o rosacruciano.

Si nos tuviéramos que fiar de las primeras historias que se escribieron sobre el Rito de Mizraim o de Menfis, estaríamos narrando una fábula en vez de tratar de relatar unos acontecimientos históricos que en ciertos casos no dejan de tener su leyenda mítica. Las primeras historias nos terminan contando que algunos iniciados procedentes de la antigua Grecia, emigraron a Asia Menor en el 1060 a. C. y, bajo el nombre de Misterios Dionisíacos, crearon un Rito Antiguo y Primitivo Egipcio, que se establecieron en Biblos, –una antigua ciudad fenicia denominada Gubla en los textos cuneiformes y Gebal, en la Biblia– posiblemente de ese hecho sale el relato de Plutarco sobre la muerte de Osiris.

Relata que una vez muerto y desmembrado el cuerpo, lo meten en el interior de un ataúd que, al llegar a la desembocadura del Nilo, flota por el mar y llega a la ciudad de Biblos, donde crece un árbol conservando el ataúd en su interior. Al encontrar dicho árbol, el rey de Biblos lo hace cortar y lo utiliza como un pilar de su palacio. Isis, que busca el cuerpo de Osiris, llega a Biblos y recupera el cuerpo de su esposo del interior del árbol, que se queda en la ciudad, y termina convirtiéndose en un elemento de adoración para los fenicios. Este episodio, del que no existe constancia en las fuentes egipcias y que sólo lo relata Plutarco, nos brinda una fábula etiológica de la existencia del culto a Isis y Osiris en la ciudad de Biblos.[1] Obviamente, podemos tomarla como los antecedentes de Hiram en la masonería.

Es evidente que es un mito y que no existe lógica para los hechos narrados. Pero no debe de extrañarnos que fuera tan bien acogido en Fenicia, ya que en el III milenio a. C. las relaciones comerciales con Egipto debidas a la importación del preciado papiro eran importantes, sobre todo porque Biblos contaba con la flota más poderosa del Mediterráneo.

De 1921 a 1924, el investigador francés Pierre Montet realizó un valioso trabajo arqueológico en Biblos. Excavó la necrópolis real y descubrió el sarcófago del rey Ahiram I, arrojando luz sobre los lazos culturales que unían la ciudad fenicia con Egipto.

Según Marconis de Nègre,[2] un sabio egipcio llamado Ormuz, sacerdote de la Orden de Serapis, que se presentaba como un convertido al cristianismo por san Marcos, purificó y unificó los misterios y doctrina de los sacerdotes egipcios con los principios cristianos de la nueva ley. Por esa época existía en Egipto una orden iniciática de origen judío, que se ha-

---

1. Plutarco, *Isis y Osiris,* Obelisco, Barcelona, 2006, trad. M. Meunier.
2. Jacques-Étienne Marconis de Nègre, *Le Sanctuaire de Memphis,* Bruyer, París, 1849.

cían llamar «Los Hijos de la Luz» (Esenios), a la que parece ser acudía Ormuz. No sabemos hasta qué punto esto puede tener una base histórica, o simplemente es una leyenda más.

Lo cierto es que, según nos cuenta Apuleyo, escritor y filósofo romano del siglo II, en su undécimo libro, la *Metamorfosis* o *El Asno de Oro*, las iniciaciones, tanto antiguas como nuevas, formaban parte de la Antigüedad clásica de Occidente,[3] y aunque eso era así, es muy difícil saber si la iniciación que describe de una forma velada refleja la autenticidad de los tres estadios existentes: Misterios de Isis, Misterios de Serapis, Misterios de Osiris.

Sea como sea, parece ser que Ormuz finalmente creo una agrupación propia que se llamó «Sociedad de Ormuz» y sus discípulos, desde el siglo I hasta el siglo XII, fueron los receptores de los antiguos misterios de Egipto adaptados al cristianismo.

Siempre nos han hecho creer que primero fue Grecia, y luego Roma, las que ejercieron una influencia sobre lo que solemos entender como «humanidades». Pero es evidente que eso sería simplificar, no podemos olvidarnos de los cuatro milenios o más que Egipto fue el centro del mundo. Sus creaciones de todo tipo nos colocan en el camino para poder entender lo que ocurrió después, así que, siguiendo su simbología, su filosofía y sus dioses, descubriremos que lo heredó Grecia, Roma y la época medieval.

No olvidemos que san Agustín[4] escribía: «Eso a lo que ahora se llama religión cristiana ya existía y entre los antiguos nunca dejó de existir desde los orígenes de la raza humana». Lo decía un padre de la Iglesia, muy respetado y gran conocedor del gnosticismo y otras religiones protocristianas que terminaron por configurar el cristianismo primitivo. San Agustín fue uno de los pensadores que permitió al cristianismo integrar parte de la herencia griega y romana, al generalizar una alegórica de las Escrituras, siguiendo el modelo propugnado por Ambrosio de Milán y el neoplatonismo. De esa manera quiso legitimar la nueva forma religiosa que él defendía, englobando dentro del cristianismo a otras religiones. Se basó principalmente en la egipcia, con un inmenso cuerpo múltiple de

---

3. Esta época también se le conoce como el *Siglo de los Santos* en el que disfrutaban de la *Pax romana* establecida por los Antoninos.

4. Fue un filósofo y teólogo cristiano romano que ejerció como obispo de Hipona en Numidia. Junto con Ambrosio de Milán, Jerónimo de Stridon y Gregorio el Grande, es uno de los cuatro padres de la Iglesia Occidental y uno de los treinta y siete doctores de la Iglesia.

creencias y prácticas, que las unía un enfoque común en la interacción entre el mundo de los humanos y el mundo de lo divino.

Pero san Agustín, con todo esto, mostró que el carácter temporal de la nueva religión era irrelevante. Lo principal era el contenido. De modo que, en este punto, la religión de los faraones dotó a los símbolos cristianos de un número considerable de patrones y arquetipos.

Según el propio Marconis de Nègre, esa Sociedad de Ormuz estaba de alguna forma ligada a la Orden del Temple, y algunos caballeros templarios fueron iniciados en esa sociedad iniciática, heredera de las tradiciones esenias. Precisamente, el Rito de Menfis, fundado por Marconis, reivindica a los caballeros templarios como sus fundadores iniciales. La Sociedad de Ormuz llegó a Europa en 1188. No deja de ser curioso que fuera al año siguiente de la derrota de los templarios por Saladino en la batalla que tuvo lugar en Tierra Santa. Ocurrió en el desfiladero conocido como Cuernos de Hattin, (*Qurun-hattun*) al oeste del mar de Galilea.[5] En sus escritos afirman que, tras su llegada, se separaron de los templarios y tomaron su propio camino.

Tanto Albert G. Mackey, como Arthur E. Waite, aseguran que Godofredo de Buillón estableció un cuerpo caballeresco entre el 1100 y el 1118, que denominó Caballeros de Palestina, nombre que luego utilizará el barón de Tschoudy para un grado de su sistema y cuyo emblema era la rosa y la cruz. No podría decir si verdaderamente era un cuerpo o bien un grado perteneciente a la Sociedad de Ormuz, cuyos miembros siempre afirmaron que eran los fundadores de la Orden Rosacruz.

De lo que no hay duda es que, una vez finalizadas las cruzadas, la tradición iniciática que practicaba la Orden del Temple y otras que había recogido en su estancia en Oriente, las transportaron a Europa. Debemos recordar que mucho más tarde, cuando se empieza a perseguir a los templarios y se inicia la destrucción de la orden, por el papado en unión con el rey de Francia, muchos de ellos se refugiaron en Escocia y en Suecia.

---

5. El 4 de julio de 1187, en la batalla de los Cuernos de Hattin, el ejército cruzado, formado principalmente por contingentes templarios y hospitalarios a las órdenes de Guido de Lusignan, rey de Jerusalén, y de Reinaldo de Châtillon, se enfrentó a las tropas de Saladino. Este les infligió una gran derrota, en la que el Gran Maestre de los Templarios Gérard de Ridefort cayó prisionero y perecieron muchos templarios y hospitalarios. Saladino tomó posesión de Jerusalén y terminó con el reino que había fundado Godofredo de Bouillón.

Que quede claro que no pretendo menoscabar lo dicho por Marconis de Nègre sobre el sabio Ormuz, los misterios Dionisíacos o los Caballeros de Palestina.

Pero lo único que puedo afirmar es que los Ritos Egipcios provienen de una mezcla de las logias situadas en las islas del mar Tirreno y Adriático, de la orden de los Arquitectos Africanos y de varios ritos Primitivos que existieron en Narbona y París.

Antes de hacer un análisis histórico sobre el origen y desarrollo de los Ritos Egipcios más o menos comprobables, debemos tener en cuenta varias cosas: 1) que, aunque los rituales recojan una parte importante de la tradición, tanto alejandrina como griega, de la espiritualidad hermética y la búsqueda alquímica, estos no son una recuperación ni una continuación de los antiguos rituales egipcios. 2) Qué están influenciados y relacionados con la filosofía gnóstica, como veremos más adelante al comentar alguno de los Altos Grados. 3) Que, en los procedentes de Mizraim, prevalece la cábala judeocristiana.

Por otra parte, no debemos perder de vista la relación de los Ritos Egipcios y la masonería simbólica tradicional. Por una serie de circunstancias que iremos despejando, veremos que nacieron fuera de las dos grandes tradiciones masónicas simbólicas: la anglosajona, representada por la Gran Logia Unida de Inglaterra; y la francesa, por el Gran Oriente de Francia.

A diferencia de la tradición anglosajona, donde la masonería sólo consta de los tres grados simbólicos y el *Royal Arch,* en los Ritos Egipcios los tres primeros grados de Aprendiz, Compañero y Maestro se consideran como una especie de escuela preparatoria para seguir en los Altos Grados.

También es importante diferenciar y tener en cuenta la subdivisión del rito en dos ramas: la primera, que depende de las Grandes Logias de Mizraim, de Menfis o de Menfis-Mizraim, y tienen más de noventa grados; la segunda, que dependen de Grandes Orientes, bien sea el de Francia o el de Italia, y que practican sólo treinta y tres grados.

En los próximos capítulos desarrollaré el funcionamiento de los Misterios, tanto egipcios como griegos. Algunos pensarán que son innecesarios por tratarse de un libro sobre Masonería Esotérica. No lo creo así, y luego lo veremos. Para exponer elementos con que valorar la tesis de que derivamos por sucesivas transmisiones de esos misterios, debemos tener siempre en cuenta que el fondo de nuestros rituales está más inspirado en ellos que en los antiguos constructores de la Edad Media.

LOS MISTERIOS DE EGIPTO

Constantemente se ha hablado que hubo muchos iniciados, tanto en Egipto como en Grecia. Aunque la información que nos ha llegado en gran medida está sesgada, porque los secretos de la iniciación siempre se guardaron celosamente. Egipto fue conquistado sucesivamente por los asirios, los persas, los griegos y los romanos, sin embargo, su sacerdocio se mantuvo hasta la llegada del cristianismo.

A pesar de las innumerables exploraciones que ha sufrido Egipto, desde Tales de Mileto hasta Champollion, y de que aún hoy día no podamos establecer la antigüedad de esa civilización, todos coinciden que ese país no ha traicionado nunca los secretos de la antigüedad.

En la mitología de Heliópolis, los dioses nacen de dos en dos o, mejor dicho, de cuatro en cuatro, y proceden de Atum, el espacio creador hermafrodita que engendra a sus propios hijos. Cuatro por cuatro, porque a cada pareja divina, bastante radiante y benéfica, por ejemplo, Isis y Osiris, corresponderá una segunda pareja bastante oscura, incluso malvada, como Neftis y Seth. Algunos personifican las fuerzas de la regeneración en la naturaleza y la psique, otros encarnan aspectos de decadencia o caos. Aquí, a diferencia del mito bíblico fundador del judaísmo, el mal se percibe inmediatamente como una propiedad de los dioses, un aspecto de los arquetipos y no como en el Génesis, que es el resultado de una «falta» humana… culpando, sobre todo, a lo femenino.

Para los egipcios, la «conciencia» –Osiris– sólo podía desarrollarse en unión íntima y amorosa con su lado femenino Isis, mientras que el cristianismo, durante siglos y siglos,[1] rechazará en la divina feminidad todas las cualidades que no sean maternas y virginales.

---

1. Hasta la promulgación del dogma de la Asunción, en octubre de 1950, por el papa Pío XII.

En el plano psicológico, este rechazo de los aspectos fraternos y amorosos de la relación de Isis y Osiris simboliza la represión de una posibilidad del eros fraterno entre el yo y su alma –o su *animus*– a favor de una relación exclusivamente filial hacia un Todopoderoso Padre-Dios, que mantiene la conciencia en estado de inmadurez, dependencia o rebelión.

En tiempos patriarcales la primera religión en Egipto fue el monoteísmo, muchos dirán que no era así, que eran politeístas. Creo que el concepto religioso de la cultura egipcia es muy difícil de comprender. Es cierto, se trata de una religión politeísta, pero con tendencia al monoteísmo, ya que cada *Nomo* (o pequeña región) tenía un dios al que rendía culto, pero que se funde y se identifica con otros, o como también se ha dicho, un dios habita en otro. El dios solar Ra es el centro de numerosas combinaciones sincretistas que unen su nombre al de otras grandes divinidades, por ejemplo, Ra-Atum, Sebek-Ra, Khnum-Ra y, sobre todo, Amón-Ra, el dios creador y dios dinástico durante el Imperio Nuevo.

El egiptólogo Erik Hornung ha demostrado que existe una contradicción entre los múltiples dioses que aparecen en el panteón egipcio y los documentos encontrados que hablan de un único dios. Otros egiptólogos han dado la explicación de que como los dioses son considerados divinidades solares, no dejan de ser diferentes visiones de la misma concepción panteísta, que sería una característica del concepto por el que se rige y engloba todo. Por ejemplo: Ptah-Sokaris-Osiris.

Visto lo anterior, podemos decir que los egipcios creían en un único Dios, que adoraban a los muertos y esperaban otra vida. Sin embargo, esta realidad que constituía la Religión de los Misterios, sólo podía ser esotérica. Es decir, accesible únicamente para algunos y poco a poco se modificaron los rituales y creencias, se estableció la idolatría, nacieron las fábulas, las leyendas y la población llegó a adorar a los animales. Pero los Sumos Sacerdotes que habían guardado la llave de los símbolos antiguos y su explicación principal, cuando tuvieron que transmitirlos, recurrieron a los Misterios: los de Osiris o los de Isis.

Estos misterios, en principio, no pretendían ocultar una verdad inaccesible, sino, por el contrario, apartar a aquel que no merecía el Conocimiento, al tiempo que atraían a quienes buscaban descubrir la verdad oculta detrás de las apariencias. Así, oculto bajo una sensible idolatría, una irresistible tentación supersticiosa y un paganismo, se descubre la realidad de los Misterios al que tiene ojos para ver y oídos para oír. En el templo de Sais, una estatua de Isis llevaba la inscripción: «Soy todo lo que es, ha sido, y será, el Sol es mi hijo, y ningún mortal ha podido levantar el velo que me cubre».

La Luna fue el símbolo de Isis, aunque algunos autores creen que no. Su argumento es que lo que se representa entre los cuernos de su tocado es un Sol. Pero hay que entender que, según los egipcios, la Luna estaba asociada con el Sol, en la administración universal del Mundo. De acuerdo con Diodoro de Sicilia, los primeros hombres que habitaron Egipto creyeron ver en el cielo dos causas primera y eterna, es decir, dos grandes deidades, una el Sol, al que denominaron Osiris, y otra la Luna, a la que llamaron Isis. Este nombre dado a la Luna está también confirmado por Porfirio y otros autores. En consecuencia, sus rayos los interpretaron como hilos de plata y decían que su influencia provocaba en sus adoradores el éxtasis apoyado por el sistro,[2] y concedía la elevación.

Por lo tanto, Osiris fue la corporación de un poderoso Espíritu Planetario, representaría, según la concepción de algunas religiones, al Dios Padre. En este caso, su símbolo siempre fue el Sol y a través de sus rayos derramaba una luz deslumbrante que avanzaba y penetraba en todo Egipto. No es el lugar aquí para detallar los modos de penetración del dogma y el culto de Osiris en todo el territorio egipcio. Ésta es una cuestión que nunca se ha abordado realmente y merece que se le preste más atención. El poder de los sacerdotes egipcios, siempre muy pragmáticos y en aras de la eficiencia, fueron capaces de implantar el culto a Osiris, teniendo en cuenta la diversidad de situaciones locales existentes.

La influencia de Horus, que representa al Niño divino –Harpócrates–,[3] era la rosa resplandeciente y el oro del amor eterno, que es la perfecta sabiduría. Después de haber triunfado sobre Seth y las fuerzas del desorden, Horus toma posesión del trono de los vivos: el faraón es su manifestación en la Tierra. Se le representa como un hombre con cabeza de halcón, o como un halcón que a menudo lleva la doble corona de rey del Alto y Bajo Egipto.

---

2. Un instrumento musical, con forma de aro o de herradura, que contiene platillos metálicos insertados en unas varillas.
3. El nombre egipcio de Harpócrates *(Hor-pa-jard* o *Har-pa-jered)* significa literalmente: «Horus niño», cuestión que sin duda explica la confusión. Harpócrates, en su papel de Horus niño, suele aparecer en la iconografía grecorromana sobre las rodillas de su madre, Isis, quien se dispone a amamantarlo.

De hecho, el Osiris resucitado se llama Horus y, por tanto, se considera a Isis como la madre de Horus; en este papel en el que amamanta al joven dios sobre sus rodillas, se fusiona con Hathor.

Del mito osiriano se derivan las funciones funerarias de Isis, representada a veces llorando por Osiris, a veces cubriéndolo con sus alas o cuidando los pies del sarcófago. Habiéndola ayudado su hermana Neftis en la obra de la resurrección de Osiris, las dos diosas son llamadas en los textos las dos dolientes, las dos incubadoras.

Los egipcios lo convierten en el principio de las metamorfosis del alma durante la vida y el garante de su inmortalidad, cuando el propio muerto se convierte en Osiris al entrar en el más allá. Durante las primeras dinastías sólo el faraón y su séquito cercano se consideran dignos de poseer esta cualidad de sujeto que confiere la inmortalidad. Pero gradualmente a lo largo de los siglos, este privilegio de la conciencia individual se extenderá a los diferentes estratos de la población.

Osiris en alquimia es, por supuesto, el referente de Cristo. Como él sufre su pasión, es enterrado, desciende al inframundo y vuelve resucitado. La diferencia está en que la Pasión de Cristo se realiza, según los Evangelios, para ascender entronizado a la derecha del Padre. Mientras que la pasión y la resurrección de Osiris se hace íntegramente al servicio de los valores del agente femenino,[4] mutilado por la Iglesia oficial. ¿Por qué Isis, que es su hermana luminosa, es también la tumba oscura en la que yace Osiris todo el tiempo de su pasión para renacer al día siguiente?

Para situar la gran importancia de estos Misterios en el ámbito histórico, social y religioso de la Antigüedad, cabe mencionar, por ejemplo, que Pitágoras se inició en el siglo VI a. C. y que pasó veintidós años estudiando Geometría, Arte y Astronomía en los templos egipcios. Allí se hizo iniciar en todos los cultos que pudo, aunque nunca por vanidad humana.

Después llegó a Babilonia buscando a los magos, de los que adquirió los secretos más sublimes, aprendió el culto más perfecto de los dioses y obtuvo el conocimiento de la Música y de otras Ciencias.

---

4. En la mitología, el papel del agente femenino en la Gran Obra, la alquimia, está personificado por la diosa Isis, que es capaz de resucitar a su esposo Osiris, concebir al dios Horus, educarlo y transmitirle las enseñanzas de Hermes. Están en el tratado *Kore Kosmou,* incluido en el *Corpus Hermeticum.*

Según Porfirio: «Pitágoras también conoció otras cosas por los *teletái*[5] que se realizaban en Eleusis, en Imbros, en Samotracia, en Delfos [...], en las regiones de los Celtas, y en Iberia».[6] Como dijo Platón: «Filosofar, al igual que Iniciarse, es aprender a morir». Pitágoras transmitió a sus discípulos todo lo que había aprendido, desde la contemplación de los ritmos del universo, a enseñarles a hablar en un idioma tan puro como la canción del cosmos. Volvemos a encontrarnos con referencias al universo y al cosmos, que se traduce, según Christian Jacq, en conseguir que «el hombre completo sea capaz de armonizar lo físico y lo espiritual».

Por esta razón, debe entenderse que la doctrina primitiva de la Orden de los Misterios se origina en rituales que definen no una multitud, sino una sola unidad divina. Para Jámblico, Dios es uno y único. Definió esta idea en su libro de Misterios o *Mysteriis,* libro I, de esta manera: «Del mismo modo, el universo, que es divisible, comparte la luz única e indivisible de los dioses. Está en todas partes total e idéntico e indivisiblemente presente para todos los que pueden participar; llena todo con su poder perfecto y de acuerdo con una excelencia infinita de causalidad, contiene todo en sí mismo y en todas partes, se une a sí mismo y une fines con principios. Esto es lo que imitan el cielo y el mundo, que en su movimiento circular se unen a sí mismos y arrastran los elementos a una revolución circular; contienen todo lo que depende de ellos y se sienten atraídos por ellos, limítelos en partes iguales, unan los términos más distantes y terminen en principios, ya que el cielo se une a la Tierra y hace que todo sea todo continuidad y un único acuerdo».

Voy a citar a Arthur E. Waite porque hablando de Jámblico sea posiblemente el que mejor lo define, nos recuerda que: «Con Jámblico entramos en una atmósfera diferente en el tratado teúrgico y teosófico sobre los Misterios Egipcios (...) Se entiende que el autor pertenece como Apuleyo a la era cristiana y presenta su interpretación de las cosas vistas personalmente. (1) La tesis es que cuando los Ritos Teúrgicos de los Misterios se realizan perfectamente, los dioses son sus directores. (2) Hay ritos para las almas sin mancha, y otros para los que todavía están bajo el yugo de la carne. (3) Son indistintamente Ritos Mágicos en los que se ven las apariciones, por ejemplo, de los mismos dioses, manifestándose en

---

5. τελετήν; plural de *teleté,* que se traduce por «Rito de Iniciación y Perfección».
6. Porfirio, *Vida de Pitágoras, Argonáuticas e Himnos,* Gredos, Madrid, 1992.

formas gigantescas. (4) Incluían Oraciones e Invocaciones, sobre las cuales se dice que por primera vez se despierta la Esencia Divina dentro de nosotros, mientras que el segundo efectúa la unión con la Divina Causa Primera. (5) Tomados juntos, forman ayudas para adquirir la semejanza del Divino. (6) Se afirma, además, que un digno cumplimiento de la disciplina arcana establece la Unión Teúrgica. (7) Pero, al parecer, en esta distinción se nos habla de la Participación Divina, la Comunicación Divina y la Unión Divina. (8) En cuanto a la Unión Teúrgica, las almas de los teúrgicos son elevadas hacia los dioses, siendo así preparadas para acercarse a su propia Causa Primera, eterna y noética. (9) Pero hay un Ser Divino "en la soledad de Su Unidad Absoluta", y después de que la disciplina teúrgica ha unido el alma individual con aquellas Fuerzas Divinas que penetran el universo, es conducida al Creador y se une individualmente con el Uno (…)».[7]

Durante su vida, Apuleyo fue un ferviente seguidor de los Misterios de Isíacos, que entonces se consideraban castos y sagrados. Sin embargo, sus parábolas no muestran ningún elemento místico.

Jámblico, por otro lado, descubrió el significado simbólico de los Misterios Isíacos para él y aquellos que compartían sus creencias. A través de esto, dio vida al ritual. Sin embargo, estamos muy lejos aún de los acontecimientos de la muerte de Osiris, de la apasionada búsqueda de Isis y del ensalzamiento de Dios.

Como en cualquier religión, la cosmología egipcia estaba compuesta de una base exotérica y otra esotérica, la primera explica al mundo profano la gran cantidad de deidades existentes que debían ser entendidas como símbolos, así como la liturgia y las creencias que debían tenerse en cuenta. De esa forma se mantenía una estructura religiosa entre el mito y la leyenda que no se contradecía, estableciendo de esa forma una relación entre el mundo humano y el mundo divino. La segunda estaba reservada para los Sacerdotes, que trataban las cuestiones metafísicas y las reglas fundamentales de los Misterios esotéricos y secretos, dejando ver sólo la punta del iceberg a los simples mortales.

Sin embargo, podemos decir que los misterios de Egipto se reúnen en torno a una religión con un acrisolado monoteísmo que se expresa a tra-

---

7. Arthur E. Waite, *Nueva Enciclopedia de la Masonería*, Obelisco, Barcelona, 2019. Trad. de Galo Sánchez-Casado.

vés de un politeísmo simbólico. Es por esta razón que Heródoto, nos habla de la adoración que los egipcios hacían, porque no todos los egipcios adoraban a los mismos dioses por igual; aunque eso sí, todos adoraban a Isis y a Osiris.

Es por esa razón que ese autor sabe cómo fraccionar en emociones más bajas, lo que los humanos terminan llamando con diferentes nombres: Atoum, Amon, Ra, Isis, Osiris, Horus... Todos los «supuestos» ídolos de los antiguos egipcios, que de hecho sólo eran imágenes características, vibratorias y astronómicas de un solo Dios.

La adoración de estas deidades significaba algo para la población profana, de modo que el hombre común podía conocer indirectamente el concepto de este gran Dios creador, que el cerebro humano común nunca podría comprender. La misión del iniciado egipcio consistía en simplificar las cosas que eran complejas a los ojos del profano y, a través de símbolos, transmitirle su conocimiento.

Al iniciado se le había enseñado lo que había al otro lado de la muerte a través de los Misterios menores, es decir, los de Isis. Se le daba a entender que, en aquel mundo intermedio, la ceremonia de iniciación era elevarse en un plano simbólico o astral.

En el tiempo que permanecía en los Misterios menores, además, se le educaba en las ciencias humanas y en los misterios del alma, haciéndole hincapié en que, aunque se destruya el cuerpo, no se destruye el espíritu. En cambio, en los Grandes misterios, más conocidos posteriormente como Misterios de Serapis, se le mostraba la Gran Manifestación de Luz y se le revelaba la Doctrina Sagrada, la cual bien podríamos llamar investigación en el seno de «las sendas ocultas de la naturaleza y de la ciencia». Plutarco decía: «...lo que Isis comunica a aquellos que, por su perseverancia, en una vida sobria y moderada, lejos de la voluptuosidad y las pasiones, aspiran a la participación de la naturaleza divina, que se ejerce asiduamente en nuestros templos, en estas prácticas severas, en estas rigurosas abstinencias, cuyo fin es el conocimiento del primer y soberano ser que sólo el espíritu puede entender».[8]

Se enfrentaron con lo divino hasta conocer el alma humana y se comunicaron con la Causa Primera, llegando así a la Consciencia espiritual más elevada que el hombre había conocido desde su origen.

---

8. Plutarco, *op. cit.*

En los templos se impartían enseñanzas que incluían la doctrina sagrada, pero también la ética y las ciencias exactas. Para recibir la iniciación completa, el rito en total consistía en seis grados simbólicos. Primero estaban los preparativos, más conocidos por Pequeños misterios, que comprendían dos grados, un tercer grado intermedio, que hacía de puente con los Grandes misterios y terminaban con tres grados más.

Todos ellos tenían sus viajes, sus símbolos y la *epopteia* o autopsia; esta última del griego *autos*, «uno mismo» y *ops*, «ver» o «visión»; dando el sentido de «ver por uno mismo» la contemplación de la verdad. Desde el principio, el aspirante juraba no revelar nada de lo que aprendería o vería durante la ceremonia. Exactamente igual a lo que ocurre en la masonería actualmente. Recibía esta primera iniciación de rodillas, con las manos atadas a la espalda, la punta de una daga en la garganta para simbolizar que aceptaba la muerte por la daga si traicionaba los secretos revelados: era el juramento del secreto, de hecho, el conocimiento enseñado provenía de la Revelación primitiva de la verdad.

Es útil comparar, por un momento, estas grandes indicaciones con lo señalado por el egiptólogo y geómetra W. Marsham Adams sobre la Gran Pirámide,[9] que la considera un lugar de iniciación en vez de una tumba. No cabe duda de que el mito de Osiris se presenta en el ritual como la gran revelación de todos los Misterios, es la propia historia del alma. Es la historia en la que Osiris vive, aunque sea conocido por otros nombres, y no hay despedida más elocuente que la que dice: «Has ido a vivir con Osiris». Es la gran doctrina la de la resurrección, que puede ser la de Osiris o la de Hiram, porque tanto uno como otro traen el mensaje de la inmortalidad en la unión. No sólo lo encontramos en la masonería, también en el martinismo. Louis-Claude de Saint-Martin dijo, haciendo referencia a los hombres verdaderos: «Hablan el mismo idioma porque proceden del mismo país, así que también vuelven al mismo lugar».

En el carácter transcendental de los Ritos Egipcios, existen profundas similitudes con la tradición del antiguo Egipto y aunque puedan existir exageraciones a la hora de exponer un mito, le aleja de cualquier forma de falsificación, demostrando que el mismo espíritu ha sido comunicado a todos los pueblos adaptados en el tiempo y las culturas.

---

9. W. Marsham Adams, *El enigma de la gran pirámide*, Abraxas Ed., Barcelona, 2004.

Tenemos un buen ejemplo con el *Krata Repoa*, un documento corto que nos dice que es una traducción de un antiguo papiro de autoría desconocida. Aunque apareció por primera vez de forma anónima y en alemán a finales del siglo XVIII, basándose en una amplia gama de fuentes clásicas para sus detalles. Sabemos muy bien que es una reconstrucción especulativa realizada por los masones alemanes, C. F. Köppen y J. W. B. von Hymmen, fundadores de la Orden de los Arquitectos Africanos, donde describen de una forma muy detallada las Iniciaciones a los Antiguos Misterios Egipcios. Para ello se basaron en varias fuentes, algunas congraciaban con los misterios antiguos, pero otras, ciertamente eran hostiles. Dadas las estrictas leyes del secreto que rodeaban los ritos clásicos, sólo podemos suponer que los relatos mejor preparados y más comprensivos de la antigüedad nunca fueron revelados por los Sacerdotes Egipcios.

Es curioso que sobre arqueología se ha escrito mucho, pero sobre los Misterios Egipcios las bocas de los egiptólogos se mantienen cerradas y como mucho hablan de los textos funerarios y del Libro de los Muertos, pero nada más. Casi todas las referencias vienen del Caballero Ramsay, Dom Penerty, Atanasio Kircher y el abate Terrason, de los que hablaremos más adelante.

Escritores masónicos posteriores también recurrirán a los testimonios dejados por Apuleyo y Jámblico. No son de ningún modo las únicas especulaciones, las luces oscuras salen a luz a través de sus relatos de Heliópolis y Menfis «en el amanecer y anochecer de los tiempos», según decía Arthur E. Waite.

Debemos tener en cuenta que una cosa es el progreso del Candidato en el tipo de sociedad actual, y otra muy distinta son los viajes e iniciaciones que se producen según la mitología y que tienen que ver con el alma después de la muerte.

No todos los griegos comprendieron, de la misma forma, los simbolismos. Un ejemplo lo tenemos con Heródoto[10] que no parece entender bien lo que representa simbólicamente los misterios del Ave Fénix y el *Kneph* o Huevo alado,[11] que no es más que el descenso del Sol, que sim-

---

10. Heródoto, *op. cit,* véase libro II, cap. LXXIII.
11. Se suponía que *Kneph,* «Aliento del alma», el viento o el aire, o el aliento de nuestros cuerpos, era el dios de la vida animal y espiritual y que traía nueva vida a las cosas. Tiene cabeza y cuernos de carnero. Fue una deidad creadora y luego fue asimilado como un aspecto de Amón.

boliza la muerte y que la vida comienza después de esta. El historiador y geógrafo griego dice: «También clasificamos en la misma clase a otro pájaro que llamamos ave fénix. Sólo lo vi en la pintura; raramente lo vemos; y, si se cree en los heliopolitanos, sólo aparece en su país cada quinientos años, cuando su padre muere. Si se parece a su retrato, sus alas son en parte doradas y en parte rojas, y se ajusta completamente al águila en términos de figura y descripción detallada. Traemos de vuelta una particularidad que me parece increíble. Se va, dicen los egipcios, de Arabia al templo del Sol con el cuerpo de su padre, que lleva envuelto en mirra, y le da el entierro en este templo. Así es como lo hace, crea una masa en forma de huevo con mirra, del peso que cree que puede cargar, la levanta y comprueba que no es demasiado pesada; luego, cuando ha terminado estas pruebas, socava este huevo e introduce a su padre en él, luego cierra la abertura con mirra. Este huevo tiene el mismo peso que cuando la masa estaba entera. Cuando, según lo dicho, lo contiene, lo lleva a Egipto al templo del Sol».

Llegados a este punto se podría hacer una analogía como la han hecho otros escritores masónicos entre Osiris e Hiram, y aunque pienso que existe alguna similitud, las encuentro diferentes. En la leyenda de Osiris, éste muere, pero finalmente es resucitado, aunque no vuelve a la Tierra y se queda en el inframundo. En el asesinato de Hiram Abi, tenemos que él muere y nunca resucita a la vida. De ser así, debemos suponer que es el candidato cuando se eleva a Maestro que muere simbólicamente y en última instancia es resucitado, siendo la reencarnación de Hiram Abi.

Finalmente, podríamos decir que tanto la masonería como los Antiguos Misterios «son dos corrientes diferentes que nacen de una fuente común» o, dicho de otra manera, es la misma corriente que se va transformando según van cambiando los tiempos, las civilizaciones y las culturas. Los escritores nunca nos hemos puesto de acuerdo, unos creemos que la masonería es simplemente heredera de los Antiguos Misterios y otros defienden que en realidad es su arquetipo.

LOS MISTERIOS GRIEGOS

La situación hallada en los Misterios Egipcios se repite en la Antigua Grecia. Allí encontramos unos Misterios mayores y Menores que discurren paralelos al Helenismo, religión oficial y más conocida. En esos cultos mistéricos, sólo eran admitidas las personas que hubieran superado unas determinadas pruebas que influían, de forma permanente, en el carácter de los que se unían para obtener la iniciación.

Luis del Castillo afirmaba: «…el fin último de estos misterios era procurar que el iniciado pudiera, mediante las revelaciones y los ritos que en ellos se daban, vincularse adecuadamente con aquella divinidad que, de una manera u otra, habían proporcionado a los hombres una clave para la vida eterna. Con esa fórmula se tenía la certeza de participar en una existencia dichosa que habría de desarrollarse más allá de la tumba…».[1]

Como veremos, en Grecia existieron muchos Misterios, aunque los más conocidos y que han obtenido más renombre fueron los eleusinos, los dionisíacos, los órficos y los cabiros, todos ellos muy influenciados por ritos o creencias que ya se habían desarrollado en Oriente.

Es evidente que analizar todos los Antiguos Misterios, menores y mayores, es imposible, porque sólo trataríamos de ese tema. Por lo tanto, me he permitido elegir algunos de ellos que creo pueden haber influido en el desarrollo de los Ritos Egipcios.

Empezaremos por definir qué se entiende por Misterios menores y Misterios mayores, para luego ver alguno de los Misterios egipcios. Tendremos que aceptar que sean relatados por filósofos griegos, única constancia existente.

---

1. Luis Castillo, *Historia de Grecia antigua,* Universidad Autónoma de Chile, Santiago, 2002, p. 147.

¿En qué consistían los Misterios menores?, en primer lugar, el candidato o candidata debía prepararse para recibir una purificación o iniciación. En un cuento, Cortázar decía sin hacer referencia explícita, pero sí implícita al mito de Orfeo, que en «…el primer tiempo de la ceremonia no iba más allá de una sonrisa recibida por quien la había merecido». Aunque después se les dará la entrada a los Misterios mayores, pero antes de eso debían de pasar por un examen previo en el que se les preguntaba si tenían algún crimen del que arrepentirse y si comprendían la lengua antigua.

El poeta Calímaco de Cirene,[2] se dirigirá así a la diosa Artemisa: «Tú le elevas de su instinto salvaje»; y con otras palabras Diodoro de Sicilia decía: «Todo aquello que aquí tiene él de salvaje, tú lo elevas hacia las cosas bellas e importantes; que son desconocidas de los ignorantes».[3]

Nada indica que a través de la operación se consiguiera el efecto deseado. Porque la impresión producida por la iniciación en la mente de un filósofo como Platón o de su sucesor, Proclo, seguramente difería mucho de lo que sucedía en la cabeza de un militar y político como Alcibíades. El ejemplo lo tenemos en los escritos de la comedia griega. Cuando Platón habla del ceremonial de purificación, siempre se refiere a los delitos cometidos que quedaban redimidos no sólo en la vida terrena, sino después de la muerte. Aquí tenemos un ejemplo del mimetismo de la Iglesia, que hará suyo este mismo concepto posteriormente.

Otro de los requisitos que pedían para lograr ser iniciado era el aval de un Mistagogo, es decir, de uno de los sacerdotes que se encargaría de la iniciación del Neófito.

En los ritos podían participar tantos hombres como mujeres, a los extranjeros se les aseguraba la cualidad de ateniense y a los esclavos que conseguían el permiso para su iniciación, los convertían en ciudadanos libres al recibirla. Cuando he dicho en cierto momento o lugar que la masonería es heredera de algunas de las exigencias que tenían los Antiguos Misterios, no quiero decir que sea la continuación directa, pero sí que de cierto modo deriva de ellos. Además, no podemos olvidar que la obligación de guardar secreto fue una invención de los Sacerdotes mistéricos que hacían jurar a los Candidatos cumplir el compromiso. Esta obligación comenzó en los Ritos

---

2. Calímaco, *Himnos, epigramas y fragmentos.* Editorial Gredos. Madrid, 1980.
3. Diodoro de Sicilia, *Libros IV-VIII,* Editorial Gredos, Biblioteca histórica, Madrid, 2008.

Órficos, y se le atribuían a Orfeo[4] las siguientes palabras: «Cuando nuestras ceremonias se abren a los hombres desconocidos antes de la iniciación, cuando estén en el primer vestíbulo, tienen que jurar guardar secreto mediante un juramento religioso y bajo una terrible amenaza». De esa forma solicitaba que los secretos de transmisión e iniciación que él había transmitido no fueran escuchados por oídos profanos. Una obligación que también está incluida en todos los rituales masónicos.

El primer testimonio que tenemos sobre Orfeo es de Heródoto, desgraciadamente no podemos hacer referencia a otro filósofo, porque no ha subsistido ninguna obra anterior a este autor.[5] Decía: «...Las enseñanzas de las antiguas religiones mistéricas eran unos secretos bien guardados. Todos los iniciados hacían un juramento, e incumplirlo se pagaba con la muerte. Sin embargo, estos secretos se guardaban solos. Son "secretos sagrados abiertos", escritos en el lenguaje de la naturaleza, en el movimiento de los astros y en el canto de los pájaros. Las respuestas están claras para todos aquellos que sean capaces de mirar y de escuchar con una mente que no esté ofuscada por la opinión de los demás...».[6]

---

4. Las representaciones plásticas, musicales o literarias, de Orfeo son muy abundantes. En pintura, Durero, Émile Lévy, Jean Delville y Émile Bin realizaron obras con el nombre de *La muerte de Orfeo*. En música, es especialmente importante la obra de Claudio Monteverdi, *La fábula de Orfeo* (1607), considerada una de las primeras óperas de la historia. Otros relevantes compositores recrearon el mito: entre ellos, Christoph Willibald Gluck, *Orfeo y Eurídice*, y Jacques Offenbach en su paródica ópera bufa *Orfeo en los infiernos*. También el actor Anthony Hopkins compuso una canción basada en el mito de Orfeo y la búsqueda de Eurídice titulada *Orpheus*. En la poesía latina, Orfeo aparece en el libro cuarto de las Geórgicas de Virgilio y en el libro décimo de las *Metamorfosis de Ovidio*. En lengua española, aparece en la lírica de Góngora. Francisco de Quevedo le dedicó el poema «Un Orfeo burlesco», en 1624, y Juan de Jáuregui desarrolló por extenso el mito en un poema en cinco cantos. Sin embargo, la referencia al mito es explícita en el caso en el poema de Rainer Maria Rilke «Sonetos a Orfeo» (1923), e implícita en un cuento de Cortázar. Ambos realizan un tratamiento moderno del mito en dos géneros, la lírica y la narrativa. También en dos tradiciones literarias, la elección obedece a la idea de que ambos autores, al recrear el mito, articulan implícitamente una concepción del arte que está vinculado a la muerte. También el cine incluyó el mito en las obras de Jean Cocteau, que realizó una trilogía cinematográfica, *La sangre de un poeta* (1932), *Orfeo* (1950) y *El testamento de Orfeo* (1962); Marcel Camus dirigió la película Orfeo negro, en la que la historia de Orfeo y Eurídice se traslada al Carnaval de Río de Janeiro.

5. Se le considera el padre de la historiografía por su famosa obra Ἱστορίαι (Historias), la primera vez que se le cita de esta forma es en *De legibus*, 1, 5, 5, obra escrita por Cicerón.

6. Timothy Freke, *Hermética: La sabiduría secreta de los Faraones,* Ed. Grupo Z, Bar-

Todos estos ritos se caracterizaban por su gran hermetismo. Además, a los nuevos iniciados se les obligaba a guardar el secreto también por el drama que representaban y que en la mayoría de los casos tenía una similitud mística con el mito de Perséfone, que nos habla de la muerte, la resurrección y la fertilidad.

Casi todos los escritores están de acuerdo y coinciden en que de alguna forma los Misterios unieron sus métodos y fines para que fueran parecidos, aunque su carácter espiritual era muy diferente. Es evidente que variaron los nombres e incluso los símbolos no podía ser de otra manera, ya que estaban dirigidos a conseguir un mismo fin.

Uno de los lugares más conocido, donde se celebraban tanto los Misterios menores como los mayores, era la ciudad de Eleusis, y aunque ambos formaban una unidad en su conjunto, parece razonable suponer que los primeros eran una introducción a los segundos. Sin embargo, varios autores han remarcado que los Misterios mayores eran muy diferentes de los menores. Por lo tanto, nada nos indica que un iniciado en los menores, es decir un *Mysta,* se convirtiera necesariamente en un *Epopta,* que era como se conocían a los iniciados en los Misterios mayores. Es de suponer que entre ambas vías iniciáticas existía una selección que dividía de alguna forma el avance y, como consecuencia, la existencia de una doble doctrina.

No cabe la menor duda que los Misterios menores no comunicaban nada que fuera contrario al politeísmo griego, ya que hubiera abierto una brecha respecto al concepto de Divinidad. Sobre todo, iban dirigidos a que entendieran mejor el modo de conciliarse con Dios, y que comprendieran el concepto de inmortalidad. Surgieron por el anhelo que tenía el pueblo de una supervivencia dichosa en un más allá. No obstante, a los *Epoptas* –iniciados en los Misterios mayores–, se les entregaba ciertas lecturas secretas que sólo ellos y sus Hierofantes conocían.

Los misterios se terminaron llamando de Eleusis, porque se desarrollaban en esa ciudad que estaba cercana a Atenas. Los adeptos de estos ritos incluían a cualquiera que sintiera que los dioses olímpicos eran insuficientes para satisfacer sus necesidades espirituales, que se centraban en la vida eterna después de la muerte. Por ese motivo, recurrían a los ritos que practicaban las comunidades campestres.

---

celona 1999, p. 151.

Otra de esas comunidades fue Agra, donde en la época de Pisistrato se desarrollaban los misterios Órficos, en esa época estaban muy activos los cultos de Dioniso, Deméter, Gaia, Metro y Perséfone. Según Demetrio Poliorcetes, «Los atenienses recibían los Misterios menores en el mes de Antesterion (equivalente a febrero-marzo); los Misterios mayores, en el mes de Boedromion (equivalente a septiembre-octubre)». Estas fechas también nos las confirma Juliano: «Por eso los atenienses celebran dos veces los misterios de Deo, los misterios menores, como los llaman, cuando el sol está en la propia constelación del Carnero, y los mayores, cuando está en la del Cangrejo, por las causas que acabo de decir…».[7]

La mayoría de los ritos se dividen en dos conceptos: el primero consta del asesinato de un Dios o un Maestro, el desmembramiento, en algunos casos el ocultamiento del cadáver o la devoración y, por último, la resurrección. En segundo lugar, es la bajada al inframundo del dios o la diosa, los pasos a través de siete puertas o estancias, la negociación con la diosa o el dios del mundo de los muertos y de los espíritus (inframundo), y el acuerdo de permanecer seis meses allí y otros seis en la Tierra.

La primera vía correspondería a los Misterios menores, que imitaban todo lo que acompañaba a Dionisos y que cumple con lo expuesto anteriormente. Fue muerto y desmembrado por los Titanes, devorado por ellos, y después devuelto a la vida por Atenea y Apolo. Hay que tener en cuenta que Dionisos era un dios peculiar entre los griegos. Es, posiblemente, uno de los pocos que sus seguidores lo interiorizaban. Por ese motivo, el investigador Barry Powell cree que la metáfora cristiana de «comer» la carne y «beber» la sangre de Jesús son influencias del culto a Dionisos.[8]

Si tuviéramos que hacer una interpretación masónica del mito de Dionisos, entenderíamos esa parte que está en nosotros obstinada, irracional y violenta. Podríamos compararla con los Titanes, es decir, con nuestra parte más material, que es la que debe ser suprimida, la que debe sufrir castigo y pena.

Los Misterios menores se concretaban en la purificación y en la simbolización de la muerte de los dioses, a través de alteraciones de concien-

---

7. Juliano, *Discursos VI-XII*, Gredos, Madrid, 1979, p. 104.
8. Barry B. Powell, *Classical myth* (5.ª edición), Upper Saddle River, Pearson/Prentice Hall, 2007.

45

cia. Éstas puede ser producidas por el sueño, donde entrarían Hipnos y Tánatos –ambos hijos de Nix–, simbolizando un trance próximo a la muerte, manifestación del primero y una muerte sin violencia encarnada por el segundo. Sería la pulsión de la muerte, representada por Tánatos, frente a la tendencia instintiva de la vida, personificada por Eros.

Esta iniciación siempre tiene el mismo principio, el iniciado muere para renacer a una vida mucho más plena y hermosa. En el sueño inducido que nos lleva al trance y cambia nuestro plano de conciencia, se limpia el cuerpo físico, de la misma forma que anteriormente había sido purificado por el agua, por lo tanto, el iniciado duerme para encontrarse en una situación de paz y armonía.

En los misterios Eleusinos, la deidad principal es Perséfone, también conocida como Kore,[9] hija de Zeus y Deméter, que es raptada por el dios Hades, señor del mundo subterráneo que emerge por una grieta del suelo. Su madre, Deméter, impulsada por el amor y la pena, abandona la tierra y va en su búsqueda hasta el inframundo. Mientras tanto, el planeta se vuelve estéril. Al final consigue encontrarla, y después de algunas negociaciones entre Zeus y su hermano Hades, pactan para que pueda regresar por un tiempo con su madre al mundo de los vivos, en el que la tierra volvería a dar cosecha y permanecería durante otro período en el inframundo.

Es la misma historia de Innana y Dummuzi, relatada en el poema de Gilgamesh, escrito en el año 2500 a. C. mucho antes del inicio de los misterios griegos, que se calcula fueron hacia el 1500 a. C.

No obstante, la mayoría de investigadores concuerdan que estos misterios eran paralelos e incluso en algún caso se confundieron con el de Dionisos. Sin embargo, a partir del siglo VII a. C. sufrieron una completa transformación.

---

9. La diosa es conocida con dos nombres distintos, no relacionados etimológicamente: Perséfone y Kore (griego antiguo Κόρη). La forma Kore es simplemente el nombre común –κόρη– para designar a una doncella o mujer joven, lo que evidentemente guarda relación con el significado del nombre de su madre Deméter. También pertenece a una tipología escultórica de la Época Arcaica de la Antigua Grecia, que consiste en una estatua femenina en posición de pie, cuya versión masculina del mismo tipo se designa kuros. La kore denota una profunda influencia de la estatuaria egipcia en su carácter sólido y rigidez corporal. Aunque estas estatuas griegas arcaicas transmitan la misma artificialidad que sus semejantes egipcias, el trabajo del material es en aquéllas un poco más tosco.

Los Misterios mayores Eleusinos transcurrían sobre los meses de septiembre u octubre, y duraban nueve jornadas. Los primeros días eran informativos y formativos sobre los Pasos de la Iniciación, allí recibían instrucciones de cómo iban a ser las ceremonias que se desarrollarían en una etapa posterior. También se les hacía entender el significado de la leyenda de Perséfone, que representaba la desaparición y el retorno de la vida vegetal o, lo que es lo mismo, la renovación de la vida y el nuevo renacer de la humanidad. Un primer paso era ofrecer sacrificios de animales a Zeus, recogiendo sus pieles, que más tarde se utilizarían para otra ceremonia.

Los ritos se iniciaban con una procesión que partía desde Atenas, que se conocía como la *Panegírica*. Antes de cruzar el río Iliso se purificaban en él, lo hacían por aspersión y no por inmersión, ya que al igual que el otro río que atravesaba Atenas, llevaba poca agua. Lo importante era que los *Mystes* (Iniciados) colocados sobre las pieles de los animales sacrificados recibieran algunas gotas de agua sobre su cabeza, proporcionadas por el *Daduchos*,[10] que era quien oficiaba el ceremonial. De hecho, no dejaba de ser una ceremonia simbólica y rápida, ya que no tenía una eficacia consubstancial. Sin embargo, era la primera vez en que se le pide guardar secreto al candidato.

El segundo paso, muy ligado a la purificación, era el *Abandono de los Metales*, allí junto al río Iliso, en las tiendas de preparación, debían dejar simbólicamente toda su fortuna y disponerse para el Trance Místico. Ese hecho de abandonar los bienes, es decir, los metales, nos recuerda a los «usos y costumbres» de la masonería, heredados de los Pitagóricos. Éstos sostenían: «Cuando alguno venía para situarse cerca de Pitágoras, para instruirse, vendía sus bienes y depositaba su dinero en cajas de seguridad, que eran custodiadas por Pitágoras». Después, entre danzas y cánticos, llegaban a la población de Eleusis.

Esas tradiciones de abandonar el dinero y acampar en tiendas de manera similar lo hacían en Andania, donde también se practicaba el antiguo culto mistérico griego en honor de la diosa Deméter, y su hija Ceres. Era oficiado por individuos consagrados de ambos sexos provenientes de diferentes tribus, y la iniciación estaba abierta a cualquiera que lo deseara. Allí se encontraba escrito: «Que nadie entre en esta tienda llevando dinero por

---

10. Era el título del segundo Sacerdote (rango después del Hierofante) en los misterios Eleusinos, un oficio hereditario en varias familias de Atenas.

un valor superior a cien dracmas, y si entran con más, que los Sacerdotes del hierón no les dejen pasar; hasta que todo lo que esté por encima sea consagrado a los dioses, y entren con lo justo».

El concepto que tenían los griegos de los iniciados a los Misterios menores era su condición de cuerpo terrenal, con el alma impura e inmersa en una naturaleza material. Según Warburton, «alegaban que no exigían nada difícil al iniciado porque no lo iban a ayudar a llevarlo a cabo». Por lo tanto, eran más unos consejos de la vida, de la razón y una instrucción de tipo moral.

La ceremonia de los que se iniciaban en los Misterios mayores se desarrollaba en la misma Eleusis, arrullados por el sonido del mar, y en algunos casos existía un rito de ablución con esa agua de mar. Allí se les preparaba también para el ayuno y no podían consumir algunos alimentos de procedencia animal, que se consideraban impuros. Además, a los adeptos, antes de la iniciación, se les purificaba por el fuego con antorchas que llevaban en las manos los *Daduchos* que representaba al sol. Incluso, mientras duraban los misterios, no podían mantener relaciones carnales. No dejaba de ser un procedimiento convencional, pero la contingencia sexual se imponía tanto en los Misterios menores como en los Mayores. Por último, cada *Mystes* debía ofrecer un óbolo por día al Hierofante.[11]

Luego, en cada jornada se hacía una actividad diferente. Al primer día, le correspondía el traslado de los objetos sagrados, desde Eleusis hasta el Eleusinion, un templo en la base de la Acrópolis de Atenas. Al segundo día, se le conocía como el *De la Junta* y los hierofantes (sacerdotes) declaraban el *prorrhesis*, el comienzo de los ritos. El tercero que se realizaba en el mar era el *Del Baño*. El cuarto, correspondía al *Sacrificio*, que se hacía con un cerdo pequeño. El quinto día, comenzaba una procesión en el cementerio ateniense (conocido como Cerámico) y la gente caminaba hasta Eleusis, siguiendo la llamada «Vía Sagrada», llevando ramas conocidas como *bakchoi* que balanceaban por el camino. El sexto día, habiendo llegado a Eleusis, lo dedicaban al ayuno, imitando de esa manera el que hizo Deméter cuando buscaba a su hija Perséfone. Sin embargo, la absti-

---

11. Hay quien cree que los Eumólpidas era otra clase de Hierofantes, hay que aclarar que no es así, eran una familia de sacerdotes de Eleusis que mantuvieron y dirigieron los Misterios eleusinos durante la época helenística. Como linaje de Sumos Sacerdotes o Hierofantes tenían el privilegio de permitir o rechazar a los que debían ser iniciados en los secretos de Deméter y Perséfone.

nencia se podía romper bebiendo ciceón (*kykeon*), una pócima de cebada y poleo.[12] El séptimo día, era el más importante y donde se desarrollaba la parte más reservada de los misterios, comenzaba en una gran sala conocida como Telesterion, en ese lugar se le mostraban a los *Mystes* las reliquias sagradas de Deméter y a los que finalmente eran iniciados, se les prohibía hablar de lo sucedido, incluso bajo pena de muerte. El octavo día, llamado *Epidaurus*, estaba consagrado a Asclepio, dios de la medicina, y a él se le dedicaban sacrificios y ceremonias rituales. En el noveno día, se vertían libaciones en vasijas adecuadas para honrar a los muertos, allí se les sometía a gritos horripilantes y a terror mediante diversos objetos. Finalmente, llegaba la luz, la calma y la paz. Se trataba de una especie de renacer, creando una impronta en los iniciados que repercutía moralmente en ellos, y los demás los consideraban personas privilegiadas, no sólo para vivir en este mundo, sino también después de la muerte.

Según Dion Crisóstomo, los misterios se cerraban con danzas rituales de celebración y entronizando a los iniciados. Es importante la visión de este filósofo, porque siendo un estoico, abogaba por llevar una vida sencilla y vivir de acuerdo con la naturaleza, una visión muy panteísta.

Si partimos de que el alma debe de superar varias etapas para retornar a la Causa Primera, la iniciación tiene también diversos grados, y aunque hay distintas opiniones, mayoritariamente se cree que estos eran siete. Ningún autor griego lo expresa con claridad y considero que tampoco han querido revelarlo, siempre lo han mantenido bajo el velo de Isis. Lo único que sabemos de ellos es a través de algunas alusiones de los antiguos y de los apologetas cristianos, pero todo en estado fragmentario y no satisfactorio. Por lo tanto, es difícil determinar una correlación coherente, aunque intentaré establecerla. De inicio, tenemos los tres primeros grados que debían de superar los que aspiraban a ser iniciados:

— Iniciación en los Misterios menores, o Purificación.
— Iniciación en los Misterios mayores.
— *Epopteia*, que significa «contemplación», «revelación» y «observación».

---

12. Hay autores que piensan que el *kykeon* era como agente psicodélico, teoría extensamente argumentada por R. Gordon Wasson, Albert Hofmann y Carl A. P. Ruck en *El camino a Eleusis*. La cebada podría haber sido parasitada por el hongo *Claviceps purpurea,* cuyo esclerocio se conoce como cornezuelo del centeno.

Estos grados griegos se encontraban anteriormente en Egipto y posteriormente entre los cátaros. Primeramente, existieron los tres grados básicos y después los cuatro grados esenciales que estaban expresamente destinados a aquellos a los que se consideraban Adeptos, y que les permitía iniciar a otros candidatos, a dirigir los pórticos que formaban varios grupos y a instaurar los rituales iniciáticos:

— Iniciación en el Conocimiento de lo Divino o Iniciación de la Corona.
— Iniciación Sacerdotal; para los eclesiásticos, los médicos, los filósofos y los políticos.
— Iniciación Hierofántica o Iniciación Real.
— Iniciación Suprema; que tiene por finalidad la liberación de las limitaciones y la identificación del Uno por la reunificación del Pensamiento y del Alma en la Unidad.

En el fondo, por lo que vamos viendo, podemos decir que durante siglos persistió la misma religión o religiones que tenían paralelismos muy similares, hasta llegar al cristianismo que, de una forma u otra, los siguió conservando.

Constantino fue el que unificó todas ellas, en especial porque su ejército profesaba el mitraísmo y buena parte de la población civil eran seguidores del cristianismo.[13] Si comparamos ambas religiones, veremos que tienen más en común de lo que imaginamos. Por ello, políticamente, la unificación fue necesaria.

Algo más tarde, Juliano encontró en los escritos de Homero y Hesíodo las mismas ideas que no dejaban de ser una recopilación de otras más antiguas. Ése fue el motivo por el cual vuelve, por así decirlo, al pensamiento protocristiano a la aceptación de la divina autoridad de Helios («Sol») o Hiperión («El que camina en las alturas»). Pero no era sólo Juliano el que quería mantener vivo el pensamiento de los filósofos griegos, también los gnósticos quisieron hacerlo. Ésa es la razón por la cual los valentinianos, nasareos, ofitas, peratas, setianos, senianos, bardesanitas

---

13. El 27 febrero del año 380, el cristianismo se convirtió en la religión exclusiva del Imperio romano por un decreto del emperador Teodosio, lo que tuvo trascendentales consecuencias.

y barbelognósticos consideraron a Homero como uno de sus profetas. Comparativamente hablando, éste es un curioso comentario.

Lo cierto es que los archivos antiguos están llenos de ritos y rituales que por alguna razón han sido salvaguardados por una estricta ley de protección y bajo un doble muro doctrinal, aunque no sabemos por qué. Es evidente que los Ritos Egipcios y griegos de iniciación eran de tipo preparatorio para algo que debía suceder después, es por ello que estaban muy preocupados con las ceremonias de purificación, antesala de los Misterios mayores.

Era evidente que había diferencias entre los diversos ritos griegos, pero existía un nexo que los unía, que era la leyenda Eleusina.

No debemos olvidarnos de los misterios Cabiros, también conocidos como los de Samotracia. Es probable que estos misterios fueran originalmente deidades frigias de la fertilidad y protectores de los marineros, que los griegos importaron a su panteón. Eran un grupo de enigmáticas deidades ctónicas,[14] que se sitúan en el ámbito de la religión. Aglutinaban una serie de elementos agrarios y telúricos que, al desarrollarse en el ambiente cerrado de las islas, determinaron el carácter mistérico y naturalístico de los mismos.

Aparecen prácticamente en todas las islas de alrededor de Samotracia: Imbros, Lemnos y Tasos. Hemos visto que el origen y naturaleza de los dioses de estos misterios eran oscuros, así como el contenido de su religión. No obstante, son los misterios donde se hace una referencia más concreta de una pareja divina, acompañada de un hijo-dios que luego recogería el cristianismo.

Lo cierto es que Dion Crisóstomo, que era estoico, no escribió específicamente sobre los cristianos, aunque su filosofía ha sido de alguna forma recogida en la moral de Pablo de Tarso. Queda demostrado así que los cristianos, cuando desarrollaban su fe, recurrieron a las filosofías estoicas y cínicas.

En un momento dado, Plutarco critica a Zenón, fundador del estoicismo o escuela del Pórtico [15] porque decía que no se podían erigir esta-

---

14. Las deidades griegas, ctónicas o telúricas son deidades antiguas, que se llamaban así porque se refieren a la tierra, al mundo subterráneo o al Inframundo, a diferencia de las deidades celestiales.

15. Plutarco, *Obras Morales y de costumbres* (*Contradicciones de los estoicos*), Gredos, Madrid, 2004.

tuas ni templos a los dioses, ya que ninguno de ellos tenía suficiente «santidad». También Dión Crisóstomo[16] dirá de los estoicos o los del Pórtico, que comprendían al mundo como una única ciudad, y que era suficiente con practicar la virtud para ser felices. Incluso llegaban a decir que, debido a una determinada «capacidad racional» (λογικών περιλαβώ τισ), los hombres podían unirse a los dioses (ὗντηροπῷν σψν τηεοῶσ αριτημουμῶνῷν). Esta reflexión tiene bastante parecido con lo que mantenía san Pablo, «que bastaba con el amor y la práctica de la caridad para unirnos finalmente a Dios». Queda claro que el pensamiento de Pablo de Tarso posee una gran deuda con la filosofía griega, principalmente con los estoicos. No obstante, escuelas como la de Martinez de Pasqually, tanto los Elus Cohen o el martinismo, también recogen el mismo concepto.

De todos ellos son las escuelas Pitagóricas las que tienen una similitud mayor con lo que después será la masonería. Allí se permanecía estudiando en silencio entre tres y cinco años, durante ese período el único que hablaba era el Maestro, que la mayor parte de las veces se le escuchaba, pero no se le veía. Algo parecido se describe en un antiguo ritual del grado de Caballero Kadosh.[17] Una vez pasada esa fase de aprendizaje o probatoria, el discípulo se unía al resto, pudiendo ya compartir mesa. Pero si, por el contrario, ocurría que no purificaba tanto su cuerpo como su alma, en otras palabras, si no había sido aceptado, le sugerían que dejase la escuela. A los aceptados se les llamaban internos, pitagóricos, esotéricos o matemáticos. A los que expulsaban, que a pesar de todo seguían vinculados a la escuela, los denominaban externos o *acusmáticos*. Los que llevaban más tiempo, que eran auténticos investigadores y tenían el tercer grado porque estudiaban los principios más secretos e internos, se le conocían como físicos. Eran los que realmente habían avanzado en el camino iniciático.

---

16. Dion de Prusa, *Obra completa*, Ed. Gredos, Madrid, 1997. *Discursos, XXXVI-LX:23.* Intr., trad. y notas de G. del Cerro Calderón.
17. Galo Sánchez-Casado, *El Manuscrito Francken*, Masonica.es, Oviedo, 2018.

HIPÓTESIS DEL ORIGEN DE LA MASONERÍA

Los orígenes reales de la masonería, como dije en un libro anterior, se pierden en la bruma de la antigüedad. Son, sobre todo, los escritores masónicos ingleses los que especularon absolutamente con la historia. Fueron dos los motivos que les impulsaron a ello. El primero que sus puntos de vista tenían una visión literal de la historia, basándose casi exclusivamente en una cronología del Antiguo Testamento. El segundo fue ceñirse a que derivaba únicamente de los constructores operativos y recogían las extravagantes historias de las «Old Charges». Lo que no deja de ser un disparate.

Si leemos el Libro de las Constituciones redactadas por el pastor James Anderson, dice con toda seriedad: «Adán, nuestro primer padre, creado a la imagen de Dios, el Gran Arquitecto del Universo, ha de haber tenido escritas en su corazón las Ciencias Liberales, en especial la Geometría [...]. [...] podemos seguramente inferir que el mundo antiguo, que duró 1656 años, no podía desconocer la Masonería y que las familias de Set y Caín erigieron muy curiosas obras, hasta que al fin Noé, el noveno descendiente de Set, recibió de Dios la orden de construir la ingente Arca, que, aunque de madera, fue fabricada según los principios de la Geometría y las reglas de la Masonería». Si seguimos buscando, veremos que otros, tal vez menos fantasiosos, han atribuido el origen a Abraham o Moisés.

George Oliver, que fue clérigo, maestro de escuela, topógrafo y escritor, escribió: «... que la Masonería, como la conocemos hoy, es la única reliquia verdadera de la fe de los Patriarcas de antes del Diluvio; mientras que en los antiguos Misterios de Egipto y otros países que tanto se le parecen, no eran más que corrupciones humanas de la única, primitiva y pura tradición». Es evidente que intenta que el dogma prevalezca por encima de todo. Posiblemente, los más acertados en este caso son los que arrancan del Templo de Salomón.

Siempre ha habido, por parte de los masones ingleses, un interés especial en vincular la masonería con el Antiguo Testamento. Parece ser que el paganismo o el cristianismo, aceptado por otras corrientes masónicas, no estaba bien considerado por una masonería excesivamente influenciada por la iglesia anglicana.

Según avanzaba el mundo de la investigación, el conocimiento histórico y el científico progresaron al aplicar métodos más lógicos al estudio de la masonería, lo que produjo una crítica mayor hacia las Escrituras. En la actualidad existe una extensa información sobre la historia de la orden, que es bastante exacta y admirable.

Todo ello nos lleva al desarrollo de varias tendencias del pensamiento masónico, que podemos agrupar en cuatro ramas del conocimiento. Cada una de ella tiene sus propios cánones de interpretación y una relación específica con la masonería, tanto en la explicación de los símbolos como de los rituales masónicos. Estos conceptos han hecho que numerosos escritores actuales estén influenciados por más de una tendencia. Pero empecemos por el principio.

Desde hace mucho tiempo, y debido al escritor Gould, se da por hecho que la masonería nació en 1717. ¿Quiere esto decir que la masonería no existía antes de 1717? Es indiscutible que sí existía y hay sobradamente testimonios que lo prueban. Un documento fechado el 24 de junio de 1535, da evidencia de ello. Allí se habla de la Orden de los Francmasones y de su organización, que no difiere mucho de lo que podemos considerar la masonería moderna.

Y si hacemos caso del historiador F. T. B. Clavel, nos llega a decir que en 1155 había logias inglesas activas: «Desde este momento, la asociación masónica bajo el nombre de Gran Logia tuvo su gobierno regular, que se estableció en York, el cual en sus ceremonias anuales ordenaba todo aquello que podía interesar a la sociedad. El número de los masones aumentó de día en día, las logias se multiplicaron,[1] y el país se enriqueció con una multitud de iglesias, monasterios y otros vastos edificios. (…) se ve ya a las logias administradas por la orden del Temple, que conservó su direc-

---

1. Las diferentes logias de Londres se reunieron, al principio del siglo xv, formando una compañía, o corporación local; y, clasificadas bajo este título, llegaron a ser más de 30 el número de asociaciones del mismo género que existían en Londres. En 1417, una de estas compañías recibió su blasón del segundo rey de armas William Hankstow.

ción hasta el año de 1199».[2] ¿Cuál es el problema de Clavel? Que no aporta ninguna prueba.

Varios historiadores, y otros que no lo son, quieren demostrar que la Masonería Simbólica fue algo que se creó. De modo que se niegan a contemplarla como una organización que creció debido a su evolución. Lo cierto es que los rituales simbólicos que se han venido utilizando desde siempre, no tienen huella alguna de la masonería operativa.

Tan sólo los rituales del *Companonnage* francés (que podríamos traducir por «Compañerismo»), recoge las concepciones morales que mantenían los constructores operativos. Tal vez se deba a que los creadores de los rituales modernos, aunque nunca habían tallado piedras ni construido edificio alguno con sus manos, tenían las mismas relaciones con las fuentes históricas originales.

El movimiento del *Compagnonnage*[3] tiene sus raíces en las hermandades operativas del siglo XIII. Europa es una forma única de transmitir conocimientos y habilidades vinculados a los oficios que funcionan con piedra, madera, metal, cuero, textiles y alimentos. Este conocimiento se aplica dentro de tres comunidades separadas que comparten la mayoría de los aspectos de la vida, del movimiento de *Compagnonnage*.

La originalidad de este grupo radica en la experimentación e implementación de métodos y procesos de transmisión de conocimiento. Estos eran sumamente variados: nacionales e internacionales, viajes formativos (el período del «*Tour de France*»), rituales de iniciación, enseñanza en la escuela, aprendizaje habitual y aprendizaje técnico. Rico en tradiciones, el conocimiento transmitido de generación en generación en el movimiento del *Compagnonnage* se redefine constantemente para adaptarse a los desarrollos técnicos y sociales de las profesiones en cuestión.

Por lo tanto, podemos decir que la masonería nunca ha sido una organización creada por generación espontánea, ni mucho menos expresa-

---

2. F. T. B. Clavel, *Historia pintoresca de la Franc-Masonería,* Imp. de la Sociedad de Operarios del mismo Arte, Madrid, 1847.

3. *El Compañerismo* designa un sistema tradicional de transmisión de conocimientos y formación para un oficio que se ancla en comunidades de compañeros. El término se refiere principalmente a una rama del movimiento obrero francés, famosa por su *Tour de Francia,* que alcanzó el apogeo de su fama con Agricol Perdiguier a mediados del siglo XIX. Un comité intergubernamental de la UNESCO reunido en Nairobi lo vio «como un medio único de transmitir conocimiento y saber hacer».

mente. Estoy seguro de que tanto sus medios como sus ideas le han sido transmitidas poco a poco a lo largo del tiempo, a través de sociedades más o menos secretas. Es muy posible que el paso de masonería operativa a la simbólica o especulativa, se haya dado por una absorción de esta última de la primera. Aunque aceptando de ella lo que creyó necesario, y aportando lo heredado de otras organizaciones secretas.

Lo cierto es que esto nos obliga analizar a algunas de las sociedades secretas que existieron en el antiguo Egipto, Grecia o la Europa medieval, y que sirvieron de base para dar origen a la masonería. Casi todas ellas desaparecieron, pero algunas todavía subsisten. En los capítulos siguientes haré un recorrido por la mayoría, aunque me centraré en las más importantes que de una manera u otra influenciaron en el desarrollo del Rito de Menfis-Mizraim.

Una de las razones que me llevó a analizarlas es el intentar ver con más claridad el origen histórico de la francmasonería especulativa y ver si puede ser considerada como algo que se creó o, por el contrario, algo que fue creciendo al amparo de otras corrientes filosóficas y espirituales.

Ya hemos visto que el anglicanismo influyó sensiblemente en la masonería especulativa, aunque siempre fue más liberal que la Iglesia Católica. Esta no dejó nunca de condenar, e incluso hacer perseguir a la masonería y su libertad de pensamiento.

La posición dogmática del catolicismo, que protegía sus verdades absolutas y que no aceptaba de ninguna manera el examen crítico de la razón, ni la libre elección de cada cual, hacía muy difícil un entendimiento. Aunque la masonería especulativa estaba edificada sobre una base bíblica, evolucionaba constantemente hacia una manifestación más simbólica y deísta en ciertos países y Obediencias. Los países cada vez más democráticos y menos religiosos, poco a poco, impregnados de esa cultura, se extendían como una mancha de aceite.

En cualquier caso, podemos estar seguros de una cosa: que los rituales simbólicos que iban adoptando los diferentes ritos no poseían ninguna huella de la práctica operativa. En cambio, estaban llenos de moral. Nos cuesta mucho creer que los obreros constructores tuvieran el nivel intelectual desarrollado en algunas logias. Existen evidencias internas que los hombres que formaban parte de la masonería especulativa nunca tallaron piedras o construyeron edificios con sus manos, sus objetivos y finalidades se dirigían a miembros de su misma clase.

Sin embargo, no debemos confundirnos y perder de vista que las jerarquías iniciáticas que tienen estructuras piramidales a veces pierden la visión de conjunto. Ya hemos visto en la historia, y lo seguimos viendo en nuestros días, cómo esta confusión entre el poder temporal y el poder espiritual puede crear una autoridad material que funda su profusión sobre una teología y una teleología concreta.

Volviendo a las hipótesis de cómo se originó la masonería especulativa, vamos a exponerlas, comentarlas y contrastarlas unas con otras. Existen cinco hipótesis:

(1) que la masonería es el último desarrollo y la transformación de los antiguos Misterios en organizaciones más modernas, recogiendo simbólicamente el lenguaje de los gremios de construcción;
(2) que esas nociones y vocablos de la arquitectura han sido utilizadas en sentido simbólico por un grupo secreto de filósofos moralistas, y que dicha moral la transmiten a través de los rituales masónicos del siglo XVIII;
(3) que los gremios medievales de construcción eran descendientes directos de las fraternidades arquitectónicas de la antigüedad que habían sido iniciados en los antiguos Misterios y que, por lo tanto, siempre hubo un elemento especulativo en la masonería;
(4) que la Orden del Temple, en su estancia en Oriente, habían recibido tradiciones esotéricas y que, después de su supresión, crearon la masonería para ocultarse, y siguieron desarrollando el Arte especulativo;
(5) que fue la Fraternidad Rosacruz en su última etapa, que evolucionó hacia un proyecto experimental que llamaron masonería.

La primera hipótesis hace mucho tiempo que los historiadores la han dejado de lado. La segunda se puede unir con la quinta por pretender más o menos lo mismo. La tercera es la que han mantenido como posible un buen número de historiadores. La cuarta recoge el principal interés de los Altos Grados, que creen que, de un modo u otro, la caballería está detrás de la masonería.

Si analizamos mejor la primera hipótesis, vemos que es la que tiene más sentido común y que posee indicios de ser muy probable, pero sólo las mentalidades que consideran la masonería como un sistema ceremonial en sus diferentes formas están de acuerdo con ella. La mayoría de los historiadores la han rechazado. Aunque algunos creadores franceses de la leyenda masónica han mantenido que son cofradías secretas que parten de los antiguos Misterios y que se han perpetuado a través de los siglos. Son las que construyeron Templos en Egipto, Asiria, Grecia, Judea y Roma, para edificar después las catedrales de la cristiandad en toda Europa. Aunque nunca dejaron de mantener las doctrinas religiosas y las prácticas recibidas en Tebas o Eleusis de divinidades, como Isis, Dionisos o Ceres.

Puede que sean fantasías sin pizca de base histórica, pero explican el recelo de conectar las grandes tradiciones del simbolismo y del esoterismo[4] con los gremios de constructores.

La tercera versión es hoy en día la más aceptada por ciertos historiadores masónicos y por algunas logias que se hacen pasar como cultas, porque racionalmente es la más verosímil y fácil de explicar. El primero que se aventuró con esa hipótesis fue el abate Grandidier, en un ensayo histórico sobre la Catedral de Estrasburgo. En él aseguraba que los Steinmetzen alemanes eran los verdaderos antepasados de la masonería. A partir de ahí se estableció una cadena completa de transmisión que empieza con los Colegios Romanos, seguidos por los Comacini y termina en los gremios medievales de construcción europeos. Cabe preguntarse, ¿no es extraño que la primera tesis sobre el origen de la masonería la hiciera un eclesiástico católico? ¿Qué interés tenía?

En Inglaterra, según algunos, cuna de la institución, deberían ser más específicos y modestos, precisando que, en 1717, sólo se produjo una estructuración de las logias. No el nacimiento de la masonería, que en el mejor de los casos nos lleva a la provincia de York, donde en el año 926 un gremio de masones, o deberíamos decir obreros de la construcción, quedó exenta del pago de impuestos. Poseían unos estatutos especiales donde a través de varios signos reconocían la categoría y la jerarquía, sin embargo, lo más importante era la prohibición de la divulgación de sus secretos. Aunque lo cierto es que todo esto está relacionado sólo con su profesión. ¿Que la masonería especulativa ha podido recoger esos estatutos y hacerlos suyos? Es muy probable.

---

4. El uso del neologismo «esoterismo» aparece por primera vez en 1742, presentado por Louis-François La Tierce. Este masón es el autor de las nuevas obligaciones y estatutos de la venerable hermandad de masones (1742), adaptación y traducción al francés de la Constitución y el Discurso de Anderson por Ramsay.

Otros eruditos expusieron que iba mucho más allá de los constructores, porque los humanos se sintieron atraídos por el uso de los símbolos y números utilizados. Hay que tener en cuenta que la simbología y la numerología en esa época estaba prohibida por las instituciones religiosas. Eso hacía que los nobles, que eran unas de las pocas clases que habían recibido formación, así como las mentes curiosas y amantes del libre pensamiento, se interesaran por la enseñanza masónica. Lo podemos ver en múltiples registros de las logias operativas (*operative lodges*), donde constan los nombres de personalidades que formaban parte de los llamados «aceptados».[5]

La costumbre de acoger a personas que no pertenecían a los oficios se debía a que a finales del siglo XVII las logias operativas habían perdido su razón de ser, ya que cada vez se construían menos catedrales. Lo cierto fue que estos miembros «aceptados» terminaron por superar a los cofrades de oficio.

Nadie pone en duda que se reunían bajo el mismo techo masones operativos y masones aceptados, en los locales de la Sociedad de Londres. Pero es evidente que eso no prueba la existencia de una masonería simbólica o especulativa: «velada, en alegorías, e ilustrada, por símbolos».

No obstante, vamos a centrarnos primeramente en las dos teorías que para nosotros toman más fuerza, que son la segunda y la cuarta hipótesis.

Fueron muchos en el pasado, luego decayó y ahora ha vuelto a tomar fuerza, los que opinan que el simbolismo y las ceremonias de la masonería simbólica contienen y representan mucho más que proposiciones éticas o morales. Un algo más que tiene que ver, aunque no sea de una forma determinada, con la Tradición Primordial y el objeto universal de la iniciación. Los que opinan así siempre han mirado con suspicacia las hipótesis relativas al origen procedente de un gremio profesional medieval.

La cuarta es la que fundamentará la creación posterior de los Altos Grados, tanto del Rito Escocés Antiguo y Aceptado, como de Menfis-Mizraim, del Régimen Escocés Rectificado, del Rito de York, etc., al incluir todos ellos, de una forma u otra, el grado de Caballero Templario.[6]

---

5. Irène Mainguy, *Les Initiations e l'initiation maçonnique*, Ed. Jean-Cyrille Godefroy, París, 2008.
6. En el Rito Escocés Antiguo y Aceptado, el grado no se llama Caballero Templario, pero corresponde al grado de Caballero Kadosh (30.º), y en el Régimen Rectificado a los Caballeros Bienhechores de la Ciudad Santa (CBCS).

La quinta, que se puede unir con la segunda, es la que piensa que en la masonería se infiltraron algunos miembros de la Orden Rosacruz. Tanto unos como otros de inicio entraron a modo de protectores, pero con el tiempo fueron suplantando a los masones operativos y acabaron por conservar de la sociedad tan sólo algunos símbolos y ritos.

Como hemos podido ver, apoyar cualquiera de estas hipótesis con las explicaciones actuales aprobadas por las Obediencias, está tan vacía de pruebas como afirmar que la masonería especulativa es la transfiguración última de alguna antigua ceremonia perteneciente al gremio de los constructores. No existe un registro fehaciente, no sabemos cuándo se dieron las condiciones para esa metamorfosis. Por tanto, como no tenemos evidencia de ese tránsito de la masonería operativa a la masonería especulativa, existen las mismas circunstancias para mantener que fueron unos constructores medievales o, por el contrario, que fue el Temple o los Rosacruces los que se convirtieron y fundaron la masonería, ocultándola con velos y alegorías.

PARTE II

LAS INFLUENCIAS Y ESCUELAS

Vamos a ver ahora como se han desarrollado las diferentes escuelas que han tratado de analizar la masonería especulativa entre el siglo XIX y el XX, sin olvidarnos de la influencia recibida por el Renacimiento. Unas ideas cruciales para el pensamiento masónico.

Debemos poner las cosas en su sitio y decir claramente que la masonería, en su forma actual, no es la heredera de los gremios de constructores, aunque sustentará en ellos todo el lenguaje simbólico de las logias azules. La masonería moderna, o mejor dicho especulativa, a partir del siglo XVI es una sociedad de hombres y alguna mujer[1] preocupados por reformar su época a través de la reflexión filosófica, ética y moral. Poco tiene que ver con las corporaciones o gremios de trabajadores más preocupados por lo cristiano y por la piedad. Se inspiran en el pensamiento del siglo XV, que se debatía en las Academias Florentinas de la mano de humanistas y filósofos como Marsilio Ficino o Plethon,[2] que polemizan sobre cuál es el

---

1. Históricamente, y aunque muy limitada, la presencia de mujeres en el oficio de albañilería operativa y en las obras de construcción está atestiguada desde el siglo XIII. Aun cuando no les estaba prohibido el acceso a ella, en cambio, la condición de la mujer en aquella época sólo les permitía pertenecer a sociedades bajo ciertas circunstancias muy específicas. En la masonería especulativa, se dice que la primera mujer iniciada fue Elisabeth Aldworth. Ocurrió en Irlanda alrededor de 1712 en circunstancias bastante inusuales.
2. Plethon declara públicamente estas palabras que forman parte del programa de la espiritualidad masónica: «toda religión, hermanos míos, es un trozo del espejo roto de Afrodita» (Cit. en D. Beresniak, *Les Premiers Médicis et l'Académie florentine*, París, Détrad, 1985. Plethon o Pletón (dependiendo de la transliteración) fue un humanista y filósofo bizantino, unos de los principales impulsores del estudio del griego en el mundo latino, y del platonismo. Ferviente seguidor de Platón, enseñó en Florencia, y con sus enseñanzas estableció la base para la creación de la Academia de Florencia, por lo cual se lo considera un precursor del Renacimiento.

papel del hombre en su ciudad y en el mundo. En su pensamiento está una perspectiva nueva, aunque viene de tiempos del panteísmo helenístico y de la gnosis hermética. Todo esto tenía lugar en 1463, en la ciudad de Florencia, que fue el momento fundacional de esta escuela de pensamiento que no sólo influyó en la cultura y en la historia general europea, sino que además lo hizo en el moderno esoterismo occidental. De esa forma se da vida, lejos del dogma de la religión católica, al ideal de tolerancia y a la búsqueda abierta de una espiritualidad no autoritaria.

Podemos decir, sin equívoco alguno, que el pensamiento humanístico nace en Italia, sobre todo alrededor de la Academia Platónica Florentina, fundada en 1450 por Marsilio Ficino y Cosme de Médici, que era su patrocinador y mecenas. En torno a ella se aglutinaron pensadores como Cristoforo Landino, Angelo Poliziano, Marsilio Ficino, Giovanni Pico della Mirandola o Benedetto Varchi.

Durante varios años, Ficino tradujo textos herméticos, platónicos y neoplatónicos, a petición de Cosme de Médici. Representantes de la Academia Florentina redescubrieron las tradiciones místicas de los antiguos filósofos y a través de ellos, las de los egipcios. Restauraron la *Aurea Catena* (el linaje alquímico), que conectaba a los iniciados con sus antepasados mediterráneos.

Es interesante hablar de esta «cadena de oro», que en el transcurso de la historia sería el núcleo del Hermetismo, conectando espiritualmente a cada miembro de esta tradición y enlazando de forma simbólica al hombre con los dioses. Todavía sigue existiendo en los aspectos más ricos de la tradición masónica egipcia.

La *Aurea Catena* se menciona por primera vez en el octavo canto de la Ilíada, donde Homero hizo hablar a Zeus, que se declaró el más grande y poderoso de los dioses. Él dijo: «Y si queréis, haced esta prueba, ¡oh dioses!, para que os convenzáis. Suspended del cielo, áurea cadena, asíos todos dioses y diosas de la misma, y no os será posible arrastrar del cielo a la Tierra a Zeus, árbitro supremo, por mucho que os fatiguéis; más si yo me resolviese a tirar de aquella, os levantaría con la tierra y el mar, ataría un cabo de la cadena en la cumbre del Olimpo y todo quedaría en el aire. Tan superior soy a los dioses y a los hombres. Así habló, y todos permanecieron en silencio y atentos, movidos por sus palabras».

Obviamente, y como con la mayoría de los textos fundadores, los filósofos y hermetistas harán una lectura eminentemente simbólica. Se acercará a las interpretaciones neoplatónicas de las emanaciones del Uno, se convertirá en «…la cadena que une a los iniciados en la misma revelación hermética, tanto como los diversos mundos entre ellos, o los diferentes estados de la materia en la alquimia. Es sólo la figuración simbólica de todo el Arte Hermético y las funciones del Mago».[3]

Marsilio Ficino fue posiblemente el más relevante de todos ellos, porque, además de su propia obra filosófica, tradujo del griego al latín libros que fueron determinantes para el pensamiento de la Academia: *Los diálogos de Platón* en 1484, *Plotino* en 1492 y sobre todo *El Corpus Hermeticum* en 1471, que se supone fue redactado por Hermes Trismegisto. Podemos decir que fue el primer traductor moderno de Platón y, tras traducir los catorce tomos existentes en aquel momento del *Corpus Hermeticum*, por el que tenía mucho interés Cosme de Médici, salió a luz toda la antigua cultura religiosa y filosófica proveniente de Egipto.

Algo más tarde se desarrolla la filosofía tardorrenacentista, que estaba compuesta por una mezcla de determinismo naturalista y resignación religiosa. En ella encontramos a Giordano Bruno, Tommaso Campanella, Giovani Battista della Porta y el marqués Francesco Maria Santinelli. Pero no sólo se desarrolló en Italia, los ideales del humanismo se extendieron por varios países de Europa, donde encontramos a Kepler o a Francis Bacon, así como el iusnaturalismo del holandés Ugo Grozio.

Se formó una gran comunidad que no dejaba de ser elitista y que ya en el siglo XVII aspiraba a una reforma general que incluyera la filosofía natural, teosofía, astrología, alquimia y cábala. Todos ellos destacaban, porque estaban más cerca de Paracelso que de Erasmo.

Esa concertada república de sabios y sectas es una muestra del poderío existente acerca del conocimiento esotérico. Se une todo en una cosmología, donde los jardines de la cultura europea se alimentan los unos a otros.

En primer lugar, está la obsesión occidental por los mitos, y después la concepción filosófica oculta. La literatura hermética, representada por el *Corpus Hermeticum*, es la mayor aportación. Incluye, además de los dieciocho libros escritos entre los siglos II y III d.C., el tratado latino *Asclepius* y los fragmentos de Estobeo, más otros textos menores. Hay que

---

3. François Bonnardel, *L'Hermétisme*, PUF Que sais-je?, París, 1985.

añadir que recientemente se ha encontrado una versión copta del *Asclepius* en Nag Hammadi.[4]

Sin embargo, durante la Edad Media la mayoría de la literatura hermética se perdió, con la excepción de algunos pocos manuscritos como el *Asclepius,* del que ya san Agustín hablaba en su obra *La Ciudad de Dios,* cap. XXIII. Por lo tanto, podemos decir que el *Corpus Hermeticum,* también conocido como *Poimandres,* pertenece al hermetismo erudito. Mientras que la alquimia, la espagírica y la astrología entrarían en lo que comúnmente se llama hermetismo popular.

No todos tuvieron la influencia hermetista, egipcia o alquimista, otros se encaminaron hacia el humanismo, como Tomás Moro y su *Utopía,* escrita en 1511[5] o Erasmo de Róterdam,[6] incluso con un componente más escéptico, como Michel de Montaigne y Pierre Charron. También hubo influencia del naturalismo con Leonardo da Vinci o Bernardino Telesio, comprendiendo a los que se acogieron a la reforma protestante, que contó con figuras de la talla de Martín Lutero, Zwinglio, Philipp Melanchthon, Sebastian Franck y Jakob Böhme. Además del humanismo, aparecieron corrientes de pensamiento muy dispares que terminarán convergiendo en la filosofía cartesiana, por lo tanto, en la filosofía moderna. La mejor representación la tenemos con Nicolás de Cusa que, con un pensamiento medieval, intentó conciliar la teoría platónica con la doctrina católica a través de un Dios trascendente e infinito.[7]

En esa misma línea se encuentra la escolástica española, que siempre estuvo atada a la contrarreforma e influenciada por el tomismo, que fue representada por Francisco Suárez, Francisco de Vitoria, Luis de Molina y Alfonso Salmerón. Pero, aunque España no rompió totalmente con el pasado medieval, el pensamiento filosófico mostró un especial interés por la lingüística, que se puede demostrar por la obra de Benito Arias Montano o de Antonio de Nebrija.

---

4. El *Asclepio* (Esculapio) es uno de los tratados del *Corpus Hermeticum,* obra gnóstica de los primeros siglos de nuestra era, que presenta revelaciones del dios Toth, y que ejerció una poderosa influencia en el neoplatonismo.

5. Tomás Moro, *Utopía,* Altaya, Barcelona, 1994.

6. Erasmo de Róterdam, *Elogio de la locura,* Alianza, 1996.

7. Nicolás de Cusa, *De docta ignorantia,* 1440. Véase reedición, *La docta ignorancia,* Orbis, Barcelona, 1985.

Hubo otro movimiento en la península que, aunque más modesto, lo podemos situar en el ámbito del humanismo místico. Fueron los reformistas de las órdenes monásticas, como san Juan de la Cruz y santa Teresa de Ávila, ambos perseguidos por la Inquisición. El primero tuvo que sufrir nueve meses de prisión y la segunda un juicio que estuvo a punto de arruinar la carrera de una filósofa, al margen de mística, comparable al propio Descartes. Ambos –Teresa y Descartes– trataban de encontrar las verdades fundamentales y concluyeron que los sentidos no son lo suficientemente fiables para conocerlas. Los dos estaban dispuestos a partir de cero, dejando a un lado lo que creían saber del mundo, ya que podía ser totalmente falso.

Otro místico especulativo, que influirá mucho en los conceptos de una determinada masonería, fue el Maestro Eckhart. El teólogo y filósofo alemán fue procesado por la Inquisición en el siglo XIV, por afirmaciones que se consideraron herejías. Entre ellas que el mundo existe desde la eternidad, y que Dios necesita al hombre tanto como el hombre a Dios.

Otros, al igual que Nicolás Maquiavelo, lo enfocaron más hacia la política en concepto de seña de identidad de las nuevas naciones-estado surgidas en esta época.[8]

También influyeron en la filosofía las nuevas teorías científicas de Nicolás Copérnico, Johannes Kepler y Galileo Galilei.

El estudio de la naturaleza, las ciencias naturales, la alquimia y la astrología produjo en el terreno filosófico figuras tan relevantes como Agrippa von Nettesheim[9] o Theophrastus Bombast von Hohenheim, más conocido como Paracelso.[10] Aunque no debemos olvidarnos de Giordano Bruno, que a pesar de pertenecer a la Orden de los Dominicos, fue quemado por hereje por la Inquisición al desarrollar una doctrina panteísta y defender que la experiencia, junto a la razón, es la única vía para conocer el mundo.

Sorprendentemente, el trágico destino de Giordano Bruno dará al hilo conductor, proporcionado por el *Corpus Hermeticum*, una fuerza espectacular. A partir de ahí se identificaría la tradición del antiguo Egipto, del que casi no se sabía nada, con una conexión entre el mundo divino y

---

8. Nicolás Maquiavelo, *El príncipe,* Istmo, Madrid, 2001.
9. Agrippa von Nettesheim, *De occulta philosophia libri tres,* Ed. Órbigo, A Coruña, 2020.
10. Paracelso, *Philosophia magna, tractus aliquot,* Otto Wilhem, Múnich, 1923.

el mundo material. De manera que esa fuerza es la intermediaria en el proceso que va de la sensibilidad a la cognición y que más tarde formará parte del «fondo doctrinal» de la masonería egipcia.

No debemos de concebir el antiguo Egipto como un país monolítico. Aparte del Alto y Bajo Egipto, existía una zona llamada Gosén, cuya capital era Tafnes, habitada por judíos que estaban como mercenarios al servicio de los faraones egipcios. De la misma manera, los griegos poblaban la región de Alejandría. Allí algunos practicaban el comercio y otros recibían las enseñanzas herméticas, junto con escritos místicos y filosóficos. Se creaba así un conjunto extenso y ordenado de datos o textos científicos y literarios.

Volviendo al pensamiento renacentista, dos siglos después de las Academias Florentinas, pero a su paso, nació en 1662 en Inglaterra una insólita sociedad, la *Royal Society*, que reunirá lo mejor de la cultura y el perfeccionamiento del espíritu. Formarán parte de esta sociedad de carácter científico y tolerante, en aquel momento secreta, hombres de todas las confesiones. Encontramos allí al co-redactor de las Constituciones Masónicas, Jean-Théophile Désaguliers y a John Montagu, ambos fueron Grandes Maestros de la Gran Logia de Inglaterra, también eran miembros, Isaac Newton, Benjamin Franklin o Martin Folkes. Los mismos personajes formaban parte de una sociedad política y emancipadora, el *Colegio Invisible*. Dicho Colegio ha sido descrito como el grupo precursor de la *Royal Society of London*, compuesto por varios filósofos naturales alrededor de Robert Boyle. El concepto del Colegio Invisible lo encontramos en los panfletos rosacruces alemanes de principios del siglo XVII.

Por lo tanto, podemos decir que la masonería en general y el rito egipcio en particular, se ve influenciado por hermetistas, alquimistas y filósofos naturales.

Tanto es así que para designar de un modo sencillo el esoterismo en general se utiliza la palabra «hermetismo». No debe sorprendernos la asimilación abusiva de ella, que a veces es reveladora, como nos lo demuestra Federico González, a base de una vasta documentación que expresan conceptos claros y nada confusos.[11]

La base de la filosofía del rito egipcio se fundamenta en parte en el hermetismo que nace del *Corpus Hermeticus,* aunque hay que reconocer

---

11. Federico González, *Hermetismo y Masonería,* Kier, Buenos Aires, 2001.

que estas enseñanzas nos llegan a través de varios autores, a veces contradictorios y que en muchos casos han permanecido desconocidos. Esas contradicciones debemos entenderlas porque el *Corpus Hermeticus* no propone una doctrina única, clara y coherente. En él conviven diversas teorías y dependiendo de los autores que se inspiran en sus textos desde el siglo XVI, podemos encontrar teorías diferentes que reflejan una plasticidad de las especulaciones esotéricas y un extraordinario polimorfismo: «El vicio del alma es la ignorancia. De hecho, cuando un alma no ha adquirido conocimiento de los seres, ni de su naturaleza, ni del Bien, porque está completamente ciega, sufre los violentos golpes de las pasiones corporales. [...] Por el contrario, la virtud del alma es el conocimiento...».[12]

Encontraremos algunas de las invariantes del esoterismo entre los grandes temas de este hermetismo, tal y como lo definió Antoine Faivre.[13] Trata sobre la naturaleza viva, la imaginación en concepto de lo activo, la doctrina de las correspondencias o la experiencia de la transmutación.

Ya hemos visto que la influencia del antiguo Egipto en la masonería proviene de múltiples y diversas fuentes. Además del *Corpus* existen otros tratados sobre magia, cábala, gnosticismo, astrología y alquimia que influyeron de forma notable en los círculos esotéricos de los siglos XVI y XVII.

Un punto importante es que todos los tratados herméticos se atribuyeron a Hermes Trismegisto, el «Tres veces grande», que es el nombre griego de un personaje histórico semilegendario asociado al sincretismo del dios egipcio Thot y del dios heleno Hermes. También en el *Asclepio* hay una relación entre el dios griego de la medicina con un sabio deificado, llamado Imhotep, «el que viene en paz», médico, astrónomo y arquitecto que fue Sumo Sacerdote de Heliópolis.

Existe un escrito debido a Artapan, que fue un historiador judío del II siglo a.C., donde equipara a Moisés con el dios griego Hermes y el dios egipcio Thot. Pero ya anteriormente, desde el siglo III a.C., cuando Egipto era una provincia del Imperio romano, los sacerdotes de Rosetta atestiguaban lo mismo que Hermes,[14] tuvo que ser asimilado pura y sim-

---

12. *Corpus Hermeticum,* Tratado X.
13. A. Faivre, *Espiritualidad de los movimientos esotéricos modernos,* Paidós, Barcelona, 2000.
14. Hermes fue el mensajero de los dioses, principalmente de Zeus, dador de suerte, inventor de pesos y medidas, guardián de caminos y encrucijadas, dios de los viajeros, comerciantes, ladrones y oradores.

plemente al antiguo dios egipcio Thot. Como podemos apreciar, fue esa referencia a Egipto, basada en el *Corpus Hermeticus*, la que equiparó la sabiduría griega y la tradición bíblica.

Más tarde, durante la campaña de Egipto, el ejército de Napoleón descubrió la Piedra de Rosetta. Fue un joven ingeniero militar, Pierre-François-Xavier Bouchard, quien la encontró. Pero la mayoría de los hallazgos, incluida dicha piedra, fueron incautadas por los británicos, no sin antes haber realizado una copia con la que Jean-François Champollion pudo descifrar los primeros jeroglíficos egipcios. Un gran descubrimiento que dio vida al antiguo Egipto, al poder restaurar su lengua y su gramática.

No cabe duda de que hablar sobre la historia de un rito sirve para comprender su evolución, pero mucho más importantes es preguntarnos cuáles son sus características y qué posee de innovador. Es evidente que, si un rito tiene una perpetuidad, es debido a que mantiene la tradición masónica, y porque corresponde a una sensibilidad. Sin embargo, para que pueda tener un desarrollo estable y equilibrado, hace falta comprender el carácter esotérico del ritual.

En consecuencia, busquemos en la iniciación masónica, y particularmente en la del Rito Egipcio, las pruebas de que esa sabiduría fue transmitida por Egipto y que la recogieron prestada los sacerdotes de las antiguas religiones o Misterios de la Antigüedad. Si ese saber lo simbolizáramos en los cuatro elementos, deberíamos encontrarlos y hacer la travesía de la Tierra, el Agua, el Fuego y el Aire. Esos primeros cuatro viajes que practicaban los filósofos griegos son los mismos que los de los filósofos árabes y que heredaron más tarde los caballeros cristianos. Estos últimos la transmitieron a los rosacruces y, finalmente, a la masonería especulativa.

Es decir, los cuatro elementos que tratamos de forma familiar son claramente herméticos, su raíz la encontramos en los Oráculos Caldeos. Pero también en el *Corpus Hermeticum,* donde el mundo está representado por una serie de esferas planetarias concéntricas.

No obstante, no debemos de confiar en que todos los que fundaron los ritos y crearon los rituales son sabios ni seres excepcionales de una inmensa cultura. Si hacemos un estudio en profundidad, nos daremos cuenta rápidamente de que, en este caso, como en otros, la corriente iniciática que respeta la tradición muchas veces ha ignorado a los creadores. De manera que debemos de corregir esas imperfecciones inherentes a la falta de conocimiento, porque si miramos a través de los creadores percibiremos su visión, su intención, su esperanza, es decir, su utopía. Debido a lo cual, tenemos la obligación de ir más allá y tratar de resolver las imperfecciones que se producen por la falta de diferenciación entre mito y realidad. Debemos traspasar los velos y las apariencias e ir más lejos de los delirios teocráticos para captar la parte profunda que está oculta en los ritos.

Si queremos analizar las distintas visiones de la masonería, debemos ver qué dicen las diferentes escuelas. Empezaremos por la Escuela Historicista, que algunos la consideran la auténtica. Surgió a mediados del siglo XIX, como consecuencia de la metodología y el criticismo, que ya se desarrollaba en otras áreas. A partir de ahí, las tradiciones masónicas fueron examinadas solamente a través de la documentación que estaban al alcance del historiador. Se inspeccionaron todo tipo de documentos, tanto de la masonería antigua como moderna, las actas de las logias, los archivos de las Grandes Logias u Orientes, también las de los municipios o las sentencias judiciales. De hecho, todos los documentos escritos que se pudieran encontrar y estuvieran disponibles para consultar. Gracias a ello consiguieron hacer su trabajo historiadores como R. F. Gould, A. G. Mackey, E. Rebold, C. A. Thory, G. Borde, F. T. B. Clavel, E. Goblet d'Alviella, J. F. Findel, N. Díaz Pérez, M. Morayta, P. Naudon, A. Bernheim, así como las logias de investigación. La más conocida es la *Quatour Coronati Lodge*, n.º 2076 de la Gran Logia Unida de Inglaterra, cuyas actas y artículos son una mina inacabable, o la revista digital *Pietre Stone*.

Una gran cantidad de documentación que, sin lugar a dudas, servirá para que los investigadores y estudiosos de la masonería realicen trabajos eruditos. Pero la escuela queda limitada por su propio método de investigación. Lo expuse en un libro anterior,[15] al ser un enfoque empírico que sólo ve una parte de la realidad, pierde el horizonte. Si partimos que la masonería era una sociedad secreta, ahora discreta, seguro que existen muchas cosas que no se han escrito, pero que se han transmitido oralmente en las logias.

Tenemos como ejemplo los *Arcanum Arcanorum*, unos grados del Rito de Menfis-Mizraim que se dan exclusivamente de forma oral. ¿Debemos decir que no existen, porque no se encuentra ningún documento, aun cuando sabemos con certeza que sí se transmiten? ¿Acaso tenemos que olvidarnos de los archivos que han terminado en el fuego, ya sea por

---

15. Galo Sánchez-Casado, *Los Altos Grados de la Masonería,* Akal (Foca), Madrid, 2009.

una represión o por decisión propia, aunque haya algún documento que haga referencia?

Otro dato es que de la masonería especulativa hay muy poca documentación anterior a 1717, mientras que las actas más antiguas de una logia operativa son del año 1598.[16]

Por lo tanto, a la conclusión que llega esta escuela es que la masonería deriva de los gremios y logias operativas de la Edad Media. De modo que la masonería especulativa nace en una fecha posterior, derivada de la masonería operativa. Esta tesis no está rechazada por ninguno de los documentos existentes, aunque tampoco queda confirmada.

Gould, del que se puede decir que en realidad inicia esta escuela, ni siquiera se aferra a ello, y dice: «…podemos considerar que el simbolismo (o ceremonial) de la masonería es anterior a 1717, y prácticamente no hay límite de la antigüedad que le podamos asignar».[17] Aun así, la mayoría de escritores de esta escuela no la remontan más allá de los constructores medievales.

También hay una tendencia en Inglaterra, algo que no pasa en la Europa continental, a negar la validez de los Altos Grados, como se sostiene en el Acta de Unión de las dos Grandes Logias, los «Modernos» con los «Antiguos» de 1813. Allí se dice que: «la Antigua Masonería pura consiste en tres grandes divisiones o grados, que son: Aprendiz, Compañero y Maestro Masón, incluyendo a la Orden Suprema del Sagrado Real Arco».[18] Los más acérrimos defensores de esta escuela consideran todos los otros ritos y grados como innovaciones de Francia o de América.

Una segunda Escuela es la Sociológica, que aún sigue desarrollándose. Principalmente, se dedica a aplicar los descubrimientos de la sociología y la antropología en el estudio de la historia masónica. Podemos decir que, hasta este momento, los resultados son sorprendentes. Existe una gran cantidad de información sobre las costumbres iniciáticas y los comportamientos religiosos de muchos pueblos, tanto antiguos como modernos, que han sido recogidas por sociólogos y antropólogos. Los estudiosos de la masonería han encontrado muchos de nuestros signos y símbolos en las

16. D. Murray Lyon, *History of the Lodge of Edinburgh (Mary's Chapel) N.º 1*, William Blackwood and Sons, Edimburgo, Londres, 1873, p. 9.
17. Robert F. Gould, J. Lebègue, *Histoire abrégée de la Franc-Maçonnerie*, J. Lebègue, Bruselas, 1911, p. 55.
18. El Libro de las Constituciones, 1884, p. 16.

pinturas murales, en las esculturas o tallas, en los edificios, incluso en alguna que otra vestimenta. Es evidente que esta escuela, al poder conectar y encontrar analogías con esos signos y símbolos que tenían o que aún mantienen en sus Misterios, le da una mayor antigüedad a la masonería que la Escuela Historicista. Es imposible dejarla de lado cuando se encuentra uno con pueblos que practican ceremonias análogas a las que se realizan hoy en día en las logias. Sobre todo, las que se comunican en los Altos Grados.

El carácter simbólico del sistema, al que recurre la masonería en los campos cognitivo y comunicacional, justifica aún más esta orientación. Pero el sociólogo o el antropólogo debe de comprometerse a captar la dimensión simbólica de los objetos sociales, el factor creador de las representaciones y de las prácticas, las lógicas de identidad, los intercambios interpersonales y la pertenencia comunitaria.

Hay algunos investigadores en este campo que intentan darle sentido desde la perspectiva antes expuesta, como Albert Churhward, que ha escrito varios libros interesantes sobre el origen egipcio de la masonería. También están los antropólogos que investigan los rituales masónicos y han tratado de encontrar inspiración en ellos para sus publicaciones culturales, como Clifford Geertz y Víctor Turner.

Geertz fue un antropólogo cuyo trabajo de campo incluyó el estudio de las interacciones sociales dentro de comunidades, bien definidas. En el libro *Freemasonry and the Ancient Gods*, J. S. M. Ward[19] rastrea las antiguas fuentes de la masonería a través de los siglos. En él, Ward cree que esas raíces tienen miles de años y su origen lo sitúa en Siria o en las montañas del Líbano, relacionándolo con los Drusos u otras etnias semíticas. Podemos citar además a Georg Simmel, Louis-Marie Chauvet, Yves Hivert-Messeca.[20]

Claude Lévi-Strauss, en su famosa *Introducción a la obra de Marcel Mauss*, ya explicó que: «Para comprender adecuadamente un hecho social es necesario aprehenderlo por completo, es decir, desde el exterior, como una cosa, pero como una cosa de la que, sin embargo, forma parte integrante la aprehensión subjetiva (consciente e inconsciente)».

19. J. S. M. Ward, *Freemasonry and the Ancient Gods,* Simpkin-Marshall-Hamilton-Kent & Co. Ltd., Londres, 1921.
20. Yves Hivert-Messeca, *La franc-maçonnerie en Afrique et en Asie,* Cépaduès, Toulouse, 2018.

No obstante, pongamos un ejemplo. Si analizamos lo que ahora llamamos el simbolismo masónico. Veremos que existe una clara revelación de su inmensa antigüedad y difusión gracias al trabajo de la Escuela Sociológica. Otra labor importante que se debe a esta escuela es el haber encontrado la fundamentación de muchos Altos Grados, que responden a lo que podríamos llamar la Antigua Masonería, como lo hacía Franken. Porque a pesar de lo que diga la Gran Logia Unida de Inglaterra, queda demostrado que esos grados son recogedores de la enseñanza de una antigüedad extrema. Desde el Arco Real, que ya aceptan, pasando por el Rosacruz y muchísimos grados del Rito Escocés Antiguo y Aceptado, hasta los de Menfis o de Mizraim.

Las investigaciones de dos ciencias, como la sociología o la antropología, han puesto en evidencia que, cualquiera que sea la cadena de descendencia, la masonería es heredera de una tradición mucho más antigua que la fundación de la Gran Logia de Londres por cuatro logias. Deja meridianamente claro que siempre, de una manera u otra, ha estado asociada a los Antiguos Misterios.

Una tercera Escuela de pensamiento masónico es la Mística, que se adentra en el camino iniciático desde otro ángulo. Según ese punto de vista, se pretende desarrollar la búsqueda interna y despertar la espiritualidad de los masones. Para los pensadores de esta Escuela, los grados son simplemente elementos simbólicos que tienen el propósito de despertar en el iniciado diferentes planos de conciencia. A menudo sostienen esta hipótesis basándose en su propia experiencia espiritual. De esa manera dan una naturaleza mucho más elevada a los ritos masónicos, porque siguiéndolos se pueden alcanzar los tesoros del espíritu. Si para un místico de cualquier religión su meta es la unión consciente con Dios, un miembro de esta Escuela concibe la masonería como un camino que le puede llevar a conseguir esa misma meta, encaminando sus pasos hacia la Causa Primera.

El místico aspira en todo momento a la unión estática, con el nivel de conciencia divina que su estado de evolución le permite alcanzar. La mística siempre se halla más interesada en la exégesis divina que en buscar la línea que arranca del pasado, en otras palabras, en la interpretación histórica. Por lo tanto, podemos decir que pertenece más a la religión que a la ciencia. A pesar de todo, siguen sosteniendo que la masonería está relacionada con los Antiguos Misterios. Sin embargo, prefieren obtener la realidad espiritual a través de la simbología de la orden, que les encamina por una senda que lleva a vivir una vida en la que puedan encontrar a Dios. Uno de sus principales exponentes y representante bien conocido es Arthur Edward Waite, una autoridad en masonería, sobre todo en los Altos Grados. Otro es Manly Palmer Hall, que profundizó en las enseñanzas de tradiciones perdidas y ocultas, en los filósofos griegos y místicos cristianos, así como en los tesoros espirituales que esperan ser encontrados dentro de la propia alma. Tampoco nos podemos olvidar de Walter Leslie Wilmshurst, un místico con un conocimiento práctico y una profunda comprensión de las religiones del mundo. No obstante, todos ellos lamentan que los masones modernos hayan olvidado casi totalmente el legado de su herencia masónica, y que vayan convirtiendo los ritos en poco menos que vanas formas. Es la Escuela que más ha hecho por espiritualizar la masonería, respetando profundamente nuestros misterios e intentando que la corriente que representa tenga más presencia y sea más alcanzable.

La cuarta Escuela es la Esotérica, que lo que pretende es que el ceremonial masónico contenga una eficacia sacramental cuando se trabaje competentemente. El esoterismo siempre se ha confundido con el ocultismo, y ha sido muy mal comprendido. Se trata de despertar los poderes que poseemos todos los humanos, y que aún están dormidos en la mayoría de ellos. El propósito de cualquier esoterista es obtener, al igual que el místico, la unión con la Causa Primera, pero con métodos diferentes. En este caso se consigue a través del conocimiento y la voluntad, la disciplina y la meditación, la invocación y la teúrgia.

El camino del esoterista se desarrolla gracias a subir una serie de peldaños que se manifiestan en una cadena de iniciaciones que confieren, de una manera gradual, expansiones sucesivas de conciencia y grados de poder. Es una forma integral de educar así toda su naturaleza: física, emocional y mental, hasta que encuentre dentro de sí ese espíritu que le hace acercarse cada vez más a la Causa Primera. Pretende, además, que sea un instrumento que ayude a la evolución de la humanidad, y que en masonería está simbolizado con el Templo de Salomón y su construcción.

Para el esoterista siempre es a través de la magia ceremonial, desarrollada en los rituales y observada con una exactitud, por la que se puede invocar a los habitantes de los mundos invisibles. La diferencia con la Escuela Mística estriba en que mientras ésta utiliza plegarias y oraciones, no importándole las formas, la Esotérica, por su propio impulso y voluntad, recibe la ayuda de esos seres elevados que invoca con su presencia. Personalmente, creo que la Escuela Mística pierde la enorme ventaja que desarrolla la Esotérica. De ese modo, la cuarta escuela de pensadores está siempre presente en la orden por un cuerpo creciente de masones que sólo se manifiestan alguna vez que otra.

ORIGEN TEMPLARIO O ROSACRUZ

Si tenemos que hacer caso de Albert Mackey, veremos que tiene toda la razón en lo que dice: «...el origen y fuente de donde surgió por primera vez la institución de la masonería ha creado más diferencias de opinión y discusión entre los estudiosos masónicos que cualquier otro tema en la literatura de la institución».[1]

Lo cierto es que no podemos presentar pruebas contundentes que demuestren la existencia de logias masónicas, aunque fueran en otro formato, en las tradiciones judaicas, en su simbolismo o en la leyenda salomónica, en ningún ritual anterior al siglo XIV. Sería razonable reconocer el argumento expuesto por muchos escritores masónicos que dicen: que esos elementos judaicos, que se reflejan en los diferentes rituales, penetraron en la masonería a través de los templarios. Según Eduard E. Eckert: «La doctrina esotérica de los misterios judeocristianos, evidentemente, penetró en los gremios masónicos (talleres) sólo con la huida de los templarios después de la destrucción de su Orden».[2]

Otros escritores como Clavel creen que los Colegios Romanos –*Collegia Fabrorum*–, conocían los misterios hebreos y que estaban mayoritariamente judaizados.[3] Sin embargo, John Yarker se manifiesta de una forma opuesta, dando otro punto de vista: «No es tan difícil conectar la masonería con el *Collegia*; la dificultad radica en atribuir tradiciones judías a los *Collegia* y decimos, sobre la base de argumentos más antiguos, que tales tradiciones no tenían existencia en la época».[4]

---

1. Citado por Robert F. Gould, *op. cit.,* I. 5, 6.
2. Eduard Emil Eckert, *La Franc-Maçonnerie dans sa véritable signification,* J. G. Lardinois, Liége, 1854, vol. II, p. 28.
3. Clavel, *op. cit.,* p. 163.
4. John Yarker, *The Arcane Schools,* Ed. William Tait, Belfast, 1906, p. 257.

También existe la corriente que afirma que la Orden de los Caballeros del Temple, que se denominaba *Militia Templi Salomonis* o *Fratres Templi Salomonis,* mantuvo relaciones con las sectas orientales de los Ismaelitas y de los Hashshashin o Nizaríes,[5] así como una estrecha unión con la cábala judía. Si la Orden del Temple fue fundada con un propósito especial por algunos iniciados, o si finalmente la corrompieron intenciones ocultas, es algo que seguirá permaneciendo en la oscuridad.

Según Eliphas Levy,[6] «La idea de los hierofantes cristianos consistía en crear una sociedad comprometida en la abnegación por votos solemnes, protegida por normas rigurosas, reclutada mediante iniciación y como única depositaria de los grandes secretos religiosos y sociales...».

Siguiendo esta línea de investigación llegamos a dos tesis, o bien la francmasonería moderna desciende directamente de la Orden de los Caballeros del Temple o, por el contrario, de la Orden de la Rosa Cruz. Por lo tanto, debemos hacer un análisis de estas dos organizaciones, en algún momento interrelacionadas.

No tiene que extrañarnos este tipo de teorías, la irrupción de las catedrales góticas en la Europa de los siglos XII, XIII y XIV no fue un acontecimiento imprevisible ni inexplicable. Existe una serie de causas que, convergen: las religiosas, políticas, militares y, sobre todo, socioeconómicas, que ayudan a explicarlo.

Por lo tanto, suponer que los caballeros templarios tuvieron contacto con los masones operativos tiene una cierta base, porque no hay que olvidar que estos monjes-caballeros fueron grandes clientes de los masones. Les encargaban catedrales, y, como eran los mayores banqueros de Occidente, podían financiar sin problemas sus construcciones.

Después, cuando los templarios cayeron en desgracia en 1312, es muy fácil pensar que se ampararan en las logias masónicas, porque las antiguas reglas –*Old Charges*– estaban creadas para ayudar y proteger a los miembros que trataban de ocultarse de las diferentes iglesias que los perseguían por motivos de opinión. Un hecho que cobra un mayor sentido para los templarios fugitivos, que sólo podían salvar su vida si eran capaces de ocultarse. Pero es sobre todo la Estricta Observancia Templaria del Barón

---

5. La palabra árabe *hachich*, que significa «cáñamo», planta con la que preparaban cierta bebida.
6. Eliphas Lévi, *Historia de la magia,* Kier, Buenos Aires, 1988, p. 168.

von Hund, la que a partir de 1750 popularizará la idea templaria dentro de la masonería, así como en los Altos Grados masónicos.[7] Una nueva historia tomó forma en parte basada en la sección segunda, en parte reinventada: «Después de la catástrofe, el Gran Maestre Provincial de Auvernia, Pierre d'Aumont, huyó con dos comandantes y cinco caballeros. Para no ser reconocidos, se disfrazaron de albañiles y se refugiaron en una isla escocesa, donde encontraron al Gran Comendador, George de Harris y varios otros hermanos, con quienes resolvieron continuar la orden. En el solsticio de verano de 1313 celebraron un capítulo en el que Aumont, el primero de los nombres, fue nombrado Gran Maestre. Para escapar de la persecución tomaron prestados símbolos del arte de la albañilería y se llamaron a sí mismos masones. [...] En 1631, el Gran Maestre del Temple trasladó su sede a Aberdeen y posteriormente la orden se extendió bajo el velo de la Francmasonería en Italia, Alemania, España y otros lugares».

Esta leyenda vincula a los templarios con los orígenes escoceses de la masonería. La rama francesa, del Régimen Escocés Rectificado, fue fundada en 1778 en Lyon por Jean-Baptiste Willermoz, quien retoma la leyenda en el discurso inaugural de los Caballeros Bienhechores de la Ciudad Santa: «Tres de nuestros antepasados, poseedores del gran secreto, encontraron los medios para escapar de las investigaciones generales y particulares que se hicieron contra ellos. Vagaron por los bosques y las montañas de reino en reino; finalmente se retiraron a las cuevas cerca de Herdown, en Escocia, donde vivieron servidos y rescatados por los caballeros de San Andrés, el Cardo, los viejos amigos y aliados de los templarios. Estos tres templarios hicieron una nueva alianza con los caballeros de San Andrés...».[8]

Sin embargo, el carácter histórico de la filiación templaria fue rechazado durante el Convento masónico de Wilhelmsbad, en 1782, para convertirse en «simbólico» y «espiritual» dentro del Régimen Escocés Rectificado: «Después de varias investigaciones curiosas sobre la historia de la orden templaria, de la que derivamos la de los masones que fueron producidas, examinadas y comparadas en nuestras conferencias, nos convencimos de que sólo presentaban tradiciones y probabilidades sin

7. Jean-Pierre Bayard, *Simbolismo masónico tradicional*, Edimaf, 1987, vol. 2, pp. 295-335.
8. René Le Forestier, *La Franc-maçonnerie templière et occultiste, aux XVIIIᵉ et XIXᵉ siècles*, Aubier Montaigne, París, 1970. Texto completo en Jean-Marie Ragon, *Orthodoxie maçonnique: suivie de la Maçonnerie occulte, et de l'Initiation hermétique*, Dentu, París, 1853, p. 251.

un título auténtico que pudiera merecer toda nuestra confianza y que no estábamos suficientemente autorizados para decirnos los verdaderos y legítimos sucesores de los T[emplarios], que además la prudencia quería que dejáramos un nombre que hiciera sospechar el plan de querer restablecer un orden proscrito por la cooperación de dos potencias, y que abandonemos una forma que ya no se ajusta a las costumbres y necesidades del siglo».

Debemos tener en cuenta que la siguiente referencia más antigua que hace alusión a las iniciaciones masónicas, directa o indirectamente, tiene que ver con hombres que han estado relacionados con el rosacrucismo. Por lo tanto, no tenemos que sorprendernos por llegar a la conclusión de que la masonería experimentó una gran influencia de la Orden Rosacruz. El primero que debemos mencionar es sir Robert Moray, que fue iniciado en la masonería el 20 de mayo de 1641 en la *Mary's Chapel Lodge* de Edimburgo. Moray, además de ser un apasionado de la alquimia, fue uno de los fundadores de la Royal Society y protector de Thomas Vaughan. Este último fue otro gran alquimista, filósofo, esoterista y cabalista galés, exponente de los rosacruces. Escribió, bajo el seudónimo de Eugenius Philalethe, *The Fame and Confessio* (1652), la traducción al inglés de la *Fama Fraternitatis* y la *Confessio Fraternitatis*.

La otra tesis se la debemos a Plot, un escritor del siglo XVII que en su *Natural History of Staffordshire* ya sospechaba que los secretos de la masonería no podían ser solamente los del oficio relacionados con el arte de construir. Esta segunda referencia alude a Elías Ashmole, quien fue admitido en una logia masónica en Warrington el 16 de octubre de 1646. La conocida aceptación de un reconocido Rosacruz y fundador del Museo de Oxford, como Elías Ashmole en una logia masónica, lo demuestra. En su diario escribió: «Fui hecho masón en Warrington, en Lancashire, con el coronel Henry Mainwaring de Karticham en Cheshire. Los nombres de los que estaban en la Logia, Rich, Penket, James Collier, Rich Sankey, Henry Littler, John Ellam, Rich Ellam y Hugh Brewer».[9] «Se ha podido comprobar», dice Yarker, «que la mayoría de los miembros allí presentes no eran masones operativos».[10] De hecho, es la primera noticia en la que

---

9. *Ars Quatuor Coronatorum*, XXV, p. 240. Artículo de J. E. S. Tuckett sobre el *Dr. Rawlinson and the Masonic Entries in Elias Ashmole's Diary*, extraído del facsímil del diario que se conserva en la Bodleian Library (Ashmole MS. 1136, fol. 19).
10. John Yarker, *op. cit.*, p. 383.

se empieza a agregar de manera manifiesta a individuos ajenos al arte de la construcción.

Seis años más tarde, Ashmole publicó el *Theatrum Chemicum Britannicum* (1652), un volumen que reunía una gran colección de tratados alquímicos. Sin embargo, desde las primeras líneas de este libro hace referencia a la *Fama Fraternitatis*, mencionando la llegada a Inglaterra de un rosacruz, el *frater* «IO», unos de los primeros hermanos de Christian Rosenkreutz. En todo el libro existen innumerables muestras del interés particular que mostraba Elías Ashmole por la Rosacruz. Dentro de toda la documentación incluida en sus archivos, cabe destacar un manuscrito de los Manifiestos Rosacruces, así como una carta en la que solicitaba su ingreso en la orden. Incluso Nicolás de Bonneville, un escritor, editor y masón francés, miembro de la logia parisina *Les Amis Reunis*, llegó a decir que el rosacrucismo había prestado sus alegorías, símbolos o palabras, a la masonería.

Por supuesto, sería un abuso deducir de todos estos elementos que la masonería tiene su origen solamente en la Orden Rosacruz. Aunque queda meridianamente claro que los primeros masones formaban parte del rosacrucismo inglés del siglo XVIII.

Si aceptamos la tesis del origen Rosacruz o Templario de la masonería, estaríamos en la misma situación que se produce con las hipótesis de la masonería operativa y especulativa. La opinión más sensata nos lleva a decir que en ningún caso existen fundamentos sólidos, y que toda la polémica sigue estando en pie. En consecuencia, debemos abrir una vez más la cuestión según vayan saliendo nuevos elementos que se puedan investigar o, por el contrario, cerrarla definitivamente, porque no aparece nada que la soporte.

En cualquier caso, éstas son las dos hipótesis más sólidas que existen, a no ser que aparezca contra todo pronóstico una especulación que pueda abrir un nuevo debate.

Ragon, en su *Ortodoxia Masónica*, dice: «Ashmole y los demás hermanos de la Rosa-Cruz, habiendo reconocido que el número de artesanos era superado por los intelectuales, porque los primeros se debilitaban cada día, mientras que los segundos aumentaba continuamente, creyeron que había llegado el momento de renunciar a las fórmulas para recibir a estos trabajadores de la inteligencia, realizando unas pocas ceremonias más o menos similares a las que se usaban entre los artesanos, que hasta entonces habían servido de refugio a los iniciados para su bien».[11]

De modo que lo más probable es que los primeros rituales los escribieran Ashmole y los otros rosacruces, inspirándose en los Antiguos Misterios y en el conocimiento espiritual y ocultista que tenían. Pero está muy lejos de lo escrito por Findel, que decía en *Los principios de la Francmasonería*: «La transformación de los masones constructores en masones especulativos se operó sin perturbaciones y sin ruido. Y, como el Fénix renaciendo de sus cenizas, la nueva institución nació a la vida el día de San Juan Bautista, durante la fiesta de las Rosas del año 1717».[12] ¿De qué fiesta de las Rosas están hablando? Findel no nos lo dijo, pero podría tratarse de una celebración solemne de la Orden Rosacruz.

Si esta versión es correcta, las cosas no están resueltas, como nos dice Clavel: «Ya en 1155 encontramos logias de Franc-Masones dirigidas por la Orden de los Templarios».[13]

Sólo podría darse la existencia de logias masónicas en 1155, después del otorgamiento de las bulas *Omne Datum Optimum* (1139), *Milites Templi* (1144) y *Militia Dei* (1145) que confirmaron los privilegios de la orden. De esa forma, los caballeros templarios adquirieron una independencia real y formal de los obispos, a los que ya no debían de obedecer, tan sólo quedaban sujetos a la autoridad del Papa. Tal vez en aquella época las logias operativas conservaban todavía su carácter profesional, pero la influencia templaria pudo manifestarse en ellas. Por lo tanto, tal como pretende F. T. B. Clavel, fueron los verdaderos dirigentes de estas sociedades de masones, sin que el carácter profesional se perdiera por completo hasta principios del siglo XVIII. Es la única explicación lógica que puede conectar la masonería operativa con la masonería especulativa.

Habiendo sido reprimidos los caballeros templarios, lo cierto es que ni la Rosa-Cruz ni los alquimistas dieron ninguna señal de vida públicamente. La masonería operativa ya no estaba llamada a construir catedrales, y no podemos asegurar que la masonería especulativa tomara el relevo. Lo que sí podemos asegurar es que se ha mantenido el camino de la iniciación occidental, para que el tipo particular de educación de la masonería especu-

---

11. Jean-Marie Ragon, *op. cit.*, cap. I, p. 29.
12. Joseph G. Findel, *Grundsätze der Freimaurerei im Völkerleben,* Dritte Auflage, Liepzig, 1881.
13. Clavel, *op. cit.,* p. 175.

lativa pueda persistir. Porque, sin iniciación a los misterios, la sociedad se vuelve huérfana y se entrega a los primeros embaucadores que vienen a saciar su sed de preguntas. Como estos están inspirados por la gloria personal y, en el peor de los casos, por el atractivo de los beneficios materiales, solamente pueden traer decepción, disgusto y desesperación a sus seguidores.

Por lo tanto, no está dilucidado aun si los Rosacruces era una organización independiente que existía antes de la creación de la Orden del Temple, o si fue la continuación de esta última.

Tampoco importa mucho si finalmente hubo una transmisión real de sus secretos entre los templarios, rosacruces y alquimistas con las logias operativas. Lo importante es que los historiadores, cada vez más, están demostrando que hubo encuentros continuos entre ellos y, por lo tanto, existió una serie de influjos. Después de todo, la masonería operativa ha sido la heredera del camino de la iniciación occidental y la depositaria de esa influencia. Es evidente que existió alguna conexión entre masones y templarios, lo podemos ver en la repercusión que tuvo en las construcciones.

Sidney Klein, en un artículo publicado en A. Q. C. dice: «Cuando uno examina las marcas bellamente diseñadas y profundas del verdadero período gótico, digamos alrededor de 1150-1350 d. C., y las compara con las marcas descuidadas y toscamente ejecutadas, muchas de ellas meros arañazos de períodos posteriores, uno se da cuenta del trabajo concienzudo de aquellos días y el orgullo con el que esos viejos masones debieron haber puesto sus marcas en el trabajo realizado con sus manos».

Además, añade que: «Igualmente, hay muchas cosas en las Ceremonias y Rituales de los diferentes Grados y Órdenes de Caballería, que apunta a que su origen también se deriva de tradiciones heredadas de la misma época en que la arquitectura gótica estaba en su apogeo. Los Caballeros Templarios se levantaron y cayeron con ese maravilloso desarrollo de la Arquitectura, y la Caballería misma tuvo su auge en esos dos siglos a través del maravilloso entusiasmo que despertaron en toda la cristiandad las Cruzadas». Señala además que los símbolos más importantes como el compás, la escuadra, el triángulo equilátero, el cuadrado y las dos columnas llegaron a la masonería a través de la época gótica.[14]

También el que fue Gran Hierofante de Menfis-Mizraim, John Yarker, afirma que muchos elementos provenientes de los caballeros templarios

---

14. Sidney Klein en *Ars Quatuor Coronatorum*, XXXII. Parte I, pp. 42-43.

pasaron a la masonería. Como el nivel, la cruz *Tau,* la Estrella Flamígera, el doble triángulo, el círculo, el pentágono, el ojo e incluso la Luna creciente, además de las tres estrellas y la escalera de cinco escalones.[15] Nos dice también: «Los Templarios eran grandes constructores, y Jacques de Molay alegó en el proceso en su contra, en 1310, el celo de su orden en la decoración de iglesias. Por lo tanto, la supuesta conexión del temple y la masonería está destinada a tener un sustrato de verdad».[16]

Disuelta oficialmente la Orden de los Templarios, el 13 de octubre de 1307, algunos de sus miembros fueron ejecutados y otros se dispersaron por diferentes países. Unas de las zonas en la que más se refugiaron fue Inglaterra y Escocia, donde crearon nuevas sociedades secretas.[17]

Por esta razón podríamos llegar a la conclusión que los templarios son los precursores de la masonería, pero ese honor también lo alcanzaría de igual manera la Fraternidad Rosacruz. Si hacemos caso de lo escrito por Jean Marie Ragon reafirma esta última hipótesis: «…está definitivamente demostrado que los hermanos Rosacruz fueron los iniciadores de los templarios y de la masonería medieval en Europa».

Aunque si nos ajustamos a las fechas, es imposible mantener lo dicho anteriormente por Ragon, lo único que tal vez podamos conservar es que los fundamentos iniciáticos de los rosacruces fueron reforzados por los templarios diseminados por Europa después de su estancia en Tierra Santa. Ambos tenían un propósito similar, la liberación de los dogmas de vida, incluidos los religiosos, la liberación del espíritu, la transmutación interna que conduce a la reintegración en el Uno. La liberación de la esclavitud material sin tener que depender de un Papa, de un Imán o de cualquier otro intermediario. Parte de lo escrito lo podemos apreciar grabado en la piedra de algunas Catedrales y de una forma especial en la capilla de Rosslyn, aunque más adelante lo veremos de una forma más pública cuando hablemos de Nápoles y de sus múltiples marcas en la piedra.

Finalmente, sólo decir que, en 1839, Jacques Etienne Marconis de Négre, al que podemos considerar como el fundador del Rito de Menfis en su primera historia oficial, mantenía la misma teoría, que: «la ciencia masónica había sido transmitida por los templarios».

---

15. John Yarker, *op. cit.*, pp. 195, 318, 341, 342, 361.
16. Ibíd., p. 196.
17. Véase John J. Robinson, *Nacidos en la Sangre*, Obelisco, Barcelona, 2012.

ALQUIMIA, HERMETISMO Y MASONERÍA

La influencia que han tenido los misterios de Egipto sobre todo el mundo clásico podríamos compararla a la ascendencia que tiene lo espiritual acerca de las cosas materiales. Cuando decimos que Grecia es la heredera de Egipto, si lo hacemos desde un punto de vista histórico, estaríamos sosteniendo una falsa analogía. Sin embargo, cuando lo efectuamos a partir de un enfoque religioso o místico, cambia totalmente. Es cierto que el desmembramiento de Osiris no posee una conexión real con el de Baco. Pero la esencia del mito sí la tiene, y aunque la búsqueda de Isis no sea la de Deméter, queriendo encontrar a su hija Perséfone, lo cierto es que subsiste una semejanza entre todas las tradiciones místicas y se mantiene un simbolismo. Porque siempre existe un paralelismo vital y verdadero en las experiencias espirituales.

Cuando el hermetismo llegó a Grecia, procedente de Egipto, se convirtió con rapidez en sinónimo de alquimia. Los antiguos orígenes, dados a la sabiduría de Hermes, maestro de toda la ciencia, fueron aceptados plenamente por la alquimia griega. Unos trabajos arqueológicos recientes han permitido considerar a la isla de Samotracia como el punto de nacimiento. Este islote era conocido por su culto a los cabirios y sus rituales eran misteriosos, posiblemente de origen fenicio, de lo que no cabe ninguna duda es que eran prehelénicos y que se practicaba entre el 4500 y el 4000 a. C. Junto con los sacerdotes establecidos en otras islas eran los guías, los líderes. Si los cabirios habitaban Samotracia, los cactilos –los que sabían usar los dedos–, se extendían por el monte Ida. Los Telquines, que eran misteriosos artistas, magos, artesanos y seres marinos, vivían en las islas de Keos y Rodas. También estaban los curetes, que eran nativos de Creta, considerados artistas, magos e inventores de la herrería, al crear las primeras herramientas y trabajar para Hefesto. No voy a extenderme, porque conocemos bien el papel iniciático del dios herrero, temido y despreciado, admirado y odiado. Pero sí quiero remarcar que toda la actividad social dependía casi exclusivamente de la fabricación de herramientas, porque sin ellas la mano humana es ineficaz. Por lo tanto, quienes tenían utensilios dominaban la civilización. La triada de dioses era muy importante, el primero, Helios, que representaba al Sol, el segundo Hermes, que Platón[1] asoció con el Logos, y tercero, Hefesto, dios de los herreros, identificado con el Vulcano romano.

No se cuestiona la descendencia, sino el origen común de todos esos pueblos en la ciencia del alma. Egipto fue la principal fuente, allí esa ciencia del alma ya existía, aunque de una forma más secreta y oculta que en el mundo clásico. Son estos pueblos los que aportaron a los primeros grupos humanos, que se dedicaban a la vida pastoral, la escritura, el metal, las herramientas, las técnicas de construcción tanto de viviendas como de embarcaciones y el arte de la navegación.

Cuando Europa redescubre de nuevo, fuera de los círculos masónicos, la egiptología, a través del descifrado de la escritura jeroglífica que nadie sabía leer, el mundo de los estudiosos de Egipto se convirtió para la población en general en un mundo de maravillas. El gran misterio que reinaba sobre la faz de la Tierra quedaba desvelado, y los ojos de los intelectuales se volvieron hacia Pitágoras, que ya hacía tiempo tuvo su propia participación.

Las ideas del sabio no habían desaparecido por completo, y la influencia del dios Hermes tampoco. En realidad, sin ellos el mundo no podría existir. A la filosofía de Hermes le debemos el dominio de las energías perpetuamente regenerativas. Así mismo, a las ideas-fuerza de Pitágoras le adeudamos el orden numérico y geométrico, que en la actualidad son esenciales para las operaciones más simples.

Por lo tanto, lo que conocemos como hermetismo popular es un conjunto de consideraciones astrológicas, medicinales e incluso alquímicas, que se desarrollan entre el siglo I y el III a. C. Pero el hermetismo erudito que se sustenta en el *Corpus Hermeticum* son textos místicos y filosóficos, basados, como luego lo harán los gnósticos, en un sincretismo que recoge nociones de la filosofía griega, sobre todo, del estoicismo y del neoplatonismo que floreció en Alejandría, al que se añadieron influencias judías y persas.

---

1. Platón, *Apología de Sócrates, Menón, Crátilo*. Alianza Editorial, Madrid, 2004.

En fin, Egipto siempre ha sido una tierra de misterio y de alquimia, según la literatura, en cualquier época se le ha asignado como origen el Delta del Nilo, porque era el hogar natural de las cosas que en sí mismas entrañaban un misterio.

No es extraño, pues, que en ese país se desarrolle el hermetismo, pero también el gnosticismo. La gnosis fue un movimiento religioso sincrético, no cristiano en sus inicios, que tomó prestada su enseñanza del culto de los Antiguos Misterios y del hermetismo. Entre ellos están los basilidianos, ofitas, barbelognosticos, valentinianos, setianos, maniqueos, cátaros y mandeos o sabianos antes de mimetizarse con el cristianismo. Los primeros rastros de un gnosticismo precristiano, es decir pagano, procedía de Egipto, luego pasa a Grecia y después a Roma. Entre los siglos I y II d. C. se desarrolla en Alejandría, conformado por una serie ideas filosóficas-religiosas procedentes de Platón, de Filón, del judaísmo y del primitivo cristianismo. Según el gnosticismo, el camino de la salvación se encuentra a través del conocimiento y el hermetismo proporciona esa sabiduría mediante la alquimia, la astrología y la teúrgia.

La mayoría de escritores, cuando tratan de explicar el hermetismo alquímico, hacen un salto de la época alejandrina al Renacimiento. No tienen en cuenta que de esa forma se olvidan de que la alquimia árabe y la cábala cristiana llegan a Europa continental a través de España.

Tanto la magia como la alquimia experimentaron un gran desarrollo en el siglo XII, no provenían de una fuente directa y estaban principalmente vinculadas al paganismo residual. Su particular «vulgata» vino a través de la pluma de Isidoro de Sevilla, al tratar este tema en sus *Etimologías*.[2]

Fue a partir del siglo XII, y más particularmente en el siglo XIII, donde aparecen en Occidente los textos fundamentales del tema, comenzando desde la introducción de tratados árabes y judíos. A partir de entonces, son dos disciplinas que ganan fácilmente, a través de su enseñanza, las cortes de reyes y príncipes, proporcionándoles una forma de escapar a las condenas de la Iglesia. Roshdi Rashed subraya que fue la traducción de los textos de la alquimia árabe la que allanó el camino para su desarrollo occidental.[3]

---

2. San Isidoro de Sevilla, *Etimologías*, Biblioteca de Autores Cristianos, notas por José Oroz Reta y Manuel A. Marcos Casquero, Madrid, 2009.
3. Roshdi Rashed, *Histoire des sciences arabes*, tomo III, Seuil, París, 1998.

Lo diremos de nuevo, el camino por el que la alquimia entra en Europa fue España. Todo comenzó en el año 1144, fecha en la que Robert de Chester (*Robertus Castrensis*), que fue un arabista inglés que trabajaba en Segovia (España), tradujo varios libros históricamente importantes del árabe al latín. Entre ellos, el *Liber de compositione alchemiæ,* donde el monje Morienus mantiene unas conversaciones con el príncipe omeya, Khālid ibn Yazīd, texto en cuyo prefacio se relata la leyenda de los tres Hermes.

La actuación de Morienus marca el comienzo de la preocupación occidental por la alquimia, que antes era desconocida en la Europa central medieval. Poco después hubo una traducción latina de los setenta tomos (*Libro de la Septuaginta*) y el *Libro de los secretos de Resis,* atribuidos a Jabir ibn Hayyan.

También fue en España en los años 1140-1150, que Hugo de Santalla tradujo del árabe *El secreto de la creación y el arte de la naturaleza (Kitāb sirr al-hāalīqat).* En esta obra, Apolonio de Tiana, bajo su nombre árabe de Balînûs, habla sobre su descubrimiento de la tumba de Hermes Trismegisto, en la que encontró la *Tabla Esmeralda.*

En Toledo, Gérard de Cremona (1114-1187) aprende árabe y traduce, junto a Juan Hispalense, los libros del inmenso Pseudo-Geber o *Pseudo-Geber latino.* Hacen referencia a un grupo de textos alquímicos latinos de finales del siglo XIII y principios del XIV, atribuidos a Jabir ibn Hayyan (Geber), uno de los primeros alquimistas de la Edad de Oro islámica. Sin embargo, la obra más importante del *corpus,* que fue escrita posiblemente poco antes de 1310, es la *Summa perfectis magisterii* [La máxima perfección de la maestría]. En esa época, los libros de Pseudo-Geber fueron algunas de las manifestaciones más claras de la alquimia teórica. Terminaron proporcionando instrucciones de laboratorio extremadamente precisas, más aún, dado que el secreto, el misticismo y la ignorancia eran la norma existente en ese momento.

Aunque los primeros códices alquímicos que conocemos sean de origen bizantino y pertenezcan al siglo IV d. C., no debemos olvidarnos de que la magia, la alquimia y la religión formaban parte de la cultura egipcia, motivo por el que en esos tres aspectos eran en los que más se implicaban. Según las leyendas egipcias, el alquimista más antiguo fue el faraón Keops, sin embargo, el dios dedicado a ella fue Thot, deidad de los hechizos mágicos, los conjuros y la sabiduría. Pero algunos filósofos del arte oculto lo vieron de otra manera, y les importaba poco el conseguir la transformación de los metales. Les interesaba mucho más, como un punto de vista exclusivo, las experiencias del alma en su progresión. Ellos veían alambiques simbólicos, que no contenían sustancias metálicas. Al contrario, era la naturaleza humana la que se transmutaba en una condición diferente que le permitía llegar a ser semejante a la naturaleza Divina.

Todo comenzaba con el hermetismo neoalejandrino y sus especulaciones. Pero al postulado proveniente de Egipto, al que se le había añadido la cábala cristiana, el paracelsismo, el rosacrucismo y la teosofía de Jacob Böhme, que será su padre fundador.

No obstante, durante el siglo XVI otros alquimistas y ocultistas incrementarían mucho más los mitos atribuidos a Egipto, enriqueciendo aún más su prestigio. A ello ayudaría la influencia de escritos tan importantes como los de Francesco Zorzi, *De Harmonia Mundi* (1507), Henricus Cornelius Agrippa, *De Occulta Philosophia* (1533) o John Dee, *Monas Hieroglyphica* (1564). También están los de Robert Fludd, *Utriusque Cosmi maioris scilicet et minoris Metaphysica, physica atque technica Historia* (1617).

Sin embargo, parece que la verdad la encontramos en un término medio en relación con la alquimia, aunque no se puede negar el doble carácter que se desprende de ella: por una parte, era un misterio de la ciencia, pero por otra hubo una serie de filósofos que aplicaron el simbolismo de esta ciencia en otro orden de experiencias. Los que consideraron la alquimia del alma como el objeto particular de su investigación no estaban mal encaminados, y eso fue lo que dio lugar a diferentes escuelas.

Esa alquimia del alma no sólo responde a una determinada época, porque nuestra alma ha estado caminando durante siglos a través de miles de vidas pasadas. A lo largo de ese tiempo se ha ido acumulando en nuestros cuerpos sutiles una multitud de conocimientos, habilidades y poderes. Todos almacenados al lado de creencias erróneas, heridas y miedos profundos.

Lo dicho anteriormente nos permite indagar en nuestras estructuras psíquicas para detectar las energías que afectan a la libertad de Ser. La alquimia del alma toma el relevo de la alquimia metálica, para ahondar más en nuestro lado más profundo y entrar en un gran universo vasto y multidimensional, es decir, un gran superconsciente.

Desgraciadamente, el tema ha caído demasiadas veces en manos de personas que no entendían prácticamente nada de la alquimia espiritual, tan sólo algo de la material, como era el caso de los sopladores.[4]

Fue de esa forma que las investigaciones de los trabajos sobre los metales cayeron en descrédito. A partir de entonces se desarrolló una tendencia, gracias a la literatura, a utilizar la terminología de la alquimia en un sentido transcendental y espiritual. Escritores como Agrippa, Rehuchlin, John Dee o Heinrich Khunrath[5] –discípulo de Paracelso–, se definían concretamente como adeptos de la alquimia espiritual. Escribieron e ilustraron el intrincado camino y las múltiples etapas que se deben recorrer para llegar a la perfección espiritual.

La gran obra de Heinrich Khunrath, *Amphitheatrum Sapientiae Aeternae*, fue publicada por primera vez en Hamburgo en 1595, en una edición reducida. En 1609, en la ciudad de Hanau, se imprimió una edición ampliada que provocó su condena por la Sorbona en 1625. En ella trataba de los misterios de Dios y del hombre, es decir, de los que tienen que ver con el alma; de lo divino y mágico, dicho de otro modo, con el mundo intermedio del espíritu celeste y de lo físico-químico; en otras palabras, lo que se refiere a la naturaleza o el cuerpo. En el texto, Khunrath llega a afirmar, y no era sólo una forma de hablar, que recibió de uno de ellos: «…el León Verde universal y la sangre del León, es decir, el oro, no el vulgar, sino el de los filósofos, lo he visto con mis ojos, lo he tocado con mis manos, lo he saboreado con mi lengua, lo he olfateado con mi nariz; ¡Oh, cuán admirable es Dios con sus obras!».[6]

Otro de los que también utilizó el lenguaje simbólico de la alquimia, porque le parecía un método fácil de expresión, fue Jacob Böhme: «Al tratar con azufre, mercurio y sal, sólo escucho una cosa que es única, espiritual o corporal; todas las criaturas son una sola cosa; pero las propiedades, los diferencian. Cuando hablo de un hombre, un animal, una

---

4. Los sopladores, como se les llamaba en la Europa medieval, aluden a su entusiasmo por soplar fuelles para encender el fuego en los hornos, pero no eran verdaderos alquimistas.

5. Frances Yates consideraba a Khunrath, el vínculo entre la filosofía de John Dee y el Rosacrucismo.

6. Heinrich Khunrath, *Amphitheatrum Sapientiae Aeternae, gradus sexti*, p. 147. Véase edición española *Anfiteatro de la sabiduría eterna*, Triemio, Madrid, 2016. Colección dirigida por Juan Carlos Avilés.

planta o cualquier ser, todo es lo mismo y único. Todo lo que es corporal es la misma esencia, plantas, árboles y animales; pero cada uno difiere según si al principio la palabra *Fiat* le imprimió una cualidad».[7] Böhme fue criticado durante toda su vida por utilizar la terminología alquímica, cabalística y rosacruz, con la que el teósofo interpretó el renacimiento espiritual como una transmutación alquímica.

En un momento dado, parecía que la literatura hermética y práctica estaba detrás de todo. Pasó lo mismo que con la masonería, donde en un determinado período los operativos fueron superados por los especulativos, posiblemente porque su trabajo ya no tenía razón de ser. Lo mismo pasó con las experiencias en la transmutación de los metales, cada vez se practicaba menos porque la química y sus adelantos los fueron arrinconando y sólo quedaron algunos viejos libros para poder consultar. A pesar de lo cual nació un simbolismo críptico, que abría un nuevo campo con fines muy diferentes.

Si en la masonería es muy difícil determinar en qué período pasó de operativa a especulativa. En los fundamentos alquímicos que nos lleva a reconocer un aspecto espiritual de la alquimia, es mucho más fácil gracias a la existencia literaria del *Magnum Opus*, sin excluir, incluso algunos textos bizantinos.

¿Cómo y por qué se unieron una ciencia difícil de comprender y anterior a la Edad Media, con una orden iniciática como la masonería especulativa del siglo XVIII? No es fácil de responder.

Es más, aún existe una pregunta más difícil. ¿Por qué los creadores de los rituales masónicos de los Altos Grados les introdujeron la alquimia y el hermetismo? Sólo se me ocurre una respuesta a esa confluencia, que fue a causa de la intermediación de la Fraternidad Rosacruz. Es evidente que era una hermandad que mantenía el secreto de la alquimia y que lo transformó en un proceso espiritual, aunque luego lo transmitió a la masonería, en especial a la masonería continental más que a la inglesa. El legado lo recibe, sobre 1750, esa masonería, que se desarrollará principalmente en Francia y que conocemos como escocesa, aunque igualmente es aplicable a la egipcia. En sus grados encontraremos no sólo rosacrucismo, también alquimia, astrología, cábala, joanismo, caballería y templarismo, todo ello aporta a la orden masónica su verdadera dimensión metafísica.

---

7. Jacob Böhme, *Mysterium magnum,* Aubier, París, 1945.

Alguien que pretende entrar en la masonería, seguro que alguna vez se ha preguntado: ¿Qué es la mente? ¿Qué es la materia? ¿Qué es la muerte? Al ser iniciado, lo primero que ocurre es que el candidato debe ser introducido en el «gabinete de reflexión», que es una habitación estrecha y oscura. Al que desea ingresar en la masonería se le pone así en contacto con la alquimia, allí descubrirá por primera vez los grandes principios alquímicos como el Azufre, la Sal y el Mercurio, o el misterioso acróstico «V.I.T.R.I.O.L.»,[8] del que más tarde aprenderá su profundo simbolismo.

Ya hemos visto que fue hacia el año 1717 cuando la masonería especulativa o simbólica empezó a adquirir una forma definitiva y concreta. Aunque lo hizo, incorporando nuevos elementos procedentes de otras corrientes iniciáticas. También es la época en que Khunrath, Kelly, Böhme, Weigel o Walther influyeron en muchos movimientos antiautoritarios y místicos, que comenzaron a hablar de los misterios, de la transmutación del alma y de las cosas eternas. En ese momento ya no era un relato más, y su aceptación ocurrió de repente porque eran herederos de unas raíces que se remontaban a épocas muy lejanas. Fue una gran sorpresa para muchos, porque ya no tenían que insistir en algo que a todas luces era evidente.

La suma del conjunto dará lugar al rosacrucismo en el siglo xv, que desarrollaremos en el próximo capítulo y que en el fondo no es más que una combinación de hermetismo y gnosticismo. Las fraternidades de la Rosacruz son una forma moderna de gnosis cristiana que, bajo el manto de las sociedades secretas iniciáticas, ejercieron una gran influencia en la masonería antes de su vertebración en 1717.

Christian Rosenkreuz, su teórico fundador, porque no sabemos si el personaje existió o es tan sólo una leyenda, se dio cuenta de que la humanidad en general no estaba preparada para recibir sus conocimientos, y decidió establecer una sociedad secreta con el fin de ocultarlos. En principio, el consejo lo formaban siete miembros cuidadosamente seleccionados que juraron mantener las enseñanzas en secreto.

Otros historiadores creen que fueron Valentín Andreae y un círculo de iniciados próximos, los creadores de estas fraternidades. Porque en 1616, Andreae publicó dos obras, *Confessio* y *Fama Fraternitatis*. Existe una tercera obra, *Chymische Hochzeit Christiani Rosencreutz anno 1459,* [Bo-

---

8. *Visita Interiora Terras Rectificatur Invenies Ocultum Lapidum.*

das Químicas de Christian Rosenkreutz], que algunos historiadores también le atribuyen. Lo cierto es que no hay ninguna prueba evidente que la haya escrito él. Otros investigadores se le han atribuido a Francis Bacon, e incluso a John Dee, al contener el libro, el símbolo de *Monas Hieroglyphica*.[9]

Las primeras asociaciones se crearon en Alemania y luego se extendieron a Europa. En Francia, en 1622, se empezó a hablar de ella. En Inglaterra, Robert Fludd difundió y desarrolló la doctrina y ya sabemos que dos famosos seguidores, Elías Ashmole y Thomas Vaughan, continuaron su trabajo.

Decía que a todos los experimentos alquímicos que se produjeron en la época greco-alejandrina, los «adeptos» europeos de la época medieval añadieron, a través de obras escritas en latín, diversas formas de convertir supuestos metales básicos en metales preciosos, que la hipótesis alquímica consideraba metales perfectos.[10]

Quiero insistir que toda esta corriente de opinión no se perdió, se fue transmitiendo y pretendo evidenciarlo a través de dos investigadores como Marcellin Berthelot y François Jollivet-Castelot, máximos exponentes en el siglo XIX y XX. Berthelot estaba muy interesado en la historia y la filosofía oriental, y en particular en la ciencia de Asia y Oriente Medio. Editó varios libros sobre los alquimistas bizantinos, árabes y siríacos.[11] No sólo era un excelente químico, sino también un gran historiador de la alquimia, y es gracias a él que los filósofos volvieron al estudio de los textos

---

9. El glifo *Mona Hieroglyphica* es un símbolo esotérico ideado y diseñado por John Dee, mago y astrólogo de las cortes de Isabel I de Inglaterra y de Carlos I de España. Es también el título del libro en el que Dee explica lo que significa este símbolo.

10. De hecho, es muy simple: la alquimia parte del principio de que toda la materia está formada por un componente universal y que, por tanto, bastaría con deconstruir la materia para encontrar su partícula elemental. Lo que luego te permite lograr absolutamente cualquier cosa que desees. Imaginemos que vivimos en el mundo de los legos, esos pequeños bloques de construcción para niños: todo se construiría en este universo en lego. ¡Entonces podríamos deconstruir los bloques, uno por uno, que constituyen el plomo, por ejemplo, y remodelarlos como queramos para hacer oro! Bueno, en realidad es más complicado de hacer que de decir… pero el principio está ahí.

11. Los siriacos son los sucesores de las civilizaciones Caldea y Mesopotámica. Son descendientes de arameos, asirios, caldeos, babilonios, fenicios, sumerios, cananeos y acadios, que formaron la nación Siria.

alquímicos.[12] El espíritu solidario que siempre le acompañó, hizo que se negara sistemáticamente a patentar los métodos de síntesis de sus descubrimientos. Si lo hubiese hecho, le habría reportado gran cantidad de dinero, aunque aseguraba que acumular riquezas era algo indigno y mezquino. Por lo tanto, cedió todas sus patentes a la humanidad.

La inauguración del Canal de Suez, en 1869, le llevó a visitar Egipto y conocer a Mathieu de Lesseps, padre del constructor de la obra y miembro del Rito de Mizraim. A partir de ahí se desarrolló una pasión mayor por los textos alquímicos de la antigüedad y por los alquimistas de la Edad Media, estudiando las fuentes herméticas, caldeas, judías, gnósticas e islámicas.[13]

Por lo tanto, pertenecía a una de las dos modalidades en que se dividen los alquimistas modernos, es decir: a los que continúan la búsqueda de los textos antiguos. Los otros se hacen llamar químicos unitarios. Entre medio de ellos se encuentra otro gran alquimista, Jollivet-Castelot y la *Societé Alchimique de France*, en la que también participaron Delassus y Hooghe. Dicha sociedad está sustentada por un cuerpo alquímico, Rosacruz, que, aunque trabajasen sobre la alquimia clásica, no despreciaban los avances que se habían realizado en la química moderna.

La *Société Alchimique de France*, de la que sabemos poco o nada de su existencia, representó durante muchos años el interés por la obra física y afirmaban que en el camino que ha seguido no todo han sido fracasos. Los antecedentes de esta sociedad provienen del Dr. Encausse (*Papus*), que fundó en diciembre de 1889 el Grupo Independiente de Estudios Esotéricos (GIEE). Este colectivo organizaba cursos, conferencias e investigaciones sobre diferentes aspectos del mundo esotérico. En ese grupo intervenían el propio Papus, Chaboseau, Paul Sédir, Victor Émile Michelet y Fernand Rozier. Realmente, el colectivo era, de alguna forma, el círculo externo de la orden martinista, y dentro de él estaba la sección Alquímica, dirigida por François Jollivet-Castelot. Finalmente, se dividieron unos tomando el nombre de Facultad Libre de Ciencias Herméticas, liderada por Papus, y otros el de Sociedad Alquímica de Francia, dirigida por Jollivet-Castelot.

---

12. Macellin Berthelot, *La Chimie au Moyen Âge*, 3 vol., 1893. Véase reedición en español, *Los orígenes de la alquimia,* Mira ed., Barcelona, 2001.
13. *Revue illustrée*, enero de 1902, París.

Sin embargo, un poco más tarde, este último crea la hiperquímica, disciplina que asocia la metafísica con la química operativa. También enseñó el hilozoísmo, una doctrina monista según la cual materia, alma, vida y energía son una sola cosa. Todo en la naturaleza evoluciona y cambia constantemente.[14] Jollivet-Castelot, decía: «¡No hay reinos ni especies en la naturaleza! Hay una sola naturaleza. Debemos persuadirnos de esta verdad. No hay tipos minerales, vegetales o animales. No hay reinos orgánicos e inorgánicos, no hay químicos, sólo seres que evolucionan según un plan determinado. Obedecen las mismas leyes y persiguen el mismo fin bajo diferentes aspectos.

»La Naturaleza quizás se asemeja al Cuerpo de lo Inmenso, al que llamamos Dios y concebimos como Infinito y Eterno. Por tanto, realiza el Pensamiento Divino, ya que nuestro propio cuerpo es el instrumento más o menos dócil de nuestra voluntad. Podemos decir que Dios obra en la Naturaleza y habla por Ella, porque la Naturaleza es Su Gran Libro». No cabe la menor duda de que han sido muchas y variadas las escuelas que han tenido actividades diversas, exuberantes sueños y esperanzas, o abundantes formas de fe en la religión, en la filosofía y en la ciencia. En cualquier caso, terminaron uniéndose en el siglo XVIII, sobre todo, en la Europa continental.

Para la alquimia y el hermetismo, que históricamente es anterior al cristianismo, existe un hecho que se manifiesta mediante su filosofía, y es la Cosmogonía Perenne,[15] de la misma manera que el masón creyente o

---

14. El hilozoísmo es una doctrina filosófica que sostiene que la materia está dotada de vida por sí misma, sin la intervención de principios extrínsecos. Las cosas, la materia, la naturaleza tienen vida propia. Esta representación del mundo significa que toda la materia está viva, que cada individuo está vivo. En su versión estoica, el hilozoísmo defiende la idea de que el mundo es un ser vivo penetrado por un «Alma del mundo» de naturaleza material.

15. La cosmogonía es una ciencia que expresa el conocimiento de todos los pueblos antiguos y tradicionales. Se refiere al conocimiento del hombre (el microcosmos) y al universo (el macrocosmos) como una verdad consistente y que se repite constantemente en el tiempo (la historia) y el espacio (la geografía) definiendo una única verdad, la verdad del cosmos. Por otra parte, debemos decir que es la misma que la que vivimos y habitamos nosotros, los humanos actuales, porque es esencialmente constante o representada, a pesar de las formas siempre cambiantes que puede tener al expresarse. Se asimila porque vive para siempre. Véase artículo de Federico González en *Symbolos,* n.º 1, 1990, «Cosmogonía Perenne: El Simbolismo de la Rueda».

no lo hace a través de sus símbolos y ritos. Es así como sucedió que los grados y ritos herméticos crecieron rápidamente.

Recordemos que el principio hermético básico es el de la Unidad del mundo. Esta unidad se encuentra en la fórmula Uno-el-Todo, que describe el carácter inseparable y complementario del centro (creador) y el círculo (creación).

Precisamente, si hay un término que los masones de los Ritos Egipcios –Mizraim o Menfis– utilizan muy a menudo para calificarlos, es el adjetivo hermético. Aunque precisamente, los fundadores no usaban demasiado la palabra hermetismo, eso sí, hablaban de Hermes. Por ejemplo, Marconis de Nègre tituló a uno de sus libros, *Hèrmes*, no obstante, nunca presentó su rito como hermético. Fue a partir de la participación de Papus y su derivada ocultista que adquiere esa denominación. La síntesis presentada por Antoine Faivre[16] sobre esta polisemia permite prever el alcance de las confusiones que, como veremos más adelante, amenazaran a los ritos.

Debemos aclarar que actualmente se ha perdido parte de la conexión existente entre la masonería y la búsqueda seria de la práctica de la alquimia metálica, con excepción de los rosacruces, que también son masones, aun cuando ciertas voces críticas mantengan lo contrario. Esto pasa en parte seguramente porque algunos de sus rituales lamentablemente no están disponibles para todo el mundo por muchas razones, y es posible que por ciertos otros motivos.

A pesar de lo cual, no debemos olvidarnos de la importancia que han tenido determinados grupos como la Rosa Cruz de Oro, los Iluminados de Aviñón, el Cosmopolita –Alexander Seton– o el barón Tschoudy en la investigación y actualización de los misterios greco-egipcios. Hay un libro que ocupa un lugar destacado, entre todos ellos, *Les Fables égyptiennes et grecques dévoilées,*[17] de Dom Pernety, por las numerosas referencias que cita.

Es posible que no exista ningún tema que haya monopolizado tanto la atención como la investigación de la alquimia en su búsqueda del dominio de los metales. No tengo duda de que, para algunos, el interés radicaba en transformar viles metales en oro. Pero si tratamos de dos personajes,

---

16. Antoine Faivre, *Accès de l'ésotérisme occidental,* Gallimard, París, 1986.

17. Dom Pernety, *Les Fables égyptiennes et grecques dévoiléeset réduites au même principe, avec une explication des hiéroglyphes et de la guerre de Troye,* Chez Deladain, París, 1758. Reedición: *La Table d'émeraude,* París, 1982.

como Dom Pernety y el barón de Tchoudy, por nombrar dos masones que destacan de forma prominente en la historia de la masonería hermética, la cosa cambia sustancialmente. Como tantos otros, buscaron la alquimia, pero sus investigaciones eran las filosóficas y no las de laboratorio. A este hecho le debemos toda la obra de Dom Pernety, y el magnífico *Catecismo Hermético* del barón de Tchoudy. Este último tuvo la idea de crear un rito hermético de doce grados, donde todo se basaba en símbolos y conceptos extraídos de antiguos textos. No sé si llegó a ponerlo en funcionamiento o no, pero no importa porque al igual que Cagliostro sirvió de base a lo que posteriormente serían los Ritos Egipcios –Mizraim y Menfis–. El rito que desarrolló el barón de Tschoudy está dentro del marco masónico y próximo al Rito Escocés Antiguo y Aceptado, aunque eso sí, imbuido de grados templarios y caballerescos. En ellos se nota el gran esfuerzo que hizo para poder unir alquimia y masonería, donde en unas ocasiones encontró grandes hallazgos y en otras no fue tan afortunado.

Dar un repaso a sus rituales siempre es positivo porque nos hace sumergirnos en la historia de la masonería y en las concepciones alquímicas del siglo XVIII.[18] Para el barón Tschoudy, la masonería puede describirse como una alquimia moralizante, mientras que en los escritos alquímicos de Pernety es más difícil encontrar el rastro de la masonería, ya que no hay ninguna derivación de lecciones morales o místicas.

El interés por la alquimia, por lo menos la de tipo espiritual, llegó hasta Carl Jung, que en 1928 escribió *El Secreto de la flor de oro*[19] y en 1929 comenzó los estudios sobre los tratados de alquimia que le acompañaran toda su vida. Entendía que los símbolos alquímicos eran un idioma desconocido y los intentó descifrar a través de la filología, pero sobre todo de la psicología profunda. Todo esto le llevará a establecer un paralelismo entre los sueños y las imágenes alquímicas. La proyección de los contenidos psicológicos del inconsciente es lo que le da importancia a la alquimia en la psicología. Según Jung, los contenidos del inconsciente están dominados por una tensión entre dos polos. Esto explicaría la importancia de la alquimia, porque no deja de ser la búsqueda de la unión de los opuestos a través de los desarrollos morales. También dice que alcanzar la unidad por medio del proceso de individualización es similar a la salvación, y

---

18. Barón Tschoudy, *La Estrella Flamígera*, Obelisco, Barcelona, 2005.
19. Carl G. Jung, *El Secreto de la flor de oro*, Paidós, Barcelona, 1996.

muestra de forma asombrosa el paralelismo que une el pensamiento alquímico y el pensamiento cristiano. Tal será la tesis fundamental de la
Psicología y la Alquimia. La alquimia es un conocimiento disfrazado no
reconocido, aparece como una «psicología en acción» y la obra magna del
alquimista es comparable al «proceso de individualización».[20]

De acuerdo con todo lo anterior, la masonería es el resultado a través de la relación y la síntesis de acceder a diferentes formas de Conocimiento. Pero es evidente que algo de tal magnitud no puede ser la obra
de unos pocos constructores, tampoco de algunos filósofos a título individual, a pesar del respeto que merecen todos ellos. La masonería nace de
la suma de un conjunto de singularidades que tiende a obtener una síntesis que la lleva a ser un depósito de Sabiduría Tradicional, otorgando
ese Conocimiento por medio de unos sistemas, –ritos y grados– a quienes
son capaces de recibirlo. Al mismo tiempo, la logia es un condensador de
energías que, a través de la participación de sus miembros en diferentes
instituciones, divulga culturalmente por medio de escritos o conferencias esos conocimientos, sin olvidar su participación en lo público o
en las obras sociales.

---

20. Carl G. Jung, *Psicología y la Alquimia*, Plaza&Janés, Barcelona, 1977. Jung retoma
la idea de ir más allá del *Principium individuationis de Schopenhauer,* y, a partir de
1916, lo utiliza para designar la comprensión de que uno es distinto y diferente
de los demás, y al mismo tiempo la idea de que uno es uno mismo, incluso una
persona completa e indivisible. Según Jung, «la individuación es una de las tareas de
la madurez».

LA INFLUENCIA ROSACRUZ

Aunque la filosofía sea una disciplina por derecho propio, a lo largo de su historia se ha inspirado en muchas fuentes. En la antigüedad se sustentaron en las fuerzas naturales, es decir, en los cuatro elementos principales: Agua, Tierra, Fuego y Aire, para explicar la realidad. Basándose en esa existencia, es como Pitágoras pudo exponer la magia de los números. Otros utilizaron los mitos y alegorías para validar y aclarar ciertos puntos de su doctrina filosófica, como fue el caso de Sócrates y Platón.

Cuando estudiamos la formación del pensamiento filosófico y científico, desde la Antigüedad hasta el siglo XVIII, vemos que se produjo un vínculo entre la filosofía, la teosofía y la ciencia, que les llevó a su mutuo enriquecimiento. Muchos de esos grandes filósofos fueron, además, científicos e iniciados en el esoterismo, la mayoría en la Orden Rosacruz.

Ya hemos visto que en el año 1614 aparecieron por primera vez en Europa –concretamente en Alemania–, los manifiestos de la Fraternidad Rosacruz. Se presentaba como una orden secreta, fundada en el siglo XV, por un místico llamado Christian Rosenkreutz. Tuvieron un gran impacto en ese momento, provocando entusiasmo y controversia en toda Europa. Probablemente, los manifiestos *Confessio y Fama Fraternitatis*, que se publicaron en 1614 y 1615, sean obra de un grupo de jóvenes humanistas, teólogos, médicos y filósofos de la Universidad Luterana de Tubinga. Se reunían en torno a Johann Valentin Andreae, conocidos como «El Círculo de Tübingen». Estaba compuesto por Tobias Hess, Christopher Besoldus, Abraham Hölzel de Sternstein, Wilhelm Bidembach von Treuenfels alias «Guilelmus Amnicola», Johannes Stoffel, Wilhelm von der Wense, Christoph Welling, Thomas Lansius, Samuel Hafenreffer, Anton Frey, Tobias Adami, Johann Jakob Hainlin y Johann Ludwig Andreae Wilhelm Schickard. De alguna forma u otra, todos ellos influyeron en el mundo esotérico. Los manifiestos rosacruces tuvieron rápidamente un considerable impacto. Pronto hubo varias reediciones. Su llamamiento y especialmente las referencias a Paracelso fueron bien recibidas por muchos «quimistas» en Alemania y también en Europa. La Bibliotheca Philosophica Hermetica de Amsterdam identificó 400 respuestas impresas en los diez años siguientes a su publicación y cerca de 1700 entre el siglo xvii y el xviii.

Para Carlos Gilly: «…el éxito de los manifiestos rosacruces se debió no sólo a su apariencia mítica –sin la cual hubieran despertado muy poco interés–, sino también y sobre todo a la idea de haber presentado la Fraternidad como ya constituida y al hecho de haber invitado a los eruditos y a los príncipes de la época para que le dieran respuesta mediante el material impreso».[1]

Gottfried Arnold, en su *Kirchen-und Ketzer Historien,* dice: «…que Christoph Hirsch [Joseph Stellatus], un predicador en Rosa y Eisleben publicó, en secreto, a instancias de su amigo Johann Arndt, la mayoría de los escritos rosacruces, especialmente el *Pegasus Firmamenti, La Aurora astronomiae coelestis* y la *Gemma Magica.* Y añade que Johann Arndt, íntimo amigo de Hirsch, le reveló que Johannes Valentin Andreae y otras treinta personas del país de Württemberg compusieron la *Fama Fraternitatis* y que la publicaron para conocer, a través de esta ficción poética, cuáles serían las reacciones de Europa, si ya hubiera aquí y allá amigos secretos de la verdadera sabiduría que más tarde podrían manifestarse. Y Arnold concluye diciendo que, además, esto se puede leer entre líneas en *Turris Babel* e *Invitatio ad Fraternitatem Christi* de Andreae».[2]

Trataré de resumir lo máximo que pueda la leyenda de la Orden Rosacruz, porque, aunque tenga mucho que ver con los Ritos Egipcios de Mizraim y de Menfis, no es el principal objetivo de este libro. Dice en ella que Christian Rosenkreutz viajó a Oriente, buscando, en especial, sabiduría. Al alcanzar parte del conocimiento que iba persiguiendo, regresó a Europa, todo lo que aprendió sobre los Misterios lo llevaba anotado en el diario de sus viajes. Formó a su alrededor un grupo de ocho iniciados que

---

1. Carlos Gilly Ortiz, *Cimelia Rhodostaurotica,* Pelikaan, Ámsterdam, 1995, p. 77. Es un historiador español residente en Suiza, interesado en la historia del primer movimiento rosacruz, la escuela de Paracelso y la alquimia.
2. *Cit.* en Paul Sédir, *Histoire et doctrine des Rose-Croix,* cap. V, p. 73, Collection des Hermétistes, París, 1910. Reed. por Unicursal, Québec, 2020.

buscaban una reforma de las artes y de las ciencias, porque en ese momento Europa se encontraba en una situación convulsa. Alemania estaba en guerra, había peste en España y Francia, Galileo Galilei era acusado de herejía por apoyar la teoría de Copérnico, etc. A esos ocho *fratres* se les indujo a adoptar un procedimiento que posiblemente no fuera inusual en esa época entre los custodios del conocimiento oculto, y se dedicaron a cuidar de una forma fraternal y fiel una sociedad secreta que fundaron bajo el nombre de Rosacruces. Finalmente, cuando murió Rosenkreutz, se separaron. Cada uno con un destino diferente, donde recibieron a otros asociados que nunca conocieron al fundador y tampoco sabían en qué lugar estaba enterrado.

La orden poseía dos casas donde se reunían los miembros, una en Nuremberg y la otra en Ancona. Al tener que reparar una de las dos residencias fundacionales existentes, descubrieron el sepulcro de Christian Rosenkreuz, que había mandado construir cuando aún vivía. La leyenda dice que fue descubierto por casualidad, al igual que el maestro Hiram de la tradición masónica. Evidentemente, como en el caso de la masonería, el relato es puramente simbólico y su significado ha sido considerado de diversas formas por las diferentes líneas de investigación. La historia del proceso se puede encontrar en un Manifiesto de la Fraternidad.

De todos modos, lo importante es saber qué había en la tumba cuando fue abierta. Allí se descubrió el cuerpo del Maestro en un estado incorruptible, podríamos pensar que al seguir algún tipo de enseñanzas cristianas se pareciera más al sepulcro de Jesús, el Cristo, excavado en la roca, que en la mañana de Pascua apareció vacío. Aunque no fue así, porque el simbolismo en uno y otro caso no es el mismo en esta situación, la analogía de la muerte mística correspondería a una época anterior.

El pastor de Silesia, Samuel Richter, cuyo seudónimo es *Sincerus Renatus,* publicó en Breslau, en 1710, una obra (en alemán): *Die warhaffte und vollkommene Bereitung des philosophischen Steins der Brüderschafft aus dem Orden des Gülden-und Rosen-Creutzes* [La verdadera y perfecta preparación de la piedra filosofal de la Hermandad de la Orden del Oro y de la Rosa-Cruz], cuyo apéndice contiene un código en 52 artículos. Los artículos iban dirigidos tanto a los fratres de la Orden de Oro, como a los rosacruces en general. A su cabeza había un Imperator elegido por antigüedad y vitalicio; cada diez años cambiaba secretamente su nombre, su residencia y su *nomen* [nombre simbólico]. La orden, dirigida por 21 miembros, estaba formada por al menos 23 *fratres* y como máximo 63. Los hermanos eran admitidos después de tres meses de aprendizaje y varias operaciones alquímicas. Estaban obligados a prestar un juramento donde aceptaban la obediencia. El trabajo consistía en los secretos particulares de cada uno de ellos, además de la alquimia y la teúrgia.

Desde el siglo XVIII, tanto en el hermetismo como en la masonería y posteriormente, en los círculos ocultistas del siglo XIX hasta la fecha, son muchos los movimientos que han reclamado pertenecer a la Orden Rosacruz, o bien hacen alguna referencia a una «tradición rosacruz». Para alguien que no está iniciado no existe ninguna diferencia entre una sociedad secreta o una organización esotérica. Para él son parecidas como escuela de pensamiento, y cree que persiguen las mismas inquietudes. Lo cierto es que los iniciados lo podemos ver de una forma más crítica, pero es un hecho que la Orden Masónica y la Orden Rosacruz tienen vínculos tradicionales e históricos muy parecidos. De una manera u otra, bien sea a través de sus enseñanzas de tipo espiritualista o de los grados en otros ritos, el rosacrucismo está siempre presente.

Ya hemos dicho que la masonería se vertebró en Inglaterra en el siglo XVIII, en un «caldo de cultivo» preparado por los rosacruces. Ciertos autores como J. G. Buhle en 1804, o Thomas de Quincey, que en 1824 publica en el *London Magazine* un artículo titulado *Historico-Critical Inquiry into the origins of the Rosicrucians and the Freemasons* [Investigación histórico-crítica sobre los orígenes de los rosacruces y los masones], en el que habla de una derivación de la masonería procedente de la Orden Rosacruz. Desde 1638, las relaciones entre los dos movimientos se mencionan en *The Muses Threnodie: Third Muse*, un poema de Henry Adamson publicado en Edimburgo. Este texto, dice: «Porque somos hermanos de la Rosacruz; tenemos la palabra del masón y la clarividencia; podemos predecir bien las cosas; y mostrar lo que los misterios quieren decir».

Conseguimos seguir aportando una prueba más con una noticia publicada en el *Poor Robin's Intelligence,* en octubre de 1676. El artículo decía: «...la Antigua Fraternidad de la Rosacruz, los Adeptos del Hermetismo y la Compañía de Masones Aceptados han decidido cenar juntos». Todo esto ocurría antes de 1717, teórico año de la fundación de la francmasonería, pero también después. Una noticia parecida aparecerá en el *Daily Journal*, del 5 de septiembre de 1730, diciendo: «Hay una Sociedad en el extranjero, de la cual los masones ingleses [...] han copiado algunas ceremonias y ahora están tratando de convencer al mundo de que ellos provienen de allí y son sus herederos. Se llaman Rosacruces».

Lo que pretendían era estimular un renacimiento del pensamiento hermético, neoplatónico, paracelsista y gnóstico. Deseaban, a través de sus escritos, conseguir la resurrección del hombre interior. Para ello, apelaron a los eruditos y gobernantes de Europa, ofreciéndoles revelarles su misteriosa sabiduría. Presentaron al mundo una reforma general de la religión, las artes y las ciencias, pretendían que los esfuerzos humanos se dirigieran hacia la noble meta de la vida, que se sintetizaba en la Bondad, la Verdad y la Justicia.

Desde el siglo XVI al XVII, muchos de ellos dieron a comprender elementos externos de ese conocimiento que hacía que conectara a bastantes hombres de ciencia con el pensamiento hermético y gnóstico que los inspiraba. Era como si en su propia cruz floreciera la rosa del alma libre, a través de una transformación alquímica, que se presentaba en calidad de una renovación total del hombre y de la humanidad.

Marcada por ese pensamiento hermético que había engendrado infinidad de filosofía liberadora, escuelas de pensamiento y movimientos espirituales, la corriente cristiano-gnóstica subyace en toda la vida espiritual de Occidente. Estos adeptos a la pansofía[3] estaban convencidos más que nada de haber descubierto, a través de la iluminación y el estudio, el secreto de la Unidad de todos los seres y de todos los fenómenos. Estaban convencidos de que se encontraban aquí para reformar la sociedad humana y salvar al mundo entero.

Del encuentro entre el antiguo arte sacerdotal con el arte real, es cuando nacen los grados herméticos. Estos grados son lo que influenciaron, particularmente en los siglos XVII y XVIII, al movimiento rosacruz, luego a los ritos masónicos, sobre todo a ciertos grados escoceses y de Menfis-

---

3. Comenius propuso un programa para hacer amena y no tediosa la educación, y lo llamó pampaedia o pansofía, que significa «educación universal» (se debe enseñar todo a todos). En 1635, decía: «...que la denominación de pansofía no ofenda a nadie. Sabemos que el único pánsofo absoluto es el sapientísimo Dios. Nosotros profesamos sólo la pansofía humana, esto es, el conocimiento de lo que Dios quiere que sepamos, simultáneamente con la sabia ignorancia de lo que, en cuanto maestro supremo, quiso Él que no supiéramos. Lo que está oculto está en poder de nuestro Señor Dios, pero exhortamos a los mortales que no ignoren por ingratitud perezosa lo que nos reveló, a nosotros y a nuestros hijos». Jan Amos Comenius, *Didáctica Magna*, Porrúa, México, 2000.

Mizraim. Es así como en 1756 se creó en Frankfurt la *Societatis Rosae et Aurea Crucis* [Sociedad de la Rosa y la Cruz de Oro], inspirada en la historia místico-hermética *Las bodas «químicas» de Christian Rosenkreuz*. Este libro describe la vía simbólica del rosacruz.

Hay aspectos particularmente alquímicos, teológicos, alegóricos, psicológicos, espiritistas, numerológicos y herméticos que revelan un conocimiento preciso de la alquimia cristiana, la magia, las matemáticas y el interés por la mecánica y la pansofía.

La imagen misma del título, la metáfora de la boda, apareció muy pronto en la alquimia latina. Por supuesto, podemos pensar en la *Epistola Solis ad Lunam crescentem* [Epístola del Sol a la Luna creciente], traducción de un poema árabe del siglo x de Muhammad ibn Umail, celebrando la boda alquímica del Sol y la Luna. No obstante, el mismo término «boda» también se usa de manera muy significativa en el *De anima in arte alchimiae* atribuido al pseudo-Avicena, una obra adaptada de un original árabe español de la primera mitad del siglo XII.

Éste es el esquema de las *Chymische Hochzeit* [Las bodas «químicas»]:

Christian Rosenkreuz, un místico, es invitado a una boda real. El ofrecimiento que recibe está lleno de alegorías, entre ellas los símbolos del Sol, la Luna y una Cruz roja. Se va a dormir, aunque al día siguiente, cuando se despierta al amanecer, hace sus preparativos para el viaje y se reviste con una túnica de lino blanco, coloca en su pecho una cinta roja en forma de cruz y fija cuatro rosas también rojas en su sombrero, simbolismo parecido al de Martín Lutero.

Comienza la travesía y llega hasta una encrucijada donde hay un cartel que indica cuatro caminos que le pueden llevar al palacio real, pero sólo existe una Vía Real. Deberá seguir hasta el final la vía que haya elegido, sin tener la posibilidad de volver hacia atrás. El hecho le produce inquietud. No obstante, tiene un sueño donde una paloma blanca posada en un árbol viene a comer el pan que ha cortado y luego es perseguida por un cuervo. Finalmente, llega ante un portal que tiene grabados unos misteriosos signos. El guardián vestido con una casaca azul le pregunta su nombre, y responde que es un hermano de la Rosacruz, el guardián le hace entrega de un signo dorado y se dirige al segundo pórtico que está guardado por un león. Gracias al signo dorado puede franquear la entrada y paga con sal para poder alcanzar el tercer portal. Cuando llega, acaban de iniciarse los festejos nupciales.

Tras la ceremonia, una joven resplandeciente aparece en medio de trompetas y música resonante bajo una luz intensa y da la bienvenida a los invitados. No obstante, anuncia que la boda se realizará al día siguiente, aunque antes los pesaran en la Gran Balanza. Los candidatos se dividen en tres grupos, y Rosenkreuz, en su gran humildad, se considera indigno de participar. Por lo tanto, se aparta con otras personas. Esta prueba resulta nefasta para la mayor parte, pocos fueron los que llegaron al final del calvario. Su grupo pasa la prueba y él recibe un abrigo de terciopelo rojo, una rama de laurel y se le da la libertad de liberar a un prisionero de su elección. Los candidatos se enfrentan a una serie de enigmas que son en realidad las inextricables dificultades de la vida, aunque también lo son la relación entre hombre y mujer...

La fiesta de la boda es anunciada por la virgen Alquimia. Los que no han superado la prueba beben un filtro que les quita la memoria y se les reenvía al Palacio. Después de haberse purificado y lavado en la fuente, seguidamente bebe de una copa de oro puro, recibe un impoluto hábito y luego el Vellocino de Oro, adornado con piedras preciosas.

Al día siguiente hay un renovado banquete, donde todos van vestidos de negro. En esta ocasión mueren el rey y la reina e introducen los cadáveres en un ataúd; allí dosifican los ingredientes necesarios para la Gran Obra alquímica.

El quinto día, guiados por una doncella, Christian y sus Compañeros acuden a la Torre del Olimpo, de siete pisos. Allí es el lugar donde debe realizarse la resurrección de las personas reales o, dicho de otra forma, el Espíritu (el Rey), el Alma (la Reina) y el Cuerpo (encarnado por Christian Rosenkreuz).

El sexto día una ráfaga de fuego a través de un agujero en el techo golpea cada cuerpo devolviéndolos a la vida. El rey y la reina son así resucitados, gracias a la sangre del Fénix.

El séptimo día, Rosenkreuz abandona la Torre del Olimpo como Caballero del Toisón de Oro. Los doce barcos que componen la flota candidata enarbolan cada uno la bandera de un signo del zodíaco, al entrar en la bahía, todos ven una de las embarcaciones que brilla con oro puro y piedras preciosas. A bordo están el rey y la reina, de quienes algunos todavía pensaban que estaban muertos. Después, Rosenkreuz toma el lugar del portero, liberándolo de su cargo. Él mismo se convierte en el guardián, renunciando desconsolado a la alegría de disfrutar de todos los tesoros espirituales que había adquirido durante las pruebas. A pesar de lo cual, la Boda termina con estas palabras: «Y aunque creía que tenía que seguir siendo el portero, a la mañana siguiente regresé a mi tierra natal».

Como podemos ver, el hecho de utilizar el acto de cruzar el mar para ir a la tierra de una isla sagrada, con el ataúd que contenía al rey y la reina decapitados, se asemeja mucho a la versión del viaje de Osiris que narra Plutarco.[4]

Desde nuestro punto de vista sería un propósito vano intentar explicar racionalmente las «bodas químicas». Hay que leerlas poniéndose en un estado de ánimo especial y dejando que opere su encanto.

No me propongo en el presente trabajo tratar este tema más allá de lo que ya he realizado en otros capítulos anteriores. Los elementos probatorios, del modo que están, dejan en evidencia la particular relación del rosacrucismo con la masonería. Sin embargo, también se ha utilizado como un sinónimo del hermetismo bajo una aptitud irreflexiva y acrítica. El hermetismo siempre constó de muchas escuelas, mientras que el rosacrucismo es único, venga de donde venga. Por lo menos esto era lo que ocurría en un principio, de la forma que se mantenga actualmente, creo que no corresponde a este libro y, en todo caso, debe tratarse de manera separada.

Aunque el rosacrucismo naciera en Alemania, encontró una tierra fértil para sus ideas en Inglaterra. Desde los principios del movimiento, hacia el 1600, un eminente médico paracélsico, astrólogo y místico, que había sido iniciado durante sus viajes por Alemania llamado Robert Fludd, le consagró su actividad. Se dedicó a difundir las doctrinas rosacrucianas por toda la isla de Gran Bretaña. Luego surgieron William Backhouse y Elías Ashmole, que fue como un hijo espiritual para el anterior. Todos ellos se transmitieron los secretos que la doctrina rosacruz mantenía ocultos. También hay que tener en cuenta a Thomas Vaughan, un galés que fue filósofo y alquimista, aunque se le recuerda sobre todo por su trabajo en el campo de la magia natural, era hermano gemelo del poeta metafísico Henry Vaughan, que también fue rosacruz. Otro que igualmente perteneció a la orden fue George Starkey, además era alquimista, médico y escritor de numerosos comentarios y tratados de química. Todos sus escritos circularon ampliamente por Europa occidental e influyeron en hombres de

---

4. Plutarco, *Isis y Osiris*, Obelisco, Barcelona, 2006, trad. M. Meunier.

ciencia prominentes, incluidos Robert Boyle e Isaac Newton. En 1650 se trasladó de Nueva Inglaterra a Londres, donde permaneció y continuó su carrera como médico y alquimista. Por lo general, los temas alquimistas los escribía bajo el seudónimo de *Eirenaeus Philalethes.*

No obstante, los conflictos continuos ocurridos en el siglo XVII en Gran Bretaña, tanto de índole religioso como dinástico, estuvieron a punto de obstaculizar el desarrollo de la Orden Rosacruz. Creo que con este pequeño resumen queda suficientemente claro la influencia del rosacrucismo en Inglaterra y en la masonería.

Sin embargo, un investigador como Arthur E. Waite, que merece todo mi respeto, pone en duda la influencia Rosacruz en Inglaterra. «Hay ciertamente rastros de la influencia Rosacruz, y algunos de ellos son perceptibles, sin embargo, no tenían un carácter organizado, como cuando una hermandad determinada realiza sus trabajos. Fludd pudo haber sido rosacruz, aunque en ese caso estaba prácticamente sólo en Inglaterra, y probablemente no tenía seguidores. También es un hecho probado que Thomas Vaughan lo fue, pero siempre negó expresamente cualquier conexión. *Eirenaeus Philalethes,* en cualquier hipótesis del tema, era otra persona grata y confiesa que estaba obligado por un voto; un testimonio idéntico al soportado por otros alquimistas, y sabemos que ningún indicio de ese tipo podría atribuirse a alguien relacionado con la historia Rosacruz». De todas formas, es evidente que desde que escribió Waite su Enciclopedia, hasta el día de hoy, ha habido muchas voces y documentos que dicen lo contrario a lo que él exponía.

Fue prácticamente cuando decayó la Orden de la Rosacruz de Oro del Antiguo Sistema, que apareció el Alto Grado de Rosacruz dentro de la masonería. Su existencia se atestigua por primera vez en 1757, con el nombre de Chevalier Rose-Croix, en las actividades de la logia *Les Enfants de la Sagesse et Concorde.*

Como hemos visto anteriormente, este grado de Rosacruz se consideró rápidamente el último en masonería. También es el séptimo y último grado del Rito Francés de 1786 y el decimoctavo del Rito Escocés Antiguo y Aceptado, así como de Menfis-Mizraim. Sin embargo, tiene una especificidad que generará muchos debates.

Los elementos que se encuentran en estos grados masónicos rosacruces tienen sin duda su origen en un manuscrito rosacruz descubierto en Estrasburgo, en 1760. Es el escrito conocido más antiguo y se titula

Deuxième Section, de la Maçonnerie parmi les chrétiens [Segunda Sección, de la Masonería entre los cristianos].[5] En este manuscrito se conecta a templarios, rosacruces y masones en una tradición inmemorial de una sociedad secreta, hermética y ocultista.[6] Este texto, que aborda de manera singular los orígenes de la masonería, intenta vincularla con las religiones antiguas. Lo hace de un modo especial con el cristianismo primitivo, idealizado primeramente en los esenios y posteriormente en los templarios, hasta llegar al rosacrucismo. Es evidente que el modo en que se describen estos orígenes no debe tomarse de manera literal, es una forma que de nuevo vuelve a plantear el origen de las fuentes de la Tradición Primordial y las relaciones existentes entre las diferentes corrientes iniciáticas.

Si leemos a Henry Corbin, veremos que en sus escritos reprocha a uno de los mejores ensayistas especializado en el estudio de la relación entre la masonería y el ocultismo, como fue René Le Forestier, que sólo haya examinado las cosas desde ese ángulo.[7] No importa si existió en realidad un personaje como Ormus, del que hablaremos más adelante. Tampoco nos interesa saber si hubo realmente una conexión entre los esenios, los caballeros del Santo Sepulcro o los caballeros templarios. Para Corbin, lo importante está más allá del historicismo, y todo ello debe de ser considerado esencialmente como símbolos que hacen referencia a una realidad más elevada. Henry Corbin escribió: «La continuidad de esta tradición, al no caer bajo una causalidad histórica inmanente, sólo puede expresarse en símbolos. Sus transmisores se elevan al rango de personajes simbólicos». Está claro que ve, en los mitos referidos a las Órdenes que acabamos

---

5. G. A. Schiffmann, *Die Entstehung der Rittergarde in der Freimaurerei um die Mitte des XVIII Jahrhunderts*, Bruno Zechel, Leipzig, 1882.

6. J. B. Willermoz, uno de los principales discípulos de Pasqually, declaró, en una carta dirigida, en 1821, al barón de Turkheim, que el Tratado «...no va más allá de Saúl», que se detiene en el primer rey de los judíos y que también lo hace la edición de la Biblioteca Rosacruz. Turkheim tenía otro manuscrito, traído de Alsacia, perteneciente a un estrasburgués que había vivido en Burdeos. La frase final e inicial, que cita en su totalidad, corresponde, a excepción de una variante insignificante, a la de la edición rosacruciana, aunque indicando una división de 732 párrafos que el manuscrito Matter parece ignorar. Éste, que tuvo bajo sus ojos dos copias del Tratado, señala en cada uno de ellos que la obra está inconclusa.

7. Véase Le Forestier, *op. cit.*, pp. 68-84 y 157-164, y especialmente a Henry Corbin, *Templo y Contemplación*, Trotta, Madrid, 2002, donde hace un análisis más profundo.

de mencionar, elementos atribuidos a una filiación espiritual a través de una Caballería Espiritual.[8]

Esto nos lleva a una reflexión dentro de la masonería. Sabemos que no es necesario, como pretenden algunas Órdenes que se dicen herederas de los caballeros templarios o de Malta, revestirse con los atavíos que a veces rayan el ridículo. Para representar simplemente un ritual, no es preciso disfrazarse, sobre todo si el contenido de fondo lo han perdido por el camino.

Como decía Joseph de Maistre: «…la iniciación existió antes que los templarios y siguió perpetuándose después de ellos».[9]

A la Hermandad que nos referimos, simbólica o no, es la que trabaja desde los mismos orígenes de la humanidad para levantar un Templo espiritual, es decir, ese reencuentro entre el hombre y la divinidad. Es evidente que el origen de estos movimientos no los vamos a encontrar en la historia visible, debemos hacerlo en la crónica sagrada de los distintos pueblos, en la *hierohistoria*.[10] Si admitimos el origen como un linaje entre los diferentes movimientos, sin tomarlo de forma literal, ese caballero espiritual termina siendo el Rosacruz.

De todo esto se desprende que existe una analogía muy íntima entre los Altos Grados de la masonería, desarrollados fuera del simbolismo y las ceremonias ritualísticas, de la Orden Rosacruz.

Aún queda una montaña de material por descubrir, para demostrar que el rosacrucismo está en el origen de la masonería. Sin embargo, hacia el año 1777 se origina una transformación dentro del rosacrucismo, sobre todo en el alemán, y a partir de esa fecha se apoya en las Órdenes Masónicas para admitir miembros en sus filas, al igual que lo hacían otras sociedades similares. Se entiende de esa forma el porqué, según sus capacidades y su nivel, algunos buscadores de la Luz hayan escalado ciertos grados tanto del entendimiento como de la realización en la Orden Rosacruz.

En ese rosacrucismo que se mantuvo fuera de la masonería, surgió un sistema de nueve grados, que todavía conservan algunas órdenes actuales:

---

8. Henry Corbin, *El hombre y su ángel. Iniciación y caballería espiritual,* Destino, Barcelona, 1995.

9. Joseph de Maistre, *La francmasonería: memoria inédita al Duque de Brunswick,* Ed. Masonica, Asturias, 2013.

10. A la geografía visionaria, aquella que no se encuentra en nuestros atlas, corresponde la hierohistoria, camino de retorno en el que el origen y el futuro se unen en un mismo punto.

Zelator, Teoricus, Practicus, Filosofus, Adeptus minor, Adeptus major, Adeptus exemptus, Magister y Magus. Estos grados también se encuentran en algunas masonerías egipcias.

Lo cierto es que la masonería del siglo xviii no era la organización que conocemos hoy, el rosacrucismo tampoco. La estructura básica de Aprendiz, Compañero y Maestro de la masonería azul no llegará hasta unos años después de su estructuración en 1717. De inicio sólo existían dos grados, Aprendiz Entrado y Compañero de Oficio. El grado de Maestro no aparece hasta 1730, y se tiene que esperar a las Constituciones de Anderson de 1738, para que el grado fuera oficial. Sin embargo, el simbolismo que le está asociado no comenzó a aparecer en la Gran Logia de Inglaterra hasta 1760, con la leyenda de Hiram.[11]

Debemos recordar que el misterio Rosacruz, no dejó de ser el de la resurrección. Leyenda, que luego nos encontraremos bajo muchos velos en el ceremonial masónico, y el mito de Hiram o de Horus. No nos debe sorprender que el simbolismo vinculado a la leyenda del Maestro Hiram y el hallazgo del túmulo, se parezca al descubrimiento de la tumba de Christian Rosenkreutz. ¿Deberíamos hacer caso de Antoine Faivre y ver en ello a un hijo de Christian Rosenkreutz? Faivre, nos dice: «También mítico fundador, el primero, sería entonces un Christian Rosenkreutz, reducido a una relativa abstracción en la galería de las grandes figuras hieráticas de la tradición».[12] Efectivamente, no sólo hay una relación entre Rosenkreutz e Hiram, la misma historia está en todas las Tradiciones.

Ambos buscaron ese conocimiento oculto de la masonería, así como los aspectos primitivos de la Tradición Secreta, que se creía se habían perdido con Adán, sobre todo por lo relativo con la caída.[13]

Lo cierto es que la masonería inglesa nunca se presentó en realidad como una sociedad iniciática, calificaban sus ceremonias a modo de ritos de recepción. No será hasta el 1730, es posible que un par de años antes, que aparecerá el término iniciación en sus rituales. Sin embargo, la Gran Logia de Inglaterra revistió siempre sus rituales con un aspecto misterioso, pero lo cierto era que las logias solían ser lugares donde se cultivaba las

---

11. Sobre la aparición del grado de Maestro, véase Goblet d'Alviella, *Los orígenes del grado de maestro en la francmasonería*, Edicomunicación, Barcelona, 1991.

12. Antoine Faivre, *op. cit.*, tomo II, p. 285.

13. Véase René Le Forestier, *La Francmasonería Ocultista en el siglo* xviii, Biblioteca Clásica de la Masonería, Barcelona, 2014.

bellas artes y se practicaba la filantropía. Únicamente con el paso del tiempo desarrollarán un aspecto iniciático que no esotérico, ya que en muchas ocasiones perdieron de vista su propio propósito real o más elevado.

En el siglo XVII, las referencias iniciáticas y esotéricas provenientes de Egipto había, de hecho, desaparecido. Ésa fue una gran diferencia con el Renacimiento. A pesar de lo cual, quedaron algunas excepciones, como Gerhard Dorn, discípulo de Paracelso, que fue uno de los pocos alquimistas que tuvo una visión crítica. Siempre indicó que la revelación primordial, una vez confiada a Adán y perfeccionada por los egipcios, la habían transmitido distorsionada los que vinieron después. Se dio cuenta de que el simbolismo y la tradición alquímica suponía un problema religioso. Creía que la verdad en el antiguo Egipto estaba representada por la diosa Maat, al ser la que pesaba las almas del más allá.

Otra excepción es el jesuita Athanasius Kircher, un estudioso apasionado por la arqueología, la lingüística, la alquimia y el magnetismo. Durante muchos años se esforzó por penetrar en los secretos de los jeroglíficos egipcios.

La principal fuente de Kircher para el estudio de dicha grafía fue la tablilla de Bembine, que lleva ese nombre porque fue adquirida por el cardenal Bembo poco después del saqueo de Roma en 1527. La tablilla de Bembine es de bronce y plata y mide 30×50 cm y representa a varios dioses y diosas egipcias. En su libro, *Œdipus Ægyptiacus* (1652), indica que estos misteriosos personajes esconden lo que queda del conocimiento confiado por Dios a los hombres antes del Diluvio. Por tanto, ve a Egipto como la cuna de todo conocimiento.[14] Previamente de que Champollion descubriera el significado de los jeroglíficos en 1822, las obras de Athanasius Kircher sobre Egipto eran una referencia.

Hasta ahora hemos analizado si los templarios y los rosacruces influyeron realmente, o fueron los iniciadores de la masonería especulativa. Ha quedado claro que los propios masones procedentes de la Estricta Observancia Templaria, en el Convento [congreso] de Wilhelmsbad, rechazaron la teoría de los templarios. Sin embargo, aún nos queda por ver que ocurrió con el rosacrucismo después de la estructuración de la masonería especulativa en 1717.

---

14. Sobre este extraordinario personaje, véase Jocelyn Godwin, *Athanasius Kircher,* Ed. Swan, Madrid, 1986.

Lo cierto es que a finales del siglo XVIII surgieron tres ritos masónicos inspirados en los rosacruces. El Régimen Escocés Rectificado, muy extendido en Europa Central, donde había una fuerte presencia de la *Societas Roseae y Aureae Crucis*.[15] El Rito Escocés Antiguo y Aceptado, que practicó por primera vez en Francia el grado 18.º, que se llamó Caballero de la Rosacruz. Así como el Rito Egipcio o de Mizraim, que contiene las enseñanzas rosacruces en muchos de sus grados.

Si hacemos caso de los documentos que proviene de la Orden de la Rosa de Oro del Sistema Antiguo, una de las Órdenes más antiguas, ya que después de su fundación en 1710, estuvo bajo la dirección de Hermann Fictuld, sufriendo un cambio en 1757. Por lo tanto, fue alrededor de esa fecha cuando la orden es denominada *Orden Golden und Rosenkreutzer des alten Systems*.

Los fundadores de la orden y líderes históricos habrían sido: Bernhard Joseph Schleiss von Löwenfeld, Johann Georg Scheffner, Friedrich Josef Wilhelm Schröder, Johann «Hans» Rudolf von Bischoffswerder y Johann Christoph von Wöllner.

Esta doctrina, conocida como la Orden de la Rosacruz de Oro del Antiguo Sistema, se desarrolló a través de la entonces naciente Francmasonería Alemana de la Estricta Observancia Templaria. Estos rosacruces sólo aceptaban Maestros Masones Escoceses en sus filas. A todos ellos les prometían revelarles los *altos secretos* que se esconden en la masonería. De hecho, la creación de la orden se corresponde con el gran incentivo de los Altos Grados Masónicos de ir más allá de las Logias Azules.

La Orden Masónica de la Rosacruz de Oro del Antiguo Sistema, y puntualizamos que debemos especificarla como «masónica», lo hacemos con el fin de distinguir este movimiento de grupos recientes que utilizan el mismo nombre sin tener ningún vínculo con estos rosacruces del siglo XVIII. Además, tiene una característica que la diferencia del rosacrucismo del siglo XVII, al afirmar que derivan de una filiación que se remonta a Ormus u Ormissus, un sacerdote egipcio bautizado por san Marcos. Parece ser que cuando ocurre este hecho, su máximo expo-

---

15. *Societas Roseae y Aureae Crucis* fue fundada por el alquimista Samuel Richter que, en 1710, publicó *Die warhhaffte und vollkommene Bereitung des Philosophischen jarras der Bruderschaft aus dem Orden des Gülden-und Rosen-Creutzes* [La Verdadera y Completa Preparación de la Piedra Filosofal, de la Hermandad de la Orden de la Rosacruz de Oro], bajo el seudónimo de Sincerus Renatus.

nente en la orden, en ese momento, era un mago veneciano que había vivido en Egipto.[16]

La leyenda dice que «…Ormus –referencia al Ormuz persa–[17] habría cristianizado en esa época los Misterios de Egipto y fundado la Orden de los Ormusianos, dándole como símbolo una cruz de oro esmaltada en rojo. En el 151 d.C. los esenios se unieron a ellos, y esta orden adoptó entonces el nombre de los Guardianes Secretos de Moisés, Salomón y Hermes. Después del siglo IV, la orden nunca tuvo más de siete miembros. En el siglo XII admitió a los templarios y, cuando los cristianos perdieron Palestina en 1118, los adeptos se dispersaron por todo el mundo. Tres de ellos se instalaron en Europa y fundaron la Orden de Constructores de Oriente. Raymond Lull fue admitido en ella y no tardó mucho en iniciar a Eduardo I. A partir de entonces sólo los miembros de la Casa de York y Lancaster fueron los dignatarios de la orden; por eso añadieron a la cruz de oro el símbolo de la rosa, que aparecía en los escudos de las dos familias».

Como en la mayoría de las leyendas, puede que exista una parte de veracidad en el relato. De todos modos, veremos más adelante cuando tratemos del Rito de Menfis en Francia, que Jacques Etienne Marconis de Négre, en 1839, recoge la misma leyenda y la incorpora a sus rituales.

Lo que es evidente y está comprobado es que, a la muerte de Federico el Grande, fueron los miembros de la logia *der Drei Schwerter* [de las Tres Espadas], Johann Rudolf von Bischoffswerder, entonces ministro de Guerra, y Johann Christoph von Wöllner, pastor, los que hacen que la Orden de la Rosacruz de Oro del Antiguo Sistema se integre en la Gran Logia de los Tres Globos en Berlín. De esa forma pasa a ser masónica y se convirte en el centro de sus actividades. Esta orden adopta una jerarquía de nueve grados, muy parecidos a los ya existentes en el rosacrucismo, no masónico: Juniores, Theoretici, Practici, Philosophi, Minores, Majores, Adepti Exempti, Magistri y Magi. Cuyos aspectos simbólicos se presentan en los textos de la Reforma aprobada en la Convención que la orden tiene en Praga.

Como indica René Le Forestier, en 1777 las enseñanzas del primer grado llamados Juniores se recogieron a partir del *Opus mago-cabbalisti-*

---

16. Erik Hornung, *Introducción a la egiptología, estado, métodos, tareas,* Trotta, Madrid, 2000.
17. Ormuzd, cuyo significado en griego es «Oromazes». De ahí el nombre de mazdeísmo que se aplica comúnmente a la religión avéstica.

cum et theosophicum de Georg von Welling, publicado en 1719. Este libro es el que sirvió para que Goethe se iniciara en el pensamiento rosacruz. Tanto la instrucción como el ritual del segundo grado, los Theoretici, se basan en el *Novum laboratorium medico-chymicum,* de Christophe Glaser, publicado en 1677. El octavo grado, conocido como Magistri, se basaba en operaciones alquímicas que se recogieron de dos libros publicados por Heinrich Khunrath: el *Confessio de Chao Physicochemicorum catholico,* de 1596, y el *Amphiteatrum sapientiae aeternae,* de 1609. De esta forma, los rituales y las enseñanzas de la presente Orden estaban claramente orientados.

Ésta es la magia en este movimiento donde se mezclan la alquimia, los rosacruces y la francmasonería, de todo ello nació el famoso libro de los *Geheime Figuren van de Rozenkruisers* [Símbolos Secretos de los Rosacruces de los siglos XVI y XVII], publicado en Altona entre los años 1785 y 1788. Se trata de una obra sobre alquimia magníficamente ilustrada que se puede considerar, después de los tres Manifiestos Rosacruces –*Confessio, Fama Fraternitatis* y las *Bodas alquímicas de Christian Rosenkreutz*–, el libro rosacruz más importante. Así nació la Orden Masónica de la Rosacruz de Oro.

El ascenso mítico de la presente orden, nacida en la Alemania del siglo XVIII, como ya hemos dicho anteriormente, se desarrolló gracias a la Estricta Observancia Templaria y entre las dos desarrollaron los rituales masónicos más relevantes de la Europa continental. Es cierto que hasta esa fecha el rosacrucismo fue creando varios grupos, pero eran pequeñas organizaciones y hasta el momento no se han descubierto sus rituales. En cambio, la Orden Masónica de la Rosacruz de Oro del Antiguo Sistema ha dejado numerosos documentos que dan fe de su actividad. Se expandió por toda Europa Central, incluida Rusia, y también formaron parte de ella, el rey Federico Guillermo II de Prusia o Nicolai Novikov, el escritor más representativo de la Ilustración en Rusia, además de ser el fundador del rosacrucismo y el martinismo en su país.

La orden pasó a sueños en 1787, sin embargo, no sé si podemos decirlo así, porque de ella había nacido otra orden importante en 1779, los Hermanos Iniciados de Asia, de la que su Gran Maestre fue el príncipe Carlos de Hesse-Cassel, y en la que terminó el enigmático conde de Saint-Germain. De hecho, a partir de 1778, Saint-Germain se trasladó a la residencia de Charles de Hesse-Cassel, en Eckernförde (Alemania).

Existen documentos en Francia que manifiestan que murió en ese palacio. Allí, el príncipe Carlos de Hesse-Cassel, se convirtió en su protector y al mismo tiempo en su alumno.[18]

Sólo nos queda decir que hace más de trescientos años que el origen histórico de la Masonería Simbólica se vincula primero que nada a la Fraternidad de la Rosacruz. Por lo tanto, debemos suponer que desapareció del horizonte en el mismo momento en que la Fraternidad Masónica comenzó a difundir su luz en público.

18. Sobre los Hermanos Iniciados de Asia y Saint-Germain, véase Arthur Mandel, *Le Messie militant–Histoire de Jacob Frank e du mouvement frankiste,* Arché, París, 1989. El célebre alquimista también es mencionado en el libro de René Le Forestier, *op. cit.* Paul Chacornac también le dedicó una obra, *Le Comte de Saint-Germain,* Éd. Traditionnelles, París, 1947.

PRIMEROS SIGNOS DE INTERÉS POR EGIPTO

A principios del siglo XVII, John Greaves midió las pirámides después de haber inspeccionado el Obelisco de Domiciano en Roma, que terminó formando parte de la colección de lord Arundel en Londres.[1] Luego publicó la ilustrada *Pyramidographia*, en 1646. Mientras tanto, el jesuita científico Athanasius Kircher fue quizás el primero en insinuar la importancia fonética de los jeroglíficos egipcios. Demostró así que el copto es un vestigio del egipcio primitivo, hecho por el que se le considera fundador de la egiptología.[2]

A finales del siglo XVII y principios del XVIII, crece el interés por todo lo relacionado con Egipto. Al inicio proliferaron los escritos de viajes al antiguo Egipto, aunque fue realmente escaso lo que podríamos considerar un enfoque científico. No obstante, hubo varios precursores de los egiptólogos, como Benoît de Maillet, Claude Sicard, Richard Pococke, Frederic Louis Norden, y unos años más tarde, los del primer egiptólogo español, Eduardo Toda.

Por lo tanto, en esa época ya se habían desarrollado en mayor o menor medida un conjunto de ideas, doctrinas y leyendas sobre Egipto. Aunque en el fondo no se sabía prácticamente nada esencial de él. Por consiguiente, quedaba escenificarlo. Es así que surgen los primeros libros sobre el tema y, por supuesto, las novelas referentes a Egipto, que anticipándose algunas décadas a los escritos científicos, dieron inspiración a lo que luego sería la masonería egipcia.

---

1. Edward Chaney, *Roma Britannica and the Cultural Memory of Egypt: Lord Arundel and the Obelisk of Domitian,* David Marshall, Karin Wolfe, Susan Russell (eds.), Roma Britannica: *Art Patronage and Cultural Exchange in Eighteenth-Century Rome,* British School, Roma, 2011, pp. 147-70.
2. Thomas Woods, *How the Catholic Church Built Western Civilization,* Regnery Publishing, Washington D.C., 2005.

Los primeros escritos sobre temas orientales fueron los de Jean-Louis Ignace de la Serre, *Amosis, Prince Égyptien. Histoire Merveilleuse*, publicado en 1728. Después vendría la novela de Chevalier de Mouhy, *Lamékis, ou les voyages extraordinaires d'un Égyptien dans la terre intérieure, avec la découverte de l'île des Silphides*,[3] publicada entre 1735-1738 y considerada, en ocasiones, como una de las obras pioneras de la ciencia-ficción.

El marco narrativo egipcio es solamente un pretexto para sugerir un maravilloso oriente donde se mezclan maravillas, apariencias y metamorfosis que remarcan el interés de un público por esos temas de una forma persistente y renovada. De todos modos, las tres obras que vamos a analizar son del mismo período, con algunos años de diferencia, aunque de distinta naturaleza.

Los primeros signos literarios de interés por Egipto como fuente de sabiduría y de iniciación son: *Los viajes de Ciro,* de André Michel Ramsay, de 1727; *Séthos,* del abate Jean Terrason, de 1731, y *Las fábulas egipcias y griegas reveladas,* de Dom Pernety, publicada en 1758.

Analizaremos en primer lugar al Caballero Ramsay. En la mayoría, los libros que tratan temas de la masonería, sobre todo del Rito Escocés Antiguo y Aceptado, se hace referencia a los discursos del Caballero Ramsay. El primero lo pronunció en la logia de *Saint-Jean* el 26 de noviembre de 1736, y lo modificó ligeramente para pronunciarlo en la asamblea de la Gran Logia de Francia el 21 de marzo del año siguiente.[4] Sabemos, por toda la información escrita, que estos discursos fueron decisivos en la formación de los Altos Grados de la masonería.[5]

El porqué escoge como personaje protagonista de su novela a Ciro, seguramente fue gracias al conocimiento bíblico que poseía. Hay que tener en cuenta que, en 1709, visitó a François Fénelon en los Países Bajos y realizó el gran encuentro intelectual de su vida, convirtiéndose en uno de sus discípulos al hacerse católico. También fue allí donde se desató su

---

3. Notemos de paso esta expresión que, en su variante alquimizante, tendrá un inmenso destino en el ritual masónico en la forma de la expresión acrónima «V.·.I.·.T.·.R.·.I.·.O.·.L.·.»: *Visita Interiorum Terrae Rectificando Invenies Occultam Lapidem* [Visita el interior de la Tierra y en rectificar encontrarás la piedra escondida].

4. Ramsay, en marzo de 1737, escribió una nueva versión de su discurso, más largo que el primero, en el que lanza la idea de escribir una Gran Enciclopedia.

5. Observaremos que Ramsay a pesar de no haber creado ningún rito o grado, se le considera el iniciador de este movimiento.

atracción por el quietismo[6] y, a la muerte de Fénelon,[7] en 1715, viajó a Blois y se unió al cenáculo quietista de los fieles de Madame Guyon.

Asimismo, es probable que las lecturas de las Constituciones masónicas de James Anderson le influyeran, ya que dice que gracias al gran Ciro se pudo fundar el segundo Templo de Jerusalén y deja entender que fue un legendario y famoso antepasado de la masonería.

Pero lo cierto era que, a Ramsay, la parte bíblica apenas le interesa, por el hecho de que la interpreta como una historia legendaria que la utiliza más en la primera versión del texto –*Los Viajes de Ciro, con un discurso sobre mitología*, G. F. Quillau fils, París, 1727– y prácticamente nada en la segunda –*Los viajes de Ciro, al que se adjunta un discurso sobre la teología y la mitología de los paganos*, Londres, 1728–. Lo que más le interesa de esa parte bíblica no es el modo en que se transmitió el arte de construir ni los secretos asociados al oficio, sino la existencia de una ciencia arcana que estaba reservada a unos pocos y que era incomprensible para la gente común.

En la segunda versión descarta una gran parte de la leyenda legendaria, y se centra de una forma mucho más detallada en el contexto histórico. La orden fue, según él, instituida por los cruzados: «reunidos de todas las partes de la cristiandad en Tierra Santa». Sigue diciendo que algunos de los ellos: «entraron en la sociedad, se comprometieron a restablecer los templos de los cristianos en Tierra Santa y garantizaron por

---

6. *Quietismo* es el nombre peyorativo que le dan, en especial la Iglesia católica romana, a un conjunto de creencias cristianas que se hicieron populares en España, Francia e Italia a finales de la década de 1670 y 1680. Particularmente asociado con los escritos del místico español Miguel de Molinos y después con los de François Malaval y Madame Guyon. Finalmente, fueron condenados como herejía por el Papa Inocencio XI en la bula *Coelestis Pastor* de 1687.

7. Antes de morir, en 1711, retirado en su obispado de Cambrai, Fénelon ultimó las notas de *Les Tables de Chaulnes,* un proyecto de gobierno redactado para el difunto Delfín, del que había sido tutor. *Les Tables Chaulnes* son muy modernas, para la época, lo que confirma el papel de Fénelon como precursor de la Ilustración. En ellas sugiere: a) condena del despotismo; b) control de la monarquía por parte de los Estados Generales [asamblea constituida por el clero, la nobleza y el pueblo llano], elevando el prestigio de los organismos intermediarios; c) sometimiento del soberano a la ley moral; d) desarrollo en él de sentimientos de justicia y humanidad; e) aspiración a la paz mediante la restitución de las conquistas extranjeras y, un punto que nos interesa especialmente por su influencia en el Caballero de Ramsay, ir hacia una «república universal».

juramento a utilizar sus talentos para devolver la Arquitectura a la institución primitiva».

Su relato discurre argumentando que después de la estancia en Tierra Santa, la orden pasó a Europa y se refugió en Escocia. Es así como Ramsay ve que, una vez descartadas las falsas leyendas, la masonería encuentra su origen en las cruzadas y las tradiciones caballerescas. Por lo tanto, la francmasonería de origen caballeresco, es decir, la francmasonería esotérica, es la francmasonería de Ramsay. Se distingue mucho de la de Anderson, no sólo por su universalismo, también por su humanismo mucho más acentuado y sobre todo por su elitismo espiritual, muy alejado del simple trabajo.

Entonces cabe la pregunta, ¿por qué una novela, cuando él era un filósofo? La respuesta la tenemos a través de una carta que su esposa dirige a un amigo, donde dice: «…había colocado en sus *Viajes de Ciro* toda la filosofía que luego desarrollaría en su obra». Se está refiriendo a una obra mayor, que sólo será publicada póstumamente en 1749, *Les principes philosophiques de la religion naturelle et révélée: déployés dans un ordre géométrique* [Los principios filosóficos de la religión natural y revelada desplegados en un Orden Geométrico].

Es difícil saber si el Caballero de Ramsay ya era masón cuando escribe y publica su novela, aunque creo que sí. La fecha exacta de la iniciación de Ramsay no es segura. Quizás se produjo entre 1725-1726. Ningún escritor ha facilitado esa la tarea, aunque se sabe que, durante su estancia en Inglaterra, Ramsay fue recibido como francmasón en la *Horn Lodge* en marzo de 1730, en Westminster.

El *Evening Post* confirma que tuvo su recepción «inglesa» en esa fecha, y es evidente que uno puede ubicar razonablemente su iniciación francesa un poco antes, en el momento en que comenzó a escribir sus viajes. Sin embargo, cabe preguntarse ¿fue esa una primera iniciación o una segunda? Estoy totalmente convencido de que fue una segunda recepción, porque en *Los Viajes de Ciro*, publicado en 1727, existen varias alusiones a los misterios de la orden.

La publicación del libro fue algo asombroso para su época. ¿Fue realmente una novela o mucho más? Lo que puede decirse es que contiene lo sólido y lo útil. ¿Una obra incuestionable entonces? Sin duda, pero no solamente incuestionable…

Los Viajes de Ciro, es una novela iniciática en el sentido clásico del término. El mismo Ramsay en 1737, en una carta dirigida a un amigo masón, el marqués de Caumont, afirmará que se trata de la «...novela de nuestros misterios». Es decir, habla de la educación y la instauración de un príncipe que, a través de los viajes por el antiguo Oriente, deja entrever que Egipto ha sido la madre de todas las ciencias. Añade que, al comienzo de Hermes, «la naturaleza obedecía al camino de los sabios», y donde el monoteísmo, que era secreto, quedaba oscurecido por el politeísmo popular. Un tema que posteriormente tendrá un largo recorrido.

Como era una novela, siempre tuvo presente la necesidad de verosimilitud. Ramsay hizo uso frecuente de fuentes históricas, avaladas por sus amigos académicos. Por eso, dice: «Aproveché el silencio de la antigüedad sobre la juventud de este Príncipe para hacerlo viajar y el relato de sus viajes nos brinda la oportunidad de describir la Religión, los Modales y la Política de todos los países por donde pasa; también las revoluciones que sucedieron en su tiempo en Egipto, Grecia, Tiro y Babilonia».

Podríamos decir que *Los viajes de Ciro* están inspirados en *Las aventuras de Telémaco,* que había escrito su mentor Fénelon.

Durante los viajes, el joven Ciro[8] es instruido por Sabios de la Antigüedad, y varios capítulos contienen claras alusiones masónicas. En muchos otros se hace notar la presencia de Pitágoras, la iniciación masónica ilustrada por el cautiverio y liberación de Amenofis, o el elogio del silencio a través de Harpócrates.[9] Al leer esas partes del libro, creo que de alguna forma está describiendo una transposición del ritual del Maestro, porque se puede apreciar que la escenografía de la leyenda Hirámica va desplazándose con todo detalle. Éstos son elementos suficientes para examinar este trabajo a la luz masónica. Es por eso que pienso que Ramsay ya estaba iniciado cuando redactó el libro. En otra carta enviada también al marqués de Caumont,[10] escribió: «He desarrollado varios dogmas de la antigüedad y varios puntos de la teología y la mitología de los antiguos, que tienen una conexión con nuestros misterios sagrados». Continúa además diciendo: «Confirmo más y más que

---

8. Ciro es una figura tutelar de los inicios del Rito Escocés y, en particular, de los Altos Grados del Rito Escocés Primitivo.

9. Estos puntos están correctamente explicados por Albert Chérel, *André Michel Ramsay,* Libr. Acad. Perrin, París, 1926.

10. El mencionado marqués es titular como Maestro de Logia [Venerable], de una logia de tendencia estuartista en Aviñón.

todas las tradiciones antiguas… Son rayos y corrientes de la religión primitiva de Noé».[11]

El hecho de ser amigo, discípulo y colaborador de Fénelon, le tuvo que reportar muchas facilidades para poder expresar su opinión sin ningún problema, gracias a su valedor. Lo hace, pero con matices y el exergo nos aclara las intenciones de Ramsay: «Describir todos los personajes de una virtud sencilla y amable, de un alma delicada y noble, de un espíritu justo que capta las grandes verdades con el gusto y el sentimiento».

Eso era así, de tal manera, que el propio Censor Real dijo, en 1727, sobre *Los viajes de Ciro*: «Reconocemos en todas partes al hábil discípulo de un gran Maestro». Este gran maestro no era otro que Fénelon,[12] del que Ramsay fue su secretario.

Muchos críticos han tenido la tentación de decir que *Les Voyages de Cyrus* son una simple imitación de *Las aventuras de Telémaco* escrita por Fénelon.[13] Es cierto que la obra explota una elipse histórica para escenificar la educación de un príncipe llamado a reinar en un futuro próximo. Así, Robert Granderoute, en su tesis titulada *La novela pedagógica desde Fénelon a Rousseau*, escribe que: «Ciro, a imitación de Telémaco, es en verdad una obra pedagógica. Telémaco es la novela educativa de los hijos».

No es de extrañar que Ramsay estuviera fuertemente influenciado por el pensamiento de Fénelon, y que lo convirtiera en su modelo. Había compartido mucho con él: fue el autor de *La Vie de Fénelon* y el editor de su obra literaria, convivieron durante muchos meses, fue reconocido como su hijo espiritual y, por lo tanto, una determinada analogía de pensamiento era inevitable.

En 1729 realizó un viaje a Inglaterra que duró poco menos de un año, con la intención de dar a conocer sus obras y obtener el reconocimiento del público inglés. Al llegar allí obtiene algunos apoyos algo extraño, dado el contexto político y el hecho de ser estuardista. Sin embargo, fue aceptado en las dos asociaciones científicas de mayor renombre: The

---

11. Pierre Chevalier, *La première profanation du temple maçonnique ou Louis XV et la Fraternité, 1737-1755,* Ed. Vrin, París, 1968, p. 133.

12. Fénelon escribió *Las aventuras de Telémaco,* una escabrosa novela que criticaba las políticas de Luis XIV.

13. Escrito en 1695 por Fenelón y publicado en 1699 por Ramsay, es una novela pedagógica que recuerda los cuentos de Homero y Virgilio para enseñar a los jóvenes duques de Borgoña el arte de reinar sin despotismo.

Gentlemen's Society[14] y la Royal Society.[15] Fue admitido en esta última al mismo tiempo que Montesquieu, el 11 de diciembre de 1729. Finalmente, también pasó a ser miembro del Spalding Club,[16] y el 10 de abril de 1730 fue nombrado doctor en derecho civil en Oxford.

Si consideramos *Los viajes de Ciro* como un fenómeno de una manera más generalizada, vemos que el viaje, además de tener virtudes educativas, se opone a cierto escolasticismo. El interés que tienen los viajes reales o ficticios son el permitir que haya una ampliación de la visión del mundo mediante la apertura a nuevas sensibilidades y culturas que satisfagan los sueños de escapar de una sociedad mal compensada. Formaba parte de la educación adicional que se le daba a los jóvenes nobles, ingleses, alemanes o franceses, que los llevaba a realizar el *Grand Tour,* acompañados de un tutor. Sabemos que Ramsay fue amigo de uno de esos caballeros viajeros, el joven príncipe de Reuss. Nuevas relaciones política y económicas ponen de moda a Oriente, los intercambios de embajadores cambian los gustos, el escenario y casi roza el exotismo. Ya existía, a principios del siglo XII, en Al-Andalus, un libro, *El filósofo autodidacta,* sobre los viajes y la educación, escrito por el hispano-árabe Ibn Tufail. Es una novela filosófica árabe y un alegórico cuento que fue traducida al latín e inglés en 1671 y, como muchas otras narraciones posteriores, reflejan esta moda.[17]

También está *Las Cartas Persas* de Montesquieu, escrita en 1717, cuyo éxito fue inmenso y tuvo innumerables imitaciones, o *Émile ou de l'éducation* de Jean-Jacques Rousseau, de 1762. *Los viajes de Ciro* no pudieron escapar a su tiempo. Tampoco Ramsay pudo hacerlo. De origen escocés, vinculó él mismo su desarrollo espiritual a un viaje que lo

---

14. Según Gould, se trata de una asociación patrocinada por muchos arqueólogos y masones famosos.

15. La Royal Society es la asociación científica más antigua de Gran Bretaña y una de las más antiguas de Europa. Fueron miembros fundadores William Brouncker, Robert Boyle, Alexander Bruce, Robert Moray, Paul Neile, John Wilkins, Goddard, William Petty, Peter Ball, Lawrence Rooke, Christopher Wren y Abraham Hill, la mayoría de ellos rosacruces.

16. El Spalding Club era el nombre de tres sociedades sucesivas de anticuarios que publicaban ediciones académicas de textos y relevantes estudios arqueológicos para la historia de Aberdeenshire y su región.

17. Ibn Tufayl, *El filósofo autodidacta Hayy ibn Yaqdhan,* Trotta, Madrid, 2003. Traducción de Ángel González Palencia y edición de Emilio Tornero.

llevó de Escocia a Inglaterra, de Inglaterra a Holanda, de Holanda a Francia, luego a Italia y después nuevamente a Francia. Fueron muchas las razones que Ramsay tuvo para escribir una novela instructiva similar al Telémaco, dándole un sentido masónico en su calidad de representante de la masonería.

Sería fácil, además, demostrar que las reglas que se prescriben para la composición de novelas se observan en *Les Voyages de Cyrus,* con más exactitud de lo que se ha afirmado. Pero insisto, para Ramsay y en el apéndice final de su libro lo aclara, la ficción romántica es sólo un medio, un complemento conveniente para describir la religión, las costumbres y la política de todos los países.

André Michel Ramsay murió el 7 de mayo de 1743, en Saint-Germain-en-Laye, lugar en Francia donde estaban exiliados los masones estuardistas o jacobitas, que dieron nombre al Rito Escocés Antiguo y Aceptado.

No podía ser de otra forma, el certificado de defunción fue firmado por el conde de Derwenwater [Charles Radclyffe], como Gran Maestro de la Gran Logia de Francia, que vino a enterrar a su Gran Orador Ramsay, acompañado por el conde de Engletown.

En segundo lugar, estudiaremos al abate Jean Terrasson. Será a él, con su libro *Séthos, Histoire ou vie tirée des monuments, anecdotes de l'ancienne Égypte. Traduit d'un manuscrit grec* [Séthos, historia o vida extraída de monumentos, anécdotas del antiguo Egipto], publicado en 1731, al que le deberemos el trabajo egipcio más importante y considerable, cuyo impacto será el más duradero.

Se trata de una novela en la que el autor evoca la antigüedad egipcia, su religión, su organización, su interés por las ciencias, entre las que hay que contar el arte de la transmutación, cuyos secretos conocía Hermes Trismegisto.

La obra se presenta como si fuera la traducción de un antiguo y auténtico documento egipcio, tiene un tratamiento fresco en muchas de sus lecturas, aunque sólo sea una obra de pura ficción. Debemos de tener en cuenta que Terrasson es un auténtico erudito, que ha traducido las obras de Diodoro de Sicilia.

Para construir su historia, expresa un vasto conocimiento representando todo lo que se pudo haber escrito sobre Egipto. Desde Diodoro de Sicilia, Clemente de Alejandría, Heródoto o Jámblico a Athanasius Kircher, a quien le debe mucho porque hará más accesibles las construcciones imaginarias.[18]

Según la destacada clasicista, Mary Lefkowitz: «*Séthos* pretende ser una traducción de un antiguo manuscrito encontrado en la biblioteca de una nación extranjera anónima, que está extremadamente celosa de este tipo de tesoro. Se dice que el autor fue un griego anónimo del siglo II d. C. Aquí Terrasson sigue las convenciones de los antiguos escritores de ficciones históricas, como el autor de *La Hermética*, que pretenden que sus obras son traducciones de escritos antiguos que nadie más que ellos mismos han visto. Pero Terrasson tiene cuidado de no engañar completamente a sus lectores: les asegura que la obra que les ha 'traducido' es una ficción».

Séthos de Jean Terrasson conoció un verdadero éxito y popularizó el concepto de «misterios egipcios». Al argumentar que su composición es muy anterior al desciframiento de los jeroglíficos, los egiptólogos no le dan ningún valor histórico. Por lo tanto, Terrason ayudó a crear la imagen mistificada de un antiguo Egipto ficticio, madre de la ciencia y el conocimiento.

Aunque asegura que la historia es ficticia y que, aun así, tiene mucha influencia de fuentes antiguas, no deja de aventurar que se cree que el supuesto autor Séthos tuvo acceso a documentos originales de los archivos sagrados de Egipto. Actualmente perdidos, debido a los sacerdotes que le acompañaron en sus viajes. Presenta a Egipto y sus pirámides como lugares misteriosos donde existían lugares ocultos subterráneos. Allí los sacerdotes transmitían a los iniciados sus conocimientos secretos. Volvemos a encontrar la dualidad que hemos mencionado entre la teología politeísta, es decir, exotérica, y la teología reservada a los elegidos, a saber, monoteísta y esotérica.

Su libro nos muestra la iniciación de un príncipe egipcio en los templos secretos de Menfis. Como indica Gilles Boucher de la Richardière, «...da tal grado de verosimilitud a la manifestación de los misterios de Isis, considerados hasta entonces impenetrables, que uno podría creer que le fueron revelados por uno de los iniciados o uno de los sacerdotes egipcios».

Este libro relata las pruebas que Séthos inició ante los misterios de la gran diosa Isis a la edad de 16 años en los subterráneos de la pirámide de

---

18. El libro de Jean Terrasson se coloca al nivel del *Telémaco* de Fénelon.

Giza. Séthos tiene que pasar por los cuatro elementos que están en un largo laberinto de profundos pasillos, hasta la fase final, donde es admitido en una ciudad subterránea, oculta e ignorada por el resto de humanos, en el que vive un pueblo de iniciados.

Muchos rituales masónicos también se inspirarán más o menos directamente en esta espectacular historia. A veces la literatura de ficción se convertirá en realidades masónicas, en este caso, las ensoñaciones egipcias verán la luz a través de los expertos en crear rituales. El libro del abate Terrason volverá a poner Egipto de moda. Para ello tenemos dos muestras que lo evidencia. Una es la ópera-ballet de Jean-Philippe Rameau, *El nacimiento de Osiris* (1754). La otra se la debemos a Wolfgang Amadeus Mozart, que al cabo de unos años interpretará *La flauta mágica* (1789). Ópera que combina la iniciación masónica y la tradición egipcia. No cabe duda de que Mozart se inspiró en gran medida en la creación de Jean Terrason para componerla. En el momento en que se abre la obra, Tamino es atacado por una serpiente, le ocurre igual a Séthos cuando inicia la primera prueba de su iniciación. Más tarde, Verdi, en 1869, al escribir *Aida*, también hace referencias y representa otra fase de la perspectiva europea en Egipto.

Por último, reflexionaremos sobre Dom Antoine Joseph Pernety. Es un nombre que con frecuencia se le ha identificado como un seguidor de Hermes; pero antes había sido monje. Ingresó en la Congregación benedictina de San Mauro al terminar los estudios primarios.[19] Su notable aptitud para los estudios, que no pasó desapercibida por sus superiores, lo llevó a la abadía de Saint-Germain-des-Prés a fin de perfeccionar y ampliar su formación. Allí se despertó en él una gran afición por los textos alquímicos al descubrir en su biblioteca valiosos ejemplares, ese interés lo mantendrá a lo largo de toda su vida. Parece evidente que, entre ellos, tuvo acceso a los archivos de Michael Maier y esa tradición pasa y se transmite desde un sustrato sólido, a uno de cuyos hilos comunes está formada la obra de Pernety. Escribió varios libros, pero las dos obras más importantes, que luego influyeron en los Ritos Egipcios, fueron *Les Fables*

---

19. La Congregación de San Mauro fue una orden religiosa católica de monjes benedictinos franceses existente entre 1618 y 1790. Se les conocía popularmente como los mauristas, sus miembros tenían un nivel muy alto de conocimientos, y escribieron una inmensa cantidad de obras literarias, que trataban sobre distintas ramas de las humanidades.

égyptiennes et grecques, dévoilées & réduites au même principe [Las fábulas egipcias y griegas desveladas y reducidas al mismo principio] y *Dictionnaire mytho-hermétique, dans lequel on trouve les allégories fabuleuses des poètes, les métaphores, les énigmes et les termes barbares des philosophes hermétiques expliqués* [Diccionario Mito Hermético], publicadas en 1758.[20]

En realidad, Dom Pernety se basó en gran medida en los escritos de Michael Maier para componer sus *Fábulas egipcias y griegas*, se puede apreciar porque mantuvo los mismos títulos del trabajo que había traducido de Maier de la colección de seis libros conocidos como *Arcana Arcanissima*. El propio Pernety lo explica: «He leído detenidamente varios de los tratados de Michael Maier, y me han resultado tan útiles que el titulado *Arcana Arcanissima* me ha servido de lienzo para mi libro».

Michael Maier (1568-1622) fue el primer occidental que dijo: «...en todas las mitologías antiguas debemos considerar las historias como tratados de alquimia». Dom Pernety se apoyará en la quintaesencia de Michael Maier al escribir su *Diccionario Mytho-Hermético*.[21]

La obra de Dom Pernety es un trabajo basado en el simbolismo de los antiguos, pero, sobre todo, en las ciencias mágicas. Si bien es verdad que trata de los jeroglíficos, de todas las representaciones simbólicas de los antiguos, de los mitos, de los dioses, del estudio de la filosofía hermética, lo que define mejor su contenido es cuando trata de la alquimia y los elementos de la materia. Con el objeto de establecer fundaciones coloniales, aunque en realidad lo que él quería era completar sus conocimientos de herbolario, se embarcó hacia las Islas Malvinas, en 1763, acompañando a Louis de Bougainville, explorador y navegante francés miembro de la Royal Society. Pernety regresó a Francia a finales de 1764. Los dos años siguientes fueron decisivos para él. Víctima de una profunda crisis en el seno de sus convicciones religiosas, y tras la negativa de las autoridades eclesiásticas a dejarlo ir en una expedición al Polo Norte –demostrando una manifiesta rigidez que Pernety ya no soportaba–, en 1765 abandona los hábitos. Una vez liberado, se instala en Aviñón, donde participa activamente en la masonería, de la que es creador del grado Caballero del Sol o Príncipe Adepto. El ritual que creó transcurre en el Paraíso y allí se reflejaba, por supuesto, la Jerarquía Celeste [*De Cœlesti Hyerarchia*] de Dionisio el Areopagita.

---

20. Dom Pernety, *op. cit.*
21. Dom Pernety, *Diccionario Mito-hermético*, Índigo, Barcelona, 1993.

Albert Mackey se sintió autorizado para decir «...que de todos los Altos Grados, el más importante es quizás el Caballero del Sol, y que es el de mayor interés para el estudioso que desea investigar el verdadero secreto de la Orden». Lo cierto es que es un grado que figura en la mayoría de los ritos o sistemas, como en el de los Emperadores de Oriente y Occidente, el Escocés Primitivo, el Escocés Filosófico, el Capítulo Metropolitano de Francia, el Escocés Antiguo y Aceptado, el de Mizraim, el de Menfis y el de Menfis-Mizraim.

En su *Dissertation sur l'Amérique & les Américains* (1769), Dom Pernety propone probar, en contra de la opinión de Corneille de Pauw,[22] que América no había sido más deshumanizada por la naturaleza que otras partes del mundo.

Una vez abandonado los hábitos, crea su propia orden iniciática, a la que llamó Rito Hermético. Lo hizo dentro de la logia los *Sectateurs de la Vérité* [Sectarios de la Verdad]. Logia que acabará, tras unos años, perteneciendo al Rito Misraímita en Besanzón. También fue fundador de varios grados masónicos, que terminarán en diferentes Obediencias: Masón Verdadero (Rito Hermético, Escocés Filosófico y Mizraim), Masón verdadero en el camino recto (Rito Hermético) y Caballero de Iris o del Arcoíris (Rito Hermético, Escocés Filosófico, Mizraim y Menfis). Una década después de sus escritos, pasó a ser bibliotecario de Federico II con el cargo de Conservador de la Biblioteca Real de Berlín. Pernety acepta y se instala en Prusia, donde permanecerá 16 años. Se hizo famoso al fundar en ese país los *Illuminati de Berlín*.

La etapa mejor documentada de su vida es el tiempo que permaneció en Berlín, su existencia material estaba asegurada gracias a su nuevo cargo y eso le permitió desarrollar una actividad intelectual mucho más rica. Apasionado y estudioso de la obra de Emanuel Swedemborg, tradujo al francés el libro más importante *Las maravillas del cielo y el infierno*.[23] En 1770 compuso un pequeño manual para uso interno del Rito Hermético, el *Rituel Alchimique Secret, du grade de vrai Maçon Academicien* [Ritual alquímico secreto del verdadero masón].[24] En 1776 escribirá un tratado

---

22. Corneille de Pauw describió a los indios como degenerados, impotentes, débiles, mentalmente limitados y, por lo tanto, inferiores a los europeos.
23. Emanuel Swedemborg, *Las maravillas del cielo y el infierno*, Siruela, Madrid, 2006.
24. Dom Pernety, *Rituel Alchimique Secret, du grade de vrai Maçon Academicien*. Existe una traducción italiana del mismo, en facsímil, publicado por Edizioni Rebis, 1981.

que dedicará a Federico II, *De la connaissance de l'homme moral par l'homme physique* [Del conocimiento del hombre moral por el hombre físico].[25] En 1781, ocurre un extraño caso. Al parecer, contacta con una entidad a la que llama «La Santa Palabra», y este ente le obliga a irse de Prusia y regresar a Aviñón. Las palabras que recibió fueron: «Tú marcharás, tú buscarás, la obra te seguirá, tú partirás… Ya llega el día en que irás al lugar escogido para poner los cimientos de Su nuevo Pueblo…». (Mensajes recibidos entre el 18 y el 21 de mayo de ese año). Sin embargo, retornó a Berlín sin haber hallado lo que buscaba y no abandonará definitivamente esta ciudad hasta 1783.[26] Dejará Berlín el día 10 de noviembre de ese mismo año, dirigiéndose a Praga para visitar el colegio de cabalistas de esa ciudad verdadera, *meca* del esoterismo. A continuación, orienta sus pasos hacia Görlitz, ciudad natal del teósofo Böhme y, posteriormente, a París. A finales de 1784 le encontramos en Valence, en casa de su hermano Jacques Pernety, donde permanecerá hasta 1786. Allí reencuentra al marqués Vernety de Vaucroze y, como resultado, funda en Aviñón la Orden de los Illuminati de Aviñón, movimiento místico y mixto –sorprendente para la época–. Estaba basado en un rito hermético que tenía seis grados, donde se practica la alquimia y la teúrgia, mientras se cultiva la obra de Swedenborg y de Guillaume Postel. Ése es el motivo, de la influencia tan alta de los Illuminati en el nacimiento del Rito de Mizraim francés, aunque también tuvo mucho que ver el sistema de la Estrella Flamígera que fue fundado por el barón Tschoudy, discípulo de Raimondo di Sangro. El marqués de Vaucroze le proporcionó a Pernety una residencia ubicada en Bédarride, que llevaba el nombre de Tabor, lugar donde se practicará el Rito Hermético y el arte sacro.

La costumbre del rito nunca fue exponer las enseñanzas explícitamente. A menudo analizaban las cosas al revés; de ese modo destruían todas las certezas y todos los dogmatismos. Decían, no pienses nada, no creas nada si no lo has experimentado, pensamiento expresado más por imágenes que por conceptos (imagen = vía húmeda de la alquimia). Sin silogismo en el pensamiento, partían de lo concreto para llegar a lo abstracto. La imagen debían mirarla con precaución, sin congelar el fotograma. Una

---

25. Esta obra estaba seguida en un segundo volumen, de las *Observations sur les maladies de l'Ame pour servir de suite au précédant,* Berlín, 1777.
26. La orden exacta que recibió se conserva en el Manuscrito de la Santa Palabra (Ms. 3090) en la Biblioteca del Museo Calvet, en Aviñón.

imagen nunca traduce algo definitivo, había que recomponer el antes y el después. Las imágenes evocan, pero nunca demuestran nada, juegan con patrones simbólicos y una necesidad de experimentación operativa. Según Swaller de Lubictz, «explicar el símbolo es matarlo», por lo tanto, es necesario poner la imagen en sinergia con nosotros mismos.[27]

No definimos, consideramos los diferentes aspectos del problema. Nada se invalida, todo se transforma, nosotros no estamos en un tiempo lineal, sino cíclico, sin punto cero, todo se define según los ritmos del universo.

La alquimia sirve como cualquier acercamiento espiritual a la *metanoia*,[28] para hacernos libres. Es una posibilidad de liberarnos de la cuestión de las limitaciones de tiempo y espacio. El trabajo de Pernety, a diferencia de Michael Maier, no se compone de una imagen, nos cuenta historias enigmáticas, evocadoras para quien las percibe y sirven de levadura. No apelan, necesariamente, al intelecto. Pero forman parte del registro del lenguaje analógico, ocultando las estructuras de pensamiento de la ciencia hermética.

Pernety, que también dejó un Manual benedictino, morirá en Aviñón el 16 de octubre 1796. En sus fábulas, Dom Pernety se esfuerza por sensibilizar a los lectores a la comprensión del lenguaje de la ciencia hermética, pero a través de un discurso evocativo. Es obvio que Nicolás Flamel también formó parte de sus lecturas.[29]

---

27. Adolphe René Schwaller de Lubicz fue un artista alsaciano, alquimista, egiptólogo, neopitagórico y filósofo. Su trabajo abarcó un espectro diverso de actividades, desde la creación de vidrieras coloridas alquímicamente hasta la arqueología, la arquitectura y el análisis simbólico de los templos egipcios.
28. En el ámbito de la teología y la retórica, la *metanoia* se vincula con un cambio de dirección o de sentido de la mente/pensamiento.
29. Serge Caillet, *Dom Antoine-Joseph Pernety, le théosophe d'Avignon*, Signatura, Montélimar, 2009.

EL DUALISMO MASÓNICO-ILUMINISTA

Muchos han sido los que han considerado a Egipto como una tierra sagrada, donde los dioses vivieron en otros tiempos, y allí enseñaron a los hombres la ciencia divina y sacra, revelándoles el secreto de la inmortalidad a aquellos que lo merecían. Entre ellos, los escritores griegos que viajaron hasta esas tierras, o que vivieron en ellas. Como Solón, Platón, Pitágoras, Diodoro Sículo, Heródoto o Proclo el Diácono (el Sucesor) que elogiaban la sabiduría de los egipcios y, sobre todo, el conocimiento del cielo y el movimiento de los astros.

Siempre he mantenido que las logias continentales fueron las que mejor asumieron la decoración egipcia. Hay que decir que el ritual del grado 31.º del Rito Escocés Antiguo y Aceptado, que representa un tribunal de justicia, manifiesta un discreto homenaje a la civilización egipcia. El Escocismo como rito siempre ha sido uno de los más importantes, sobre todo, por el sistema de recapitulación de los grados que ha utilizado entre el grado 4.º y el 33.º. Sin embargo, la pérdida significativa que ha ido sufriendo le ha llevado a que se le pueda considerar en la actualidad como un producto meramente intelectual. Con ello, no quiero decir que debamos olvidarlo. Sigo creyendo que el Rito Escocés Antiguo y Aceptado continúa siendo uno de los ritos más importantes, con una mayor influencia social y el único capaz de cambiar roles político-sociales. Aunque lo cierto es que el propósito espiritual que la masonería tuvo en sus inicios ha quedado un poco olvidado en ritos como el Francés o Emulación –típicamente inglés–, ya que el primero se dedica a hacer política y el segundo a realizar filantropía. El Rito Francés compite con los partidos políticos. Lo que en países como España dispone de muy poco o ningún recorrido, en Francia algo más, y el Rito de Emulación, comparado con las ONG, tampoco tiene nada que hacer frente a Oxfam, Save the Children, Ayuda en Acción o Cáritas. Es fácil entender que nunca superasen a los unos ni a las otras. Ése es el motivo principal por el que los ritos más espirituales, esotéricos o iluministas, tienen un gran papel a desarrollar entre los masones que, por supuesto, repercutirá primeramente en él y después, como una forma global, en la sociedad. Con esto no estoy diciendo que se deje de practicar el altruismo, ni mucho menos, ni que renunciemos a tener influencia en la sociedad, por supuesto que no, pero sí que abandonemos hacer política partidista o limitarnos a ser competencia de Lions o de Rotary.

Además, en estos dos últimos ritos que he mencionado: el Francés, totalmente racional-materialista, o el de Emulación, exclusivamente masculino y teísta, ven la masonería como una carrera donde lo único que importa es el cargo que se obtenga. Se convierten así, en muchos casos, en un club de intereses sociales y comerciales.

Si analizamos los rituales, vemos que esos masones materialistas los modifican, es decir, los podan como si fueran las ramas de un árbol. Los desproveen de cualquier enseñanza profunda que poseían los rituales antiguos, a través de su simbología. Esto es lo que Guénon consideraba una contrainiciación que, la mayoría de veces, se da sin ninguna intención, simplemente por el desconocimiento iniciático y esotérico del masón que lo realiza.

¿Qué debemos hacer ante lo que está ocurriendo? Sencillamente, dar un paso hacia delante y penetrar en el interior del Sagrado Santuario, para no quedarnos solamente en las puertas del Templo.

Al igual que en el Rito Escocés Antiguo y Aceptado, el gran número de grados que albergan los Ritos de Menfis o de Mizraim no dejan de ser herencia de Órdenes que se han quedado por el camino y que trataban de las ciencias ocultas de la naturaleza: alquimia, teúrgia, cábala, hermetismo, etc. Es cierto que hubo una época que sólo corrían verdaderas fábulas masónicas sobre Egipto, y que sus iniciaciones sacerdotales eran descritas de una manera romántica e insólita. Aunque la alquimia siempre fue tocada por el escocismo de forma tangencial.

Precisamente, los masones que buscaban algo más profundo desarrollaron esa masonería dual masónico-iluminista, que los llevó a crear el gran sistema de iniciación occidental a través de ritos como el de Menfis y Mizraim. No se dedicaron exclusivamente a los Altos Grados, terminaron por percatarse de que debían iniciarse con la masonería azul, pero teniendo siempre en cuenta la enseñanza de los Hierofantes egipcios. Sin embargo, debían hacer un gran esfuerzo hasta llegar a alcanzar las cimas de la Gnosis Rosacruz, sin olvidarse de los Sacerdotes de Mitra, alimentando y conservando los sistemas filosóficos, herméticos y esotéricos.

El rito del que estamos tratando, debido a su referencia a Mizraim,[1] también se llama Rito Egipcio, aunque no debemos de confundirlo con la masonería egipcia de Cagliostro. A veces se origina una confusión errónea, pese a que entre ambos haya claras diferencias, no obstante, existe una conexión en el estudio de las prácticas místicas y teúrgicas.

Tampoco debemos creer que es un simple rito en el concepto general que se atribuye a esa palabra. Menfis y Mizraim unidos forman una auténtica orden con toda su complejidad. Aun cuando no fueron concebidos con el objetivo de unirlos, finalmente se convirtieron en un solo organismo, reuniendo en sus filas toda la sabiduría, el conocimiento y el deseo de crecimiento interno de los iniciados. Hay que tener en cuenta que, a principios del siglo XVIII, operaban innumerables órdenes iluministas y caballerescas. De igual forma, existían cuerpos masónicos de Altos Grados independientes que atomizaban el deseo general de una masonería heredera de las tradiciones primordiales. Una masonería que debía mantener los sabios principios, la fuerza moral y la unión.

Para poder preservar esa pureza ritual, el Rito Antiguo y Primitivo de Menfis y Mizraim asumió la característica de una orden universal. Su misión, redimensionada en el tiempo, consistía en aglutinar en un solo cuerpo a los masones y a las órdenes iluministas de todo el mundo. No obstante, debía conservar un verdadero carácter universalista, iniciático y tradicional. De esa forma, se produjo la síntesis prodigiosa de las escuelas orientales y occidentales.

Desde la primera mitad del siglo XVIII, encontramos vestigios en Europa de los denominados Ritos Egipcios, que tienen sus orígenes en la masonería ocultista. Provienen de varios ritos u Órdenes que ya existían, como es el caso del Rito Egipcio Tradicional, fundado en 1728 en Nápoles; del Rito de los Illuminati de Aviñón de Dom Pernety (1760); del Rito de los Arquitectos Africanos, creado en Alemania (1767) y que tuvo una filial en Burdeos y otra en París; del Rito de los Filaletos de París (1773); del Rito Filosófico Escocés de París (1776); de la Academia de los Verdaderos Masones en Montpellier (1778); y muy especialmente del Rito

---

1. Esta palabra deriva de *mitsr*, que en el antiguo idioma hebreo aludía a Egipto.

Primitivo de los Filadelfos en Narbona (1780); también del Rito Egipcio de Cagliostro (1784); de los Perfectos Iniciados de Egipto de Lyon (1785) fundado por el alquimista Etteilla;[2] de la Orden Sagrada de los Soficianos (1801); de la Soberana Pirámide de los Amigos del Desierto de Toulouse (1806). Todos estos ritos se expandieron o influyeron particularmente en Francia e Italia. La mayoría de ellos tuvieron poco desarrollo y una vida fugaz, sólo dos sobrevivirán: Mizraim, y más tarde Menfis, que eventualmente unirán fuerzas y luego se fusionarán.

Estos ritos, que eran conocidos por unos pocos, en realidad desvelan ser una combinación de diversas tradiciones de Oriente, tal cual fueron entendidas a través de los textos y los estudios, entonces conocidos como el *Œdipus Ægyptianicus,* de Athanase Kircher (1652); *Séthos,* del Abate Jean Terrasson (1731), y *Le monde primitif,* de Court de Gébelin (1773).

Por otro lado, dependió del jesuita Athanasius Kircher darles algún tipo de confirmación científica o académica. Siempre se le ha presentado como el padre de la egiptología, y podemos considerarlo así, ya que en todo momento mantuvo una cierta fascinación por Egipto. En su época se le consideró un gran erudito y se le respetaba como tal, era un «hombre renacentista en busca del conocimiento perdido». Autor de un impresionante número de obras sobre los más variados temas, que siempre completaba con pinturas, ilustraciones y diversas figuras. Supo transmitir una tradición común a toda la humanidad bajo su concepción de una *prisca teología* consagrada a la sabiduría egipcia. Estaba convencido y creía que todos los sistemas teosóficos, bien fueran de Zoroastro, Orfeo, Pitágoras y Platón, así como la cábala, derivaban de esa sabiduría egipcia y siempre mostró un vivo interés en ello.

Por lo tanto, es normal que el esoterismo, ya sea el que viene por la vía del hermetismo neoplatónico o el cabalístico junto con las posteriores tradiciones caballerescas, encontrara en estas doctrinas una fuente natural de expresión.

Cuando se desea comprender el estado penetrante de los sistemas egipcios, hay que tener en cuenta todas esas influencias y el desarrollo que tendrán en los próximos siglos. Por ejemplo, en las cosmogonías egipcias

---

2. Etteilla fue el pseudónimo de Jean-Baptiste Alliette (1738-1791), un ocultista francés, el primero en popularizar la adivinación por medio de la cartomancia y retomó la teoría de Antoine Court de Gébelin en cómo recrearse con el juego de cartas llamado Tarots.

encontraremos los fundamentos anticipados de la religión cristiana. Lo veremos reflejado a finales del siglo XIX, cuando varios autores, a través de vastos tratados, hacen aparecer una nueva ciencia de las religiones y donde demuestran que el origen de todas ellas está en Egipto. Entre esos autores se encuentran Court de Gébelin, Charles-François Dupuis o Alexandre Lenoir, todos ellos masones.

La pasión por el mundo egipcio fomentó un movimiento en todo el continente europeo que pretendía crear unos ritos que fueran efectivos. El iniciado empezó a considerarse tal como lo hacían otros ritos, como una piedra que había que trabajar, pero en este caso se trataba de una piedra viva que se desarrollaba a través de los estudios y la fraternidad.

En consecuencia, se generaron Ritos Egipcios, que en principio se caracterizaban por trabajar exclusivamente en los Altos Grados. Estos Altos Grados experimentaron un crecimiento extremadamente numeroso, también lo hizo en su contenido y en la jerarquización, pero sobre todo en su rico simbolismo. En la práctica no existían los tres grados azules, se captaban los miembros provenientes de otros ritos como el Escocés –Primitivo, Filosófico o Antiguo y Aceptado–, los Filaletos, Filadelfos, etc. Por esta razón, sólo los Altos Grados constituían lo que se conocía como Masonería Egipcia.

Es evidente que, por las idas y venidas de los diferentes ritos en la masonería, los que estaban más inclinados hacia los Ritos Egipcios decidieron constituirse en Obediencias independientes. Esa decisión les obligaba a definir los tres primeros grados de las logias azules: Aprendiz, Compañero y Maestro. Para ello utilizaron los pocos o muchos conocimientos que habían adquirido tanto en el simbolismo como en los Grados Superiores.

Ocurrió entonces que la tradición egipcia que caracterizaba a los Altos Grados, no estuvo presente en los textos fundadores de la masonería simbólica, ni en sus rituales. Se puede decir que, durante los primeros años, los tres grados azules no tuvieron características verdaderamente egipcias. Si analizamos los primeros rituales, tanto de Mizraim como de Menfis, veremos que concuerdan con el Rito de Cagliostro, del que no podemos decir que tenía verdaderas connotaciones egipcias. Ésta es una pregunta sacada del catecismo del primero de los grados azules:

P: ¿A quién debemos dirigirnos para ser iluminado?

R: Salomón se enteró por nosotros que hay que recurrir a los elegidos superiores que rodean el trono del Sublime Arquitecto del Universo. Estos seres son los siete ángeles que dirigen los planetas.

Cuando hacemos referencia al Rito Egipcio de Cagliostro, no debemos pensar en el Egipto de los faraones, sino en el de los primeros cristianos conocidos como coptos. Es por ese motivo que Cagliostro, siendo líder del rito, se hace llamar el «Gran Copto».[3]

Volvemos a insistir, porque hay que dejarlo claro, que el rito también es «egipcio», aunque sea en otros aspectos. Recoge todo lo desarrollado por Michael Maier o Dom Pernety, sobre las mitologías que utilizaron: egipcia, judía, griega y romana, con el fin de transmitir las enseñanzas teúrgicas y alquímicas.

Más tarde, esos tres grados se apoyarían en los ritos ya existentes, los distintos escoceses: Primitivo, Filosófico, Rectificado o Antiguo y Aceptado. Será poco a poco, y en una época más reciente, que se irán introduciendo los conocimientos extraídos de lo que se va descubriendo del antiguo Egipto. También es con el paso del tiempo que se asocian algunos textos poéticos y evocadores, con terminologías específicas del sacerdocio egipcio. De esa manera, consiguieron que el ser estuviera implicado en la totalidad. Todo eso le dio al rito una visión muy interesante sobre el individuo, al mismo tiempo que una fuerte carga espiritualista.

Los textos iniciales de los rituales que conocemos de los grados simbólicos de Mizraim son los de 1820. Paralelamente, el Rito de Menfis también desarrollará los tres primeros grados normalizados por Marconis de Nègre. Pero el que los aproxima más a los actuales es Robert Ambelain, en 1988, al publicar unos rituales que, utilizando las fórmulas evocativas de otros como los escoceses, encontramos esa antigüedad mítica.

Veamos un ejemplo con el grado de Aprendiz en la ceremonia de iluminación: «Los masones del antiguo Egipto venimos aquí en la tierra de Menfis, erigimos altares a la virtud y cavamos tumbas en busca de vicios». Frase conocida en casi todos los ritos masónicos, pero que se asocia de manera especial con los orígenes antiguos, por parentesco o simpatía evo

---

3. Antes de la campaña egipcia de Napoleón Bonaparte, los conocimientos sobre el antiguo Egipto no estaban claros. Se conocía el mito de Osiris e Isis en la versión recogida por Plutarco, aunque la propia palabra «Egipto» hacía referencia a lo que ahora consideramos Oriente Próximo y no a Egipto en el sentido estricto.

cativa. Otro ejemplo lo tenemos en la iniciación, cuando el candidato lleva una cuerda alrededor del cuello, su uso está asociado con los ritos masónicos, su simbolismo también. Sin embargo, tiene sus raíces en la antigüedad. Hay jarrones en México procedentes de excavaciones arqueológicas que muestran a los candidatos procediendo a una ceremonia de iniciación en la que se les enseña una señal mientras llevan una soga alrededor del cuello. En las liturgias religiosas de los griegos, druidas y brahmanes, los iniciados portaban sogas alrededor del cuello. En las escuelas de misterios del antiguo Egipto, también se colocaba una cadena alrededor del cuello del candidato, como parte de su preparación para la iniciación. Además, se le vendaban los ojos a fin de representar un estado de oscuridad antes de emerger, cuando se le quitaba la venda a la luz del conocimiento.

En la masonería universal, a través del marco definido por el ritual, cada rito tejerá y creará en torno a ese escenario, con más o menos éxito, un conjunto de elementos que terminarán definiendo su carácter, es decir, su tradición. Lo podemos ver en el contenido del Régimen Escocés Rectificado, que nos muestra una forma de esoterismo cristiano. En el caso de los Ritos Egipcios, la masonería moderna, buscando la mejor vía iniciática, ha integrado en «un todo coherente» diferentes influencias: pitagóricas, herméticas, mitraícas, cristianas y rosacruces. De todas ellas, tal vez la que ha ejercido una fuerza especial en la masonería egipcia ha sido la influencia del hermetismo. Pasajes enteros de este rito están tomados directamente de los textos herméticos.

Podríamos decir que, de alguna manera, sea cual sea el rito elegido, los tres grados que conforman la masonería azul coinciden en la misma originalidad, los alienta la misma existencia y están impulsados por la propia inspiración que les da su tonalidad. Eso produce lo que los masones llaman el *egregor*, que lo pueden percibir cuando asisten a una tenida en alguno de los grados.

Esta doctrina también ha influido en los Altos Grados tanto de Mizraim, Menfis o Menfis-Mizraim. Aunque en ellos vemos los movimientos esotéricos más importantes de Occidente, la gnosis cristiana, el catarismo, el martinismo o la alquimia, que muchas veces fueron objeto de trabajos especulativos. Todo lo dicho antes muestra la importancia de esta filosofía metafísica e iniciática, en especial para el masón del antiguo Egipto, encargado de la difusión de las tradiciones masónicas junto a las especificidades de sus rituales.

Aunque el hermetismo naciera en el primer siglo de nuestra era a través de los Ritos Egipcios y los símbolos masónicos, es posible una actualización de esta doctrina. Obviamente, esto es suficiente para darle un «carácter» más particular, mucho más espiritualista y esotérico.

La fórmula masónica clásica, *Gran Arquitecto del Universo*, es reemplazada por la de *Soberano Arquitecto de todos los Mundos*. Con este término, los Ritos Egipcios afirman la existencia de ese principio y su influencia en el funcionamiento del universo, respetando la herencia de la masonería tradicional. El desarrollo del rito en sí lleva implícito, además de una parte esotérica, una intención espiritual de elevación del alma, de llegar a otro plano de conciencia que, si no siempre se logra o se nota, está implícito en él. Tiende a poner al hombre o a la mujer en contacto con lo sagrado, a través de un lenguaje gnoseológico que nos hace reflexionar sobre: la ética, el lugar del hombre en la naturaleza, la espiritualidad o la influencia del pensamiento.

Es evidente que los Ritos Egipcios no se desarrollaron desde cero, y la tradición egipcia siempre ha estado rodeada de misterios y fascinación. Aunque debemos precisar que durante toda la Edad Media lo que podemos llamar Occidente permaneció en la ignorancia de todas las tradiciones anteriores, eso duró hasta el descubrimiento de América. Con la caída de Constantinopla en 1453, aparece el Renacimiento, que, como dijimos en un capítulo anterior, originó una gran revolución intelectual en Italia que recorrió toda Europa. En ese momento, el hombre pasa a ser el punto central a partir del cual se organiza el mundo y queda vinculado por una cadena de oro al *Soberano Arquitecto de todos los Mundos*.

Redescubrir la tradición primordial de Egipto a través de las obras de Plutarco y de Jámblico fue el gran salto que nos llevó al descubrimiento, en 1822, de la escritura jeroglífica. Fue a partir de encontrar la Piedra Rosetta –un pilar de basalto con inscripciones– que se descifraron los jeroglíficos egipcios. Ello dio lugar a que la simbología egipcia figurase en el diseño de las logias masónicas continentales, sobre todo en Francia y en la Europa Central, evidenciándose con menos frecuencia en la masonería británica.

La influencia egipcia en la masonería francesa de la época napoleónica, obviamente, está relacionada con la campaña de Egipto de Napoleón. Por lo tanto, no es de extrañar que coincida con la vertebración y desarrollo del Rito Escocés Antiguo y Aceptado en América. Podemos decir que este rito fue concebido, en términos duales, como un híbrido de las innovaciones masónicas, tanto británicas como continentales.

Champollion quedó totalmente deslumbrado por Egipto, y escribía lo siguiente acerca de esta civilización antigua: «En Europa no somos más que liliputienses y ningún otro pueblo, ni antiguo ni moderno, ha desarrollado el arte de la arquitectura a una escala tan sublime, tan inmensa y tan grandiosa como los egipcios [...]. Lo repito una vez más [...] el antiguo Egipto enseñó las artes a Grecia y esta les dio una forma más sublime, pero sin Egipto es probable que Grecia no se hubiese convertido en el hogar de las artes».[4]

El interés por los Antiguos Misterios siempre estuvo presente en la masonería, incluso en la Inglaterra de Anderson. Los templos se decoraron integrando en ellos elementos tradicionales de pasados misterios. Con el transcurrir del tiempo fue cambiando en los primeros grados, pero se reafirmaron muchos más en los Altos Grados. Los Ritos Egipcios desarrollaron, de forma gradual, características tanto positivas como cuestionables.

En el siglo XVIII, los primeros fundadores italianos del rito –Di Sangro, Cagliostro, D'Aquino– lo que deseaban era despertar las prácticas de las tradiciones antiguas, al igual que lo hizo el Renacimiento con el Hermetismo. Querían adaptarlas al conocimiento y al espíritu de su tiempo, integrándolas en el nuevo marco de la masonería. Más tarde, los fundadores de Mizraim, y también de Menfis, harán lo mismo.

Hemos visto que hay tres influencias de estos ritos: la italiana, y las dos francesas. Vamos a definir las dos últimas, que serán las que perdurarán y concretarán la filosofía del Rito de Menfis-Mizraim.

La primera sería la que corresponde al Rito de Mizraim, fundado por la familia Bédarride, que proviene del hermetismo de Pernety, la cábala judeocristiana del Renacimiento, y la Orden de los Elus Cohen, de Martínez de Pasqually.

La segunda corresponde al Rito de Menfis, creado por Jean-Etienne Marconis de Nègre, heredero de la Alta Masonería de Cagliostro. En este caso se centra mucho más en el hermetismo clásico, en los misterios protocristianos y en la antigua filosofía egipcia.

A través de las reflexiones y de la experiencia que adquiere el individuo, nace todo pensamiento filosófico, con el que va dando respuestas a

---

4. Jean Lacouture, *Champollion: Une vie de lumières,* Grasset, París, 1989.

sus preguntas. Para conseguirlo es necesario, en primer lugar, plantearse y asumir esas cuestiones. Después debe entender desde su realidad y entorno, como puede encontrar respuestas satisfactorias a los interrogantes que se ha planteado. Eso ha sido una constante en el Rito de Menfis-Mizraim.

Se podría interpretar que estas síntesis provienen, concretamente, de la Academia Platónica de Florencia. Allí se concentraron las grandes mentes con el propósito de desarrollar un trabajo intelectual y práctico. Para Pierre Magnard, la Academia Platónica es «un lugar conquistado desde la banalidad del espacio secular, con el fin asegurar la sacralidad de la vida del espíritu».[5]

Aunque debemos decir que esta síntesis intelectual a la que hacemos referencia nunca se pudo encontrar de una manera clara en los textos fundacionales. Posiblemente, esto explicará el desarrollo, algunas veces dogmático, que se dará en el futuro.

Esta idea se basa en la premisa de que la verdadera iniciación proviene de arriba. «Todo el bien que nos es dado y todo don perfecto viene de arriba, descendiendo del Padre de las luces, por medio del cual no hay variación ni sombra de cambio». (Santiago 1:17).

Más modestamente, diríamos que el proyecto de la iniciación masónica es permitir a cada ser que se convierta en «otro ser», un ser real, es decir, descubrir en él qué es la sabiduría, la fuerza y la belleza. Desvelar la propia espiritualidad que en él es amor, y verdad. Sin embargo, añadiríamos enseguida que el ser, cualquier ser, no puede convertirse en un ser real si no quiere superarse en una búsqueda, una acción y un trabajo que son a la vez condición y razón de estar. Una vez más se trata de saber descubrir nuestra dimensión «vertical» o espiritual, y de querer cumplirla o realizarla.

Así, Marconis de Nègre escribió en el preámbulo del «Estatuto Orgánico»[6] de Menfis, un párrafo que, a veces será debatido explícitamente por un gran número de sus sucesores. En él, decía: «La voz que habla desde el seno de la desnudez, ha dicho: Hombre, tienes dos oídos para escuchar el mismo sonido, dos ojos para percibir el mismo objeto, dos manos para realizar el mismo acto. Es por eso que la ciencia masónica, la ciencia por excelencia, es esotérica y exotérica. El esoterismo es pensamiento, el exoterismo es el acto, lo exotérico se puede aprender y enseñar.

---

5. Pierre Magnard, *Questions à l'humanisme,* PUF, París, 2007.
6. Véase Jacques-Étienne Marconis de Nègre, *op. cit.*, p. 17.

El exoterismo se aprende, se enseña, se da; el esoterismo, no se aprende, no se enseña, no se da, viene de arriba». En *El Panteón Masónico*, escribe: «El Poder Supremo, colocado como cúspide de la jerarquía masónica, tiene sus símbolos y misterios desconocidos para el mayor número de iniciados: es el gobierno de los talleres que se encuentran bajo él, rige sobre todas las peticiones de las Logias, Capítulos, Areópagos y Consejos, y los dirige en su trabajo».[7]

No obstante, para que la iniciación sea auténtica y haya una verdadera transmisión, ésta debe descender al receptor. Nadie pone en duda que los ritos tienen su propia energía, pero la fuerza espiritual sólo se puede obtener a través de un canal. Los orígenes de estas concepciones son fáciles de identificar si pensamos que están inspiradas en el sacerdocio egipcio, tal como lo entienden los ocultistas y los esoteristas.

De ese modo, el esoterismo masónico se convierte en una especie de monoteísmo capaz de transmitir la pureza de una tradición primordial a través de un Gran Hierofante *ad-vitam*. Queda bien resumido por Marconis de Nègre cuando describe la omnipotencia del Gran Hierofante en *Le Sanctuaire de Memphis*: «Art.1. El Gran Hierofante es el depósito sagrado de las tradiciones, es la primera luz del templo místico; declara doctrina y ciencia; todo el trabajo masónico emana de él [...]».[8]

Esto dará lugar a la feroz crítica de algunos autores, como es el caso de Jean Marie Ragon, o F. T. B. Clavel. En 1816, Ragon escribió en su *Tuileur General,* hablando de los hermanos Bédarride y su autoridad sobre Mizraim: «Este rito representa la autocracia. Sólo uno, bajo el título de Soberano Gran Maestro Absoluto, gobierna los talleres; eso es irresponsable. Esta anomalía profana recuerda la ley divina. Este régimen, que tiene de masónico sólo lo prestado de las colecciones de los grados y ritos conocidos, ni siquiera es masónico en sus formas».[9] Un poco más adelante, Ragon continúa: «El Soberano Gran Maestro Absoluto, *poder supremo* de la orden grado 90.°, asume el derecho a gobernar todos los ritos que son, digámoslo así, sólo ramas separadas del árbol Mizraimita. Únicamente podemos felicitarlos, así como a sus Grandes Maestros Constituyentes, por la inmensa extensión de su ciencia y por los talentos con los

7. Jacques-Étienne Marconis de Nègre, *Le Panthéon Maçonnique,* Ascheuerman, París, 1860, p. 3.

8. Ibíd., sec. II, p. 18.

9. Jean Marie Ragon, *Tuileur Général Francmaçonnerie, Collignon,* París, 1816, p. 234.

que se les debe proporcionar para gobernar y administrar Todos los Ritos Existentes en el Globo».

Para crear el Rito Monstruo, como lo llama Clavel, sus autores se basaron en el escocés, el martinismo, el hermetismo, el templarismo y en las reformas masónicas. Según el autor de *La Pintoresca Historia de la Masonería*: «Fue en 1805 que varios HH.·. de logias rechazadas, que no pudieron ser admitidos en la composición del Supremo Consejo Escocés, fundado este año en Milán, crearon el régimen misraímita».

«Tan pronto como conocemos este triste origen, nacido de un orgullo herido, en algunos HH.·., entendemos por qué estos dos ritos son como un traje de arlequín, compuestos de piezas y piezas ensambladas a toda prisa. ¡Qué incautos han sido, lo entendemos!».[10]

Es evidente que, como en muchos otros casos, F. T. B. Clavel es impreciso y tendencioso, ya que el rito se había fundado en Nápoles, años antes que en Milán. Además, su postura no se entiende muy bien por el hecho de que su propio padre formó parte del rito, según un diploma firmado por Bédarride. Preferimos no entrar en disquisiciones psicológicas.

Además, están las dudas de Ragon que, aunque no le gusta el tema del Gran Hierofante, reconoce que tiene interés por el Rito de Mizraim y sus grados. Es más, manifiesta que desea recibirlos para poder presentarlos al Gran Oriente de Francia y crear una sola orden que administre todos los ritos, se refiere evidentemente al Gran Oriente de Francia. Algo que posteriormente conseguirá el Mariscal Magnan, con Marconis de Négre. Finalmente, los Bédarride no se pondrán de acuerdo con el Gran Oriente de Francia, y el Rito de Mizraim quedará fuera de ese ámbito. Es posible que las críticas de Ragon y Clavel se deban a esa falta de entendimiento. Pero la verdadera razón fue el rechazo a la propuesta de Ragon en el seno de Mizraim. Lo cierto fue que Ragon abandonará las prácticas del rito, del que llegó a ser grado 88.º, pero no el concepto y el enfoque hermetista de la masonería, que pronto plasmará en su obra *La masonería oculta y la iniciación hermética*.[11]

No obstante, al margen de esta visión de dos historiadores que incluso uno de ellos perteneció al rito, aunque luego, como veremos más adelan-

---

10. Ibíd., p. 236.
11. Jean Marie Ragon, *Orthodoxie maçonnique: suivie de la Maçonnerie occulte, et de l'Initiation hermétique,* Dentu, París, 1853.

te, intentaron que desapareciera con todas sus fuerzas, no las vamos a valorar. Principalmente, porque no sabemos si su interés era real o respondía a una estrategia del Gran Oriente de Francia para eliminar otros ritos que consideraban competencia.

Sin embargo, creo que merece la pena analizar uno de los grados que termina dándole estabilidad al rito, y no me refiero al de Gran Maestro *Ad-vitam* o Gran Hierofante. Estoy haciendo alusión al grado 95.º Patriarca Gran Conservador, este grado tiene la misión de que en el momento que el rito desaparece –por los diversos motivos que nos ha traído la historia–, lo vuelven hacer aflorar cuando se dan unas condiciones más propicias, sin necesitar un Gran Hierofante. Es por eso por lo que en algunos períodos los Ritos Egipcios se ocultaron, pero obviamente no se extinguieron. Los masones del Rito de Mizraim, Menfis, o Menfis-Mizraim, siempre se han distinguido, y así lo han demostrado representantes del esoterismo masónico. Su trayectoria conserva un linaje verdaderamente iniciático que a veces no ha sido compatible con una forma más democrática e igualitaria.

PARTE III

EL RITO EGIPCIO DE NÁPOLES

La historia de los Ritos Egipcios, aparte de Italia, tardó mucho tiempo en asentarse en la masonería de la mayoría de países europeos. El hecho de que fuera una organización más compleja hizo que no todos los masones la aceptaran de buen grado.

En las siguientes páginas vamos a tratar de esclarecer brevemente las principales circunstancias sobre ellos, con especial referencia a dos ritos en particular: el de Mizraim y el de Menfis, que terminarán, finalmente, siendo uno solo.

Como hemos podido apreciar anteriormente, el interés por la sabiduría egipcia ha tenido un largo camino, remontándose a antes del comienzo de 1700. Sabemos que unos años más tarde, en 1717, surgiría lo que podemos llamar la «masonería moderna». Los intereses de esta última van por un camino distinto a la masonería esotérica y espiritualista. En el caso del rito egipcio, la principal figura es Hermes Trimegisto y su hermetismo; además de algunos dioses egipcios, particularmente Osiris.

Si hoy en día podemos gozar de un conocimiento de la masonería italiana del siglo XVIII, parecido al que tenemos de la masonería inglesa, es gracias al trabajo de Carlo Francovich.[1] Las primeras logias masónicas aparecen en Italia entre 1728-1738.

En concreto, tenemos documentos sobre tres logias de Italia: una en Nápoles, fundada en 1728, que congregaba a los más esotéricos. Otra en Roma, levantada entre 1735 y 1737, que reunía a los ingleses de tendencia jacobita (partidarios del Estuardo), esencialmente católicos. La última en Florencia entre 1731 y 1738, que agrupaba a los ingleses que

---

1. Carlo Francovich, *Storia della massoneria in Italia. Dalle origini alla rivoluzione francese*, La Nuova Italia, Florencia, 1974.

eran partidarios de la dinastía de Hannover, junto a algunos italianos y a diversos extranjeros protestantes, católicos o «libertinos».[2]

Más tarde, sobre el 1774, aparecería en Trieste, que entonces estaba bajo el Imperio austríaco, una logia, *La Concordia*, que fue fundada por un miembro de la Rosacruz de Oro y de la Estricta Observancia Templaria, el teniente Thomas von Welz. Además, introdujo el grado de Antiguo Maestro Escocés, un grado alquímico en el que: «...se cultivaba la búsqueda de la panacea universal y de la transmutación de los metales». Finalmente, al año siguiente la logia obtuvo una Carta Patente de la Gran Logia Escocesa de Praga, adherida a la Estricta Observancia.[3]

Nápoles tiene su origen en la leyenda de la Sirena de Partenope, que se dejó morir en el mar en presencia de sus hermanas, para acabar con el dolor producido por la insensibilidad de Ulises. El soneto dice que su cuerpo fue arrastrado por las olas, hasta la desembocadura del río Sebeto. La historia o, mejor dicho, la leyenda de este río se pierde en las brumas del tiempo. Sabemos por las crónicas de muchos viajeros antiguos que la griega Neápolis estaba separada de Partenope (también llamada «Palepolis») por un río navegable. Para algunos, estaba situado entre el Monte San Erasmo y el Monte Patruscolo. Por lo tanto, la ciudad tomó el nombre de Partenope en honor de esta encantadora leyenda.

La nueva ciudad de Nápoles se creó en el 475 a. C., con colonos de la cercana Cuma. La instalaron entre el Castell dell'Ovo y el Monte de Pizzofalcone, a tan sólo dos kilómetros de la antigua, y recibió el nombre de Neapolis (*Neà*, «Ciudad»; *Polis,* «Nueva») para distinguirla de la antigua Partenope, que pasó a denominarse Palepolis («ciudad vieja»).

Pero la mítica historia de Nápoles tiene lugar en la colonia egipcia de Neápolis, de la época española, que actualmente podemos situarla en la Plaza del Nilo.

A pesar de estar documentado, el origen de la ciudad de Nápoles se mezcla con la historia y la leyenda, donde se incrustan eventos que hacen

---

2. El libertinismo es un movimiento filosófico, caracterizado por el redescubrimiento del pensamiento del escepticismo griego (pirronismo) y por una reevaluación del pensamiento de Epicuro, que especula sólo sobre bases racionales, rechazando cualquier tipo de Revelación. El duque de Wharton pertenecía a ese movimiento, aunque hay escritores, sobre todo españoles, que lo interpretaron en sentido literal. Eran mentes abstrusas dominadas por la iglesia de la época.

3. Véase B. N. ms. FM 2; C. Francovich, *op. cit.*, p. 293.

posible esa fascinante génesis que conducen al inicio y crecimiento de un pensamiento hermético que nunca abandonará la ciudad. Desde el principio, en la localidad siempre ha habido numerosas transformaciones históricas. También han ocurrido diversos acontecimientos. Aunque hasta el momento ha guardado oculto en lo más profundo un talante esotérico ininterrumpido.

Lo más probable es que el Templo de Isis estuviera en la zona de la Plaza de Nilo, en memoria del templo principal de Isis, que en Egipto se construyó en la isla de File, donde se concentraba los centros Herméticos y Pitagóricos. De la misma manera, sin lugar a duda, se mantuvo en Nápoles toda la tradición milenaria, esotérica, hermética y alquímica del Mediterráneo. Quisieron erigir una estatua al dios Nilo, que para los napolitanos tenía un valor simbólico, porque recordaba a la cultura egipcia que, en cualquier caso, estuvo presente por lo menos desde el período Alejandrino. La estatua del dios recostado porta el cuerno de la prosperidad, de esa forma transmitía un ancestral e importante ritual dedicado a Isis, diosa de los iniciados, y también a Osiris.[4] Eran cultos secretos que administraban y custodiaban sacerdotes, que sólo oficiaban para los adeptos.

La primitiva alquimia, que nació en el antiguo Egipto, tuvo en Neápolis uno de los ejes de esas tradiciones misteriosóficas. Los pequeños círculos iniciáticos de alquimistas occidentales los conservó, por ello podemos decir que la raíz de su arte se encuentra en el antiguo Egipto.[5]

Por lo tanto, en Nápoles se desarrolló un camino iniciático y espiritual que formó una cultura esotérica que terminó expandiéndose por toda Europa. Fue impregnando disimuladamente, según una tradición única y perenne, a instituciones ya existentes, como: la Hermandad Rosa-Cruz, el neotemplarismo, el hermetismo mediterráneo, la masonería egipcia, el martinismo napolitano o la Escuela Terapéutica de Myriam.

Ese ha sido el motivo por el cual Nápoles siempre ha tenido grandes exponentes del mundo esotérico, como: Giordano Bruno, Tommaso Campanella, Raimondo di Sangro, Giustiniano Lebano o Giuliano Kremmerz.

---

4. Michel Malaise, *Les conditions de pénétration et de diffusion des cultes égyptienes en Italie*, E. J. Brill, Leiden, 1972.

5. Erich Neumann, *The Origins and History of Consciousness*, Pantheon Books, New York, 1954, p. 255, nota 76: «Dado que la alquimia se originó en Egipto, no es improbable que las interpretaciones esotéricas del mito de Osiris se encuentren entre los fundamentos del arte...».

Este último, en uno de sus libros, describe la llegada de la sabiduría egipcia a esa ciudad. Lo cuenta a través de una historia relatada por un misterioso personaje, *Mamor Rosar Amru*, el último sacerdote de Isis, que llegó a Pompeya, refundiendo y expandiendo por toda la costa de la Campania los ritos de Isis.[6]

En consecuencia, casi con toda seguridad podemos decir que los ritos masónicos egipcios tienen sus raíces en una ciudad que es la encrucijada de las iniciaciones herméticas y pitagóricas del mediterráneo. Siempre ha estado ligada a numerosas formas de esoterismo, convirtiéndose así en el *omphalos* del mundo esotérico. Desde los aportes de la Escuela Itálica o Pitagórica hasta la enseñanza hermética y docética, que provenía del antiguo Egipto. A lo que debemos añadir el aporte cabalístico transmitido a lo largo del tiempo por las comunidades de judíos presentes en la zona del golfo de Nápoles.[7]

Pero la cosa no queda ahí, podemos también asegurar que en Nápoles fue donde se generó de una forma significativa y estructurada la masonería, cuando ya era reino de los Borbones. Esta luz «oculta en el sótano» fue el Atanor de la originaria logia masónica, *La Perfectta Unione*. Allí encontramos, en 1728, la primera fuente de sabiduría iniciática y descubriremos por su sello que hace uso de un simbolismo puramente egipcio que no deja lugar a dudas. El sello de marfil, plata y oro lleva, como es natural, símbolos egipcios, como la Pirámide con dos columnas, la Esfinge con la Luna y el Sol radiante al mediodía junto con la Acacia, contemplando la fecha de fundación y el lema: *Qui quasi Cursores Vitae Lampada Tradunt*.[8] Podemos asegurar, pues, que el simbolismo que figura en el sello de *La Perfectta Unione* es un tipo de mosaico que reivindica su procedencia egipcia.

La Perfectta Unione de Nápoles estuvo en funcionamiento durante todo el virreinato austríaco, de 1728 a 1734. Esta logia no debe confundirse con la que se fundó después, en 1750, bajo los auspicios de la Gran

---

6. Giuliano Kremmerz, *La sapienza dei Magi*, Ed. Fratelli Melita, Milán, 1987, vol. II, p. 196.

7. Moshe Idel, *Kabbalah in Italy, 1280-1510: A Survey*, Yale University Press, New Haven, CT, 2011, p. 288.

8. *Relación histórica de las Órdenes Secretas en el Reino de Nápoles* - Manuscrito de E. Basile conservado en el Archivo de Estado de Nápoles-Fondo del Ministerio de Policía. Parte I a. 1804-43 Expediente 4603.

Logia de Inglaterra, a la que también llamaron *The Perfect Union*, que fue una logia inglesa de la que hablaremos más adelante.[9]

Esa logia, fundada en 1728, no representa sólo la primera logia napolitana en términos absolutos. Debemos decir que fue la primera logia italiana, según la información que tenemos, y también podemos asegurar que tendrá un importante papel en el nacimiento de la masonería egipcia. Alrededor de ella encontramos las personalidades más eminentes de la cultura hermética napolitana: Raimondo Di Sangro, príncipe de San Severo; Gennaro Carafa Cantelmo Stuart, príncipe della Roccella; el conde Alessandro di Cagliostro; el Cavaliere D'Aquino di Caramanico, el escritor Pimentel de Fonseca, y muchos otros.

Como veremos, esta primera logia, es decir, la de 1728, está estrechamente relacionada, no por casualidad, con Nápoles y con el Rito de Mizraim, aunque siempre conservó sus propios mitos de Osiris, que tenían un papel significativo. A esta logia habría pertenecido el príncipe Raimondo di Sangro, según lo informado por Franco de Pascale[10] en el capítulo «Cagliostro e Italia. El nacimiento del rito egipcio», publicado conjuntamente con Marc Haven (nacido Emmanuel Lalande) en *El maestro desconocido Cagliostro*:[11] «Investigación precisa, realizada en archivos particulares que atestiguan la fundación por el príncipe Raimondo di Sangro di Sansevero de un *Antiquus Ordo Aegypti*, en el que operó el *Rito de Misraim seu Aegypti,* el 10 de diciembre de 1747. Investigaciones realizadas por varios académicos, después de algunos hallazgos, han demostrado la formación por parte de Di Sangro de una logia secreta interna, con una dirección claramente hermética y rosacruz, llamada *Rosa d'Ordine Magno*, una logia clandestina que se reunía en su palacio y que mantenía una conexión en ese período de persecución con algunos fugitivos y exiliados como el barón de Tschoudy».

Raimondo di Sangro, príncipe de San Severo, nació el 30 de junio de 1710, y fue una de las principales personalidades de Nápoles y la máxima expresión del pensamiento hermético del siglo XVIII. Podríamos decir que sobresalió como uno de los pensadores más ilustres de la Europa de aquella época. Además de ingeniero, arquitecto, químico y militar, era

---

9. Fulvio Bramato, *Napoli massonica nel Settecento,* Ed. Longo, Ravenna, 1980, p. 33.
10. Raimondo di Sangro, VII príncipe de San Severo, grande de España, duque de Torremaggiore, formaba parte de ella como secretario de De Pascale.
11. Marc Haven, *Le Maître Inconnu Cagliostro,* Dervy-Livres, París, 1996.

reconocido como políglota (entre las lenguas que conocía se encontraban el árabe y el hebreo). Su multifacética perspicacia especulativa, su investigación y apasionamiento por el ocultismo y la alquimia lo llevó hasta investigar sobre la ciencia sagrada.[12] Aunque se le consideraba algo antipapista, consiguió, no obstante, recorrer un camino de búsqueda que le llevó a ser rosacruz y realizar una importante trayectoria rica en múltiples desarrollos. Sus inquietudes culminaron siendo miembro de la prestigiosa masonería napolitana, que muy pronto consideró que era la persona idónea para estar al frente con la dignidad de Gran Maestro.[13]

Aunque las obras y hazañas del príncipe son sobradamente conocidas, no lo es tanto saber cuál era la ascendencia esotérica de Raimondo di Sangro y de qué fuentes obtuvo los conocimientos alquímicos, cabalísticos, o herméticos egipcios-alejandrinos. No lo sabemos, lo que sí sabemos es que estuvo entre los fundadores de los Ritos Egipcios.

Lo que también descubrimos es que, a partir de 1719, continuó estudiando en el seminario de los Jesuitas en Roma, hasta que cumplió los veinte años. Allí no se sentía lo suficientemente valorado, como atestigua su amigo y biógrafo Giangiuseppe Origlia, hasta que al morir su abuelo y una vez heredado todos los títulos, convirtiéndose en príncipe di Sangro, el rey Carlos VI –emperador del Sacro Imperio Romano Germánico–, le ofreció cambiar de escuela y quedarse en Nápoles. En aquel lugar tuvo acceso a todos los libros puestos en el Índice por la Curia romana, porque tras la batalla de Velletri en 1744, donde se distinguió como un gran estratega militar, el papa Benedicto XIV le dio permiso para leer todo tipo de libros que en aquel momento estaban prohibidos.[14] El recuerdo del enciclopedismo del siglo XVII de Athanasius Kircher despertó la curiosidad en él y se dedicó al estudio de las ciencias sapienciales. La lectura fue a lo que se dedicó en los años siguientes, y de la que pudo nutrirse para ampliar sus conocimientos. No debemos olvidarnos de que terminó por crear una imprenta personal en el Palacio de Sangro, cerca de la famosa

12. Gaetano Amalfi, *La fossa del Coccodrillo in Castelnuovo e ancora della leggenda del Principe di San Severo*, Ed. V. Vecchi, Milán, 1896

13. Emanuele Palermo, *Colpo d'occhio sulla condotta dei patrioti durante la Repubblica Napoletana nell'anno 1799, e sopra quello di Ferdinando IV, tanto prima di essersi ritirato in Sicilia, durante il periodo di quella mal consegnata Repubblica, quanto dopo ricuperato il suo Regno*. Biblioteca Nacional de Nápoles. Manuscrito X. F-69.

14. Sigfrido E. F. Höbel, *Il fiume segreto*, Stamperia del Valentino, Nápoles, 2004, p. 109.

Capilla. Allí ejerció de editor, aunque también de escritor, publicó su *Tratado sobre el empleo de la Infantería*, muy apreciado por Federico II de Prusia, pero asimismo editó obras esotéricas y masónicas como *El erizo secuestrado* de A. Pope; *El Conde de Gabalis*, del abate Montfaucon de Villars; *Los viajes de Ciro*, del Caballero Andrew Michel de Ramsay; que, como ya he mencionado, fue la primera obra donde la Caballería, en su sentido simbólico, entró oficialmente en la masonería.

Es evidente que Ramsay fue el fundador, o por lo menos el promotor, del Rito Escocés, se basaba en dos puntales, su adhesión al catolicismo y al misticismo de la caballería. Hizo renacer a ambos y los introdujo en la masonería. Tanto uno como otro se adaptaban bien a la nobleza de la época. Toda esa corriente neotemplaria fue bien recibida por el Rito Escocés Antiguo y Aceptado, pero mucho más por el Escocés Rectificado. No es casualidad que Raimondo di Sangro fundara una logia de ese rito en Nápoles, ya que poseía el grado más alto que se da en el Régimen Escocés Rectificado, el de Gran Profeso.[15]

Existe otra obra editada por Di Sangro, que su portada lo dice todo, es *La Santísima Trinosofía*. La mayoría de los investigadores piensan que fue escrita por el conde de Saint-Germain, aunque otros creen que el autor fue el conde Alessandro di Cagliostro, ambos fueron grandes ocultistas del siglo XVIII y excelentes escritores. Los principales argumentos a favor de que fue escrito por Cagliostro, es que en el texto introductorio el autor del libro dice que lo elaboró estando preso por la Inquisición. Efectivamente, Cagliostro fue arrestado en 1789 y murió en los calabozos de la Inquisición, mientras que el conde de Saint-Germain nunca estuvo preso.[16] Además, en la portada queda en evidencia que el autor también

---

15. En el siglo XVIII existía además una «clase secreta», la de la Profesos. Los caballeros que la componían se dividían en dos categorías: los Profesos y los Grandes Profesos, reunidos en un Colegio metropolitano. Estos, aunque comprometidos de manera total con la Orden, no ejercían, en tanto que componentes de esa «clase secreta», función de responsabilidad o dirección administrativa alguna, ya que estas últimas eran competencia únicamente de la Orden Interior. Los Profesos y Grandes Profesos se dedicaban, mediante el estudio y la meditación, a profundizar en la doctrina expuesta en los textos, conocidos como instrucciones secretas, conservados por el Colegio metropolitano.

16. *La Très Sainte Trinosophie*, o La Santísima Trinosofía, es un libro esotérico francés, supuestamente escrito por Alessandro de Cagliostro o el conde de San Germain. Sin embargo, debido a la escasez de pruebas de su autoría, existe una gran duda en torno al tema. Cagliostro escribió varios libros, mientras que a Saint-Germain sólo

estaba muy interesado en el simbolismo jeroglífico egipcio. Es indudable que los descubrimientos en el campo de la arqueología de los yacimientos de Herculano, Pompeya y Paestum hizo que se recuperaran los antiguos valores. Muchos de ellos coincidían con los ideales democráticos y morales de la masonería. En esos años, Raimondo di Sangro decide reconstruir la capilla familiar, conocida como Santa María della Pietà. Con los conocimientos que poseía, tanto técnicos como esotéricos, acabó consolidando un edificio extraordinario. Los materiales que se utilizaron, los seleccionó personalmente. Sugirió técnicas nuevas a emplear a través de su decoración, creando un lugar de una gran magnificencia y una extraña ornamentación estatuaria. Allí dentro, el más pequeño detalle abriga una colosal relevancia, ya que casi todas ellas tienen un sentido simbólico que evocan mensajes masónicos encriptados. Tal vez lo más extraordinario son las máquinas anatómicas que se hallan en la cripta. Son dos esqueletos humanos, uno masculino y otro femenino, recubiertos por una red vascular metalizada. Investigadores modernos siguen sin saber qué técnica se empleó para conseguir ese resultado tan impresionante. Aunque las últimas investigaciones creen que se trata de cera de abeja, hilos de hierro y fibras de seda.

Según Hobel,[17] Di Sangro fue iniciado en la masonería entre 1736 y 1737, en contra de las fechas que se dan habitualmente de 1744 o 1750. En realidad, la adhesión a la que se refiere Hobel la hace en 1735, cuando se intenta remontar de nuevo la logia napolitana bajo el rey Carlos de Borbón –VIII de Nápoles y V de Sicilia–, a la que impide su renacer el primer ministro Bernardo Tannunci, que finalmente envió a la policía con el propósito de cerrarla. Para Di Sangro, la masonería era un espacio en el que las dos élites del Reino, «nobles y juristas», debían de encontrar la posibilidad de diálogo y discusión, siempre por un «gran beneficio de

---

se le atribuye éste. El libro, fechado a fines del siglo XVIII, tiene 96 páginas y está dividido en doce secciones que representan los doce signos zodiacales. Se dice del contenido, que está velado, refiriéndose a una iniciación alegórica que detalla muchos signos cabalísticos, alquímicos y algunos misterios masónicos. El único manuscrito original (Ms. 2400) se encuentra actualmente en la Biblioteca Municipal de Troyes, está lujosamente ilustrado con numerosas láminas simbólicas. Existe una edición en español publicada por Editorial Cárcamo en 1996.

17. Sigfrido E. F. Höbel, *op. cit.*, p. 119.

la patria».[18] Era evidente que Tanucci no lo veía así y creía que debía perseguir a los masones de Nápoles.[19]

Ése fue el motivo por el que el noble napolitano Gennaro Carafa Cantelmo Stuart, VII príncipe di Roccella, solicitó unirse a la logia *Coustos-Villeroy*, que fue la primera logia de masones andersonianos, fundada en París en 1736 por Jean Coustos. Esta logia reunió a una docena de masones franceses y cuarenta y un extranjeros. Se cerró en 1737, cuando la masonería fue prohibida por el cardenal Fleury, principal ministro de Luis XV. Sus archivos fueron incautados por el magistrado Joly de Fleury, hermano del anterior, y podemos decir que en la actualidad constituyen una importante colección de documentos para escribir sobre el nacimiento de la masonería en Francia. Finalmente, el príncipe di Roccella fue asignado como Compañero a una logia de Marsella en julio de 1737.

Gennaro Carafa había nacido en Nápoles en 1715, pero no dejaba de ser un «Estuardo», y el haber acabado en la Logia Madre de Marsella le hizo conocer más de cerca el Rito Escocés Antiguo y Aceptado. Desde muy joven se interesó por la alquimia y el hermetismo. Es posible que fuera lo que le llevó a ser iniciado en la masonería egipcia por el príncipe Raimondo di Sangro, cuando aún estaba en Nápoles. Decimos esto porque, al regresar a Italia, entró en el círculo interior la *Rosa d'Ordine Magno*, donde, conjuntamente con Di Sangro, redactó el *Corpus Hermeticum*. Un documento que servirá de base para la construcción de la conocida *Tegolatura Suprema Scala di Napoli*.

Aunque ya existía una ascendencia templaria en Nápoles, procedente de tiempos remotos,[20] podemos decir que fue Gennaro Carafa quien trajo realmente su ascendencia templaria a la Cofradía Hermética Egipcia, recibida a través de la transmisión jacobita de la rama napolitana de los

---

18. Giangiuseppe Origlia Paolino, *Istoria dello Studio di Napoli, I-II*, G. di Simone, Nápoles, 1754, p. 358.

19. Cartas de Bernardo Tanucci a Carlos III de Borbón (1759-1776) - Regesti de R. Mincuzzi. Roma, Instituto de Historia del Risorgimento italiano, 1969, pp. 59 y sigs.

20. Fulvio Bramato, *Storia del Templarismo in Italia*, vol. I, p. 132, Atanor, Roma, 1991. Charles Louis Cadet de Gassicourt, *Le Tombeau de Jaques de Molay, ou le secret des cospirateurs, a ceux qui veulent tout savoir*, París, 1796, p. 22. «Desde lo más profundo de su prisión, creó cuatro Logias Madre: para Oriente, Nápoles; para Occidente, Edimburgo; para el Norte, Estocolmo; y para el Sur, París».

Estuardos, unida por lazos ancestrales de sangre a su Casa.[21] Esa ascendencia templaria manifiesta, que existía antiguamente, ya había influido en el príncipe de San Severo, lo podemos apreciar en la construcción de su famosa capilla, sobre todo en el Cristo Velado.[22]

Desde que volvió de Francia, Gennaro Carafa mantenía una buena relación con comerciantes de ese país, que eran masones y, a instancia suya, los convenció para que recuperasen –despertasen–, en 1743, la que era la primera logia en Nápoles, *La Perfectta Unione*. Los intentos fueron en vano, y Bernardo Tanucci, como primer ministro y celoso regalista, se lo volvió a impedir. Finalmente, intervino Raimondo di Sangro, príncipe de San Severo, para favorecer a su alumno y le ayudó a abrir su propia logia, de la que se convirtió en fundador. A la logia, que practicaba el rito inglés, la denominaron *Lo Zelo,* y estaba formada, además de por Louis Larnage y los comerciantes que ya mencionamos anteriormente, también por cinco oficiales del ejército napolitano de los Borbones. Al poco tiempo se incorporaron un sacerdote y dos comerciantes más, junto con Francisco Zelaya, que era oficial del Regimiento Real Napoli y que fue nombrado Venerable Maestro.

Se dice que, en el año 1747, existían en las provincias de lo que hoy constituye el sur de Italia y la isla de Sicilia, un gran número de logias masónicas que, a causa de su persecución, estaban obligadas a trabajar en secreto. El 10 de diciembre de ese mismo año, los Maestros convocaron una reunión en el Valle de Seked –entendemos que es un lugar ficticio llamado simbólicamente así en honor de un antiguo término egipcio que describe la inclinación de las caras triangulares de una pirámide recta– donde asistieron representantes para la fundación de una Gran Logia. Entre ellos estaba Raimondo di Sangro, príncipe de San Severo, al que se le consideraba como Gran Maestro. Esto lo afirma Giambattista Pessina, que terminaría siendo Gran Maestro del Soberano Santuario de Nápoles, y que ayudó a España, en 1889, a tener una Gran Logia de Menfis-Mizraim. Un personaje peculiar, cuya característica principal era que se consideraba sucesor de Pitágoras, al haber formado la primera logia masónica en Crotona.

21. Massimo Pisani, *I Carafa di Roccella, Storie di Principi, Cardinali, Grandi Dimore,* Napoli Electa, Nápoles, 1992, p. 123.
22. El Cristo Velado o *Cristo Velato* es una escultura en mármol realizada por Giuseppe Sanmartino que se conserva en la capilla Sansevero de Nápoles.

En ese mismo año de 1747, Raimondo di Sangro creó en su Palacio un *Círculo Interno,* a partir del cual cobrarán vida los *Arcanum Arcanorum,* en él estarán los masones más destacados en el camino del Arte Real. Los miembros eran seleccionados entre los aristócratas y los grados superiores de la jerarquía militar, junto a exponentes de la alta nobleza vinculada a la corte borbónica, que ya operaban en los Altos Grados. Entre ellos figuraban los intelectuales más brillantes de Nápoles. Junto a Raimondo di Sangro estaban Alessandro Rinuccini, Nicola Viviani, los Di Martino, Genovesi, etc. Que se reunían en torno al ya anciano Bartolomeo Intièri, en Massa Equana, para discutir el «progreso de la razón humana, las artes, el comercio, la economía del estado, la mecánica y la física».

Con esa iniciativa generaba una intensa actividad de investigación y estudio de la Ciencia Masónica dentro de la tradición egipcia. Hay que tener en cuenta que el príncipe de San Severo era muy dado a crear Círculos Internos,[23] que se reunían de forma privada en su palacio solariego, situado en el Vico San Domenico Maggiore.[24] En el Cenáculo Iniciático, conocido como *Rosa de Ordine Magno,* encontraremos a muchos alquimistas y a los mejores hermetistas del reino de Nápoles.[25]

Al tener la mayoría de los miembros del Cenáculo notables conocimientos herméticos, estructuraban una masonería con un fuerte componente operativo. Además, la enriquecían con un simbolismo ocultista que desarrollaban en sus rituales, donde todo giraba alrededor del mito osiriano. Lo anterior le llevó, gracias a su aptitud para trabajar con sustancias y moldear materiales, a una búsqueda más profunda de la verdad que le había sido transmitida a través del pensamiento latomista inglés. Al bagaje cultural y humanista que recibió en las primeras logias, le sumó el específicamente hermético de la cultura mediterránea. Por lo tanto, podemos decir que el Rito Egipcio es una vía masónica, nacida y desarrollada en Nápoles de forma definitiva por Raimondo di Sangro en 1747.[26]

Como suele ocurrir por una serie de intereses bastante extraños, en algunas ocasiones se producen escisiones dentro del mundo masónico,

23. Archivio Segreto Vaticano-Principi, vol. 236, cc. 498-527.
24. Visitar el Conjunto Monumental de San Domenico Maggiore en Nápoles (hoy Museo Doma) significa ir al descubrimiento de una historia que abarca 800 años.
25. Archivo de Estado de Nápoles, Sección Judicial, *Processura judicial sulla sorpresa de' Frammassoni.* Tomo VI: Examen de una parte de los acusados.
26. Piergiorgio Massaglia, *La Massoneria spiegata ai profani,* Lulu Press, Carolina, 2019.

cosa que en la actualidad también pasa. Es lo que ocurrió en 1750 con las logias napolitanas.[27] Todo vino porque unos querían seguir exclusivamente con los tres primeros grados, –masonería azul– y otros con los Altos Grados. Esto dio origen a la creación de dos logias. La que quería seguir con el rito inglés estaba dirigida por el negociante francés Louis Larnage, y tenía un espíritu más liberal y politizado. La otra, que trabajaban los Altos Grados de Maestro Escocés y el de Elegido y Sublime Filósofo, era más aristocrática y estaba dirigida por Francisco Zelaya. Estos Altos Grados son los que había traído de Francia el príncipe Gennaro Carafa della Roccella.

Esa forma diferente de guiar la masonería en Nápoles había inferido una profunda división interna. La enorme divergencia generada por los diversos puntos de vista, habían provocado una clara escisión en la Institución.[28] Di Sangro consiguió unirlos a todos. Lo hizo gracias al respeto del que gozaba en la totalidad de los ámbitos y por su posición esotérica en el entorno de Nápoles, e incluso más allá. La logia presidida por Zelaya proclamó al príncipe Raimondo di Sangro di San Severo, Gran Maestro de la masonería napolitana. Este hecho también fue aceptado por la logia que presidía Larnage.

Se concretó todo en una ceremonia de consagración e instalación del nuevo Gran Maestro, celebrada el 24 de octubre de 1750 en la Villa di Pausilypon, que pertenecía a la familia Carafa Cantelmo Stuart, príncipe de la Roccella. Como curiosidad destacar que, en la ceremonia, fue leído un discurso –pieza de arquitectura– por el abad general de los canónigos de Letrán y profesor de teología en la Cátedra de Teología de Nápoles, Benedetto Latilla.[29]

El pacto no duró mucho, las dos realidades convivieron mal. La logia, presidida por Louis Larnage, con una naturaleza más gremial, más políti-

---

27. Este año de 1750 fue bastante convulsivo para la masonería en general, con resultados positivos. Se da comienzo a la difusión de las ideas templarias del barón de Hund, que terminará con la fundación de la Estricta Observancia Templaria. Nace la Gran Logia Madre de Marsella del Rito Escocés Filosófico. Se nombra a Martin Folkes presidente de la Royal Society.

28. *Le prime Logge di Liberi Muratori a Napoli,* en el «Archivio Storico per le Province Napoletane» XXX, Nápoles, 1905, p. 248.

29. Domenico Vittorio Ripa Montesano, *Raimondo di Sangro Principe di San Severo primo Gran Maestro del Rito Egizio Tradizionale,* Ed. Riservata, Nápoles, 2011.

ca y mundana, no casaba muy bien con el pensamiento hermetista del príncipe, que pensaba que la masonería era un camino que tenía que llevarlos hacia la Luz y la Palingenesis. Por otra parte, no podía aceptar la idea de admitir que surgieran disputas profanas dentro de una Orden Hermética, como él la concebía. Por lo que no apoyó a la logia, que estaba compuesta por comerciantes, tanto franceses como ingleses, burguesía y suboficiales del ejército borbónico. Tampoco lo hizo con la que frecuentaba los salones de la aristocracia, los oficiales del ejército, ni los políticos y gestores del reino. Raimondo di Sangro buscó un camino que lo liberase de una masonería que se estaba volviendo exclusivamente asociativa. Fue así como creó, desde su Gran Magisterio, una corriente fuertemente operativa y transmutatoria que siguió el Rito Egipcio masónico.

Evidentemente, terminó habiendo tres Grandes Logias en Nápoles, que se conocieron por los nombres de sus Maestros: «Di Sangro», «Carafa» y «Moncada». De este último no hemos hablado hasta la fecha, Guglielmo Moncada, príncipe de Calvaruso, por investidura real, el 18 de noviembre de 1745, era Caballero de Cámara de Carlos de Borbón y Caballero de la Real Orden de San Genaro.[30] No obstante, la mayoritaria era la de Di Sangro, que contaba con 280 hermanos[31] y que, junto a sus discípulos, dará vida a la *Scala di Napoli* o *Arcanum Arcanorum*. Unos grados que han llegado hasta nuestros días de una forma operativa tradicional, en un ininterrumpido tramado iniciático. Es cierto que con el tiempo se crearán diversas tendencias que se desarrollarán en Lyon, Burdeos y París. Todas ellas se extenderán más tarde por la Europa continental, y se expandirán por los dos hemisferios.

Es a partir de 1751 cuando la Iglesia empieza a ejercer mucha más presión y excomulga a los masones por la bula *Providas* del papa Benedicto XIV, publicada el 18 de marzo. El rey Carlos VII de Nápoles y futuro Carlos III de España, se vio obligado a cerrar las logias napolitanas y a desautorizar la francmasonería. Para ello emitió un Real Edicto el 10 de julio de ese mismo año, prohibiendo la actividad de las logias masónicas del reino. Ambos documentos obligaron a que dimitiera el Gran Maestro de la masonería napolitana. Sin embargo, el príncipe de San Severo

---

30. Vittorio Spreti, *Enciclopedia Storico Nobiliare,* Milán, S.T.I.R.P.E., vol. IV, p. 643.
31. Archivo Secreto Vaticano - Nunciatura de Nápoles - Nuncio de Nápoles Don Gualtiero de Gualtieri. Vol. 235, folios 3-5, dirigido al secretario de Estado, Su Eminencia don Silvio Gonzaga Valenti, el 3 de agosto de 1751.

estaba convencido de que si abjuraba y transmitía al monarca –que era su protector e íntimo amigo–, la jefatura de las logias evitaría la persecución de sus hermanos masones. Como mucho podría producirse una reprimenda real, pero no una condena. Pese a lo cual Di Sangro no se libró de una especie de *damnatio memoriæ,* impulsada por el rey.[32]

Fue muy evidente que el rey quedó satisfecho con las renuncias solemnes de los masones, sobre todo porque la mayoría de ellos eran fieles colaboradores suyos y estaban muy cerca de él. El rey, además de lo ocurrido con Di Sangro, sólo pidió la expulsión de Louis Larnage y del barón Henri-Théodore de Tschoudy,[33] que en ese momento era cadete del regimiento napolitano de guardias suizos. Su iniciador en la masonería y en el ocultismo había sido Raimondo di Sangro, incluso en un momento dado creó una logia para él, como ya ocurrió anteriormente con Carafa.[34]

El vasto panorama de personajes y sociedades que se sucedieron en Nápoles durante los principios del siglo XVIII crearon esa particular presencia alquímica, mágica y hermética. No cabe duda de que Raimondo di Sangro era el punto nodal de una sabiduría ancestral que transmitía a sus discípulos y sucesores. De esa forma, originó el lugar de partida de varios caminos o manifestaciones, hasta el nacimiento de los dos ritos: el de Mizraim italiano y, a través de Cagliostro, el Mizraim francés, sin olvidarnos de la Orden Osiriana egipcia o la Hermandad Terapéutica de Miriam.[35] Pero ¿cómo y cuándo le llegó este conocimiento? Lo veremos más adelante. Aunque el 27 de diciembre de 1752 los nobles reunidos en la Sede del Nido, a instancias de Ferdinando Carafa di Belvedere, no renovaron a Di Sangro el cargo que tenía de la Diputación de la Capilla de San Gennaro por su «incredulidad».[36] A partir de ahí pudo

---

32. *La damnatio memoriæ* (literalmente: «condenación de la memoria») es originalmente un conjunto de condenas post mortem al olvido, utilizadas en la antigua Roma.

33. Ya hemos visto que era masón, alquimista y autor del famoso libro *L'Étoile Flamboyante ou la Societé des Franc-Maçons considérée sous tous les aspects.*

34. El barón Tschoudy se trasladó a Francia y fundó la orden de *L'Étoile Flamboyante* o Filósofo Incógnito. También participó en la fundación del Rito de Mizraim francés, a través de Gad Bédarride, y siempre representó uno de los principales puntos de referencia de los llamados «Altos Grados» de la masonería por su contenido hermético-alquímico.

35. Ugo Cisaria, *L'ordine Egizio e la Miriam di Giuliano Kremmerz,* Ed. Rebis, Viareggio, 2008.

36. Michelangelo Schipa, *Il muratori e la coltura Napoletana del suo tempo,* Pierro e Veraldi, Nápoles, 1902.

dedicarse con su reducido número de seguidores a llevar a cabo un discurso más espiritual y hermético, un verdadero Camino Iniciático.[37]

El príncipe murió en Nápoles el 22 de marzo de 1771, dejando detrás de sí numerosos inventos de química y de ingeniería; muchos de los cuales aún permanecen entre el misterio y la ciencia. Antes de su muerte dejó el liderazgo de su Cenáculo Hermético del Rito Egipcio a su primogénito y discípulo, por línea de sangre directa, Vincenzo di Sangro, quien recogerá la Gran Maestría.[38]

Como hemos visto, su hijo heredó no sólo los bienes materiales, también el pensamiento de Raimondo, que se siguió transmitiendo por medio de la Casa de Aquino a dos Grandes Maestros más. Más adelante continuó, siglo tras siglo, a través de una trama hermética ininterrumpida hasta la fecha, y fue transmitida de boca a oreja. Sin lugar a dudas los Altos Grados tomaron forma y fueron creciendo, eso fue lo que generó un profundo cambio en el pensamiento de Raimondo di Sangro y de una buena parte de la masonería. Este restrictivo sistema masónico, que se ha mantenido a lo largo de siglos y siglos, llegará hasta nuestros días sin interrupción gracias a la continua Transmisión Iniciática. Siempre ha mantenido junto a su nombre, de una manera u otra, la palabra «egipcio». Con el tiempo se fue perfeccionando hasta la creación del Soberano Santuario de Heliópolis, asentado en Nápoles.[39]

---

37. Este aspecto no escapó al Papa, que envió una carta reservada al rey Carlos VII de Nápoles, con la que le advertía del riesgo: «hay mucha ceniza en Nápoles, bajo la cual el fuego, aunque enterrado, puede alimentarse para volver una vez más a estallar». Ilario Rinieri, *Della Rovina di una Monarchia, Relazioni Storiche tra Pio VI e la Corte di Napoli negli anni 1776-1779*, Unione Tipografica Ed., Turín, 1901, p. 609.

38. Testamento ológrafo de don Raimondo di Sangro, redactado en Nápoles, el 7 de agosto de 1770, cuya copia ha sido depositada en los Archivos del Rito Egipcio Tradicional: «Y como sé que la cabeza, principio y fundamento de todo testamento legítimo y bien regulado es la institución del propio Heredero; por lo tanto, en primer lugar nombro, ordeno e instituyo como mi particular Heredero Universal al duque de Torremaggiore D. Vincenzo di Sangro, mi querido primogénito, ya nacido en la línea familiar, procreado por legítimo matrimonio con la Sra. Princesa Dña. Carlotta Gaetani d'Aragona, mi amada y estimada esposa, para que me suceda en todas y cada una de mis propiedades, sean feudales y tituladas de cualquier título, sea Heredad o Alodial, Estable y Móvil, estén en la Casa o en los Bancos existentes, sean joyas u orfebrería...». Véase Domenico Vittorio Ripa Montesano, *Origini del Rito Egizio Tradizionale,* Quaderni di Loggia, Ed. Riservata, Nápoles, 2016.

39. Ruggero di Castiglione, *Alle sorgenti della Massoneria,* Atanor, Roma, 1988, p. 43.

EL RITO EGIPCIO EN ROMA Y VENECIA

Ya hemos visto en el capítulo anterior lo que han transmitido las fuentes tradicionales del rito, y es que el núcleo original de lo que podríamos llamar Orden Egipcia o Rito Egipcio lo fundó Raimondo di Sangro. Como también hemos dicho, los nombres de sus fundadores están a la vista de todos, aunque no todos saben ver o buscar, dado que los *nomens* de muchos miembros permanecen aún velados.

No obstante, parece ser que en Roma existió al mismo tiempo una logia jacobita, establecida en 1724 y que sobrevivió hasta 1737, año en el que abatió columnas al ser apresados sus oficiales por la Inquisición. Esta logia habría admitido en su seno a George Seton, quinto conde de Winton, un partidario de los Estuardos, que había sido capturado por los ingleses. Seton fue juzgado y condenado a muerte, pero escapó y vivió el resto de su vida en el exilio romano. La primera bula papal contra la masonería, *In eminenti,* de Clemente XII, por la que se condena la francmasonería y se excomulga a sus miembros, se emitió en el año 1738, lo que la hizo ilegal en los Estados Pontificios. Sin embargo, los masones extranjeros continuaron reuniéndose en secreto. Un buen ejemplo lo tenemos con el barón de Tschoudy, que no se marchó de Italia hasta el año 1751.

La relación establecida por la *Perfectta Unione* con la logia de Roma, fundada por sir Martin Folkes y que se llamaba *Misraim,* tenían relación de intercambios culturales y herméticos desde 1738. Los sistemas masónicos de Altos Grados aparecieron en Italia sobre 1740 y se fusionaron con rapidez con el esoterismo, el ocultismo o regímenes filosóficos que ya preexistían en algunos de sus reinos.

Una prueba de ello la tenemos en una curiosa medalla entregada a sir Martin Folkes, con motivo de su partida de Roma. Tuvo que escapar del «amor ardiente» que le profesaba la Iglesia Romana. Lo hizo en el año

«5742» que según el calendario masónico equivaldría a 1742, pero en este caso hay que utilizar el de la masonería egipcia de aquella época, que sería 1738, ya que le sumaban 4004 años más. Rhegellini de Schio la describía así: «[Esta medalla] muestra el sol brillando en la cima de una pirámide a la que se suman las dos columnas salomónicas posteriores a la instrucción egipcia; en primer plano, una majestuosa esfinge está sentada sobre una piedra monumental y muestra que los secretos masónicos son sólo los misterios egipcios, la adoración de Dios, la práctica de la moral más pura y el conocimiento de las ciencias más útiles».[1] Como este rito se refiere a las doctrinas egipcias, fue llamado de Mizraim y en ese momento no profesaba ningún grado caballeresco templario.[2] Hay que tener en cuenta que esta medalla lleva unos símbolos casi idénticos y en el mismo lugar que el sello de 1728 de la logia *La Perfectta Unione* de Nápoles, que actualmente se conserva en el Museo Británico.

Aunque no está probado que la logia o el rito fundado por Martin Folkes se llamara «Misraim», es interesante constatar que ya desde esa época, al mostrar la misma imagen con catorce años de diferencia, existía la idea de la procedencia egipcia en la iniciación masónica.

¿Pero quién era Martin Folkes para recibir un homenaje de tal tipo? Empezaremos diciendo que era un anticuario muy aficionado a la numismática, físico, matemático, astrónomo y un protegido de Newton. Fue miembro de la Academia de Ciencias de París y en 1750 se convertiría simultáneamente en presidente de la Royal Society y de la Society of Antiquaries.

No obstante, a Martin Folkes le interesaba, sobre todo, la masonería especulativa, puesto que le permitía un desarrollo intelectual y una incursión científica basada en los planteamientos newtonianos. Para ello utilizaba la metrología y así podía comprender mejor los principios de ingeniería de los edificios y antiguos mecanismos. Principalmente, la desarrollaba en un grupo no sectario de librepensadores, y mantenía correspondencia con otros filósofos naturales. En especial con Antonio Schinella Conti, mediador en la controversia entre Isaac Newton y Gottfried Leibniz sobre el

---

1. La medalla aparece reproducida en Claude Antoine Thory, *Histoire de la fondation du Gran Orient de France,* Dufart, París, 1812, p. 450, y en Mario Reghellini, F. de Schio, *Esprit du dogme de la Franche-Maçonnerie,* H. Tarlier, Bruselas, 1825, p. 260.
2. Mario Reghellini, F. de Schio, *La maçonnerie, considérée comme le résultat des religions égyptienne, juive et chrétienne,* H. Tarlier, Bruselas, 1833, vol. III, pp. 78-79.

inventor del cálculo infinitesimal Anders Celsius –conocido por idear una escala de temperatura– o Francesco Algarotti –considerado como el *Sócrates veneciano*–. Muchos de ellos constaban como miembros de la Royal Society. Hay que tener en cuenta que, en la década de 1720, el cuarenta y cinco por ciento de sus integrantes eran masones. Martin Folkes terminó siendo Diputado Gran Maestro de la Gran Logia de Inglaterra entre 1723 y 1725. No cabe la menor duda de que la influencia que ejerció sobre la masonería italiana durante el período que permaneció en la capital del cristianismo fue mucho más importante de lo que se ha creído.

El diario de viaje de Folkes a Italia confirma sus creencias librepensadoras. Opinaba, y así lo escribió, que tanto el catolicismo como el protestantismo «sólo eran una herramienta del estado para mantener al vulgo atemorizado». Hay que tener en cuenta que la línea que separaban en esa época al deísmo o religión natural y la religión revelada no abrigaban la profundidad que luego terminó existiendo. Folkes, añadía en su diario: «…los intelectuales venecianos son muy aficionados a cualquier tipo de libro de librepensamiento y con qué entusiasmo hablan del tema e indagan sobre las formas de pensar de una nación más acostumbrada a la libertad de pensamiento que ellos mismos».[3] En su escrito seguía ahondando aún más y continuaba diciendo: «La Biblia no es conocida de ninguna manera y me he encontrado con estupendos casos de errores sobre las cosas contenidas en ella… y ha sido con la mayor sorpresa que varios me han oído hablar de la medida del aprendizaje de todo tipo que el muy antiguo libro contiene».[4]

A pesar de lo expuesto y escrito por Martin Folkes, hay un monumento suyo en la Abadía de Westminster.

En Roma, en 1739, tras la primera bula que condenaba la masonería, la Inquisición había hecho que el verdugo quemara un pequeño opúsculo en francés que apareció anónimo. En él se exponía una doctrina puramente hermético-alejandrina, titulado *Relation apologique et historique de la Société des Francs-Maçons*, en donde también aparecían las concepciones panteístas de John Toland. Ahora bien, W. E. Moss sostiene que su autor no fue Toland, ni tampoco Ramsay como se creía, sino el propio Martin Folkes.[5]

3. Martin Folkes, *Journey from Venice to Rome,* MS Eng. misc. c. 444., Bodleian Library.
4. Martin Folkes, *op. cit.*
5. W. E. Moss, «A Note on the Relation apologique et historique de la société des francs-maçons», *Ars Quatuor Coronatorum,* vol. LI, 1940, pp. 226-231.

Toland era un prestigioso escritor irlandés muy conocido por ser el renovador del druidismo y por sus obras sobre la religión céltica, tal vez por eso lo reivindicaba Martin Folkes, como también lo hacía con Spinoza. La obra de Toland no deja duda, se declaraba panteísta, y así lo explicitó en su libro de 1704, *Letters to Serena*. Anteriormente, había escrito *Christianity Not Mysterious* en 1696, libro que también fue quemado públicamente. Escribió dos más, *Socinianism Truly Stated* (por «un panteísta») en 1705 y *Origines Judaicae*, en 1709, en el que dice que los judíos eran de origen egipcio. Por último, *Nazarenus, or Jewish, Gentile and Mahometan Christianity* de 1718, en donde revaloriza la secta de los ebionitas en los orígenes del cristianismo; y *Pantheisticon* de 1720, en el que presenta una liturgia neopagana.[6]

Hay que reconocer que, al margen del pensamiento de Martin Folkes, no se conoce casi nada de la logia que fundó. Lo que sí queda claro es que su logia era distinta de la fundada en 1735, que era una logia jacobita que terminará perteneciendo al Rito Escocés Antiguo y Aceptado. Tampoco tiene que ver con la otra logia masónica que a finales de 1740 existió en Roma y que estaba formada por varios prelados, presidida por el abad Kiliano Caracciolo, conocida bajo el nombre de *La Bien Choisie* [La Bien Elegida], que no obtuvo una patente hasta el 26 de abril de 1769 de la Gran Logia de Inglaterra (Modernos). Dado que la interdicción papal era muy dura, las logias sólo podían trabajar en el secreto, posiblemente este sea un motivo por el que la información sea escasa.[7]

A pesar de que en las logias de Roma estuvieran bajo la patente que estuvieran o pertenecieran al rito que fuera, tuvieron la presencia de varios prelados católicos. Éstos estaban muy preocupados por tener un denominador común, religioso y no sectario, aunque la posición de la Iglesia romana era poco favorable. Los papas de esa época, Clemente XII y Benito XIV, reaccionaron mal y rápidamente excomulgaron a la masonería, a la que veían como un poderoso rival.

---

6. Según Michel Raoult, *Les druides*, Rocher, París, 1983, pp. 47-51. El 22 de septiembre de 1717, John Toland refundó en la Apple Tree Tavern de Londres el *Druid Universal Bond* o *Druid Order* [Orden Druida], del que fue Gran Maestro hasta su muerte. Este acontecimiento tuvo lugar, por lo tanto, poco después de que se fundara la Gran Logia de Inglaterra, el 24 de junio de 1717, en la taberna The Goose and Gridiron.
7. Carlo Francovich, *op. cit.*

La corriente religiosa de la que formó parte Newton fue importante en la génesis de la francmasonería inglesa, tal como ha demostrado recientemente Florence de Lussy.[8] El unitarismo que rechaza el dogma de la Santa Trinidad renueva lo que el cristianismo católico llamó «herejía» arriana, por ser Arrio el primero que la sostuvo. Después, Fausto Socino lo intentó de nuevo, pretendiendo reconciliar la religión y la ciencia, al creer en un monismo inmanentista que demostraba, por la experiencia humana, que el espíritu y la materia son dos caras de una misma realidad.

De las logias egipcias existentes en Roma no volvemos a tener noticias hasta el año 1787, donde se estableció una logia permanente que, sin embargo, duró tan sólo dos años.

El Venerable Maestro de ese taller masónico de Roma, *La Riunione di Amici Sinceri* [La Reunión de los Amigos Sinceros], era el bailío[9] Charles Abel de Loras, que en 1789 entró en contacto con Cagliostro, que, de forma imprudente, había ido a la capital italiana. La logia abatió columnas el mismo día en que Cagliostro fue arrestado.

No debemos descartar que es muy posible que masones como Johann Wolfgang von Goethe, visitara esa logia en su segundo viaje a Roma, ya que no era insensible al exotismo de las pirámides y de los misterios. Se puede apreciar en los textos que escribe en septiembre de 1789. Me refiero a sus dramas *Egmont y Fausto* e *Ifigenia en Táuride*, que tras la trascendental y profunda impresión que recibió en su viaje a Italia, revisaría de nuevo el texto y le incorporaría elementos egipcios.

Es curioso que muchos historiadores actuales tienen la fijación de que antes de Napoleón Bonaparte no existía la masonería en Europa, con la excepción de Inglaterra, Escocia e Irlanda. Cuando escribí un libro anterior sobre el Rito Escocés Antiguo y Aceptado, me encontré con lo mismo. Según Benemelli en España no existió masonería hasta la llegada de Napoleón.

Creo que a estas alturas ha quedado demostrado, por varios historiadores más, que la existencia de masonería en Europa continental, así como en la Península, en Nueva España o en el Caribe, es muy anterior a la llegada a España o Italia de las tropas francesas.

---

8. Florence de Lussy, «Un peu de lumiére sur les origines anglaises de la Franc-Maçonnerie». *Revue de la Bibliothéque National,* núm. 12, París, 1984, pp. 16-32.

9. Un bailío es un caballero profeso de la Orden de Malta que tenía bailiaje, es decir, encomienda.

Lo cierto es que ya existía desde 1774 el Supremo Consejo de Nueva España, que había fundado Bernardo Gálvez, conde de Gálvez, con el entonces Soberano Gran Comendador, el barón de Noroña, al que terminó sustituyendo al fallecer. Este hecho consta en el acta donde fue nombrado bajo la presidencia de Francisco Saavedra, como Segundo Teniente Gran Comendador, cuando era oficial en la Secretaría Universal de Indias.

Vuelve a ocurrir lo mismo con los Ritos Egipcios, algún cronista ha escrito: «La francmasonería hizo su primera aparición en Egipto en 1798, introducida por los masones franceses del ejército conquistador de Napoleón». No pongo en duda de que a Egipto la masonería la llevasen los Filadelfos y que fundaran en ese momento la logia *Isis*, pero eso no quiere decir que tuviera algo que ver con el nacimiento de los Ritos Egipcios.

Otros historiadores franceses, haciendo gala de su «chauvinismo», no quieren reconocer que la masonería egipcia nace en Italia y sólo la tienen en consideración a partir de su asentamiento en Francia. Es más, cuando hacen referencia a Italia, desgraciadamente utilizan la misma tesis que Ferrer Benemelli con España. Sólo hubo masonería porque los franceses estaban allí ocupando el territorio. Pero eso no es así, en las Islas Jónicas hay noticias de una primera logia masónica en 1740, según Rizopoulus: «Las primeras huellas de la masonería las encontramos en el Mediterráneo oriental a mediados del siglo XVIII, en la región que hoy conocemos como Grecia y Turquía. Según la tradición, el Venerable era el *Provedidor dal Mare*, gobernador de los venecianos».[10]

Precisamente en Zakynthos, en 1781, se confirma la existencia –ya que aún se conservan los certificados– de una logia, *La Filantropía*, de la que hasta 1784, fecha de su desaparición, su Gran Maestre fue Cesare Francesco Cassini.[11] Era el heredero de la dinastía Cassini, compuesta por grandes hermetistas y astrónomos, como su abuelo Gian Domenico Cassini, constructor del reloj de sol de san Petronio en Bolonia, y miembro de la Academia de la reina Cristina de Suecia en Roma. Las medidas del reloj son excepcionales, con una longitud de 66,8 metros es el reloj de sol más grande en el mundo. Cassini lo llamó el «heliómetro» y lo utilizó para medir el diámetro del Sol, consiguiendo probablemente las primeras

---

10. Andréas Rizopoulos, «Activités maçonniques avec arrière-plan politique en Grèce au XIXᵉ s.», en *Cahiers de Méditerranée*, 72/2006.

11. Andréas Rizopoulos, *op. cit.*, nota 9.

pruebas de observación de la segunda ley de Kepler, que argumenta que la Tierra tiene un giro más rápido cuando más se acerca al Sol y se mueve más lentamente en el momento en que está más lejos.

También formaron parte de la Academia romana de Cristina de Suecia, un centro de hermetismo y alquimia, que constituía parte de lo que podríamos denominar la protomasonería italo-francesa. Personalidades como Francesco Maria Santinelli, cuya obra *Lux Obnubilata*, junto con el *Novum Lumen Chymicum* de Sendivogius, es la base del Catecismo de *L'Étoile Flamboyante*, fundada por Tschoudy.

Es muy probable que, en 1782, es decir, en la época del barón César Cassini, se importara a Europa el manuscrito de los *Arcanum Arcanorum* desde la isla de Zante por el comerciante Parenti. Veremos más adelante de qué tratan esos rituales, y también evaluaremos otra versión en italiano que tres masones franceses, Joly, Gaborria y García, habían recibido en 1813, y que luego, en 1816, los entregarían al Gran Oriente de Francia, que los incluyó en el Rito de Mizraim.

Hay que tener en cuenta que el primero de ellos estuvo presente entre los destinatarios del documento del Supremo Consejo Mizraimítico de Nápoles, citado antes.[12]

Según las hipótesis más fiables, en 1813, Bédarride, Joly, Gaborria y García reciben en Nápoles una patente para poder difundir el Rito de Mizraim. Poco después se dirigen hacia el norte con el fin de establecer el rito en Roma en la logia que fundan, se da la característica de que todos los personajes nominados son franceses y no italianos. Pero, claro, estamos hablando del siglo xix.

Podemos decir que después de la invasión en 1809, la masonería volvió a renacer en Roma hasta el regreso de su cautiverio, en 1814, del papa Pío VII. En su encíclica *Ecclesiam a Jesu Christo* de 13 de septiembre 1821, condena de nuevo a la masonería, calificando a las logias como «infernales conventículos» y «criminales asociaciones masónicas». En el documento se establecían para sus miembros condenas de excomunión, penas corporales, confiscación de bienes y expulsión del territorio pontificio. La masonería volvió a ser permitida al incorporarse los Estados Pontificios en 1870 al reino de Italia, gobernado por la casa de Saboya.

---

12. Denis Labouré, *Secrets de la franc-maçonnerie égyptienne*, Chariot d'Or, Escalquens, 2002, p. 128.

Tan sólo hubo una excepción al poderse levantar columnas de una logia, en 1861, en la ciudad de Turín.

Únicamente nos resta señalar y repetir, de nuevo, que la fundación en 1747 del núcleo primitivo del Rito Egipcio –más tarde conocido como Rito de Mizraim–, se debe al príncipe de Sangro y su séquito.

LA ORDEN ARQUITECTOS AFRICANOS

Ya hemos ido viendo cómo nace la Egiptomasonería secreta y oculta que se va extiendo en sus primeros tiempos, a veces vehiculada a fantasmas y proyecciones que nada tienen que ver con la realidad. Así mismo, hemos podido apreciar que desata desde Italia un acercamiento estrictamente intelectual, literario, científico y especulativo.

Por otra parte, la masonería, que se benefició del rápido progreso en el siglo XVIII en toda Europa, experimentó desarrollos filosóficos. Aunque a veces también místicos, tomados de las corrientes esotéricas establecidas desde el Renacimiento. Luego aplicó símbolos y doctrinas herméticocabalísticas, concebidas por algunos de sus seguidores como una vía iniciática, y reveladora. Ésta es la base de lo que se ha dado en llamar el Iluminismo Masónico.

Es en este contexto de multiplicación ritualista que debemos diferenciar el sector de Escocia —nos referimos a la mítica génesis escocesa medieval de la masonería operativa, relacionada con la eventual supervivencia críptica de la Orden del Temple, ya canónicamente extinta en Francia— y el de la tradición egipcia, que recuerda de algún modo la primitiva tradición de la francmasonería operativa, aunque particularmente estructurada por el enigmático magisterio del conde de Cagliostro y su Gran Rito Copto de la Alta Francmasonería Egipcia, así como el surgimiento de los Ritos de Menfis y Mizraim que veremos en el capítulo siguiente. No deja de ser la visión de un Egipto reconstruido y en gran parte mezclado con la cultura griega y la religiosidad alejandrina. He aquí la base para la creación de una orden nueva: la de los Arquitectos Africanos, esta última palabra hasta finales del siglo XVIII significaba «egipcios». Podríamos decir que esta corriente de pensamiento estuvo sobre todo representada dentro de la masonería a lo largo de la década de 1760, como una primera expresión de inspiración egipcia, en el sentido que ya hemos observado anteriormente.

Por lo tanto, podríamos decir que uno de los primeros Ritos Egipcios «estructurados» de la masonería fue la Orden de los Arquitectos o Hermanos Africanos. Fue creada en Berlín hacia 1767, bajo los auspicios de Federico II, por Karl Friedrich von Köppen, comisionado de guerra del rey de Prusia y miembro de la Logia Madre *Zu den drei Weltkugeln* [A los tres globos] en Berlín. Köppen fundó este nuevo sistema masónico, muy probablemente con el apoyo, o bien reclamando la ayuda material, del rey.

Lo cierto es que cuando Federico II llegó al trono observó que la francmasonería ya no era lo que había sido y, apreciando lo que podría ser, concibió el plan de una orden interna que podría al mismo tiempo tener la apariencia de una Academia Masónica. Hay que tener en cuenta que el rey de Prusia era el protector nacional de la orden, y una figura mítica de fundamento litúrgico. Por consiguiente, no es de extrañar que apoyara la creación de este rito, que en esencia se ocupaba de la investigación académico-pedagógica, esotérica, histórica y científica. Para poner en marcha el proyecto, seleccionó un número de masones capaces de comprender sus ideas y les encargó la organización de este cuerpo. Entre ellos estaban, aparte de Karl Friedrich von Köppen y Wilhelm Bernhard von Hymmen, otros conocidos masones como Stahl, von Gone, Meyerotto y Du Bosc. Esos fueron los fundadores de la orden, que escogieron el nombre de los Arquitectos Africanos de una sociedad ya extinguida. Se establecieron unos estatutos de conformidad con las opiniones del rey, quien, por su parte, otorgó privilegios e hizo levantar en 1768 en Silesia, por su arquitecto Meil, un edificio especialmente destinado al Gran Capítulo y lo dotó de fondos suficientes. La edificación, además de contener una riquísima biblioteca, incluía un Museo de Historia Natural y un laboratorio químico y alquímico; todo con una elegancia digna de la orden y del rey. En vida de Federico II, el Gran Capítulo otorgaba cada año una medalla de oro de 50 ducados, concedida en una asamblea magna como premio al mejor ensayo o tratado científico-literario sobre la génesis de la orden.

Por esa razón, podemos decir que von Köppen fue el autor de lo que se reconoce como uno de los primeros Ritos Egipcios. Al Rito de los Arquitectos Africanos le pasó lo mismo que a otros sistemas homólogos, minoritarios y selectivos, se arriesgó a la eventual y consecuente desaparición histórica posterior, con todos sus documentos en el secreto.[1] No obstante, von Köppen y von Hymmen escribieron y publicaron el libro iniciático *Crata Repoa*.[2] Se trata de una serie de textos que pretende reproducir las antiguas iniciaciones masónico-sacerdotales de los Misterios egipcios, realizadas en el interior de la Pirámide de Keops, en la necrópolis real de Giza.

Esta obra fue muy popular entre la intelectualidad masónica europea y más tarde entre la americana. Fue ampliamente traducida al francés y al inglés desde 1821, el conjunto detalla con minuciosidad dramática los rituales de los diversos grados, y las respectivas fórmulas de reconocimiento entre los miembros. No sabemos bien qué significa *Crata Repoa*, términos cuyo significado se desconoce. Aunque una aceptable aproximación sería la crátera griega (κρατής), y teniendo en cuenta las fuentes de la compilación, es posible que las palabras sean una corrupción que significa «partidario» o «miembro», y *rapoa* (ραπωα o ραποα), que equivaldría a «descubrir» o «encontrar». En otras palabras, se traduciría por *partidario de conocerse a sí mismo*, como alusión a la frase que se hallaba inscrita en la entrada del tempo del dios Apolo en Delfos, entendida en el sentido de los Misterios, «conócete a ti mismo». Otros autores han dicho sobre su significado cosas tan extrañas como *fuerzas subterráneas, el silencio de Dios o la copa de Baco*. Nada que ver con el mensaje de Köppen.

El libro fue impreso en 1770 y contenía los principios de la orden, además de un especial detalle de los diferentes grados. Por ese motivo parecía interesante y útil comenzar con la publicación de este texto que, si bien tuvo su éxito en el momento de la divulgación, después ha sido poco conocido por los masones actuales. No debería ser así porque, de hecho, muchísimos de los elementos simbólicos e iniciáticos que contiene van mucho más allá del marco de la masonería egipcia y se encuentran de una forma u otra en diferentes ritos masónicos. Por lo tanto, es un elemento importante para comprender la tradición masónica.

Insistimos, el Rito de los Arquitectos Africanos fue sin duda uno de los primeros Ritos Egipcios.

---

1. Véase René Le Forestier, *La Franc-Maçonnerie templière et occultiste aux XVIIIᵉ et XIXᵉ siècles,* Aubier Montaigne, Nauwalaerts, París/Bruselas, 1970, p. 528.
2. Karl Friedrich Köppen y Wilhelm Bernhard von Hymmen, *Crata Repoa, oder Einweihungen in der alten geheimen Gesellschaft der ägyptischen Priester,* C. L. Stahlbaum, Berlín, 1778. Reed. en español en 2023.

Posteriormente, Marconis de Nègre se inspirará en este texto al desarrollar el capítulo titulado «La iniciación de Platón». En él presenta la iniciación del filósofo por los sacerdotes egipcios: «Al acercarse la 91.ª Olimpiada, Platón, discípulo de Sócrates, llegó por el Nilo para estudiar Teosofía y pedir la revelación de los piadosos Misterios...».[3]

Esta orden prosperó en silencio y completa libertad durante algunos años, no tenía ninguna pretensión de dominación, se limitaba a respetar los primitivos principios de la masonería. Enseñaba tolerancia, y hacía de su propia historia un estudio particular. Sus estatutos proclamaban ser discretos, ejercer una total tolerabilidad con las otras órdenes masónicas sin afiliarse a ninguna de ellas y, sobre todo, temer a Dios y respetar al rey. Ése fue el motivo por el que nunca quisieron entrar en la Estricta Observancia Templaria, para no depender del barón de Hund, que ya les había pedido reiteradas veces se afiliasen.

Nunca quisieron someterse al acto de obediencia a ninguna otra orden y eran muy cuidadosos, observando la más severa prudencia a la hora de admitir candidatos.

Su egiptología era, naturalmente, la del período derivado de las fuentes griegas o latinas de Heródoto, Cicerón, Diodoro de Sicilia, Plutarco, Apuleyo, Porfirio y Jámblico. Pero el trabajo fue realizado con sumo cuidado, y el resultado se mantiene dentro de la mesura y moderación. Es interesante, y aún sugerente, por su propia manera de exponer el rito. Hay grados que no sugieren nada fuera de la mitología griega, y que no requieren tener ningún conocimiento de griego. En segundo lugar, hay otros que, con un poco de noción de griego, se explican fácilmente. Los grados manifiestan una doctrina, sobre todo cristiana, hermética y alquímica. Este Régimen o sistema filosófico-ritualístico estaba compuesto por siete grados que son: *Pastophoros*; *Neokoros*; *Melanophoros* o la Puerta de la Muerte; *Christophoros* o la Batalla de las Sombras; *Balahate*; *Atronomus* o la Puerta de los Dioses; y *Saphenath Paneah* o el Profeta.

Si los nombres de los Oficiales en lugar de la denominación clásica son palabras griegas o títulos tomados de historias mitológicas, reconocemos por encima de los grados, en última instancia y sin mucha sorpresa, temas muy clásicos de la masonería de la época.

---

3. Jacques-Etienne Marconis de Nègre, *Le Sanctuaire de Memphis, ou Hermes: Développements complets des Mystères Maçonniques*, Bruyer, París, 1849.

Mientras *Pastophoros* era el título del candidato según el propio rito, su significado más habitual corresponde a un tipo de sacerdote en el antiguo Egipto, responsable de llevar santuarios en ceremonias o procesiones, por ejemplo, uno que porta una imagen del dios. Aunque la palabra utilizada por Apuleyo significa un sacerdote de Isis, *Neokoros –is purgator templi–* era una especie de guardián o sacristán del Templo. También tenemos *Stolistes,* a saber, auxiliares del culto o guardas de la túnica y *Hierostolistes* o *Cancellarius,* una especie de portero, pero ésta es una explicación del propio rito y no parece tener mucha justificación. En el antiguo Egipto, un *Estolista* era una persona que poseía el rango de sacerdote y era el que adornaba las imágenes divinas. Después estaban los *Melanophoros,* que significa el que lleva un atuendo de vestiduras negras o de luto. También los *Christophoros –is Christum ferens–*, que quiere decir portador o llevador de Cristo, pero se usa en el sentido del que porta las marcas de la unción. De igual manera, hay palabras que sugieren un griego corrupto, como *Paraskistes,* significando desentrañadores o individuos que diseccionaban los cuerpos y los *Heroi* o personas que los embalsamaban.

Al mismo tiempo, tenemos al *Odos,* cuya colocación es la del Orador, pero en realidad significa umbral, aspirante a la vía, al viaje o al camino. Igualmente, nos encontramos con *Pixon* en el capítulo de los iniciados, aunque no existe tal vocablo en griego. Del mismo modo, *Zacoris* se supone que significa Tesorero. Pero sólo nos aparece *Zaconis* una palabra latina tardía, equivalente a la figura del Diácono.

Tal vez el que merece especial atención es *Saphenath Paneah* que, según el ritual, es un hombre familiarizado con los Misterios. Sin embargo, es el apelativo dado por el rey de Egipto a José en el *Bereshit,* después de que interpretara los sueños del faraón (Génesis 41:45). El nombre puede ser egipcio, pero no existe una etimología clara; algunos egiptólogos aceptan que el segundo elemento del nombre puede contener la palabra *'nh,* «vida». San Jerónimo proporciona la supuesta equivalencia de *Salvator Mundi* [Salvador del Mundo]. El *Targum Onkelos* (siglo I) da el significado siguiente del nombre «hombre a quien se revelan los secretos», el *Targum Pseudo-Jonathan* lo tiene «como revelador de secretos», para Josefo en las *Antigüedades judías* (II, 6, 1, ca. 94 d. C.) es «el descubridor de misterios». El egiptólogo y coptólogo Georg Steindorff da la traducción como «el dios que habla y vive». E. Naville sugirió que *Zaphenath Paneah* es un título, no un nombre: *el jefe del sagrado colegio de magos.*

Cuando un aspirante a los misterios tenía el deseo de ingresar a la antigua y misteriosa sociedad de Crata Repoa debía ser recomendado por uno de los iniciados. La propuesta por lo general la hacía el propio rey, quien escribía una epístola a los sacerdotes, a tal efecto. Éstos primeramente dirigían al aspirante de Heliópolis, a los eruditos de la Institución en Menfis; de Menfis, lo enviaban a Tebas.[4] Allí lo circuncidaban.[5] Le ponían en una dieta especial donde estaba prohibido el uso de ciertos alimentos, como legumbres y pescado, incluso beber vino, hasta que obtuviera en un grado superior, o permiso para beberlo ocasionalmente. Luego lo dejaban varios meses en un subterráneo, donde estaba sólo con sus propias reflexiones, que debía de anotar. A continuación, lo escrito era examinado atentamente y servía para conocer el grado de su inteligencia.

Cuando llegaba el momento de abandonar el subsuelo, lo conducían por una galería sostenida por los pilares de Hermes, en las que estaban grabadas frases que tenía que aprender de memoria.[6] Tan pronto como las aprendía, un miembro de la sociedad que tenía el nombre de *Thesmophorus*,[7] venía a por él, sosteniendo en su mano un fuerte látigo para alejar a los profanos de la puerta, a través de la cual el aspirante iba a pasar. Allí le vendaban los ojos y le ataban las manos con cuerdas.

Por lo tanto, ya hemos visto la preparación del candidato. Vayamos ahora a ver los oficiales que intervenían en la ceremonia.

1.º El Demiurgo era el Gran Inspector de la orden. Vestía una toga en azul cielo, salpicada de estrellas bordadas, y un cinturón o fajín amarillo. Llevaba en su cuello, suspendido por una cadena de oro, un zafiro rodeado de brillantes. Era también el Juez Supremo de todo el país.

2.º El Hierofante estaba vestido de manera similar, aunque del collar que llevaba sobre su pecho colgaba una cruz.

3.º El Stolista era el portador del *aspergillus* y el encargado de la purificación por agua del aspirante, y de custodiar el vestuario. Vestía una toga blanca de rayas, y un calzado de forma peculiar.

---

4. Porfirio, *op. cit.*

5. Heródoto, *op. cit.*, véase libro II, Clemente de Alejandría, Scromat. I.

6. Jámblico, de *Mysteriis Pausanias,* en el libro I dice expresamente que estas columnas se encontraban en subterráneos cerca de Tebas.

7. El Introductor.

4.º El Hierostolista (Secretario) llevaba una pluma en su peinado y tenía en su mano un recipiente de aspecto cilíndrico, llamado *Canonicon*, que contenía la tinta para escribir.

5.º El Menes era el lector de las Leyes.

6.º El Thesmophoros tenía la misión de dirigir e introducir a los iniciados.

7.º El Zacoris cumplía las funciones del Tesorero.

8.º El Komastis estaba a cargo de los banquetes, y controlaba a los Pastophoros.

9.º El Odos era Orador y cantor.

Grado de *Pastophoros* o Puerta de los hombres. El primer grado se dedicaba a las enseñanzas de las ciencias físicas. El candidato a primer grado, cuando ya estaba listo en la gruta, era conducido hasta la Puerta de los hombres por un *Thesmophoros* o dispensador de las leyes que rigen los Misterios. A su llegada, los *Thesmophoros* tocaban el hombro de un *Pastophoros* (el último de los aprendices), que custodiaba el exterior y lo invitaba a anunciar al aspirante, lo que hacía golpeando la puerta de entrada. El portón se abre y surgen las preguntas de la prueba, después de lo cual se le deja vagar en «la oscuridad de *Birantha* o Puerta de los Dioses»[8] en medio de una tormenta artificial de viento, lluvia, truenos y relámpagos.[9] Si no estaba demasiado asustado, y si no se hallaba desconcertado, el *Menes,* como lector de las Leyes, le recitaba las Constituciones de la *Crata Rapoa* y se le requería su consentimiento.

Después era conducido hasta el Hierofante. Se arrodillaba con las rodillas desnudas y se le pedía un juramento de discreción y lealtad con una espada apuntando a su garganta, tras lo cual hacía el voto de fidelidad y secreto, invocando al sol, a la Luna y a las estrellas como testigos, y le era restaurada la luz al quitarle la venda de los ojos. Luego lo colocan en medio de dos pilares, entre los que había una escalera de siete escalones que conducía a una bóveda con ocho puertas de entrada de diferentes metales y pureza, gradualmente creciente. El Hierofante le decía que esas puertas estaban prohibidas a los profanos, pero que se le abrirían como a un niño en la búsqueda de las andanzas del alma. Se le comunicaba a continuación

---

8. Noël Antoine Pluche, *Histoire du Ciel,* Jean Neaulme, La Haya, 1739, libro 1, p. 44.

9. Eusebio de Cesarea, *Preparación Evangélica,* Biblioteca Autores Cristianos, Madrid, 2011.

que la escalera que iba a ascender era un símbolo de la Metempsicosis. También le enseñaban que los nombres y atributos de los dioses tenían un significado muy diferente al que la gente les atribuía.

Al final de su experiencia, el candidato recibía del Hierofante la contraseña por la cual los iniciados se reconocían entre sí. Esta era *Amoun*, que significa: «Sé discreto». A partir de ahora llevaría una especie de capucha que termina en forma piramidal y alrededor del cuello un collar con una insignia, medalla o talismán, llamado *Xylon*, a partir de entonces se convierte en Guardián del Umbral. El grado de *Pastophoros* se dedica a la física y tiene instrucción en meteorología, anatomía y ciencia de la curación. También se le enseña el sentido interior del lenguaje simbólico y la escritura jeroglífica, ordinaria.

Grado de *Neokoros*. El segundo grado estaba dedicado a la geometría y la arquitectura. El noviciado se prolongaba durante un año y, luego, en la preparación para el Grado de *Neokoros* a los que se consideraban dignos de continuar, se les imponía un severo ayuno. Al candidato se le colocaba de nuevo en una cámara o caverna oscura llamada *Endymion* (Gruta de los Iniciados). Allí, en el día de su avance, se le servían las comidas de su elección por hermosas mujeres, que eran las esposas de los sacerdotes o las vírgenes consagradas a Diana. Cuando se restablecía su fuerza, se esforzaban a estimular el deseo y excitar su amor carnal. Debían de dar prueba de autodominio y resistir la tentación y, si tenían éxito, el *Thesmophoros,* el Guía de los Caminos, lo visitaba de nuevo y lo sometía a otro interrogatorio. Luego lo conducía a la asamblea, donde el *Stolista*, o Aguador, aspergía agua sobre él y certificaba que su vida había sido casta y prudente. Entonces el *Thesmophoros* le arrojaba una serpiente viva que sacaba de debajo del mandil, y en seguida la Sala de Recepción parecía llenarse de reptiles, a fin de que el terror pudiera impresionar su alma.

Cuanto mayor fuera su valor durante esta terrible prueba, más abrumado se sentiría con las felicitaciones después de su avance. Más tarde se le llevaba ante dos altos pilares, podríamos decir que representaban a Oriente y Occidente, y que tenían un Grifo[10] entre ellos que impulsaba una rueda como emblema del Sol, a partir de la cual salían cuatro rayos

---

10. El Grifo es una criatura legendaria con el cuerpo, la cola y las patas traseras de un león; la cabeza y las alas de un águila; y a veces las garras de un águila, como sus patas delanteras.

que representaban las cuatro estaciones del año. Era investido con un caduceo, considerado como un tipo de movimiento del Sol a lo largo del plano de la eclíptica, y recibía la contraseña «Eva», que significaba la vida, pero también la serpiente. Además, se le explicaba la historia de la caída del hombre. El signo de reconocimiento era cruzar los brazos sobre el pecho. A los miembros del Grado de *Neokoros* se les enseñaba el uso del hidrómetro para el cálculo de las inundaciones del Nilo; la geometría y la arquitectura. Estas artes eran secretas y sólo se les revelaban a aquellos cuyos conocimientos iban mucho más allá de las capacidades de la gente común. El *Neokoros* estaba al cuidado de los Pilares.

Grado de *Melanophoros* o Puerta de la Muerte. El tercer grado era un reflejo a la manera «egipcia», de la dramaturgia, del grado del maestro clásico. El candidato contemplaba en especial el ataúd de Osiris, y tenía que exonerarse de haber participado en su asesinato. Que las dos ceremonias se acercaran era inevitable, dada la estructura misma de la leyenda de Hiram. En el tercer grado se instruía al candidato en la muerte simbólica de Osiris y se familiarizaba con el lenguaje jeroglífico. Cuando se le juzgaba digno del siguiente grado, los *Neokoros* recibían el nombre de *Melanophoros*; se le notificaba la fecha de su recepción y en ese día era conducido por su guía a una antesala sobre cuyo portón estaba escrito el título «Puerta de la Muerte». Lo cruzaba y entraba en el lugar de los muertos, repleto de representaciones de cuerpos momificados y ataúdes, donde se encontraba con el *Paraskistes,* que diseccionaba los cadáveres y el *Heroi,* o Embalsamador, ocupados en su trabajo. En el centro estaba el sarcófago de Osiris, cuya apariencia era la de un asesinado, reciente. Después se le preguntaba si había sido él o si había participado en el asesinato de su maestro. Tenía que protestar por su inocencia, pero al negar el hecho era apresado por dos *Tapixeitas,* o Enterradores, que lo conducían a otra sala donde le aguardaba un *Melanophoros* con un hábito negro.

El propio rey, que siempre estaba presente en esta ceremonia, se dirigía a él con un semblante amable y le ofrecía, si dudaba de su capacidad de resistencia durante el resto de la prueba, una corona de oro. Pero el nuevo *Melanophoros* había sido previamente instruido de que debía rechazar el regalo, y pisotearla. El rey exclamaba de inmediato: «¡Insulto! ¡Venganza!», y levantando su hacha de los sacrificios, tocaba levemente su cabeza. Los dos *Tapixeitas* lo tendían en el suelo, los *Paraskistes* lo envolvían en vendas de momia. Todos los asistentes se afligían en llantos. Luego lo conducían a una puerta sobre la cual estaba escrito: «Santuario de los Espíritus». Un lugar donde la víctima de la muerte simbólica se encontraba rodeado por las llamas, resonando relámpagos y truenos. Más tarde le liberaban de sus vendajes y ropa mortuoria, aconsejándole de no hacer sangre nunca; de ayudar a los miembros de la orden cuyas vidas corriesen peligro; de no dejar jamás un cadáver sin enterrar; y a creer en la resurrección de los muertos y del juicio venidero. El iniciado en este grado se formaba y se ocupaba durante un tiempo de la pintura y decoración de sarcófagos, así como del vendado de las momias. Debía de aprender una escritura peculiar llamada hierogramática, también retórica, cosmografía y astronomía. Los *Melanophoros* se mantenían en el inframundo hasta que se le juzgaba digno de otros Misterios más exaltados, cuyo defecto podría ser contado entre los *Paraskistes* o *Heroi*, pero la única vuelta a la luz era por la admisión en el conocimiento superior. El signo de reconocimiento en este grado era un abrazo peculiar, que representa el poder de la muerte. La contraseña era «Monach Caron Mini», que parece significar: «Cuento los días de la ira».

Grado de *Christophoros* o Batalla de las Sombras. Sigue el cuarto alto grado, donde el demandante es objeto de una especie de armado caballeresco. En ese acto recibía «el escudo de Minerva, que también se llama Isis, y calzaba las botas de Anubis que son idénticas a las de Mercurio» y, dotado de una espada, debía lograr heroicamente la muerte de la Gorgona. En el cuarto grado se le presentaba el libro de las leyes de Egipto y se convertía en juez. Los días de la ira, como eran llamados, duraban por lo general un año y medio, después al candidato se le preparaba para la Batalla de las Sombras. Era visitado por el *Thesmophoros,* que le ofrecía un saludo cortés,[11] le entregaba una espada y un escudo, y lo invitaba a seguirle. Atravesaban el inframundo, donde le asaltaban de repente horribles enmascarados, portadores de antorchas y serpientes. Al mismo tiempo que le atacaban, gritaban «¡Panis!».

El *Thesmophoros* le animaba a resistir todos los peligros, pero al final era sometido, le cubrían los ojos y le colocaban una cuerda en torno al cuello. Luego lo arrastraban por el suelo hasta el lugar de la reunión donde iba a recibir el nuevo grado. Las sombras o los espectros huían precipi-

---

11. «El primer tiempo de la ceremonia no iba más allá de eso, una sonrisa registrada por quien la había merecido».

tadamente, profiriendo grandes gritos. La asamblea mandaba levantar al candidato y se le quitaba la venda de sus ojos, que quedaban deslumbrados por la brillante iluminación, contemplando un salón magnífico, con bellas pinturas colgando alrededor. Descubría así al rey, sentado a un lado del *Demiurgo*. Por debajo de estas augustas personas estaban los *Stolistes* o Purificadores de agua, el *Hierostolistes* o Secretario, el *Zacoris* o Tesorero y el *Komastis* o Maestro de banquetes. El *Odos* u Orador pronunciaba un discurso felicitando a *Christophoros* su nuevo nombre, por su resolución. Luego se le daba una bebida llamada *Cyce*, la Kykeon de los Antiguos Misterios, que debía beber hasta los posos. Después de que recogiera el escudo de Isis o Minerva, los zapatos de Anubis y el manto con capucha de Orcus, recibía una espada, con la cual debía decapitar a una víctima encerrada en una caverna, y era conducido hasta la boca de ésta. Cuando entraba, la asamblea exclamaba con una sola voz: «¡Níobe!, he aquí la cueva del enemigo».

Dentro había una mujer sumamente hermosa, según todas las apariencias viva, aunque estaba formada artificialmente por finas pieles. Parece dudoso que no se diera cuenta del engaño, pero al menos cumplía la orden, posteriormente hacía la presentación de la cabeza al rey y al *Demiurgo*. Después de alabar la acción, le informaban que se trataba de la cabeza de la Gorgona, esposa de Tifón, que había sido la causa de la muerte de Osiris. Hacía la promesa de destruir el mal como en el presente caso, y luego era revestido con un nuevo hábito. Su nombre era registrado en un libro como uno de los jueces de la Tierra y a partir de ese momento gozaba de la libre comunicación con el monarca, recibiendo pensión diaria de la corte. Junto con el Código de Leyes, se le entregaba una insignia especial para ser usada solamente en la recepción de un *Christophoros* o en la ciudad de Sais. Esta enseña representaba a Isis en la forma de un búho, un emblema que significa que el hombre nace ciego y recibe la luz sólo a través de la experiencia y la filosofía. La contraseña del grado era «Jao».[12] Las Asambleas del grado se llevaban a cabo en un capítulo llamado *Pyxon* o Fuente

---

12. Diodoro de Sicilia, *De Aegyptiis Legum Latoribus,* liv. I. La palabra «Jehová» expresa, sin duda, «Jao». Es significativo que esta última sea la palabra sagrada del grado 88.º de Mizraim. Es debido a un error que sea escrita como «Zao» en los libros de los ritos, y en el *Tuileur de Tous les Rites* [Retejador de Todos los Ritos], p. 421; sin embargo, podemos decir verdaderamente que la J –o *Dja* de los hindúes– era expresada por la Z en algunos países.

de Justicia. Al iniciado se le requería que dominase el lenguaje misterioso y secreto de los amonitas.

Grado de *Balahate*. En este quinto grado, cuyo objetivo es la química, el pretendiente debía de derrotar a Tifón, asimilado al fuego. Un *Christophoros* tenía el derecho de exigir la admisión en este grado, y no se la podían negar. Tenía la prerrogativa de definirse como alquimista, y los Demiurgos no poseían el poder para rechazarlo. Era recibido en el Salón de Convocatoria y luego llevado a otra cámara, donde era el único espectador de una ceremonia en la que participaban todos los miembros. Un *Balahate* denominado Orus, se adelantaba. Iba acompañado de otros *Balahates* que llevaban antorchas, como si buscaran algo. Llegaban a la boca de una caverna de la que salían llamas y dentro encontraron al asesino, Tifón. Orus se acerca con la espada desenvainada y el monstruo se levanta exhibiendo un centenar de cabezas, un cuerpo cubierto de escamas y una gran longitud de sus brazos. Sin embargo, Orus lo golpea hasta la muerte y le corta una de las cabezas, y sin hablar la expone a todos los presentes. Esta ceremonia es seguida por una instrucción que le explica el contenido simbólico. Tifón significa el fuego, uno de los más terribles agentes y, sin embargo, sin él nada podía llevarse a cabo en la Tierra. Orus simboliza la laboriosidad que supera la violencia del fuego. En este grado se enseña la química, y «Chymia» era, por tanto, la contraseña.

Grado de *Astronomus* o Puerta de los dioses. Luego venía el sexto grado que trataba de la astronomía y las ciencias matemáticas. Al entrar en la sala de la asamblea, al candidato se le ata con cadenas y cuerdas en su preparación para este grado, que lleva el sonoro título de «Astrónomo ante la Puerta de los Dioses». El *Thesmophoros* lo conduce de nuevo a la Puerta de la Muerte, que da entrada a la caverna, donde había recibido el tercer grado. Ahora estaba llena de agua y allí flotaba la barca de Caronte; también se encontraban los sarcófagos que contenían los cuerpos de los que habían traicionado a la orden. El candidato era amenazado con un destino, igual si se le hallaba culpable del crimen. Por esta razón volvía y se le administraba un nuevo juramento después de haberlo pronunciado, le explicaban el origen de los dioses, que eran objeto de culto del pueblo por medio de su propia credulidad; pero también le indicaban la importancia de preservar el politeísmo entre el vulgo. Porque en verdad hay un Ser único que preside el universo y transciende la comprensión de la humanidad. En este grado, le era otorgado un conocimiento práctico de la astronomía. Además, se advertía al candidato contra los especuladores de horóscopos como autores de la idolatría y la superstición. A continuación, era conducido a la Puerta de los Dioses, que se abría y presentaba el panteón de los dioses. Su visión era de magníficas pinturas y lo que recibía era una exposición más amplia de sus historias, el Demiurgo no le ocultaba nada. Le enseñaba la danza sacerdotal que simbolizaba el curso de los cuerpos celestiales y recibía la contraseña, que era «Ibis», símbolo de la vigilancia. Se le presentaba después una lista de todos los Grandes Inspectores de la orden que habían existido, y también una lista de todos los miembros de la sociedad esparcidos sobre la superficie de la Tierra.

Grado de *Saphenath Paneah,* o Profeta. En el séptimo y último grado, el candidato recibía una explicación detallada de todos los misterios. No podía obtener este grado sólo con la aprobación del rey y el *Demiurgo*, eran los propios miembros que debían dar su consentimiento para el avance del *Astronomus* al séptimo grado. Era el último y más alto grado en el que se revelaban todos los secretos, a fin de que fuera así un hombre Conocedor de los Misterios y finalizar su educación en la totalidad de las funciones públicas y políticas. La recepción era seguida por una procesión pública llamada *Pamylach*, que incluía una exposición de los objetos sagrados. Cuando terminaban, los miembros abandonaban la ciudad en el secreto de la noche, los Grandes Adeptos se retiraban a algunas casas cuadradas situadas en una plaza rodeada de columnas, fuera de la ciudad. Estos eran retenidos por ser la estancia de los *Manes* que se suponía tenían el fin de comunicarse con las almas de los muertos. Dentro, el candidato contemplaba una serie de pinturas murales que representan la vida humana. A su llegada a estas casas, al nuevo Profeta o *Saphenath Paneah*, es decir, un hombre que conoce los secretos, se le ofrecía una bebida compuesta de vino y miel, lo que significa que había llegado al término de sus estudios y que iba a disfrutar a partir de ahora de toda la dulzura del conocimiento. Recibía la insignia de este grado, que era una cruz de singular significado que representaba los puntos cardinales; se le vestía con una túnica blanca y se le afeitaba la cabeza, dejándole un peculiar peinado cuadrado. El signo de reconocimiento era cruzando las manos dentro de las mangas de la túnica. La contraseña era «Adon», explicada al ser la raíz del nombre de Adonis. También recibía el título de *Pannglach*, es decir, la circuncisión de la lengua, e indica que como ahora ya había adquirido todas las ciencias, su lengua se desató, pues estaba calificado en especial para hablar. Ahora los Misterios se le habían explicado en su sentido pleno y el destinatario estaba autorizado con miras a leer los archivos escritos en la lengua amonita, con la clave que poseía, que se llamaba *Eoyal Beam*. Pero el mayor privilegio perteneciente al séptimo grado era participar con su voto en la elección del rey. El nuevo Profeta podía también, después de un período de tiempo, aspirar a los cargos oficiales, sin exceptuar el de *Demiurgo*.

Las asambleas se consideraban litúrgicas a todos los efectos, y se reunían en capítulos donde los rituales se realizaban en latín. La orden estaba gobernada por un Gran Capítulo, que constaba de doce dignatarios supremos, y un Gran Maestre General. Podríamos considerarlo un rito marcadamente elitista, dada la alta demanda de su filiación académica y sus objetivos herméticos. Tal vez por eso terminó siendo impopular entre los otros miembros masónicos. También se justifica así la poca expansión que tuvo y su corta duración, ya que se extinguió a principios del siglo XIX. Es posible, como en otros casos, que fuera por la muerte de sus fundadores y la entrada de nuevos masones procedentes de diferentes ritos u obediencias. Las logias que existieron en Alemania fueron:

- *Afrikanische Bauherren,* 1767, [Constructores Africanos].
- *Flammender Stern,* 1771, [Estrella Flamígera].
- *Goldener Anker,* 1772, [Ancla Dorada].
- *Goldenes Kreuz,* 1774, [Cruz de Oro].
- *Heinrich Durant,* 1774.

Hasta ahora hemos hablado del rito en Alemania. ¿Pero cómo llega a Francia un rito de estas características? En muchísimos casos, la difusión de los ritos se debe a los comerciantes o a los militares que viajaban constantemente de un sitio a otro. En esta ocasión ocurrió así.

El rito fue efectivamente introducido en Francia por el empresario de Estrasburgo, Johann Friedrich Kuhn, masón de la Estricta Observancia Templaria del barón Karl von Hund, Rosa-Cruz del Templo Teúrgico-Martinezista de Burdeos, de los Elus Cohen del Universo, y miembro fundador de la logia parisina *Les Amis Reunis* del Régimen de los Filaletos. Además, estaba en contacto con la mayoría de los masones ocultistas, franceses y alemanes de su época.

Gracias a Kuhn, su funcionamiento en territorio francés se llevó a cabo a través de una logia parisina inicial y su sucesora, la logia *L'Etoile flambo-*

yante aux trois Lys [La estrella flamígera de los tres lirios] al Oriente de Burdeos, fundada en 1773. Algunos de sus miembros en ese mismo año habían participado en la fundación de otros ritos masónicos herméticos, como el de los Filaletos, también de carácter egipcio, y que luego fue absorbido por el Gran Oriente de Francia en 1875.[13]

Sin embargo, hubo alguna diferencia al ser introducidos los grados en Francia. Según Ragon, la estructura francesa estaba formada por once grados, agrupados en tríadas (Osiris, Isis, Horus) y cuyos nombres están directamente ligados al antiguo Egipto. Por ejemplo: «Discípulo de los egipcios», «Iniciado en los secretos egipcios» o «Maestro de los secretos egipcios». Así lo afirma en su *Orthodoxie maçonnique* (1853), en la que nos da sólo los nombres, siendo los tres últimos los de una orden de caballería: «Armiger», «Miles» y «Eques».

Este rito hizo posible revelar los secretos del antiguo Egipto con una visión de la alquimia, el arte de descomponer sustancias y combinar metales. También se dice que los Arquitectos Africanos se dedicaron a una investigación activa sobre la historia de los misterios, las sociedades secretas y sus diversas ramas y cultivaron las ciencias, principalmente las matemáticas.

Los once grados son, según Ragon:

— 1.er Templo: 1. Aprendiz, 2. Compañero, 3. Maestro.
— 2.º Templo: 4. Discípulo de los Secretos Egipcios (*manes musae*), 5. Iniciado en los Secretos Egipcios, 6. Hermano Cosmopolita, 7. Filósofo Cristiano (*Bossinius*), 8. Maestro de los Secretos Egipcios o Aletofilota (amigo de la verdad).
— Grados superiores: 9. Armiger, 10. Miles, 11. Eques.

Como vemos, nada que ver con el *Crata Rapoa* alemán, a no ser que Ragon se confundiera.

No sabemos mucho más sobre un sistema masónico, del que en su mayoría ignoramos las motivaciones iniciales y la vida interna real. Después de este primer intento, que terminó a medias y sin posteridad, el camino quedó libre para una aventura egipcia de la masonería. En 1773

---

13. Gerard Galtier, *La tradición oculta: masonería egipcia, rosacruz y neocaballería*, Anaya, Madrid, 2001.

sólo existían unas pocas logias en Berlín y Suiza, pero también en Burdeos. Abolidos de forma oficial alrededor de 1781, los Arquitectos Africanos llevaban ya varios años languideciendo, finalmente se disolvió en 1786 por su propia voluntad y dio a conocer su disolución en un documento en latín.[14] Sin embargo, sabemos que, aun así, en 1806, seguía existiendo un capítulo de este sistema en Berlín.

A pesar de la mencionada escasez de soportes informativos, es posible destacar aquí, como objeto de estudio la clara inserción del caso de la Orden de los Arquitectos Africanos. Lo hacemos en el contexto transdisciplinario pionero de la cultura de la ilustración, científico-hermética. Sobre todo, porque su idiosincrasia estructural, litúrgica y doctrinal refleja la pluralidad esotérica occidental de la época.

Por otro lado, este rito es una emanación del Hermetismo Egipcio, emergente y evidente en su identidad ritualista y simbólica. Debemos destacar la operatividad alquímica en un marco académico-científico, que no es meramente racionalista. Este hecho se evidencia por su inherente confidencialidad documental y por un explícito elitismo demográfico de cooptación selectiva. Los Arquitectos Africanos no fue la única orden que en el siglo XVIII pretendía rescatar a la masonería de las manos impuras de los charlatanes, en las que, según muchos masones de la época, había caído.

---

14. August Ludwig Schlözer, *Stats-Anzeigen dritter Band,* Göttingen, 1786.

EL RITO DE LOS FILALETOS

A lo largo de la historia, ha habido varios intentos de hacer una reforma general de la masonería. No obstante, podemos asegurar que el que puso más empeño fue el Rito de los Filaletos (*Philalethes*), que fue fundado en 1773, por el marqués Savalette de Langes,[1] consejero de la Corte. Era, por tanto, un hombre rico, perteneciente a la clase alta, iniciado el 15 de mayo de 1766 en la logia de Lille, *Les Amis Indissolubles.* Fue Gran Maestro de Ceremonias del Gran Oriente de Francia y Venerable Maestro de la Logia *Les Amis Reunis* donde nació este rito. Junto con otros prominentes masones, terminó fundado no sólo un rito, sino una orden en la que hubo un tiempo en que tenían bajo su obediencia unas veinte logias.

La Orden de los Filaletos, conocida también como Los Amigos de la Verdad o Los Filósofos Desconocidos —acordémonos de Louis-Claude de Saint-Martin—, fue fundada dentro de la logia parisina *Les Amis Reunis.* Los miembros que componían dicha logia era un grupo de masones que pertenecían a la intelectualidad, pero sobre todo eran mucho más conocedores de las artes ocultas y las ciencias masónicas, que provenían de otros ritos u otras órdenes.

En cualquier caso, atrajo a muchas personas cultas y, en torno a este núcleo inicial, se reunió más tarde la flor y nata de los masones eruditos de la época, que contó con numerosos nombres distinguidos en su largo

---

1. Cofundador y oficial desde 1783 hasta la revolución de la logia *L'olympique de la Parfaite Estime,* fundador y comisionado del comité de Masonería y la Sociedad Olímpica, que en 1786 tenía más de 400 miembros. Cofundador de la sociedad paramasónica de ayuda mutua y benevolencia, de la que fue varias veces presidente: *La Maison Philanthropique.* Diputado y oficial del Gran Oriente de Francia durante muchos años, Primer vigilante de la Cámara de Grados. En 1782, participó en la codificación de los grados y órdenes del rito francés. Hasta la dispersión de *Les Philalethes,* fue un animador incansable de la masonería francesa.

registro de membresía. Debemos mencionar a Court de Gébelin y a Jacques Cazotte, o a los ocultistas Quesnay de Saint-Germain y Roettiers de Montaleau –que en 1795 reconstruyeron la Gran Logia de Francia–, hasta los príncipes Ludwig Georg Karl y Friedrich Georg August von Hessen-Darmstadt, el conde Alexander Stroganoff (chambelán de la zarina de Rusia) y muchos más.

Como vemos, era en cierta medida un sistema ecléctico que provenía de diversas fuentes. Podríamos citar entre ellas el Rito de la Estricta Observancia Templaria, pero hay otro rito que posiblemente influyó mucho más, sobre todo desde que se instaló en Lyon, me refiero a *La Orden de los Elus Cohen* [Sacerdotes Elegidos], de Martínez de Pasqually. También estaba el *Rito Hermético*, con sus conexiones y transformaciones; casi todos ellos se convirtieron en los fundadores o miembros de los Altos Grados del Gran Oriente de Francia.

Es evidente que el interés por la alquimia, por las prácticas teúrgicas e incluso por las doctrinas de Swedenborg o de Böhme, nos sitúa en ese punto donde algunos masones pensaban que un indicio de una tradición secreta debía pasar a través de los cauces de un cierto cristianismo. Aunque tampoco querían olvidarse de Israel ni de algunos elementos de la Caballería, podríamos decir que incluían a todos aquellos que encarnaban la reivindicación del Temple.

Es así como se fue reclutando selectivamente a miembros de esferas tan elevadas de conocimiento, sabiduría y aristocracia. Los Filaletos se dotaron de una gran biblioteca, que fueron recogiendo de todos los miembros que se afiliaban a su orden. Esos libros cubrían temas que iban desde el ocultismo hasta la alquimia, pasando por la ciencia masónica.

Por lo tanto, podemos decir que los Filaletos enraizados en la prestigiosa logia parisina de los *Amis Réunis*, en el fondo, proponía ser una academia internacional de investigación masónica y esotérica, cuyo proyecto era sentar las bases de una auténtica «ciencia masónica».

Desde su inicio, la logia de los *Amis Réunis* se propuso convocar su primer Convento, [Asamblea Masónica] y reunir la flor y nata de la masonería internacional.[2]

---

2. Pierre-François Pinaud, «Une loge prestigieuse à Paris à la fin du xviiiᵉ siècle: les Amis Réunis, 1771-1791», *Chroniques d'histoire maçonnique*, Institut d'Études et de Recherches Maçonniques, n.º 45, París, 1992, pp. 43-53.

De hecho, no les faltaba razón para convocar un Convento y debatir, ya que en los últimos años de la Ilustración lo irracional rivalizaba con lo racional. Había un número destacado de masones en toda Europa, muy interesados en las teorías de Franz Anton Mesmer y su magnetismo animal, la teosofía o el espiritismo. La inquietud llegaba hasta el punto de que muchos de los Filaletos se unieron a las Sociedades de Armonía o Teosóficas, aunque también la Masonería Egipcia de Cagliostro empezaba a tomar cierta relevancia.[3]

Hay que tener en cuenta que la Ilustración fue un movimiento cultural y filosófico, de profundos contrastes dinámicos. En su transición entre la modernidad y la contemporaneidad, no sólo opera el conflicto secularizador entre un estancamiento confesional y un progresismo secular, también el puente epistemológico entre la ciencia racional y la tradición iniciática.

Otro masón que hay que considerar fue Philippe-Liborio Valentino, nacido en Roma, pero asentado en Francia. Era farmacéutico, químico y fundador de la logia de los Filaletos de Lille, fue otro de los puntos fuertes para el desarrollo de lo pretendido por la logia de París, es decir, deseaban sembrar las luces de la razón y el progreso, en las tinieblas de la ignorancia. Esa era la forma de evaluar la actualidad, y su aceptación. Así como la capacidad de los Filaletos para «formar ese capital [un establecimiento dedicado al progreso] que desde hacía ocho años permanecía en la más profunda oscuridad, mayormente entre las artes, y hacer fértil una tierra ingrata que nunca ha producido más que zarzas».[4]

Estos documentos se encuentran en el fondo de Armand Gaborria,[5] un masón que tendrá mucho que ver con el desarrollo del Rito de Miz-

3. Pierre-Yves Beaurepaire, «L'Autre et le Frère. L'Etranger et la Franc-maçonnerie en France au xviiie siècle», Honoré Champion, Col. Les dix-huitièmes siècles, París, 1998, pp. 485-492.

4. Biblioteca Municipal de Alençon (BMA), leg. Liesville, manuscrito 456, folio 107, recto.

5. El fondo Gaborria reúne un conjunto de manuscritos relativos a la masonería del legado de Liesville (finales del siglo xix). Es famoso por sus colecciones y por su impresionante corpus de archivo sobre la historia de *Philalèthes* (Filaletos) de Lille. A esto se suma su correspondencia personal, un verdadero documento en el que se refleja la recomposición de la masonería entre el final de la Ilustración y las revoluciones del siglo xix. Armand Gaborria, nacido en Burdeos en 1753, fue director de la Fábrica de Porcelana en Lille en 1787 e inspector general de loterías en Turín en 1803.

raim y su difusión por la totalidad de Francia. Gaborria conservó con mucha estima los archivos del Colegio o Logia de los Filaletos, así como numerosos documentos masónicos de interés para las logias francesas, belgas e italianas. Todos estos archivos procedentes de trayectorias familiares e individuales acabaron en la biblioteca municipal de Alençon, donde han sido clasificados y dispuestos al público.[6] Allí se encuentran los borradores de los estatutos y reglamentos del Colegio, donde se aprecia la génesis, evolución, acuerdos y desacuerdos de todos los componentes de los Filaletos. También se encuentra abundante correspondencia intercambiada entre sus miembros, en particular para la organización de los Conventos o Congresos.

A lo largo de la segunda mitad del siglo XVIII se llevaron a cabo varios Conventos masónicos en Alemania y Francia, incluidos los dos que organizaron los Filaletos, que influyeron enormemente en el proceso de desarrollo de la masonería.

La más notable de esas reuniones fue el Convento de Wilhelmsbad, iniciado en 1782, que se produjo como resultado de otros varios celebrados en Jena, Altenburg, Kohlo, Brunswick y Wolfwenbuttel durante un período de tres años. Este Convento fue convocado por el duque Karl Ferdinand von Braunschweig (Brunswick).

Joseph de Maistre, que aún no había sucumbido a las sirenas de la contrarrevolución, esboza en su *Memoria al duque de Brunswick*, Gran Maestre de la Estricta Observancia Templaria, un plan de reforma masónica basado en el cristianismo y la caballería. En él pone los acentos en cuestiones muy actuales sobre la construcción europea, y su falta de inspiración: «Si vamos a adoptar un gobierno que nos confine a cada uno en su casa, la totalidad de los masones no serán más que un montón de arena sin cal; y privados de toda conciencia, en Europa habrá masones y ninguna orden masónica».[7]

Por lo tanto, el objetivo del Convento era doble. El primero era intentar reunificar a la dividida masonería, sobre todo la alemana. Para ello, se proponían a través de la pregunta: ¿La opinión dominante en la Estricta Observancia de que la masonería es una continuación de la Orden de los

---

6. El conjunto representa treinta páginas del *Catálogo de Manuscritos Masónicos de las bibliotecas públicas de Francia,* vol. II, de Jacques Léglise, París, SEPP, 1988, pp. 61-94.

7. Joseph de Maistre, *op. cit.,* p. 113.

Templarios, está basada en una verdad, y puede ser acreditada históricamente? Las respuestas servirían, con objeto de poder estudiar y demostrar que existía fundamento para explicarlo desde el punto de vista histórico.

Por otra parte, estaba el que, aunque el Siglo de las Luces desarrolló de forma notable, la «cultura de la movilidad» se mostró cosmopolita y reivindicó como la República de las Letras la fundación de una «República Universal», nombre que se debe también a Joseph de Maistre. No se cumplió. Tampoco el Convento consiguió el objetivo de la reunificación, fue como destapar la caja de Pandora. A partir de ahí surgieron varios movimientos reformadores y nació un sistema más en 1778, que fue la creación del Régimen Escocés Rectificado. La que salió más perjudicada fue la Estricta Observancia Templaria del barón de Hund, que quedó herida de muerte, sobre todo porque la pregunta fue contestada de una forma más bien negativa y se abandonó la idea de una masonería continuadora de la Orden Templaria.

La labor de este auténtico congreso de eruditos en masonería es hoy bien conocida, gracias al trabajo de Robert Amadou y en especial al monumental estudio de Charles Porset.[8] En general, esas asambleas masónicas se pueden clasificar como: 1) aquellos que las llevaron a cabo con el propósito de abordar cuestiones administrativas; 2) aquellos que deseaban reafirmar el dogma, revisando el ritual e investigando la historia de la orden.

Philippe-Liborio insiste en que todo esto era producto de la crisis que la masonería vivió a finales de la década de 1760, como consecuencia de la existencia en Inglaterra de dos Grandes Logias, la de los «Antiguos» y la de los «Modernos». Esta rivalidad sólo causaba desprestigio a los ojos de las élites masónicas provinciales, es decir, la existente en otros países, ya que para los ingleses el resto de Europa eran provincias masónicas.

Abandonadas a su suerte, las logias se multiplicaron al bajar el clasismo y las barreras sociales. Resumiendo, fue una crisis de crecimiento muy mal controlada y, para muchos masones comprometidos, la orden estaba amenazada al poder desatarse un caos. Consideraban que sólo una reforma donde se les debía exigir a los candidatos unas cualidades morales y éticas podían levantar de nuevo a la masonería.

---

8. Charles Porset, *Les Philalèthes et les Convents de Paris,* Honoré Champion, París, 1996, p. 776.

No obstante, aunque en el Convento de Wilhelmsbad, Willermoz ya dio señales de por dónde iba a continuar, no lo hicieron así la mayoría de centros masónicos como Burdeos, Toulouse, Rouen o Estrasburgo, que se habían mantenido alejados de la reforma templaria.

El Régimen Escocés Rectificado, que así se llamará lo que saldrá de los Conventos o Congresos mantenidos entre 1778 y 1782, fue elaborado principalmente por Jean-Baptiste Willermoz. Este conocido masón reformó la rama francesa de la Estricta Observancia Templaria e incluyó algunos elementos provenientes de la Orden de los Elus Cohen, estableciéndose en Lyon.

¿Por qué Willermoz había elegido Lyon para ubicar su orden? Porque en ese momento Lyon era la «Ciudad Mística» por antonomasia, ¡esencialmente la Glastonbury, de Francia![9] Lyon acogió la sede de todo el movimiento martinista, más una docena de logias simbólicas y tres de Altos Grados. Éstos eran la Gran Logia de los Maestros de Lyon, de la cual Sellonf era el Gran Maestro; el Capítulo Cohen (martinezista) de Jean-Baptiste Willermoz; el Capítulo de los Caballeros de la Aquila Negra (templario), que tuvo al frente al doctor Jacques Willermoz, hermano de J. B. Willermoz.

Aunque parezca que eran Altos Grados independientes, la realidad era que Sellonf y los dos hermanos Willermoz formaron un Consejo Secreto con el que controlaban a la totalidad de los masones de Lyon.

Todo esto estaba muy lejos de lo pretendido por Savalette de Langes. Aunque el Convento no pudo conseguir sus fines, los Filaletos continuaron con su proyecto de revisión y fueron uno de los principales contribuyentes en la organización del histórico Convento de París, que se celebró el 24 de septiembre de 1784. Enviaron una nueva circular a todos los que consideraban los ritos y masones más distinguidos de Europa, sin embargo, excluyeron al Gran Oriente de Francia por los desacuerdos que habían tenido lugar en el Congreso de Wilhelmsbad.

Con esta invitación, los Filaletos consiguieron un fuerte apoyo fuera de Francia por parte de personas de gran importancia en todos sus cam-

---

9. En algunas versiones de las leyendas artúricas, Glastonbury es frecuentemente identificado con el mítico Avalon. El historiador galés Godofredo de Monmouth fue el primero en hacer esta identificación en 1133. Los monjes de la abadía de Glastonbury afirmaron en 1191 haber encontrado las tumbas de Arturo y Ginebra al sur de la abadía.

pos. Aunque no todos los masones a los que se consideraban eminentes asistieron. Se negaron a ello Louis-Claude de Saint-Martin,[10] Franz Anton Mesmer[11] y Ferdinand von Braunschweig –duque de Brunswick–,[12] pero la mayoría de ellos aceptaron.

Cuando se celebró la primera reunión del Convento de París, el 13 de noviembre de 1784, el Gran Maestre de los Filaletos Savalette de Langes, junto con los dos secretarios, De Gleichn –que era Gran Comendador de las órdenes de Dinamarca– y el marqués de Chefdebien –que era Gran Maestro de los Filadelfos–, enumeraron los nombres de los asistentes, entre los que se encontraban: Johann Christoph von Wöllner (*Chrysophiron*) Gran Maestro de la Rosa-Cruz en Potsdam; el conde Stanislaus Felix Potocki, futuro Gran Maestro de la Gran Logia de Polonia; Pedro Zoilo Téllez-Girón y Pérez de Guzmán, VIII duque de Osuna, que representó al Gran Soberano de los Elegidos Cohen, Sebastián de las Casas;[13] Dubarry, secretario de la Rosa-Cruz y de los Filadelfos (rito primitivo de Narbonne); el barón de Bramer, que representó al marqués de la Rochefaucault-Bayers, Gran Maestre del Rito Filosófico Escocés, que, sin embargo, poco después se retractó de su adhesión. Allí concretaron lanzar una circular que se envió a doscientos veintiocho masones. Entre ellos se encontraban

---

10. Fue un filósofo, conocido como el *filósofo desconocido,* nombre con el que se publicaron sus obras; debemos vincularlo a la historia de las ideas iluministas, fue un gran influyente de la mística y de la mente humana y se convirtió en la inspiración para la fundación de la Orden Martinista.

11. Fue un médico interesado en la astronomía. Teorizó sobre la existencia de una energía que circula entre todos los objetos animados e inanimados; a esto lo llamó *magnetismo animal,* a veces se le denominaba también mesmerismo. Podríamos decir que fue el precursor de la hipnosis y las psicoterapias dinámicas.

12. Fue Gran Maestre dentro de la Estricta Observancia Templaria. En el Convento (Convención) de Kohlo, en 1772, fue nombrado Gran Maestre de todas las logias escocesas. Convocó el Convento Masónico de Wilhelmsbad, que duró del 16 de julio al 1 de septiembre de 1782, y que finalmente terminó con la disolución de la Estricta Observancia. También fue Gran Maestre General de la Orden de los Hermanos de San Juan Evangelista de Asia en Europa y miembro de los Illuminati de Baviera bajo el nombre de Aaron, afiliado en 1783.

13. Como podemos ver, antes de la ocupación francesa en España, a pesar de lo que diga algún historiador, no sólo estaba la masonería de origen inglés, existía también la masonería esotérica. Si no, cómo se explica la asistencia de un representante español en un Congreso Mundial de masonería al que no acudían ni la Gran Logia de Inglaterra ni el Gran Oriente de Francia.

dos que formaron parte de la Junta, T. Duchanteau (*Touzay*), que había sido el maestro y profesor de teosofía de Savalette de Langes, y Jean-Baptiste Alliete, que se hacía llamar *Eteilla*, conocido profesor de magia, ocultista francés y el primero en popularizar la adivinación por el Tarot.

Los organizadores estaban realmente animados, habían obtenido un buen consenso tanto en Francia como en el extranjero, y para ello prepararon un cuestionario con diez preguntas, que fueron las siguientes:

¿Cuál es la naturaleza esencial de la ciencia masónica, y cuál es su carácter distintivo?

¿Qué época, y qué origen, se le puede atribuir razonablemente?

¿Qué sociedades, corporaciones o individuos pueden haberla dirigido en el pasado, o por qué corporaciones ha pasado para poder perpetuarse hasta nosotros?

¿Qué sociedades, corporaciones o individuos podemos creer que son en este momento los verdaderos depositarios?

¿La tradición que posee es oral o escrita?

¿Tiene la masonería alguna relación con las ciencias conocidas como ciencias ocultas o secretas?

¿Con cuál de estas ciencias está más conectada, y cuáles son esas conexiones?

¿Qué ventajas se pueden esperar de la ciencia masónica?

¿Cuál de los regímenes contemporáneos de doctrinas es más aconsejable, no para ser considerado como la norma general, sino para que los jóvenes celosos y laboriosos hagan un progreso rápido y útil en la masonería real?

¿Por qué los masones, por acuerdo general, dan el nombre de *Logia* a sus asambleas y a los lugares donde se llevan a cabo sus reuniones? ¿Cuál es el origen y la verdadera definición de la palabra «logia»; de la palabra «Templo», por la que también se indica el lugar de reunión; de la expresión: «Abrir o cerrar trabajos»; de la palabra «escocés» para los grados superiores; cuál es el origen del nombre de Venerable Maestro, con el que los franceses llaman a su maestro de logia y los alemanes llaman a su maestro en el sitial?

Se volvió a convocar un nuevo Convento o Congreso para el año siguiente. El 15 de febrero de 1785 se reunió en una misma sala a un gran número de masones franceses, alemanes, españoles e incluso algunos ingleses. Entre ellos había muchos príncipes, prelados, oficiales del tesoro y un sinfín de hombres cultos que deseaban discutir sobre la verdadera naturaleza de la ciencia masónica, si tenían o no conexión con las artes ocultas y lo que pretendían las diferentes órdenes. El alcance de este último punto trataba de poner fin a las luchas por el predominio de una corriente sobre otra y, fraternalmente, dar cuenta cada una de ellas de sus descubrimientos y de la comprensión de los símbolos.

Savalette de Langes, inauguró oficialmente el Congreso el 19 de febrero. En las sesiones iniciales se establecieron las bases de las deliberaciones y otros trámites, y cuando se concretaron esos detalles se iniciaron las primeras discusiones. El Congreso decidió invitar a un hombre que en ese momento gozaba de todo el prestigio en Europa, no era otro que el conde de Cagliostro, Gran Maestro del Rito Egipcio. Había llegado a Lyon en 1781, con objeto de establecer una logia, *La Sagesse Triomphante* [La Sabiduría Triunfante].

La Masonería Egipcia trabajaba tres grados simbólicos de manera similar a otras obediencias, con la excepción de que éstos estaban llenos de prácticas místicas y mágicas. Su iniciación pretendía reintegrar al hombre o a la mujer a su estado perdido de pureza y recuperar sus antiguos poderes físicos y psíquicos. Los tres grados de la Masonería Egipcia representan las etapas necesarias para llegar a esta reintegración y crear un verdadero Maestro, con plenos poderes taumatúrgicos. Éste es uno de los pocos ritos donde también se iniciaban a las mujeres. A la cabeza del sistema estaba un Gran Maestre o Gran Copto, después venían los Grandes Maestros Nacionales y Provinciales. Sin embargo, la Orden Egipcia de Cagliostro, aunque sea una predecesora, no debe confundirse con la Orden Antigua y Primitiva de Mizraim, que fue fundada en Italia.

Lo cierto es que el conde de Cagliostro, como creador de la Masonería Egipcia, fue invitado a participar en el Convento y exponer allí su doctrina. Atrevido o imprudente, Cagliostro responde que acepta y se compromete a comunicarles los secretos de la Alta Masonería Egipcia a cambio de: «…que dediquen a las llamas ese vano montón de sus archivos; porque sólo sobre las ruinas de la Torre de la Confusión se levantará el Templo de la Verdad». Es decir, que promete esclarecer la veracidad y mostrar por actos y efectos visibles los espíritus intermediarios que existen entre el hombre y la Deidad. Pero exige a cambio que la biblioteca y los manuscritos del rico archivo de la logia de los Filaletos sean entregados a las llamas, por creer que ese conocimiento contenido en los libros no conduce a la verdad. Obviamente, tanto Savalette de Langes como los más distinguidos eruditos de Europa se sintieron ofendidos. No entendían que, como contrapartida de sus demostraciones teúrgicas, Cagliostro les pidiera «el sacrificio de la colección más rara y valiosa, fruto de la investigación más rigurosa y del celo más infatigable, al exigir que entreguemos a las llamas la biblioteca y los archivos de los *Amis Réunis*».[14]

Evidentemente, era para estar ofendidos, Cagliostro les pedía nada más y nada menos que destruyesen lo que representaba el orgullo de la Orden de los Filaletos: esos archivos que con tanta perseverancia habían ido recopilando. En el Convento estaban presentes algunas órdenes que habían hecho entrega de sus archivos, documentos históricos y libros antiguos a los Filaletos. Ese era el caso de los Elegidos Cohen y los Martinistas, y para todos ellos representaba un precio demasiado alto a pagar.

A partir de ese momento se estableció una correspondencia por ambas partes, el Convento, habiendo recibido sus promesas, lo obliga a cumplirlas. La controversia entre Cagliostro y los Filaletos se ha presentado a menudo, enfatizando todo su pintoresquismo. Eso sí, al curioso diálogo que entonces se entabla no le falta ni grandilocuencia ni gesticulación. Finalmente, Cagliostro intenta encontrar una salida y multiplica las dificultades, envolviéndose en su propio misticismo. Luego de una serie de intercambios agridulces, hay un día donde el conde pareció ablandarse y «estaba dispuesto a prescindir de quemar los archivos».[15] Sin embargo, al día siguiente acusa con vehemencia a los Filaletos de «preferir un montón pueril de libros y escritos»,[16] es decir, un «monumento de locura» a tener la visión beatífica de entidades celestiales que les prometió. Era una decisión difícil entre lo que «tienes» y lo que «tendrás». Como resultado de esa disyuntiva, *Les Amis Réunis* prefirieron conservar sus archivos. El Gran Maestre de la Orden Egipcia respondió que ya no estaba interesado ni en asistir al Congreso, ni en mantener ningún contacto con los Filaletos. Al

---

14. Actas del Convento de los Filaletos, 16.ª sesión del jueves 14 de abril de 1785, Charles Porset, *op. cit.*, p. 335.

15. Actas del Convento de los Filaletos, 10.ª sesión del jueves 17 de marzo de 1785, Charles Porset, *op. cit.*, p. 306.

16. Actas del Convento de los Filaletos, 27.ª asamblea (1785), Charles Porset, *op. cit.*, p. 406.

no poder convencer, se retiró del Convento, siempre con la intuición segura y un conocimiento de los hombres que explican sus éxitos. Sin embargo, Cagliostro percibió claramente hasta qué punto los archivos estaban en el corazón de los Filaletos al decir: «…este organismo tiene archivos que ha puesto en comunión entre sí a las personas que han contribuido a su proyecto».[17]

Se ha dicho en múltiples ocasiones que Cagliostro era un impostor y un charlatán, aunque los Filaletos no compartían esa opinión. Al contrario, lo consideraban un hombre enigmático, dotado de una gran sabiduría y conocimiento, de quien podrían aprender muchas cosas. La historia no deja de aportar cada vez más información sobre la vida de este hombre misterioso, y no nos sorprendería suponer que el día de su rehabilitación esté cercano.

Esto es lo que el barón Karl Heinrich von Gleichen, Gran Canciller de la Orden de los Filaletos, dijo sobre Cagliostro en una de sus cartas: «Se ha hablado muy mal de este hombre, pero sólo puedo hablar bien de él. Si su comportamiento y modales eran los de un charlatán impertinente y arrogante, sus tratamientos médicos fueron nobles y caritativos, y nunca tuvieron un resultado desafortunado. Nunca cobró dinero a sus pacientes. Lo he visto correr bajo la lluvia y muy bien vestido en ayuda de un moribundo y he comprobado tres maravillosas curaciones que hizo en Estrasburgo (…). Su conocimiento de la medicina (…) sin embargo, ha atraído el odio y los celos de los médicos (…). Ahora añada a eso las calumnias de sus numerosos enemigos y comprenderá por qué lo difamaban y perseguían… Los que pasaban tiempo con él siempre me hablaban bien (…)».

Finalmente, el 26 de mayo de 1785 el Congreso fue suspendido. A pesar de todo, se realizó un segundo Convento de los Filaletos en el año 1786. La segunda asamblea se llevó a cabo el 8 de marzo de 1787 en el Hotel de la rue Saint-Honoré, que pertenecía a Savalette de Langes. Tuvieron lugar veintinueve sesiones, donde además de debatir los temas que se iban arrastrando, también se impartieron cursos tanto por Court de Gébelin como por Alexandre Lenoir, expertos en temas relacionados con Egipto.

Sin embargo, este segundo Convento se vio obligado a suspender indefinidamente las conferencias y fue cerrado el 26 de mayo de 1787. En

---

17. Actas del Convento de los Filaletos, 21.ª sesión del jueves 28 de abril de 1785, Charles Porset, *op. cit.*, p. 390.

una de las últimas actas queda claro que si hubieran podido: «...elevar la ciencia masónica a una altura hasta entonces desconocida, hubiesen sido la gloria de la orden, si hubieran podido vencer la habitual tibieza e indiferencia de los masones a la instrucción seria». He aquí un extracto de la carta que escribió Savalette de Langes para determinar el final de las asambleas: «Hermanos míos, la falta de celo del ínfimo número de los convocados, que más por consideración a la cortesía y amistad que por verdadero interés rara vez vienen para quedarse por breve tiempo a las asambleas del Convento, me prueba con gran pesar mío que no sólo es prudente, sino incluso necesario renunciar a ella».

Lo cierto es que el Rito de los Filaletos adquirió en ese momento, por sí mismo y sin alguna duda, un prestigio gracias a esos Conventos. Es posible que resultaran insuficientes para lo pretendido que era realizar una reforma mundial, cuya naturaleza real no queda reflejada de ningún modo en las actas. Su sistema se caracterizaba por un aprendizaje sobre los sujetos especulativos, que lo integraban. Era lo que lo hacía interesante, tal como se podría esperar en esa época. Aunque poco después de la muerte de Savalette de Langes la desintegración de la orden misma, que tuvo lugar en el año 1788, implicó la de su ambición.

Podríamos asegurar que la doctrina expuesta por los Filaletos era de carácter martinista, es decir, proponía la regeneración del hombre a través de un proceso de evolución que finalmente lo acercaría más a la Causa Primera. La estructura de esta orden constaba de doce grados, divididos en dos secciones de seis. Los primeros seis grados pertenecían a la masonería de oficio, es decir, simbólica: 1) Aprendiz = descomposición o «calcinación» de la piedra; 2) Compañero = disolución; 3) Maestro = separación de los elementos; 4) Elegido = matrimonio alquímico; 5) Maestro Escocés = putrefacción; 6) Caballero de Oriente = coagulación. Luego seguían los grados superiores, que consistían en otros seis, cada uno con su correspondiente nivel de evolución en el proceso de transmutación: 7) Caballero Rosacruz = incineración; 8) Caballero del Templo = sublimación; 9) Filósofo desconocido = fermentación; 10) Sublime Filósofo = exaltación; 11) Iniciador = multiplicación; 12) Filaleto o Buscador de la Verdad = proyección. El grado de Filósofo Desconocido, incluido en el martinismo, era un elemento predominante en el conjunto del sistema.

EL RITO PRIMITIVO DE NARBONA

Las antiguas tradiciones hacen nacer el Rito Primitivo en 1721, aunque mucho más tarde se convertirá en el Rito Primitivo y Antiguo de Menfis, siempre reivindicando el origen de sus principios y la forma de su organización en el Rito Primitivo de Narbona. Según Benjamin Fabre, en su libro *Un iniciado de las Sociedades Secretas Superiores,*[1] decía: «Existe en el Oriente de París un capítulo Metropolitano del Rito Primitivo, cuya fundación data del 21 de marzo de 1721 y confirmada el 29 de noviembre de 1787. Compuesto por 7 capítulos fundacionales...». Este antiguo rito lo practicaban Caballeros que procedían de antiguas órdenes rosacruces.

El rito lo había importado de Praga el vizconde de Chefdebien d'Aigrefeuille, no debemos olvidar que esa ciudad fue el centro europeo de las artes y las ciencias durante el mandato de Rodolfo II, emperador del Sacro Imperio.[2] Es de todos conocido que trasladó la capital imperial de Viena a Praga y la convirtió en centro de estudios alquímicos, astrológicos y mágico-científicos. El Rito Primitivo de Narbona, o el Rito de los Filadelfos, fue heredado por su hijo François de Chefdebien d'Armissan, marqués de Chefdebien, miembro de la Orden de los Hermanos Africanos, que ya hemos visto antes. Con él estaban sus seis hijos, todos oficiales y caballeros de Malta, excepto uno de ellos, que se hizo sacerdote y canónigo. El grupo familiar se convirtió en la ciudad fundacional en unos activos propagandistas del rito, al fundar, el 27 de noviembre de 1779, la *Loge Mère les Philadelphes* [Logia Madre los Filadelfos].

1. Benjamin Fabre, *Un Initié des Sociétés Secrètes supérieures «Franciscus, Eques a Capite Galeato» 1753-1814,* Arché, Milán, 2003.
2. Francis Yates, *El Iluminismo Rosacruz,* Siruela, Madrid, 2008.

De acorde a lo dicho por Clavel y Kloss, parece que apareció un desconocido, el Chevalier Pen, con una patente datada el 27 de diciembre de 1779, en virtud de la cual estaba autorizado para constituir el rito.

Las fechas son las mismas, aunque cambia el mes, posiblemente debido a un error de transcripción. Sea de una forma o de otra, la operatividad de esta Logia Madre y la de sus cuatro Capítulos fue una realidad. De inicio fue instaurada por un Cónclave que se reunió el 19 de abril de 1780, bajo el nombre de Orden Superior de Libres y Aceptados Masones, en cuya competencia creó un Rito Primitivo superpuesto a los grados simbólicos y recogido en parte de diversas fuentes masónicas y esotéricas. A ella perteneció Gabriel Mathieu Marconis de Nègre, padre de Jacques-Etienne Marconis de Nègre, que posteriormente, en 1838, será el segundo Gran Hierofante y el primer Gran Maestro Mundial de Menfis.

Según Waite, el régimen de este rito estaba dividido en tres clases, que recibían diez grados de instrucción. La primera comprendía la masonería simbólica. En la segunda clase, había tres grados: el primero era Maestro Perfecto, Arquitecto Elegido o Gran Maestro Arquitecto; el segundo grado, Sublime Escocés, y el tercer grado, Caballero de la Espada o Caballero de Oriente y Príncipe de Jerusalén. La tercera clase estaba formada por cuatro capítulos de Masonería Rosa-Cruz, que se ocupaba de la investigación masónica desde el punto de vista esotérico y estudiaba las ciencias ocultas. El primero seguía ciertos principios peculiares y estaba dedicado al sujeto-materia del ritual y al procedimiento ceremonial en general. El segundo a la historia masónica, iluminándola con los archivos pertenecientes a este grado. El tercero dedicado a la filosofía y moralidad masónica, así como a la investigación de todo lo que pueda contribuir a la felicidad y el bienestar humano. El cuarto a la búsqueda de la ciencia oculta e incluía la ontología, la psicología y la pneumatología, teniendo la rehabilitación y la reintegración del hombre intelectual en su rango primordial y prerrogativas, como un objeto práctico. Sus miembros eran honrados con el título de Rosa-Cruces, Padres del Gran Rosario. No dejaba de ser un reflejo de la primigenia doctrina martinista, basada en *Des Erreurs et de la Vérité* de Saint-Martin. Estas clases y grados no eran la designación de tal o tales títulos, sino denominaciones de colecciones que podían estar extendidas en un número infinito de grados.

Existía desde 1773 otro rito parecido al de los Filadelfos, que ya hemos visto en el capítulo anterior, que era el Rito de los Filaletos que operaban en París. En 1784, la *Loge Mère les Philadelphes* de Narbona se puso en contacto con ellos y firmaron un Concordato para buscar los mismos fines.

Cabe preguntarse, pues, si la supuesta ingenuidad de los Filaletos y su gusto por las ciencias ocultas no era sólo una excusa para poner todo en duda ¿De qué otra manera se puede explicar el giro de Savalette de Langes? Por qué no volvió a su creencia, y a lo que había dicho a sus hermanos durante el Convento.

Algunos autores han tenido confusión para aclarar cuál de los dos ritos fue el que viajó con el ejército de Napoleón en 1798. Hay que decir que fueron los Filadelfos, rito al que pertenecían varios oficiales de Bonaparte, los que instalaron una logia de su Obediencia en el Cairo. Allí tuvo lugar la iniciación de Samuel Honis, que, como veremos en el capítulo que hablamos del nacimiento del rito de Menfis, fue el que en 1814 lo devolvió a Francia.

El marqués de Chefdebien creyó que lo mejor para el rito era pedir la integración en el Gran Oriente de Francia, que en ese momento era la mayor Obediencia existente. Lo hizo en abril de 1805, presentando las Cartas de Agregación. La afiliación no fue inmediata y tardaron más de un año en tomar la resolución. Finalmente, el 27 de septiembre de 1806, el Directorio de los Ritos aceptó la integración. Cuando ocurrió esta incorporación en el Gran Oriente, algunos de los miembros disintieron y continuaron trabajando por su cuenta. El rito no tardó en desintegrarse, presumiblemente porque esa unión significaba la extinción.

Según Jean Bricaud, en abril de 1815 hubo en Montauban una especie de renacimiento del rito. Samuel Honis, que, como hemos mencionado, había llegado a Francia en 1814, y se instaló en Montauban en 1815, donde creó una Gran Logia bajo el nombre de *Les Disciples de Mempfais* (*sic*),[3] con la ayuda de Gabriel Marconis de Nègre, el marqués de la Roque, el barón de Dumas, Hippolyte Labrunie y J. Petit, todos ellos antiguos masones del Rito de los Filadelfos. El Gran Maestre terminó siendo Marconis de Nègre, aunque como resultado de las múltiples intrigas, esta Gran Logia fue puesta en «sueños» el 7 marzo de 1816.

Según Kenneth MacKenzie, en 1818 fue reconstituido el Rito Primitivo en los Países Bajos por Marchot de Nivelles. Comprendía treinta y

---

3. Auguste Mariette descubrió cerca del emplazamiento de Menfis una necrópolis en la que se enterraron sucesivamente desde la XVIII dinastía hasta la dominación griega.

tres grados, de los cuales sabemos que ocho fueron añadidos hacia 1801 por un cuerpo que se autodenomina Gran Logia Metropolitana de Edimburgo, y los otros veinticinco los tomaron de los Emperadores de Oriente y Occidente.[4]

Pero antes de meternos de llenos en el desarrollo de los Ritos Egipcios, hay otro rito efímero y curioso que tiene que ver bastante con ese desarrollo, es el rito de los Hermanos Iniciados de Asia.

Se definía como una «asociación fraternal de hombres nobles, piadosos, eruditos, experimentados y reservados, independientemente de su religión, nacimiento y estado». A diferencia de la mayoría de órdenes de aquella época, donde se exigía ser cristiano, ya admitía judíos.

Por lo tanto, tenemos estos Ritos Egipcios o protoegipcios que se adelantaron y aceptaban a mujeres y hebreos, algo que la masonería institucional no contemplaba.[5]

Estos hermanos iniciados de Asia remontan su origen, como otras órdenes que buscan una filiación antigua, a los años 40 d. C., aunque admiten que tuvieron una reforma en 1541. Lo cierto es que no hay ninguna prueba de ello. En realidad, se llamaban los Caballeros y Hermanos de San Juan Evangelista de Asia en Europa.

Es difícil desentrañar su historia, los datos originales referentes a ellos son extremadamente raros. Vamos a sumergirnos ahora en un ejemplo real y fascinante, que para la mayoría de nosotros está enterrado en ese extraño abismo entre 80 y 500 años de nuestro pasado. Pertenece a esos patrones de la memoria colectiva que cuando creemos haber penetrado, nos damos cuenta de que han ofuscado nuestras propias mentes y nosotros hemos confundido a otros. Los escritores que han investigado sobre ellos han terminado por aceptar las pocas declaraciones que hicieron y finalmente unos se han pasado la información a otros. Tampoco podemos hacer mucho más que tomar prestada esa explicación e intentar narrarla de acuerdo con el método y procedimiento masónico. Podríamos definirla como un nexo fundamental entre la magia del Renacimiento tardío, que pasa a tener su centro en Venecia, y nuestras modernas tradiciones

---

4. Kenneth Mackenzie, *The Royal Masonic Cyclopedia*, John Hogg, Londres, 1877. Reed. Aquariam Press, 1987.
5. Actualmente, sigue ocurriendo algo parecido. Las Grandes Logias alineadas con Inglaterra —entre ellas España— no admiten mujeres y el Supremo Consejo de Inglaterra del R∴ E∴ A∴ A∴ no admite judíos.

ocultas que se desarrollan en el resto de Europa. Ese «renacer» que comienza a tener confianza en los seres humanos y sobre todo en un hombre nuevo que se va descubriendo a sí mismo y confía en sus propias capacidades. Es el nacimiento de una nueva clase social, son todas las manifestaciones de la emancipación de seres humanos preparados para apropiarse de los secretos de la creación.

Esto lo deducimos de los pocos documentos que, escritos en idioma alemán, han ido apareciendo con cuentagotas en subastas a precios desorbitados. Se entienden que eso sea así porque no estaban destinados a ser publicados, y ahora algunos investigadores han podido leerlos gracias a la era digital.

El primer folleto que apareció en otro idioma, en este caso el francés, fue alrededor de 1788. El documento asegura traer noticias auténticas de unos Caballeros Iniciados y Hermanos Asiáticos. Algo parecido a lo ocurrido con *La Fama Fraternitatis* de los rosacruces. Los estatutos de la orden afirman que el rito se presentó en Viena, circa 1780, y que pronto fue conocido en Italia y en Rusia.

De modo que podemos asegurar que fue así como los Hermanos Asiáticos fueron fundados por un oficial bávaro, Hans Heinrich von Ecker und Eckhoffen. Lo cierto era que, a causa de un intento fallido en 1776 de crear una orden Rosa-Cruz, a la que llamó *Ordo Rotae et Aureae Crucis* [La Orden de la Rueda y la Cruz Dorada], tuvo que dejar la *Orden der Gold- und Rosenkreuzer* (Orden de la Rosacruz de Oro) en 1780. Hans Heinrich von Ecker se mudó de Múnich a Viena y, estando en la logia *Zu den Sieben Himmeln* [A los Siete Cielos], hizo campaña a favor de una Orden de los Caballeros y Hermanos de la Luz que supuestamente él había inventado, establecida por los «siete sabios» o patriarcas de las siete iglesias en Asia. La orden estaba destinada a difundir la luz y la verdad, otorgar bienaventuranza y paz, y traer los símbolos secretos y genuinos de los tres primeros grados. En realidad, era un intento de reformar la masonería, igual que pretendió el Convento de Wilhelmsbad o el Convento de París.

El nombre adoptado, que hace referencia a Asia, tenía como objetivo establecer, ante todo, una fuerte conexión con las tradiciones ocultas de Oriente. Aunque en este contexto, el término «Asia» necesita una explicación. En ningún momento se pretendía hacer referencia a la masa de tierra que hoy conocemos como Asia. El término intentaba obrar igual que una etiqueta, para señalar una tradición que no provenía del continente europeo, sino de Oriente. Quería demostrar así que era igual, o posiblemente más antigua, que la ortodoxia católica y judía instaurada en el siglo xviii.

La respuesta la encontramos principalmente en dos hombres que acompañaron al fundador Hans Heinrich von Ecker, aunque no eran ninguno de sus miembros destacados. Son dos personajes de los que la mayoría de nosotros nunca hemos oído hablar, e incluso la historia académica se olvidó de ellos hasta la década de 1960. El principal era Thomas von Schoenfeld, cuyo verdadero nombre era Mosheh Dobruschka, pertenecía a las élites judías de Bohemia y era primo de Jacob Frank, creador del frankismo.[6] Se cambió varias veces de nombre, la primera vez al convertirse al catolicismo y entrar al servicio de José II, para el que realizó algunas misiones. Volverá a cambiar su nombre por el de Junius Frey cuando se una a la Revolución Francesa en 1792. Hecho que le costará la vida.

El otro fue Ephraim Joseph Hirschfeld, que, como cabalista judío y masón en el contexto de la Ilustración, aún espera una investigación mucho más concreta. Cuando viajó a Berlín, estuvo en contacto con la Haskala o *Haskalah*,[7] y también mantuvo vínculos con los frankistas y las logias masónicas judías, o que aceptaban judíos tanto en Frankfurt como en Offenbach. Podríamos decir que fue un codiseñador activo de la Orden de los Hermanos Asiáticos, en cuyo conocimiento e influencia se puede rastrear la formulación del contenido cabalístico en los rituales de la Orden. También es importante la apertura de la institución hacia el judaísmo, promovida por Hirschfeld y von Schoenfeld. Así como la aportación del contenido de la enseñanza masónica de este sistema de Altos Grados, a los patrones cabalísticos de interpretación.

Si hubiéramos conocido desde el inicio que su verdadero nombre era Mosheh Dobruschka, nos habría revelado mucho. No sólo sobre sus antepasados, sino también respecto a sus creencias, particularmente poco

---

6. Podría decirse que Frank creó una nueva denominación de judaísmo, ahora conocida como frankismo, al incorporar algunos aspectos del cristianismo al judaísmo. El desarrollo del frankismo fue una de las consecuencias del mesiánico movimiento *Sabbatai Zevi*. Este misticismo religioso siguió a los cambios socioeconómicos entre los judíos de Polonia, Lituania y Rutenia.

7. La *Haskala* se conocía como la Ilustración judía, fue un movimiento intelectual entre los judíos de Europa central y del este, con cierta influencia en el mundo musulmán. Surgió como una cosmovisión ideológica definida durante la década de 1770.

convencionales, y su aportación de elementos de la doctrina sabática a su enseñanza.[8]

La ciencia secreta que se desarrolló incluía los cuatro mundos de la teosofía del Zohar. Sin duda, un antecedente que posteriormente aprovecharía el Rito de Mizraim. Según el mensaje auténtico de los Caballeros y Hermanos Iniciados de Asia de 1787, estos mundos eran:

• **Aziloth:** la creación invisible, o la creación fuera del tiempo.
• **Beria:** la creación general, primera y visible.
• **Zesira:** la creación espiritual.
• **Asia:** la creación de los mundos.

En cuanto a cómo interpretar los símbolos masónicos, no era más difícil a finales del siglo XVIII de lo que lo es en la actualidad, teniendo en cuenta la multitud de explicaciones existentes, tanto entonces como ahora. Otras aportaciones fueron la reflexiones o enseñanzas derivadas del rosacrucismo, de las que el rito estaba lleno porque eran de considerable interés para la forma que tenían de concebir la orden. Era algo normal que se introdujeran elementos rosacruces por uno o ambos de los hermanos que habían pertenecido anteriormente, en Alemania, a la Fraternidad de la Rosa Cruz de Oro.

Esta especificidad rosacruz y hermética de los Hermanos de Asia atrajo a muchos miembros de la nobleza alemana, como al landgrave Carlos de Hesse, al duque de Liechtenstein y a los condes de Westenburg o Thurn. Pero igualmente atrajo a las élites judías, que no sólo encontraban y aportaban conocimiento a la orden, también era un medio de reconocimiento social, así Mosheh Dobruschka obtuvo el título de barón y cambió su nombre por el de Thomas von Schoenfeld.

En la tumultuosa convención masónica celebrada en Wilhelmsbad en 1782, la Orden de los Hermanos Asiáticos en Europa no obtuvo los resultados deseados. Los hermanos (Hans Heinrich y Hans Karl) von Ecker und Eckhoffen no consiguieron que su organización fuera reconocida oficialmente, porque los partidarios de la masonería más crística querían

---

8. Jacob Katz, *Juifs et Francs-Maçons en Europe,* CNRS (Biblis), París, 2011, p. 53. Cf. Igualmente a Luc Nefontaine y Jean-Philippe Schreiber, *Judaïsme et Franc-Maçonnerie,* Albin Michel, París, 2000.

preservar su pureza cristiana. Estamos hablando del Régimen Escocés Rectificado, de Willermoz. Esto condujo a que en el año 1784 la Orden de los Hermanos Asiáticos se independizará, como ya había hecho Cagliostro, y creará unos estatutos específicos. El primer artículo establecía lo siguiente: «Cualquier hermano, sea cual sea su religión, clase o sistema de pensamiento, puede ingresar en la Orden siempre que se muestre como un hombre de bien, tanto por su pensamiento como por sus acciones. Nuestro único objetivo es el bien y el bienestar de la humanidad, y esto no puede depender de ninguna circunstancia, ya sea la religión, el nacimiento o la clase social en la que se haya criado un hombre».

El iniciado de primer grado prometía la perfecta sumisión y obediencia irrevocable de las leyes de la orden, sin preguntar por quién habían sido establecidas. La orden, por su parte, le comunicaría a cambio los verdaderos secretos de la masonería, junto con el significado ético y físico de sus símbolos.

Todo esto suena muchísimo a lo que trataremos posteriormente, los *Arcanum Arcanorum*. Ése fue el motivo por el que se alejaron de los planteamientos de los Filaletos y de los Filadelfos. En ningún momento fueron dogmáticos con el triángulo o con la cruz, en eso también difieren. Recibían, con respecto al nacimiento y la religión, a todo hombre honesto que creía en Dios y lo confesaba públicamente. Eso sí, para pertenecer a la orden, los candidatos debían de haber pasado por los tres primeros grados de la masonería en una logia de San Juan o de Melquisedec. Aclaraban: «Se sabe que las Logias de San Juan son sólo para cristianos: las de Melquisedec, todas tan buenas y de acuerdo con la ley, existen en gran cantidad, en Italia, Holanda, Inglaterra, Portugal, España y reciben judíos, turcos, persas y armenios». La orden está por toda Europa destinada al gran objetivo de la unión.[9]

La cualificación exigida, por consiguiente, era la de Maestro Masón y se ampliaba con cinco nuevos grados. El cuarto, Buscador; el quinto, Paciente; el sexto, Caballero y Hermano Iniciado; el séptimo, Maestro y Sabio, y el octavo Sacerdote Real o Verdadero Hermano Rosacruz, o también Grado de Melquisedec. Se regía por un Sanedrín que consistía en Padres y Hermanos de las Siete Iglesias Desconocidas de Asia; pero a pe-

---

9. Jean-Pierre-Louis de Luchet, *Essai sur la secte des Illuminés*, París, 1789. Reeditado por FV Éditions, 2017.

sar de esta designación semiapocalíptica, estaba abierta a masones sin distinción de nacimiento, país o religión.

A la luz de lo anterior, puede que no sea una sorpresa que los Hermanos Asiáticos fueran desmantelados sólo nueve años después de su surgimiento en 1781. Dado que habían atraído a una gran cantidad de seguidores en un corto período de tiempo. Parece que la publicación de sus secretos en la revista *Rolling* en 1787 destruyó la orden, algo que, sin embargo, carece de fundamento. Tal vez lo más acertado, aunque su relato sea confuso, sea lo afirmado por Findel, que asegura que el sistema se vino abajo en 1790, poco después de la muerte del barón Hans Heinrich. Sin embargo, parece ser que continuaron con la orden grupos pequeños y aislados, ya que su historia oficial fue difundida en 1803, o bien inspiró la publicación.

Entonces, ¿qué es lo que hace que esta orden, que tuvo una corta duración, se destaque de entre muchas otras sociedades secretas de su tiempo? ¿Por qué ha sido proclamada, con razón o sin ella, como una de las precursoras de la Societas Rosacruciana o de la Golden Dawn, y de las descendientes de estas dos órdenes? Sencillamente, porque se la consideraba además una fuerza predominante en muchos de nuestros predecesores, como Eliphas Levi, Paschal Beverly Randolph, Frederick Hockley, Papus o Kenneth R. H. Mackenzie.

Es una pena que uno esté tan familiarizado con la mayoría de ellos, y muy poco con los Hermanos Iniciados de Asia. Debido, la gran parte de las veces, a la oposición de estamentos hostiles o a causa de comentarios alevosos de personas que sabían poco o nada sobre el tema, incluso siendo escritores contemporáneos. Es cierto que no hemos podido tener acceso a sus rituales, pero viniendo del ámbito rosacruz es muy probable que tuvieran una cierta similitud, aunque suponemos que será difícil tener una oportunidad para el examen, debido a su extrema rareza.

EL RITO EGIPCIO DE CAGLIOSTRO

A pesar de la buena acogida que al menos en el Renacimiento tuvo todo lo relacionado con Egipto por sus misterios y los mitos que lo rodeaban, hay que reconocer que la masonería del siglo XVIII estuvo muy poco interesada por los temas egipcios. Las únicas excepciones, como hemos visto hasta ahora, fueron los Arquitectos Africanos, los Filaletos, los Filadelfos y los Hermanos Asiáticos.

Lo cierto era que en el mundo cultural occidental las relaciones eran tensas, compitiendo y creándose una gran rivalidad entre los partidarios de la antigua Grecia y los del Egipto dinástico, que hizo que, con la llegada del Romanticismo, las pirámides estuvieran menos de moda. El poeta Percy Bysshe Shelley, refiriéndose a Egipto, escribió dos textos alternativos a los clásicos griegos que hablaban de Prometeo y de Adonis, uno lo publicó en 1817 y se llamó *Ozymandias*.[1]

La realidad fue que, durante la dominación del Romanticismo, desde 1790 hasta 1890, hubo una hostilidad generalizada hacia Egipto, que en muchos casos quedó relegado a las notas al pie de página. También ocurrió en la francmasonería, donde únicamente fueron algunos egiptófilos masónicos de la época de la Ilustración los que decidieron mirar al Nilo. Parece ser que, a partir de ahí, y con la implantación del Rito Egipcio por

---

1. *Ozymandias,* denominación griega para el faraón egipcio Ramsés II (1304-1237 a. C.). El nombre fue recogido de la inscripción del pedestal de su estatua existente en el Ramesseum, que está en el otro lado del río Nilo, enfrente de Luxor, y que dice: «Como Rey de Reyes que soy, User-Maat-Ra [Ramsés II]. Si alguien quiere saber lo grande que soy y dónde estoy, que superen una de mis obras». El término de *Osimandias* se debe a que cuando Diodoro Sículo escribía su obra hizo una mala transcripción del nombre. Diodoro Sículo, *Obra completa,* Editorial Gredos (Biblioteca histórica), Madrid, 2001-2012. Traducción de Juan José Torres Esbarranch.

Alessandro de Cagliostro, repudiado por igual por católicos y masones, hubo un alejamiento de las decoraciones al estilo egipcio.

Cabe preguntarse, ¿por qué la masonería clásica se ha ido olvidando de una tradición que, en los dos siglos anteriores, había fascinado a todos los círculos intelectuales y esotéricos? ¿Podría ser a causa de ese fatalismo lanzado contra Egipto desde los tiempos bíblicos, y que afectó de una manera u otra a los que se habían relacionado con la egiptología? Todo es posible. También hay que decir que la masonería, que se autodenominó «egipcia», no hizo nada por contradecir esa idea y evitar el olvido. Volvió a estar en pleno auge con la Ilustración, que desató de nuevo un cierto interés motivado por el desarrollo científico y desde una visión más moderna surge una vez más la afición por la antigua religión esotérica y las leyendas alegóricas. Es a partir de ese momento que la francmasonería vuelve otra vez a tener un interés por Egipto, que ayuda al renacimiento del hermetismo moderno.

Una de las masonerías que más contribuye es la del conde de Cagliostro, que se convierte en una parte significativa de lo que luego será el Rito de Menfis-Mizraim. Pero siempre que hablamos del personaje, se producen acaloradas discusiones.

Innumerables biografías han intentado esclarecer el nombre del misterioso conde de Cagliostro, que caracterizó al Siglo de las Luces. Pero no sabemos bien quién fue. ¿Taumaturgo, amigo de la humanidad, estudioso y divulgador de las ciencias esotéricas? ¿O astuto propagador, aventurero y vulgar charlatán? La pregunta hasta ahora no ha tenido una respuesta certera: el misterio que siempre ha envuelto las múltiples actividades realizadas por Cagliostro, ayuda a mantener vivo el interés por él. La naturaleza enigmática fue y sigue siendo su encanto.

Nos ha llegado una tradición que nos habla de un hombre de países desconocidos. Parece que vivió en épocas indefinibles, y realizó viajes fabulosos. Gracias a los cuales parece haber adquirido profundos conocimientos en las artes más nobles: alquimia, espagírica, astrología, interpretación de sueños. Está escrito, sólo Cagliostro sabía quién era Cagliostro.

No queremos exponer aquí una biografía de Alessandro de Cagliostro. Todas sus aventuras son muy conocidas, sobre todo por la novela de Alejandro Dumas, *Memorias de un médico*.[2] Aunque deberíamos recordarlo

2. Alejandro Dumas, *José Bálsamo: Memorias de un médico,* Alba ed., Barcelona.

más por haber sido el último prisionero que murió en las celdas de la Inquisición, en la Fortaleza de San Leo.

Cagliostro no solamente está ligado a su obra ocultista. También a su manera, y en su época, podríamos considerarlo un activista político. Llegó a enfrentarse al despotismo con un libro visionario, *Lettre au peuple français*,[3] donde profetizó varios hechos que sucedieron con la Revolución francesa.

Lo cierto fue que Cagliostro acertó tres hechos, con tres años de antelación: 1) Que el rey convocaría una última vez a los Estados Generales. Es decir, una asamblea compuesta por los tres órdenes: clero, nobleza y tercer estado (plebe). Acto que ocurrió el 5 de mayo 1789. 2) Que el pueblo francés, en plena revolución, asaltaría la Bastilla. Hecho que se produjo el 14 de julio de 1789, habiendo primeramente asaltado *L'hôtel des Invalides,* en donde obtuvieron una gran cantidad de armas. 3) Que se suprimirían las *lettres de cachet* –cartas con el sello real en las que se exigía el encarcelamiento de una persona–. Finalmente, la Asamblea Constituyente derogó las *lettres de cachet* mediante un decreto de fecha 26 de marzo de 1790. En lo relativo a esas cartas, entre 1741 y 1775 se enviaron cerca de veinte mil de esa clase y el número seguía aumentando. 4) Siempre creyó que la revolución se desarrollaría pacíficamente con paciencia y prudencia.[4] Es evidente que en este último caso se equivocó.

Si como hemos dicho anteriormente, el núcleo original de lo que podríamos llamar Orden Egipcia o Rito Egipcio lo fundó Raimondo di Sangro en Nápoles, debemos decir también que el principal difusor real de los ritos de la masonería egipcia y de muchas corrientes rosacruces, fue el conde Alessandro de Cagliostro, que algunos lo confunden con Giuseppe Balsamo.

La vida de este último personaje ha sido escrita por varios autores, y todos ellos concuerdan en que era un embaucador. Es muy tentador para algunos que viven de escribir sensacionalismo sin ninguna credibilidad, copiar, recopiar y exagerar lo que han escrito otros, sin importarles si es verdad o mentira.

Esto fue lo que pasó con el caso del conde de Cagliostro. Pero cada vez queda más y más demostrado que intentaron confundir a Balsamo con el

---

3. Conde de Cagliostro, *Lettre au peuple français,* Chez Garnery, & Volland, París, 1786.
4. Jean-Marie Ragon, *op. cit.,* pp. 164-165.

conde de Cagliostro, muy posiblemente para ridiculizar a este último y que perdiera su credibilidad en todo lo relacionado con la masonería y la política. El conde de Cagliostro en cuestión es digno de un meditado estudio.

Como hemos visto hasta hace unos años, se aceptaba tácitamente que el conde Cagliostro era Giuseppe Balsamo, un pícaro siciliano nacido en Túnez que deambulaba por Europa e incluso visitó Londres en el curso de su carrera. Sin embargo, en el año 1910, William R. Trowbridge logró aclarar la duda en la identificación a través de un interesante y elaborado estudio de las pruebas en general.

Trowbridge, dice en su libro: «La leyenda de Balsamo es una explicación tan plausible del misterio del origen de Cagliostro que, a falta de cualquier otra, ha satisfecho a todos los que tienen derecho a ser considerados autoridades. Sin embargo, la evidencia en la que han basado su creencia es más circunstancial que positiva. Ahora bien, como todo el mundo sabe, no siempre se puede confiar en las pruebas circunstanciales. Hay muchos casos registrados de personas que han sido condenadas en virtud de ello, y que luego fueron declaradas inocentes. En este caso particular existen muchas dudas y todas las "autoridades" lo han admitido».

Será suficiente decir que en el lugar de los antecedentes que se conocen en la hipótesis de Balsamo, Trowbridge sitúa en el verano de 1776 a Cagliostro en Londres, acompañado de su esposa y con abundantes medios por el momento, mientras Giuseppe Balsamo se encontraba en otro lugar. En general, considero que Trowbridge, como apologista inteligente e imparcial, hace un buen servicio al tema por la luz independiente que arroja sobre la historia y nos anima a considerar al *Magus* bajo un aspecto nuevo y mucho más favorable.[5]

Estando Alessandro de Cagliostro en Londres, fue acusado de ser Giuseppe Balsamo por el espía francés y chantajista Charles Théveneau de Morande. El conde de Cagliostro refutó el hecho en su *Open letter to the English People* [Carta abierta al pueblo inglés], de esa forma obligó a Morande a retractarse de sus palabras y pedir públicamente una disculpa. Todo este desprestigio orquestado viene a causa de la intervención de Cagliostro en el *affaire* del collar de María Antonieta, junto al cardenal

---

5. W. R. H. Trowbridge (William Rutherford Hayes), *Cagliostro: The splendour and misery of a Master of Magic*, Chapman and Hall, Londres, 1910.

Rohan. El gran escándalo que supuso el hecho acabó hundiendo la imagen pública de la reina y la pérdida del apoyo del pueblo de Francia.[6]

Los intentos de calumniar al conde de Cagliostro fueron incitados, sin duda, por el ministro de policía francés. Su intención era desacreditar al alquimista y sus milagros a los ojos de la opinión pública británica, especialmente entre los masones. El libro, difundido en Roma en 1791 bajo los auspicios de la Cámara Apostólica, que pretende versar sobre la vida de Cagliostro con un resumen de su juicio por la Inquisición, es el que lo identifica con Giuseppe Balsamo, pero no menciona fechas ni da datos. Se trata de principio a fin de un ataque lleno de amargas y clericales invectivas contra la masonería y, en mi opinión, totalmente falso. Se trataba de los artículos de Morande, que la Inquisición llama biografía y en la que todos los autores posteriores fundaron sus opiniones, confundiendo a Cagliostro, el ocultista, con Giuseppe Balsamo, el delincuente.

En palabras de Arthur E. Waite: «...Cagliostro era realmente serio, mientras que no era tan evidente lo relativo a la falsedad de sus afirmaciones, aunque seguramente eran mucho más seductoras, como las que se habían vertido con anterioridad respecto a otros sistemas y grupos de grados, a partir del momento en que Anderson falsificó las primeras credenciales sobre la Masonería en su Libro de las Constituciones».[7]

La verdad es que del mismo modo que nadie ha demostrado que Balsamo y Cagliostro son la misma persona, tampoco nadie podrá jamás afirmar en conciencia que el hombre velado de la plaza Navona y el muerto viviente confinado en el Fuerte de San Leo son el Gran Copto. Hagamos caso de lo que dice Trowbridge: «Quienquiera que haya sido Cagliostro nunca podría haber sido Giuseppe Balsamo».

La vida de Cagliostro se ha tratado en muchísimas obras que se pueden consultar, pocas a favor y muchas en contra. Por cierto, que coincidiendo con Henry W. Coil, no creo que Cagliostro haya sido un charlatán mayor que otros de su época. Es cierto que los puristas de la masonería tratan todo lo dicho por el conde de fraude, aunque la pregunta debería ser: ¿Creó verdaderos rituales capaces de iniciar?, ¿eran realmente

---

6. El escándalo que rodeó al collar de diamantes desempeñó un papel crucial en socavar la credibilidad de la monarquía borbónica entre la población francesa. Este evento tiene una gran importancia histórica, ya que le otorgó legitimidad moral y un amplio respaldo público para que la Revolución francesa estallara cuatro años después.

7. Arthur E. Waite, *op. cit.*

mágicos? Sobre la cuestión de la iniciación es probable que no podamos contestar, pero respecto a si los rituales eran mágicos, seguramente es mucho más fácil de responder si seguimos la vida de su creador.

Veamos qué opinaba de él Rhegellini de Schio: «En los últimos tiempos, Cagliostro pasa por tener el don de sanar las enfermedades; les da gratuitamente medicamentos a los pobres y da limosnas muy generosas. Su culto misterioso y maravilloso le da adeptos en Francia, Alemania, Inglaterra e Italia. Su dogma está cercano al de Swedenborg; lo ha fundado sobre la misma teosofía, y en torno a la ciencia hermética. Sus ceremonias son una mezcla de plegarias sagradas y profanas, de salmos y de cánticos».

La fusión de la gnosis y el rito del misterio, claramente perceptible desde el proceso iniciático, ha dado lugar a un conjunto de verdades de difícil codificación. Todas ellas sobrevivieron a la ruina y al olvido de las grandes civilizaciones del pasado, que son las que las habían originado y que sólo eran accesibles a unos pocos elegidos.[8]

Por ello, la tradición masónica ha adquirido un aura salvadora capaz de responder a las profundas necesidades de sus afiliados, quienes, como miembros elegidos, han realizado la delicada tarea de impedir que los conocimientos secretos sean destruidos por lo profano. Entrar en la masonería que fundó Cagliostro significaba estudiar la teúrgia y la cábala, desarrollando así una especie de dominio de lo oculto.

Al conde de Cagliostro lo describen como un hombre fuerte, con un verbo sólido, hablador, lleno de habilidades interpersonales y perteneciente a la nobleza menor siciliana. Nacido en Palermo (Sicilia) el 2 de junio de 1743, aunque la verdad es que no sabemos con certeza si ésa es su fecha de nacimiento o la de Giuseppe Balsamo. Hay autores que las confunden y nos confunden. No obstante, parece ser que, por el contrario, Giuseppe Balsamo habría nacido en Túnez en 1749 y pertenecía a la familia Balsamo, que eran artesanos.

El primer viaje de Cagliostro a Malta tuvo lugar en 1766, según dice en su memoria, y habría conocido allí al caballero D'Aquino. Este noble del que hemos hecho referencia anteriormente, cuando hablábamos de Raimondo di Sangro, pertenecía a una de las siete grandes casas del reino de Nápoles, relacionada con los antiguos reyes, y con santo Tomás de Aquino. Era hijo del VIII príncipe de Caramanico, duque de Casoli,

---

8. Mario Reghellini, F. de Schio, *op. cit.,* p. 273.

gran chambelán del emperador Carlos VI. De un carácter poco convencional para su época, vivió una juventud libertaria y terminó interesándose por la masonería. Hacia 1763 se afilia a un taller de la *Madre Logia Escocesa de Marsella*;[9] aunque al mismo tiempo mantenía una relación epistolar con la logia holandesa *La Bien-Aimée* [La Amada]. Sin embargo, su interés por el hermetismo le llevó a ingresar en logia *La Stella* [La Estrella], que trabajaba de acuerdo con el Rito de Clermont. Este nuevo paso le permitió introducirse en la leyenda masónica templaria, que como veremos a continuación tuvo una enorme influencia en él.

El 30 de marzo de 1765, D'Aquino toma una gran decisión y se adhiere a la Orden de los Caballeros de Malta. En un viaje de vuelta a la isla de Malta al inicio del año 1766, cuando hicieron escala en Palermo, se encontró en el barco al conde de Cagliostro. A partir de ese momento surgirá una gran amistad entre ellos, que durará hasta la muerte del caballero. Cuando llegaron a su destino, Alessandro de Cagliostro conoció, gracias a D'Aquino, al Gran Maestre de la Orden de Malta, Manuel Pinto de Fonseca, con el que hizo una buena amistad. En aquella época, muchos caballeros de la Orden de San Juan y parte de la nobleza maltesa eran masones.[10] De Fonseca los alojó en su palacio y, gracias al interés de ambos por la alquimia y el hermetismo, pudieron frecuentar el laboratorio de la orden. Hay que recordar que, en ese siglo, la Orden de Malta también mostró un interés particular por la alquimia y el hermetismo. Durante su primer viaje a Malta, se dice que Cagliostro fue iniciado como masón en la logia *Parfait Harmonie*, fundada en la isla en 1738, y luego reconstituida en 1789 con el nombre de *St. John of Secrecy and Harmony,* por la patente n.º 539 de la Gran Logia de Inglaterra. Creo que el caballero D'Aquino también perteneció a esta logia. Siete meses más tarde, es decir, en 1767, ambos regresan a Nápoles con unos rituales y reglamentos para formar una logia de tres grados, y a estos se agregaron más tarde, por el interés de D'Aquino, y gracias a las sugerencias de Althotas, otros tres grados más.[11] Eran los *Arcanum Arcanorum,* que más

---

9. Estas relaciones están documentadas desde 1750.
10. El Gran Maestre Manuel Pinto da Fonseca era masón, y se informa que otros (incluido el Gran Maestre Emmanuel de Rohan) también fueron masones e influyeron en la difusión de la masonería en Malta.
11. La fecha de 1767 está escrita en un pergamino (Archivos de las Órdenes de Mizraim y Menfis), cuya autenticidad, sin embargo, no es del todo segura. No obstante, esta fecha

tarde serán conocidos en Francia y Bélgica como *Scala di Napoli* o Régimen de Nápoles.

Tanto Luigi D'Aquino Caramanico, primo del príncipe Raimondo di Sangro, como el conde de Cagliostro, tendrán que huir de la ciudad en abril de 1767, por pertenencia a la masonería y por manifestar tendencias adversas a la política del rey Borbón, Fernando IV.

D'Aquino partió hacia Roma y Cagliostro desapareció. Poco tiempo después, el conde aparece en Roma y los dos amigos volverán a encontrarse. No solamente ocurrió ese acontecimiento, hubo otro más importe. Alessandro conoció a una joven y bella sirvienta del entorno D'Aquino: Lorenza Feliciani, con la que se casó el 20 de abril de 1768 y que se le titulará como condesa Serafina Feliciani. Viajaron por muchos países de Europa, a los que aportaron sus conocimientos esotéricos.

De cuando la feliz pareja estuvo en Barcelona, Víctor Balaguer dice de la condesa: «De corta edad, de mediana estatura, color blanco, redonda de cara, de bella compostura, ojos brillantes, airosa, de un porte y fisonomía dulce, agradable y lisonjera».[12] La pareja estuvo varias veces en España y la recorrieron visitando diversas ciudades, es por ello que, no podemos olvidarnos, ni negar, la influencia que tuvo Cagliostro en la francmasonería española.

En 1771 muere Di Sangro y el príncipe Luigi d'Aquino retorna a Nápoles, Cagliostro también lo hace en 1773 y los dos amigos alternan sus días entre esa ciudad y Malta. El abate Barruel escribió sobre el conde de Cagliostro: «Hacia el año 1771, un mercader de Jutlandia llamado Kolmer, tras haber pasado algún tiempo en Egipto, se puso a recorrer Europa reuniendo adeptos, a los cuales pretendía comunicar los antiguos misterios de Menfis. Relaciones más especiales me dijeron que se detuvo en Malta, en donde con todos los misterios no hizo sino sembrar entre el populacho los principios desorganizadores de los antiguos iluminados del esclavo Cúroico. Extendidos estos principios, toda la isla se veía ya amenazada por un cambio revolucionario, cuando la sabiduría de los caballeros obligó al nuevo iluminado a encontrar la salvación en la huida.

---

coincide con la del regreso de Cagliostro a Italia después de tres años de ausencia; y sobre este período de su vida falta información. Se supone que estos años los pasó viajando por Oriente Medio y Egipto.

12. *Cf.* Víctor Balaguer, *Las calles de Barcelona en 1865*, tomo I, p. 498. Ed. Salvador Manero, Barcelona, 1865.

Se dice que entre sus discípulos se encuentra el famoso conde o charlatán Cagliostro y algunos otros adeptos, distinguidos por su iluminismo en el condado de Aviñón y en Lyon».[13] Ya sabemos que el abate escribió ríos de tinta contra la masonería.

Sin embargo, la alusión a Kolmer parece que sólo existe en los escritos de Barruel y Le Couteulx de Canteleu. No hay otras referencias publicadas de su existencia, y tampoco se produce un encuentro de Cagliostro con Weishaupt en ningún documento de la propia francmasonería.

Basándonos en el testimonio de Goethe, contenido en su *Italienische Reise*, Constantin Photiadès menciona en las *Vidas del Conde de Cagliostro* el viaje a Malta en 1775, de Alessandro de Cagliostro, y Lorenza Feliciani, que puso fin a la segunda aventura o desventura de Palermo del famoso mago. En él, escribe: «Hasta tal punto, su primera escala en Malta, en casa del Gran Maestre Pinto d'Alfonseca (*sic*), parece tan misteriosa que ésta afectó y marcó la carrera de Balsamo. Durante su estancia en La Valette, un trimestre por lo menos tuvo la suerte de vincularse con el hermano menor del príncipe de Caramanico, que se convertiría en virrey de Sicilia».[14]

Como ya hemos anticipado, el conde de Cagliostro regresa en 1775 junto con Althotas y con D'Aquino, agregándole los tres grados de los *Arcanum Arcanorum* al rito que habían desarrollado. Lo cierto es que, a pesar de las múltiples biografías más o menos noveladas, no se sabe con precisión cómo consiguió crear su Rito Egipcio que llegó a dirigir en calidad de Gran Copto. Tampoco sabemos quién era Althotas, su Maestro iniciador, aunque existen varias teorías. Según algunos autores, Althotas era un aventurero de origen griego o armenio.[15] Pero es Le Couteulx de Canteleu,[16] quien asegura que era un mercader danés llamado Kolmer que había sido enviado por los «Sabios de la Estricta Observancia» y que

---

13. Abate Barruel, *Mémoires pour servir à l'histoire du jacobinisme*, 5 vol., P. Fauche, Hamburgo, 1798-1799.

14. Francesco d'Aquino fue particularmente querido por las capas más humildes de la población siciliana, a favor de las cuales promovió acciones filantrópicas, especialmente durante las epidemias de 1792-1793. El príncipe era un admirador de los ideales igualitarios típicos de la Revolución francesa y mantuvo buenas relaciones con los franceses incluso después de la decapitación de Luis XVI.

15. *Cf.* Frédéric Bulau, *Personnajes énigmatiques*, vol. I, 1861, p. 311.

16. Jean Baptiste, conde de Le Couteulx, *Les sectes et sociétés secretes politiques et religieuses*, Didier et cie., París, 1863, pp. 152-172.

fundó en Malta un rito masónico basado en la magia, la cábala, la adivinación y las evocaciones.[17]

Por tanto, el conde de Cagliostro había aprendido la cábala y las otras
ramas del ocultismo de ese misterioso Althotas, que señala como su tutor
y maestro. Aunque otros lo catalogan, sin evidencia alguna, como un
aventurero griego o levantino. Eliphas Levi, en su *Historia de la Magia*,
divide el nombre de Althotas en tres sílabas: AL THOT AS. Al leer la
primera y la tercera de derecha a izquierda, cabalísticamente, afirma el
propio Levi que se obtiene la palabra SALA, que, según este autor, significa «mensajero». Por lo tanto, Althotas significaría «Mensajero de Thot»,
o también «Enviado de la Sabiduría». Realmente no sabemos si llegó a
existir el personaje o era el nombre simbólico de algún masón de la época.
Siguiendo con Eliphas Levi, dice sobre el *nomen* de Cagliostro lo siguiente: «El nombre Acharat, tomado por Cagliostro, cabalísticamente se escribe así: שא, רא, תא y expresa la triple unidad: שא, la unidad de principio
y comienzo; רא, la unidad de vida y perpetuidad del movimiento rege-
nerador; y תא, la unidad del fin en una síntesis absoluta».[18]

Posiblemente, fue en este último viaje que el caballero d'Aquino habría traído desde Malta hasta Nápoles, siempre según Gastone Ventura,[19]
una serie de tres misteriosos grados inspirados en el hermetismo egipto-
helénico. Estos grados son conocidos como los *Arcanum Arcanorum*, que
se puede traducir más o menos como «misterios de misterios» o «secreto
de secretos», y les dedicaremos un apartado en el capítulo de Mizraim,
porque fue a este rito al que se incorporaron primeramente. Estos grados
se consideran la quintaesencia y constituyen el corazón filosófico de la
masonería egipcia. Allí se revela el gran secreto iniciático o, lo que es lo
mismo, donde los elementos doctrinales dispersos, simbolizados por el
cuerpo de Osiris, se unen gracias a un fundamento filosófico central. En
esta enseñanza final y muy oculta también se revelan los medios, a fin de
contactar con los Maestros Cósmicos a través de la teúrgia. Recibir esta
revelación suele ser un *shock* para algunos, que incluso se niegan a aceptarla durante un cierto tiempo. Pero estos grados terminarán convirtiéndose en tres, 87.º, 88.º y 89.º del Rito de Mizraim, o en cuatro, desde

17. Véase Claude Antoine Thory, *Acta Latomorum*, vol. I, Dufart, París, 1815, pp. 99-100.
18. Eliphas Lévi, *op. cit.*, p. 255.
19. Gastone Ventura, *Les rites maçonniques de Misraïm et Memphis*, Maisonneuve & Larose,
    París, 1986, p. 30.

87.º al 90.º, dependiendo de la evidencia escrita que cada uno haya recibido sobre este tema. Es recomendable ver lo expuesto por Labouré.[20] Por lo tanto, podemos decir que el origen histórico de los Ritos Egipcios se remonta a Cagliostro.

En este nuevo regreso a Nápoles, el conde de Cagliostro, que se hace llamar conde de Pellegrini, se apoyó en la amistad que tenía con D'Aquino y asistió a las tenidas de las logias hasta que se convirtió en uno de sus dignatarios. Se presentó a los napolitanos como un seguidor maravillosamente instruido en la física, la química, la anatomía, la botánica, sin mencionar las ciencias ocultas. Lo afirma Photiadès cuando escribe: «Las cosas iban de maravilla para el conde de Cagliostro, que enseñaba cábala, ciencias ocultas y algunos rudimentos de la medicina; pero que abruptamente todo se convirtió en un enigma y un misterio (...) rico en dinero por sus lecciones de Cábala y Alquimia, que apoyaba enérgicamente el caballero de Aquino, ¿por qué Cagliostro-Pellegrini no prestó más atención a Nápoles? (...)».[21]

Para su desgracia duró poco, en 1775 el general-príncipe Francesco Pignatelli, marqués de Laino, al enterarse de que se había fundado una logia masónica en el Batallón Real de Cadetes, consideró oportuno y su deber advertir al rey de Nápoles. Fernando IV de Nápoles habló primeramente con su padre, el rey de España y, siguiendo sus consejos, consultó con su ministro, el marqués Tanucci. Que, acto seguido, reinstaló un edicto promulgado en 1751 por el mismo Carlos III de España, cuando aún era rey de Nápoles, poniendo con ese documento a la masonería en el punto de mira.

De nuevo regresan las persecuciones de la Inquisición al proclamarse la Pragmática antimasónica papal de 12 de septiembre de 1775. Se sugirió arrestar a los jefes militares por sorpresa. Sin embargo, los masones estaban protegidos por la reina María Carolina de Austria, que era la verdadera gobernante del reino. A pesar de los decretos, las logias siguieron funcionando con discreción, mientras la reina, burlándose de las órdenes de su marido, participaba en los banquetes de las logias femeninas a las que acudía acompañada de la duquesa de Termoli. El ministro Ta-

---

20. Denis Labouré, *op. cit.*
21. Constantin Photiadès, *Les vies du comte de Cagliostro*, Éditions Grasset, París, 1932, pp. 123-124.

nucci, que era muy consciente que un enfrentamiento con la reina podría desembocar en un escándalo, lo dejó correr, pero ante las protestas del rey, María Carolina de Austria decidió avisar a sus amigos masones que se callaran un rato. El jefe de la policía finalmente organizó una redada en una pequeña logia.[22]

Una vez más, tanto D'Aquino como Cagliostro, siempre acompañado por Lorenza, se alejan de Nápoles. Alessandro y Lorenza se embarcaron rumbo a Toulon, y terminaron refugiándose en Marsella. La fama adquirida como depositario de los secretos de las pirámides y de las antiguas Tradiciones, tanto alquímicas como alejandrinas, hacen que lo acojan con los brazos abiertos. Seguramente esos conocimientos no procedían de tierras exóticas, creo que le fueron transmitidas por su gran amigo, el Caballero de Malta y Dignatario de *La Perfetta Unione*. Lo confirman unas declaraciones escritas por el propio Cagliostro, que dicen: «...mis conocimientos alquimistas me habían sido comunicados en Nápoles por un Príncipe que tenía una gran pasión por la Química».

Sin embargo, ni Photiades, que era minucioso y estaba documentado, ni ningún otro biógrafo de Cagliostro se molestó en buscar quién era. Se trataba nada menos que del príncipe de Caramanico, hermano del caballero D'Aquino. Si lo hubieran hecho, habrían descubierto que era primo de Raimondo di Sangro di San Severo, el Gran Maestre Nacional de la Masonería del Reino de Nápoles –título que luego pasó a la familia D'Aquino.[23]

En 1776, Luigi d'Aquino se refugió en Malta bajo la protección de la orden, y Cagliostro se encontraba en Londres en esa misma fecha. Al llegar a esa ciudad, los círculos masónicos le dieron una bulliciosa recepción. A pesar de lo cual se produce una terrible confusión al afirmar Reinhard Markner que había sido iniciado: «Observamos que el Conde recibió la Luz Masónica», es decir, según este escritor, fue iniciado el 12 de abril de 1776 en la *Esperance Lodge* de Londres, porque al parecer se encontró un

---

22. Robert F. Gould, *op. cit.,* p. 417.
23. La masonería napolitana estaba protegida y también frecuentada por la francófona reina María Carolina, hermana de José II de Habsburgo y Lorena. En Nápoles, el Yog de Igualdad fue presidido por el duque de San Demetrio, el de la Paz por el príncipe de Ferolito, el de la Amistad por el I duque Antonio Maresca di Serracapriola; una logia femenina tuvo por sostén a la princesa de Ottaiano.

certificado de su entrada en esa logia.[24] Algo que cualquier masón sabe que no tiene nada que ver lo uno con lo otro.

Gerard Galtier, por lo general, considera que fue recibido en la *Esperance Lodge* [logia La Esperanza], que hemos citado. Para entender este galimatías, hay que conocer la masonería inglesa por dentro. Es evidente que, por muy famoso que fuera Cagliostro, la Gran Logia de Inglaterra no iba a aceptar un grado dado por una logia francesa. Por lo tanto, no lo iniciaron, tal como dice Markner, tan sólo lo recibieron y le facilitaron así documentación inglesa. Hasta aquí quedaría aclarado el tema, pero Galtier añade que la logia estaba: «…ligada al Rito de la Estricta Observancia Templaria. No obstante, el hecho de que recibiera cuatro grados a la vez (Aprendiz, Compañero, Maestro y Maestro Escocés) demostraría que en realidad ya era masón y que esta iniciación no habría sido sino un reconocimiento de su calidad, quizás necesaria debido a la pérdida de sus títulos». Ahora Galtier crea otra confusión al asegurar que la logia estaba «ligada al Rito de la Estricta Observancia Templaria». Es muy improbable que perteneciera a esa Obediencia, porque la *Esperance Lodge* en esa fecha estaba inscrita en la Gran Logia de Inglaterra con el nombre de *Ancient French Lodge* n.º 153, aunque cambió varias veces de denominación. Estaba compuesta principalmente por franceses e italianos que residían en Londres. Hasta 1830, fecha de su extinción, se la conoció como *Esperance Lodge* n.º 134.[25]

Ese certificado de la Gran Logia, expedido en 1777 y que fue proporcionado por el editor del *Courier de l'Europa*, el periódico más importante de Londres de habla francesa entre 1776 y 1792, lo proporciona Théveneau de Morande, que ya hemos visto que fue un periodista conocido por su imprudencia. Existe un artículo suyo publicado varias semanas más tarde de la acusación contra el conde, que cita textualmente las actas de la logia del 12 de abril de 1777, donde se hablaba de la recepción de un hombre llamado Joseph Cagliostro y que confesó ser coronel en el tercer regimiento de Brandeburgo, que la reunión se celebró en el King's Head en Gerrard Street, Soho, y que estuvo presidida por un tal Hardivilliers. A ella asistieron unos veinte hombres, y había dos aspirantes más a ser ini-

---

24. *Cf.* Reinhard Markner, «Cagliostro's Initiation: His 1777 Grand Lodge Certificate Rediscovered», en The Square, septiembre, 2019, p. 23.

25. Véase www.dhi.ac.uk/lane/record.php?ID=499

ciados: un anciano músico italiano llamado Giuseppe Ricciarelli, y un tal Pierre Boileau, ayuda de cámara en el servicio de lord Cavendish. Es posible que el certificado se refiera al conde, pero curiosamente el documento es una mezcla del nombre de Balsamo –Joseph– y del apellido de Alessandro –Cagliostro–, además, que sepamos, el conde nunca fue militar y mucho menos prusiano. Por esta razón dudamos, sinceramente, del documento aportado por Théveneau de Morande.

En consecuencia, podemos asegurar de que ya estaba iniciado en la masonería azul, es decir, en los tres grados básicos: Aprendiz, Compañero y Maestro. También, que seguramente pudo obtener una nueva documentación en Londres, pero si es cierta su relación con la Orden de la Estricta Observancia Templaria del barón Karl Gotthelf von Hund, nos hace suponer que poseía los Altos Grados de la masonería caballeresca alemana, es decir, los seis grados del rito que eran: Aprendiz, Compañero, Maestro, Maestro Escocés, Novicio y Caballero Templario.[26]

En 1778, Cagliostro empieza a fundar logias del Rito Egipcio en Francia, que para Marc Bédarride es una alteración de los primeros grados que Cagliostro había recibido.[27] Adoptó como símbolo secreto el Ouroboros –la serpiente que se muerde la cola–, y al cabo de poco tiempo fundó el Rito Egipcio de la Francmasonería en los Países Bajos.

En los sistemas de Altos Grados, a mediados del siglo XVIII, el nacimiento de una «masonería egipcia» promovida por el conde Cagliostro otorgó un cierto lugar al sexo femenino. Creó en La Haya una logia mixta, *L'Indissoluble,* en 1778, donde las mujeres eran iniciadas en los diferentes grados de esta primera francmasonería llamada «egipcia». En el fondo le fue fácil, gracias a la relación existente del caballero D'Aquino con la logia holandesa *La Bien Aimée.* En Courland –actual Letonia–, también estableció una logia. Detengámonos a propósito un momento, porque sobre este caso ha habido un reciente descubrimiento. Últimamente, se ha encontrado un certificado en los Archivos Militares del Estado Ruso (RGVA) sobre un Rito Andrógino Masónico,[28] que data de mayo de 1779, relativo a la fundación en el ducado báltico de Curlandia.

---

26. Véase Henrik Bogdan, *Western Esotericism and Rituals of Initiation,* State University of New York Press, Albany, 2007, p. 97.
27. Serge Caillet, *La Franc-Maçonnerie égyptienne de Memphis-Misraïm,* Dervy, París, 2003, pp. 77-92.
28. Las logias andróginas es lo que ahora consideramos mixtas.

El certificado proporciona un raro ejemplo de un documento firmado por el conde de Cagliostro como Gran Maestre.[29] En él certifica la elevación al grado de Maestra de la noble báltica Agnes Elisabeth von Medem (de soltera Brücken), la tercera esposa del conde Johann Friedrich von Medem, también un conocido masón.

Nuestro estudio de Alessandro de Cagliostro asumió un marco específico, el del discurso masónico. No obstante, no todo Cagliostro está en la masonería egipcia, ni siquiera toda su actividad exterior. Pero da la clave del sistema, y ayuda a vislumbrar la función del personaje. Y aunque su Rito Egipcio es sólo uno de los muchos ritos de una «Masonería Ocultista», cuya abundancia favorece la corriente iluminista, se distingue de los demás ritos o regímenes por el lugar que otorga a la mujer y sobre todo por su aspecto egiptófilo.[30]

A pesar de que el primer ejemplo de establecer una auténtica masonería egipcia entre los años 1770-80 se la debemos a Cagliostro, hay que reconocer que fue un intento que se desarrolló con muy poco éxito. Eran un pequeño número de logias repartidas en diversas ciudades, bajo la supervisión del conde. De los rituales que hemos podido ver, destacan tres cosas: a) el sistema de Cagliostro es en general masónico; b) en su mayoría de inspiración mágica; c) pero de ninguna manera, egipcia. En este caso, *egipcio* significa familiarmente «copto», un rasgo quizás heredado de las referencias cristianas en la masonería de su tiempo.

No debemos olvidar que los coptos fueron los últimos herederos del antiguo Egipto. Múltiples autores aseguran que esa primera masonería egipcia tenía poco de egipcio, y mucho de copto. Si analizamos los primeros rituales de Cagliostro, encontraremos pocas referencias a Egipto, aunque sí muchas al judaísmo y al gnosticismo. Visitó Mitau y San Petersburgo en 1779. En mayo de 1780 fue a Varsovia. En septiembre de 1780 llegó a Estrasburgo, donde estableció otra de sus logias egipcias. Terminó por fundar la Orden Masónica de la Alta Masonería Egipcia para Oriente y Occidente con el padre Enoc y Elías, las únicas dos personas que Dios

---

29. Archivos Militares Estatales Rusos (RGVA), Moscú, 1412k, Opis 1, 5299. Las notas de la era soviética sobre el documento dan constancia de que la procedencia del certificado era la sede de la logia de investigación de Engbund en Hamburgo.

30. Antoine Faivre, *Actes du Colloque de San Leo. Presenza di Cagliostro*, 21 y 22 junio de 1991, *Réception de Cagliostro dans les discours maçonniques, de sa mort à nos jours*, Centro Editoriale Toscane, p. XVIII.

llevó al cielo según la Biblia, sin que murieran. En los rituales es constante la alusión a la alquimia, la magia y la astrología. En el catecismo de primer grado, se ve claramente y dice: «...pero me parece que puedo hacer una excepción a favor de aquellos que gozan de la primera reputación y que siempre han sido considerados por los modernos más ilustrados, más educados y más honestos, como verdaderos filósofos, como Hermes Trismegisto, Basilio Valentín, El Trevisano, Arnau de Vilanova, Ramón Lull, El Cosmopolita, El Filaleto, etc.».[31]

Para ser iniciado en el Rito Egipcio, era necesario dominar los grados escoceses. El carácter oriental, dado al trabajo de las logias, se acercaba a la iglesia cristiana copta y empleaba un sistema que recuerda al de los Elus Cohen de Martínez de Pasquallis –que conduce a la regeneración corporal y espiritual–. Sin embargo, la mayoría de las denominaciones de los grados tenían una fuerte connotación egipcia.

Analicemos lo dicho, los rituales apuntaban a la regeneración, ya fuera por la vía teúrgica o por la mágica. Por ello, apelar a los ángeles recurriendo a las invocaciones, requería un médium. En particular, un niño llamado «alumno» o una niña «paloma» (*columba*),[32] que por ser inocentes les había sido otorgado un poder sobre los siete espíritus que rodean el trono de la divinidad y que presiden los siete planetas. Se le concedían visiones a través de un globo de cristal lleno de agua, colocado sobre una mesa cubierta con un paño negro bordado con símbolos rosacruces. Cagliostro realizaba extraños pases magnéticos para convocar a los ángeles de las esferas a entrar en el globo, tras lo cual el joven clarividente veía unas imágenes y a menudo describía los eventos que ocurrían en la distancia.[33] La masonería de Cagliostro, más blanca que negra fue, sin duda, indiscutiblemente mágica. Fue, de hecho, una de las primeras manifestaciones ostensible de esta corriente y estas prácticas dentro de la masonería.

Se ha vuelto común decir que la masonería del Rito Egipcio extrae su origen, sus ritos y su filosofía de la remota tradición antigua. Sin embargo, cuando repasamos los textos rituales, a menudo percibimos sólo una forma ceremonial, iniciática y simbólica, teñida de cristianismo copto. Es

---

31. Conde de Cagliostro, *Rituel de la maçonnerie égyptienne*, Arbre d'Or, Ginebra, 2004.
32. La figura de la columba se sigue utilizando en los rituales rosacruces de la *Antiquus Mysticusque Ordo Rosae Crucis* (AMORC).
33. La investigación psíquica ha demostrado que las personas en un estado hipnosis parcial o completa a menudo desarrollan poderes de clarividencia y telepatía.

tentador concluir con rapidez que es inútil mirar más allá, ya que nuestro conocimiento actual parece mostrarnos la ausencia de una verdadera filiación. Pero la masonería egipcia de Cagliostro no ha tenido herederos, porque ninguna rama de la masonería actual realmente puede reclamarla totalmente.

Al principio de 1782 se encuentra en Estrasburgo, en la logia de adopción de *Saint Jean de la Candeur*, para entender mejor este tipo de logia citaremos un pasaje del libro *Les Sociétés Badines*: «...desde el momento en que se supo que varias damas habían sido iniciadas en los primeros misterios de la Masonería, se formaron diversas logias llamadas de Adopción, porque allí la gente estaba dispuesta a adoptar personas del otro sexo. La duquesa de Borbón fue nombrada Gran Maestra de este tipo de reuniones. La que más ilustración y de esplendor obtuvo en Francia por la nobleza y la distinción de las damas que allí figuraban fue la logia de adopción bajo el título *La Candeur*, en París».[34]

Desgraciadamente, en junio de 1783, es llamado a Nápoles por su maestro y amigo D'Aquino, al encontrarse gravemente enfermo. Llegó lo antes posible, aunque su mentor moría el 22 de septiembre de 1783, con sólo 44 años. Cagliostro reemprende de nuevo su misión de apostolado, y enseñanza. A pesar de la fama de aventurero, que ya empieza a seguirle, consigue ganarse la confianza del cardenal-príncipe de Rohan en Estrasburgo. Luego, ejercitará sus habilidades y difundirá su prestigio en Burdeos. Aunque lo más relevante sucederá en Lyon, donde se encontrará con Jean-Baptiste Willermoz, indiscutible maestro del campo masónico y fundador del Régimen Escocés Rectificado.

Allí, en Lyon, funda, el 24 octubre de 1784, el que será el más importante de sus centros, la Logia Madre, *La Sagesse Triomphante* [La Sabiduría Triunfante]. Su masonería se extenderá por toda Europa, y a petición de sus discípulos fue proclamado Gran Copto, abandonando el título de Gran Maestro.

En París, en 1785, tiene lugar la fundación de la logia *Isis*. Esta logia andrógina atraerá durante un tiempo a los nombres más famosos de la capital. Impulsado por su éxito, Cagliostro llegó incluso a sentar las bases de un Supremo Consejo. Lo situó bajo la protección nominal del duque

---

34. Arthur Dinaux, *Les sociétés badines, bachiques, littéraires et chantantes,* Bachelin-Deflorenne, París, 1867, p. 341.

Montmorency-Luxemburgo, administrador general del Gran Oriente de Francia.

Marc Bédarride escribe en la página 126 de su libro: «se dice que en ese tiempo, el llamado Cagliostro, siciliano que había adquirido algunos grados masónicos en Egipto, los modificó y formó un llamado Rito Egipcio a su gusto; llegó a Francia, donde tuvo un gran número de discípulos, pero en 5790 (1786) se vio obligado a abandonar París».[35]

Aun cuando el sistema de Cagiostro fuera personal, debemos decir que era tan interesante como el de Martínez de Pasqually. Aunque lo cierto es: que su enseñanza, posiblemente contenida en sus obras doctrinales, no recibió la acogida favorable de los círculos iluministas de su tiempo como lo habían hecho con la de los Elus Cohen.

Cagliostro cayó en la trampa de visitar Roma, invitado por dos individuos que eran espías de la Inquisición. El papa Pío VI ordenó su arresto y fue detenido por la policía papal el 27 de diciembre de 1789, que lo llevó a las cárceles del Castel Sant'Angelo. Pronto fue sentenciado a muerte por el cargo de ser masón, mientras Serafina era enviada a un convento. El 7 de abril de 1791, el Papa cambió la sentencia por la de prisión perpetua en ese mismo castillo. Después de un intento de escape, fue vuelto a encarcelar, esta vez en la fortaleza de San Leo, en un inmundo pozo donde vivía a oscuras. Cagliostro falleció, o lo mataron, el 26 de agosto de 1795.

Entonces hay que preguntarse, ¿qué motivos había para que Cagliostro fuera vilipendiado, humillado y perseguido por herejía, por la Iglesia Católica Romana? ¿Por qué pidieron su cabeza? Si realmente era un estafador o un adivino, ¿por qué usar tanta brutalidad contra este hombre al que tuvieron encerrado vivo durante cuatro años, cuatro meses y cinco días, en un pozo sin luz y sin ventilación? Por tanto, debemos creer que eran otros los motivos. No porque Cagliostro fuera, sin duda, la expresión viva de la verdad liberada de las cadenas del dogma, que ya sabemos, no puede aplacar el odio más represivo de la Iglesia.

Una de las acusaciones contra Cagliostro fue, precisamente, haber tenido la presunción de fundar la masonería basada en el texto divino del Antiguo Testamento. Si Cagliostro escribió los ritos o utilizó materiales preexistentes, no es importante ahora. Así como tampoco lo es entrar en los detalles del ritual, porque la erudición no es el fin último de los deba-

---

35. Marc Bédarride, *De l'Ordre Maçonnique de Mizraïm,* Bernard et comp., París, 1845.

tes en logia abierta, sino lo que nuestra mente percibe intuitivamente, lo que sentimos y lo que transmitimos.

Ofreciendo remedios alquímicos a todos y en todas partes, Cagliostro se preguntaba a sí mismo, antes de nada, como maestro espiritual: «No tengo edad, ni lugar; aparte del tiempo y del espacio, mi ser espiritual vive su existencia eterna [...]. Aquí estoy: soy un noble y un viajero; hablo, y tu alma tiembla al reconocer palabras antiguas».[36] En sí afirma, o reafirma, el origen egipcio de la masonería, según él, toda luz viene de Oriente, toda iniciación de Egipto.

Henry W. Coil habla con simpatía de Alessandro de Cagliostro: «Los escritores masónicos no desisten aún de darle patadas al león muerto, denunciando a Cagliostro por presentar el Rito Egipcio como masónico. Pero no explican que lo que él hizo ya lo habían hecho en el continente europeo decenas de veces, quizás cientos de veces, los fabricantes de grados».[37]

36. Alessandro, conte di Cagliostro, *Mémoire pour le comte de Cagliostro accusé contre le Procureur général,* Lottin l'ainé, París, 1786, p. 12.
37. Henry W. Coil, *Enciclopedia masónica Coil,* Macoy Pablishing, Nueva York, 1961. Véase también, Henry R. Evans, *Cagliostro y su Rito Egipcio de la francmasonería,* Revista de la Nueva Era, México, 1919.

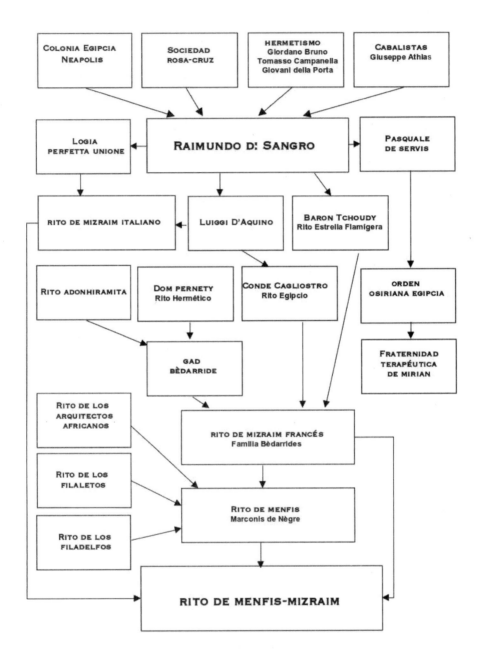

Nota: Fuente y creación del propio autor

PARTE IV

EL RITO DE MIZRAIM

Se suele decir que el nombre de Mizraim es el plural de «egipcio». También puede ser el de Egipto, en el sentido de los dos países (el Alto Egipto y el Bajo Egipto), el de los dos reinos, simbolizado en el tocado del faraón, el *Pschent*, también llamado «Doble Corona».

El Rito de Mizraim apareció por primera vez en Italia, con un carácter triple:

- En primer lugar es pagano, más exactamente «egipcio». Es decir, que afirma una tradición espiritual anterior a la de las tres teologías reveladas incluidas en el judaísmo, el cristianismo y el islamismo.
- En segundo lugar, es «ocultista», es decir, busca el contacto directo con lo sagrado. Para ello, explora técnicas de experimentación con mundos invisibles como la cábala, la alquimia, el hermetismo o la teúrgia. Por consiguiente, entra en flagrante contradicción con las instituciones religiosas que parece ser tienen el monopolio de acceso a lo sagrado.
- En tercer lugar, es extremadamente... complejo... Su forma final no se ha conseguido aún a pesar de los años dedicado a ello. La nomenclatura de sus grados es sumamente incierta y de ninguna manera definitiva. Quizás sea apropiado recordar lo que califica al ocultismo iluminista. Podríamos decir que es el antepasado del surrealismo a nivel estético, y es el comienzo de la psicología profunda a nivel científico. Finalmente, en el ámbito religioso se trata de la abolición del dogma por una experiencia sensorial directa, incluso erótica, de planos invisibles.

Lo hemos dicho anteriormente, lo que terminará siendo la masonería egipcia nace bajo la influencia de hermetistas y alquimistas alrededor del año 1600 en Nápoles. Por consiguiente, es Italia la que conserva la tradición secreta, y es la que ha tenido un considerable protagonismo en la historia de los Ritos Egipcios, tanto de Mizraim como de Menfis, y de algunas de las corrientes rosacruces posteriores. Es evidente y está comprobado que el Rito de la Alta Masonería Egipcia no sobrevivió después de que muriera Cagliostro, en 1795, tampoco tenemos la seguridad de la fecha de la introducción de la masonería egipcia en Nápoles. Ya hemos visto que hubo intentos de crear logias en 1730, aunque, según Giambattista Pessina,[1] que fue Gran Maestro de Mizraim en Nápoles a finales del siglo XIX, dice que el 10 de diciembre de 1747 fue creado el Rito de Mizraim en Nápoles;[2] no sabemos muy bien en qué documentos se basa semejante afirmación. Porque ya hemos visto que lo que se fundó en 1747 era el Rito Egipcio de Raimondo di Sangro.

Según lo escrito por Paul Rosen: «...el 24 de junio de 1749, un negociante griego, miembro de la Gran Logia Madre de Marsella, formó en Nápoles la primera logia napolitana».[3] Esa afirmación no puede ser cierta, porque en realidad la logia San Juan de Escocia fue fundada en 1751 y no se convirtió en Logia Madre Escocesa hasta 1762.

Lo que parece casi seguro es que la masonería llegó a Nápoles a través de algún comerciante o de algún militar, como ya había ocurrido en otras ocasiones.

No obstante, Félix Lioy, en *Historia de las persecuciones de los francmasones en Nápoles*,[4] atestigua que cuando llegó a Nápoles este viajero griego, la sociedad de los francmasones existía desde hacía ya mucho tiempo, aunque no define de qué rito eran. El comerciante griego estaba acostumbrado a tener un círculo de amigos fieles, y buscó por esa necesidad a hombres dignos de su confianza.

En algunos casos, además, eran miembros de la corte, poseían grandes méritos y pertenecían a las principales familias de Nápoles, que mantenían una asociación. Esto nos recuerda muchísimo a lo escrito en el capítulo «El Rito Egipcio de Nápoles».

---

1. Giambattista Pessina llegó a ser el Soberano del Santuario de Nápoles de Menfis-Mizraim y gracias a una patente suya del 10 de enero de 1889, se pudo fundar la Gran Logia Simbólica Española de Menfis y Mizraim, en nuestro país.
2. *The Kneph,* vol. II, núm. 14, febrero 1882.
3. Paul Rosen, *L'ennemie sociale*, Bloud & Barral, París, 1890, p. 319.
4. Félix Lioy, *Histoire de la persécution intentée en 1775 aux francs-maçons de Naples suivie de pièces justificatives*, Londres, 1780, pp. 4-5. Reed. Nabu Press, 2011.

Otras historias dicen que el Rito de Mizraim se funda en Venecia, en 1801, por el Filaleto[5] Abraham, que era el *nomen*[6] del barón César Tassoni, miembro de la noble familia Tassoni de Módena, que asumió muchas responsabilidades en el reino italo-napoleónico. Pero ya existía una logia egipcia en la isla jónica griega de Zante desde 1782, que es la que se va extendiendo hacia Venecia y a las regiones vecinas a partir de 1796. Era un sistema masónico e iniciático, con evidentes características misraímitas.

Marc Bédarride, en su libro casi autobiográfico *De l'Ordre Maçonnique de Misraïm,* habla de la influencia que tuvo el Rito Adonhiramita sobre los orígenes del Rito Misraímita. Lo cierto es que en la obra de Bédarride se le cita con frecuencia, y lo hace remontar hasta la época del propio Salomón. Por lo tanto, es muy probable que su padre Gad Bédarride se hubiera iniciado en este rito en 1771.[7] Lo confirma un escritor cercano a esa época como fue Ragon, que cree que se trata evidentemente de algo creado por el barón de Tschoudy, descrito en su libro *Recueil Precious: de la Maçonnerie Adonhiramite,* publicado en 1787. El libro, que contiene los catecismos de los primeros cuatro grados, es digno de mención por su fascinante contenido. Dentro de sus páginas se menciona que los primeros masones fueron los sacerdotes de Egipto, específicamente los provenientes de Menfis y Heliópolis.

Sin embargo, Gaston Ventura no está muy de acuerdo con Ragon, y dice: «…siempre se ha relacionado erróneamente dicho rito con el barón de Tschoudy, discípulo de Raimondo di Sangro y fundador de la *Étoile Flamboyante*». Es evidente que se refiere al Rito Adonhiramita, desmintiendo así a Ragon, pero no aclara por qué considera que no fue una creación del barón de Tchoudy.

La contestación la encontramos en un tercer libro sobre la Masonería Adonhiramita, que nos aclara quién es el autor, y no es otro que Louis Guillemain Saint-Victor.

Éstos son los grados de la Masonería Adonhiramita: 1 al 3) Grados universales, (Aprendiz, Compañero, Maestro). 4) Maestro Perfecto. 5) Elegido de los Nueve. 6) Elegido de Pérignan. 7) Elegido de los Quince. 8) Pequeño Arquitecto. 9) Gran Arquitecto. 10) Maestro Escocés.

---

5. Miembro del Rito de los Filaletos (*Philalethes*) de Narbona.
6. Nombre simbólico obligatorio en los Ritos Egipcios.
7. Marc Bédarride, *op. cit.*

11) Caballero de Oriente o Caballero de la Espada. 12) Caballero Rosa-Cruz. 13) Noaquita o Caballero Prusiano.[8]

Según su hijo Marc, Gad Bédarride fue iniciado en Aviñón en ese mismo año por Israel Cohen. No obstante, sabemos que lo que existía en esa ciudad era la Sociedad de los Illuminati, fundada por el benedictino Dom Pernety, con la que Bédarride pudo haber tenido contacto. Dada la semejanza de ciertos rituales y de sus prácticas místico-herméticas que seguían las teorías teúrgicas de Swedenborg, seguro que fue allí donde se produjo la iniciación, a menos que su propio iniciador no hubiese formado parte de ella.

Marc Bédarride afirma en la página 124 de su libro que, durante el año 1782, su padre Gad Bédarride fue visitado por un extraño iniciado egipcio que le dio la luz. Es decir, se intuye que junto al Rito de Mizraim italiano también había un Rito Egipcio en Francia, o al menos alguien que podía transmitirlo. Aunque lo más probable, como hemos dicho anteriormente, fuera el Rito Hermético de Pernety o el Adonhiramita.[9] Robert Ambelain reproduce parte del ritual de los Illuminati de Aviñón en su libro sobre el martinismo y el martinezismo.[10]

No cabe duda de que el año 1782 fue muy importante para la masonería, tanto en lo bueno como en lo malo. En ese año el Directorio Helvético fue disuelto por las autoridades de Berna. Se fundó el Gran Capítulo General de Francia. El Gran Oriente de Francia creó una Cámara de Altos Grados. Fue inaugurado el 9 de julio el famoso Convento de Wilhelmsbad. Se fundó una Gran Logia Independiente Nacional en Rusia y una Gran Logia Provincial fue organizada en Nueva York por residentes y logias militares.

Es cierto que el Rito de Mizraim fue establecido por la familia Bédarride, cuya historia parece bastante complicada y que después de leer el libro de Marc Bédarride nos deja aún más perplejos. Al parecer, el famoso iniciado «egipcio» del que habla no era otro que Israel Cohen, cuyo *no-*

---

8. Louis Guillemain Saint-Victor, *Recueil Precious: de la Maçonnerie Adonhiramite*, tom. I y II, Chez Philarete, Philadelphe (París), 1785.

9. Marc Bédarride, *op. cit.*, vol. I.

10. Robert Ambelain, *Le Martinisme, histoire et doctrine*, Ed. Niclaus, París, 1946. Existe una nueva reedición, *Le Martinisme, histoire et doctrine, suivi de Le Martinisme contemporain*, Signatura, Motelimar, 2011.

men era Carosse.[11] Continúa relatando que ese mismo año también recibió algunos Altos Grados de Mizraim: «El erudito patriarca Ananiah *El Sabio*, Gran Conservador Egipcio, vino al Valle de Cavaillon». Pero con certeza no se puede decir si el grado 90.º lo recibió en ese momento, o se lo dio en Nápoles el Gran Maestro y Gran Conservador de la Masonería Egipcia, Nicola Palombo.[12]

Los Bédarride eran de religión judía, y Cavaillon era una de las cuatro ciudades del Comtat Venaissin, donde los judíos tenían derecho de residencia antes de la revolución y antes de que se uniera a Francia. Era una ciudad en que el comercio era libre, pero también los estudios de la cábala, y donde florecían los ritos masónicos herméticos. Allí encontramos el de los Iluminados de Dom Antoine Joseph Pernety, el Rito Filosófico Escocés, y en particular el Rito de los Elegidos Cohen de Martínez de Pasqually, en el que parece ser también fue iniciado Gad Bédarride. Es evidente que estos conocimientos adquiridos y el gusto por la investigación esotérica se los transmitió a sus tres hijos Marc, Michel y Joseph.

Las observaciones que se pueden extraer de las confrontaciones de la historia escrita por Marc Bédarride –densa y de la que tres cuartas partes es fantasiosa e ingeniosa–, con las pocas historias relatadas en las enciclopedias masónicas del período, que se extiende desde 1805 hasta 1866 –es decir, durante más de la mitad un siglo–, son poco numerosas pero sumamente interesantes.

Nos gustaría señalar primeramente que las alusiones que hace Bédarride del Rito Adonhiramita en diferentes partes del texto son todas de gran importancia y demuestra que tiene muy bien considerado este rito, que es poco conocido. Pero al mismo tiempo crea una gran incertidumbre, ya que de inicio recalca: «…la Masonería deriva de Isis y de Osiris». Ésta es la primera afirmación concreta sobre la procedencia egipcia del Rito de Mizraim. Pero unas páginas más adelante, nos dice: «…la Masonería, que unos hacen derivar del Templo de Salomón, algunos del tiempo de las Cruzadas, y otros, en fin, atribuyen su creación a los ingleses, bien tiene

---

11. Los archivos municipales de Cavaillon revelan que en ese momento uno de los principales líderes de la comunidad judía local era el rabino Israel Cohen.

12. Marc Bédarride escribió de forma errónea el nombre y lo llama *Palambola*, quien en ese momento ocupaba, efectivamente, altos cargos masónicos en Nápoles. Su sobrino, Alessandro Palombo, también ocupó importantes cargos masónicos en el Supremo Consejo del grado 33.º de Nápoles.

otro origen». Está refiriéndose al origen egipcio, obviamente. Pero se contradice al exponer en otra parte del libro: «...la verdadera época de la creación de nuestra Orden en Caldea».

Afirmación contradictoria, ya que hemos visto que antes se dijo que la Orden de Mizraim venía de Egipto y ahora, apenas unos párrafos más adelante, se nos dice que se originó en Caldea. Crea mucha más contradicción cuando la hace derivar del propio Adán: «Tú hiciste guardián fiel al ilustre patriarca Adán». Con esta frase liga la Orden de Mizraim, con la Tradición Primordial. Añade, además, que: «Dios entregó el conocimiento masónico al primer hombre, y todos los secretos fueron grabados en su corazón, para ser transmitidos a sus descendientes». Es evidente que aquí encontramos mucha más confusión que en la creación del Rito de Mizraim, primeramente dice que era Egipto, luego Caldea y, por último, leemos que fue en el Jardín del Edén.

Después habla de otras veleidades del mismo tipo que testimonian a favor de la fantasía de Bédarride, pero en ningún momento de su seriedad. Otro ejemplo es el encuentro en una logia de Palermo con el famoso Arnau de Vilanova y el Gran Conservador, el pintor Giotto, ambos del siglo XIV. Igual que cuando llegamos al 5775 (1771), según el autor, «...el duque de Luxemburgo creó el Gran Oriente de Francia para reemplazar a la Gran Logia». En realidad, es el duque de Montmorency-Luxembourg el que reorganiza la orden en profundidad, creo que vuelve a tener una pequeña confusión.

La ingenuidad de las afirmaciones de Bédarride demuestra la ignorancia que en ese momento tenían muchos masones, incluyendo a algunos escritores. Sin embargo, debo decir que los Bédarride no eran más deshonestos ni más honestos que Pasqually, Savalette de Langes, Cagliostro, Willermoz, Ragon, Marconis de Négre u otros. Siempre debemos colocar lo que leemos en la perspectiva del tiempo en que fue escrito. Basta con leer algunos de los orígenes extraordinarios de los ritos masónicos. No obstante, hay algo sorprendente, todos estos ritos funcionan.

Los Bédarride querían establecer el suyo propio, es evidente. Pero si no hubiera existido todo lo mencionado anteriormente, ¿dónde estaría hoy el Rito Egipcio y algún otro rito más? Seguramente, no existirían.

Hay que tener en cuenta que el inicio de los Ritos Egipcios en Francia se remontan al siglo XVIII, y en ese momento la situación era convulsa. La Gran Logia de Francia dejó de existir en 1771 y se convirtió el 26 de junio de 1773 en el Gran Oriente de Francia, al adoptar las logias los estatutos de esa nueva Obediencia.

Las grandes organizaciones utilizaban un ritual básico y común. En cambio, los creados por la masonería egipcia se inspiraron en la cábala hebrea y cristiana, el neoplatonismo, el hermetismo, antiguas tradiciones esotéricas y otras filosofías occidentales. Se organizaron conjuntos de grados con titulaciones propias, a las que se incorporaron elementos provenientes de las tradiciones mediterráneas. Todas ellas eran anteriores a la estructuración oficial de la masonería inglesa.

Diríamos, pues, que la continuación del Romanticismo y de la filosofía natural en la que se inspira el ocultismo masónico del siglo XVIII quiere fundar una ciencia/religión que celebrará una Nueva Alianza, una alianza de tercer tipo entre el hombre, la naturaleza y los dioses. Pero lo notable es que el método empleado es una especie de contrarreforma que radicaliza los avances de la Primera Reforma. Teníamos en la Reforma que el diálogo con Dios debía ser singularizado, individualizado y, por tanto, un asunto del hombre y de su creador. Ahora tenemos que en el misterio de una relación con la experiencia espiritual y oculta, de la que la autoridad eclesiástica está desterrada. Este postulado se cumple hasta el último término. Se tratará de dar al masón iluminado las claves de su propia salvación a través de una teúrgia, donde él mismo se pone en un estado de gracia provocado por los rituales. Esta autodeificación a nivel teológico se completa a nivel epistemológico con un encuentro con el «alma de la naturaleza» a través de la confirmación del principio de similitud. De modo que, a la larga, los misterios del mundo están agotados e iluminados en una ciencia sagrada que ya no debe nada a los velos de la religión.

De esta forma, los grados de la nomenclatura misraímita sacan a la luz todo lo que nuestro siglo comienza a sentir, es decir, la existencia de una espiritualidad mucho más inmersa en la subjetividad que en el respeto por el dogma. Se le podría llamar una «ciencia del alma» que restaura al ser humano a su dimensión cualitativa. En otras palabras, un ser humano cuya plenitud de la vida no combate ni niega, sino que trata de comprenderse y reintegrarse. Por lo tanto, podemos decir que el misraísmo se adelantó a su tiempo y que se situó en las antípodas del siglo en que nació. Nadie lo escuchó, ni los guardianes de la fe, ni los antropólogos de su propia época, ni los académicos de la ciencia que estaban atrapados por sus paradigmas y sus particulares conflictos de intereses.

El gran historiador George Oliver, nos asegura que el Rito de Mizraim fue fundado en 1782, pero no dice si en Nápoles o en Venecia. Por otro lado, Clavel argumenta que fue en 1805, como consecuencia de la negación de admisión de algunos masones en el Supremo Consejo del Rito Escocés, que se había organizado en Milán. Es posible que lo que dice Clavel tenga algún sentido, ya que su padre formó parte del Rito de Mizraim, como lo demuestra un diploma firmado por él. Sin embargo, F. T. B. Clavel nunca le tuvo mucho cariño a Mizraim y no iba a permitir que hubiera sido fundado antes que el Rito Escocés Antiguo y Aceptado. Por lo tanto, su argumento es dudoso.

Está claro que Cagliostro fue el que de alguna manera introdujo el Rito Egipcio, que se transformó en Mizraim y se desarrolló rápidamente en Nápoles, Milán y Génova. Aunque lo vemos aparecer por primera vez en Venecia en 1788, de la mano de un grupo de masones socinianos,[13] y lo llamaron Rito de *Misraim seu Ægypti*. Esto es posible, y tiene mucho sentido. Al parecer le pidieron una patente de constitución a Alessandro de Cagliostro durante su estancia en Trento. También podría deberse a algún otro grupo que practicaba la masonería egipcia. Es casi seguro que César Tassoni de Módena, de quien hablaré a continuación, era el Venerable de esta logia esotérica veneciana.

Otros aseguran, con esa misma fecha, que los fundadores fueron Ananiah *El Sabio*[14] y el Filaleto Abraham. Es evidente que esos eran sus *nomen mysticum*, ya que éste último sabemos que correspondía al barón César Tassoni de Módena, que se le consideraba en esa época un Alto Grado del rito.[15] Como podemos ver, estaríamos hablando del mismo hecho, la creación de Mizraim en Venecia, pero contado de distinta forma. Ambos contribuyeron a su difusión.

---

13. El socinianismo es una doctrina cristiana, considerada herética por las iglesias mayoritarias, difundida por el pensador y reformador italiano Fausto Socino, es antitrinitarista y considera que en Dios hay una única persona y que Jesús de Nazaret no existía antes de su nacimiento.
14. El patriarca Ananiah *El Sabio* otorgó la iniciación del antiguo Egipto a diversas personalidades del sur de Francia y del norte de Italia. Este patriarca Hierofante ejerció una notable influencia entre los iniciados italianos y franceses y entre los cabalistas de la comunidad israelita del sur de Europa durante el siglo XVIII.
15. El barón Tassoni figura en la lista de Grandes Conservadores de la Orden de los Caballeros Defensores de la Masonería, orden anexa a la de Mizraim. Véase Léo Taxil, *Le Culte du Grand Architecte*, Letouzey et Ané, París, 1886, pp. 407-408.

No obstante, hay algunos datos interesantes que no debemos olvidar y es posible que todos tengan algo de razón, simplemente se confunden los lugares de donde comienza Mizraim. Lo cierto es que también existió un asentamiento conocido del Rito Egipcio, establecido a principios del siglo XVIII, concretamente en 1782 en la isla de Zante o *Zakynthos* (en griego), que junto con Corfú eran las principales islas que dependían a finales del siglo XVIII de la República de Venecia. Por lo tanto, debemos apreciar que el rito egipcio se está extendiendo desde Nápoles hacia Venecia. En vista de que en las regiones limítrofes existe un sistema iniciático masónico que tiene características rituales egipcias, muy evidentes.

Este hecho coincide con lo dicho por otros autores, entre ellos Thory, y también los recoge Gastone Ventura: «En ese momento, la isla de Zante dependía del gobierno veneciano y de las galeras de la "Serenissima" en crucero hacia las islas Jónicas, abordadas en los puertos de Puglia después de haber cruzado el Adriático».[16] Esto podría explicar cómo el *Régimen de Nápoles* terminó en Venecia y que, según Thory, «estaba en vigor antes de la Revolución francesa de 1789».

También es evidente, según lo escrito por Marc Bédarride, la relación existente entre la masonería egipcia con los Elegidos Cohen. En su obra se cita a un iniciado apellidado Parenti, que al parecer fue el difusor de esa masonería por los lugares en que pasó. Asegura que Parenti recibió el grado 66.º en la logia de Zante y que viajó a Lyon, Lieja y Namur en 1782, donde se inició en el Rito Escocés Primitivo de Namur, algo que ya había hecho anteriormente con el Régimen Escocés Rectificado y el Martinismo en Lyon.[17] Continúa explicando que también fue iniciado en el Rito Escocés Antiguo y Aceptado, en Lieja. Bédarride nos dice que este hermano «trabajó en beneficio de la orden y se distinguió entre los iniciados de su valle».[18]

Se debería decir que este relato narrado por Marc Bédarride alguien podría considerarlo anacrónico al creer que el Rito Escocés Antiguo y Aceptado no nació como tal hasta 1801, que es lo que algunos piensan. Pero caería en el mismo error de siempre confundir el nacimiento del rito con la estructuración, que fue lo que se realizó en Carolina del Sur en esa fecha.

---

16. Gastone Ventura, *op. cit.*, p. 38.
17. Gastone Ventura, *op. cit.*, pp. 44-45.
18. Véase *Rose-Croix*, núm. 136, invierno 1985, p. 2.

En este caso debemos tener en cuenta que ya existían unas Constituciones y Estatutos de 1762 llamadas de Burdeos, donde se dice explícitamente: «Adoptando, pues, como base de nuestra saludable reforma, el título del primero de estos ritos y el número de grados de la jerarquía del último, los declaramos de ahora para siempre, reunidos en una sola Orden que profesando el Dogma y las puras Doctrinas de la Antigua Francmasonería, abraza todos los sistemas de Rito Escocés bajo el nombre de Rito Escocés Antiguo y Aceptado».

Finalmente, están las Grandes Constituciones de 1786, llamadas de Berlín, que son las síntesis de esas fuentes, y fueron adoptadas como los textos fundacionales del rito en todo el mundo. Visto lo anterior, cabe preguntarse si Parenti tenía ya en Zante el manuscrito de los *Arcanum Arcanorum*.

Gaston Ventura escribió: «Sostenemos que el *Tuileur* [retejador] de los últimos cuatro grados expuesto por Bédarride fue un *Tuileur* alterado artificialmente, porque los *Arcanum Arcanorum* como tales son misterios y, por lo tanto, secretos. Esta afirmación se establece por el hecho de que aún hoy este *Tuileur* y su explicación están rigurosamente ocultos, y por el hecho de que fue en Bruselas donde se introdujo el rito en 1817. Todavía existe una parte de sus archivos, que incluye los estatutos publicados el 5 de abril de 1818, varios diplomas y un *Tuileur* manuscrito sobre pergamino que contiene en particular los *Arcanum Arcanorum*, con una escritura idéntica a un documento más antiguo que se remonta al menos a 1780-85».[19]

En los años 1797-1798, los masones de la orden, y en particular los pertenecientes a la Rosa-Cruz Pitagórica, tuvieron que huir a Palermo a causa de la invasión austríaca. Allí modificaron el Rito de Mizraim, reforma ya estudiada en Venecia, aunque quedó dentro de un círculo en el interior de la orden del Rito de Mizraim. Esta reforma dará más tarde el nombre oficial al Rito Antiguo y Primitivo de Menfis (1801) que veremos más adelante.

Marc fue posiblemente el hijo que siguió más fielmente el camino de su padre, fue nombrado oficial en 1799 y pasó al servicio de las tropas italianas como capitán de estado mayor del ejército republicano en Nápoles. El 5.º día, del cuarto mes, de 5805 (5 enero 1801) fue iniciado en Cesena

---

19. Gastone Ventura, *op. cit.*, p. 26.

(Italia) y, a causa de unas heridas de guerra, tuvo que regresar a Francia. Una vez allí, según su propio testimonio, se afilió a la logia *Mars* del Rito Moderno y a la logia *Themis* del Rito Escocés Antiguo y Aceptado, recibiendo el grado 18.º. Durante su estancia en París fundó dos logias de las que fue Venerable Maestro, los *Emule de Mars* del Rito Moderno, en el regimiento 18 de línea en París, y la *Gloire Militaire*, en la 12.ª división, con sede en la Rochelle; siguió recibiendo grados hasta el 31.º del Rito Escocés y fue elevado al grado 70.º de la Orden Masónica de Mizraim. En ningún momento dice en qué logia recibió este último grado y tampoco si fue en Francia o en Italia, es de suponer que fue en este último país.

Aunque no podamos dar como cierto que el Rito de Mizraim fue creado en 1803 por los hermanos Joseph, Marc y Michel Bédarride. Sí lo es el hecho de que establecieron varios talleres simbólicos y en particular el Consejo de Grandes Elegidos Kadosh (grado 65.º). Da testimonio de ello las propias palabras de Marc en una reunión: «...muchos de entre vosotros, me ayudasteis a fundar diversos talleres simbólicos y particularmente el Consejo de Grandes Caballeros Kadosh, el primero de este grado que París vio en su seno.

»Tuve también el insigne favor de ser elevado al grado de los Príncipes del grado 70.º. Luego, Ill∴ HH∴ he subido con la ayuda del Todopoderoso los escalones de la escalera misteriosa de la tercera y cuarta serie. Y he sido revestido de la suprema dignidad de Gran Conservador de la Orden, y favorecido con los poderes para actuar en todo y por todo en su nombre».

No es segura la fecha que anuncia, también se puede pensar que los hermanos Joseph, Marc y Michel Bédarride eligieron deliberadamente la fecha de 1803 para dar a Mizraim una precedencia sobre el Rito Escocés Antiguo y Aceptado que se instaló como tal en Francia en 1804. En ese momento, el Rito de Mizraim incorporó a varios aristócratas, así como a bonapartistas y republicanos, incluidos algunos revolucionarios. También se volvió interesante para los jacobinos y los carbonarios, porque en él se habían formado tendencias anticlericales y antimonárquicas. Esto condujo, entre otras cosas, a su prohibición alrededor de 1817 y, posteriormente, a un rápido abandono de sus miembros en 1881.

Antes de regresar a Italia, tiene una estadía en Rochefort y allí funda la logia los *Hijos de la Gloria Militar*. Este nuevo taller dependía del anterior, fundado con un nombre parecido. Allí inicia al almirante Martin, prefecto marítimo, al coronel Morin y a otros oficiales superiores del ejército de tierra y de mar.

En 1804, el Rito Antiguo y Primitivo Egipcio de Mizraim comenzó a extenderse desde Venecia a Lombardía. En recompensa de tanto celo, Marc Bédarride recibió el título de Venerable de honor de diversos talleres y se dirigió a Milán, donde asistió al coronamiento del emperador Napoleón como rey de Italia.[20] Una vez en Milán y en contacto con los iniciados de estos lugares, funda la logia conocida bajo el título distintivo de *Fils de la Sagesse* [Hijos de la Sabiduría], de la que muchos miembros del ejército formaron parte.

Es a partir de 1805 que podemos atestiguar, en Francia e Italia, el desarrollo de las dos primeras series del Rito de Mizraim (grados simbólicos del 1.º al 33.º, y grados filosóficos del 34.º al 66.º) por recuperación de varios Altos Grados provenientes del siglo XVIII. En esa misma fecha, el general Lechangeur y otros masones fundaron en Milán el Supremo Consejo del Rito de Mizraim, con jurisdicción sobre noventa grados. También fue Charles Lechangeur el encargado de recoger los elementos, clasificarlos, coordinarlos y redactar un borrador de los Estatutos Generales. Al principio, los solicitantes sólo podían alcanzar el grado 87.º. Los otros tres grados que completaban el sistema estaban reservados para los Superiores Desconocidos y los nombres de estos grados se ocultaban a los masones de grados inferiores. Es con esta organización que el Rito de Mizraim se difundió en el Reino de Italia y en el de Nápoles.

Como otros antecesores suyos, Marc Bédarride se dedicó a viajar por toda Italia. Primeramente, fue a Florencia y a Milán, allí conoció a Cesár Tassoni, en aquel momento embajador del napoleónico Reino de Italia ante la corte de los Borbones de Etruria.[21] Luego visita Livorno, donde allí es el invitado de Mathieu de Lesseps, miembro de Mizraim, cónsul general de Francia y padre del constructor.

Por lo tanto, podemos decir que el Rito de Mizraim apareció difusamente en Nápoles, y realmente en Venecia, en 1788 –época de la República de Venecia–, para terminar desarrollándose en las logias franco-italianas

---

20. El 18 de marzo de 1805 se creó el Reino de Italia, con capital en Milán. Incluía territorios en la península italiana junto con Istria, la Dalmacia veneciana y Ragusa.
21. Entre 1801 y 1807 Napoleón Bonaparte creó el estado vasallo denominado Reino de Etruria, que comprendía el Ducado de Parma y el Gran Ducado de Toscana.

del Reino de Nápoles de Joachim Murat en 1808. Las posesiones de este reino fueron adjudicadas, de acuerdo con las disposiciones del Congreso de Viena (9 de junio de 1815), al Imperio de Austria, que se había convertido en la principal potencia del norte de Italia y terminó prohibiendo practicar la masonería.

DE VENECIA A LOMBARDÍA

Los filósofos egipcios tienen nociones sublimes con respecto a la naturaleza divina, que mantuvieron en secreto, y nunca las descubren a la gente, sino bajo un velo de fábulas y alegorías.

ORÍGENES

Una vez más vemos en las palabras de Orígenes las similitudes con los métodos de enseñanza de la masonería que se realiza a modo de simbolismo y alegoría, aunque nunca se revela a los no iniciados.

La masonería egipcia de Cagliostro, que fue fundada en 1775, admitía tanto a hombres como a mujeres, y no cabe duda de que fue la que proporcionó un impulso importante en los primeros días a cualquier rito relacionado con Egipto. A través de ellos se difundió su sistema de grados alquímicos y mágicos. Aunque fue la logia creada en Venecia en 1788 la que constituye el primer vínculo entre Cagliostro y la Orden Masónica Hermética, que fue fundada por un grupo de socianos. Esta última, estaba muy influenciada por el pensamiento protestante y había abandonado el ritual mágico-cabalístico en favor de las referencias templarias. Como consecuencia en 1789 los miembros que no aceptaron estos cambios fundaron otra logia del Rito Cabalístico Egipcio.

Podemos ir todavía más atrás en el tiempo, ya que el Rito de Mizraim Italiano, que probablemente tuvo sus primeras logias en Nápoles, en el Veneto y en las Islas Jónicas, nació con anterioridad a 1810, como afirma Ventura. Thory, igualmente lo confirma, y escribe: «[el Mizraim]... era muy conocido en Venecia y en las Islas Jónicas antes de la Revolución francesa de 1789. También había varios capítulos de Mizraim en las regiones de Abruzzo y Puglia».

Ahora bien, no sólo es Thory el que menciona la existencia de Mizraim en Venecia y en las Islas Jónicas. También existe un informe de la policía secreta austriaca de Venecia, de 1818, que menciona con mucha anterioridad la existencia de una «sociedad secreta egipcia» en Italia, en Egipto y en las Islas Jónicas.[1] Esta «sociedad secreta egipcia era mixta y practicaba un rito en el que le daba el título de Gran Copto a sus Venerables».

Cuatro años después de la fundación de la Orden Oriental de Mizraim, la Rosa-Cruz Pitagórica, cuya sede aún estaba en Italia, inició a sus seguidores en el gran secreto en el Rito de Mizraim. La Rosa-Cruz Pitagórica existe desde hace muchos años y, aunque sólo sea de modo simbólico, podríamos decir que primero se conoció como la «Hermandad de Pitágoras» en los días de la antigua Roma, luego como la Escuela Cristiana Gnóstica, hasta su reforma moderna que dio paso a llamarse la Rosa-Cruz Pitagórica. Veremos más adelante que uno de sus capítulos adopta de forma total el Rito de Mizraim.

Aunque los ritos que se practicaban en la península y en las islas tuvieran diferencias, lo que sí es cierto es que ambos salieron históricamente de un mismo Rito Masónico practicado en Venecia a finales del siglo XVIII o comienzos del XIX, y uno de cuyos principales miembros habría sido Parenti. En consecuencia, vemos que Parenti fue otra pieza crucial en la creación del Rito de Mizraim.

Lo extraño de todo esto es que el nombre de Parenti no aparece en las logias de Corfú, pese a que en ellos figuran muchos oriundos de Zante. Si se consulta los manuscritos depositados en la Bibliothéque Nationale de France (París), podemos comprobarlo.[2] En cambio, nos encontramos con Mathieu de Lesseps, que en aquel momento era el principal dignatario de la logia mizraimita y además era el comisario imperial de Corfú (desde 1809 a 1814), ya dijimos que se había entrevistado con Marc Bédarride cuando era general de Francia, en Livorno.[3]

Las relaciones entre islas era importante y seguramente el contacto con Marco Carburi, que se había iniciado en numerosos ritos y regímenes, diera paso a una compilación ritualística. Sin embargo, no sabemos cuántos grados tenía el rito en ese momento.

Queda claro que Marco Carburi era un importante adepto de los ritos de la masonería ocultista, y que había fundado en 1782, en su isla natal

---

1. Véase Luigi Arnaldo, *Carte segrete e atti ufficiali della polizta austríaca en Italia*, vol. I, pp. 117-121.
2. Véase B. N. ms. FM 2 562.
3. Marc Bédarride, *op. cit.,* vol. II, p. 147.

de Corfú, una logia del Régimen Escocés Rectificado, *La Beneficenza*. Esta logia tuvo que suspender sus trabajos en 1785, cuando la masonería fue prohibida en los Estados de Venecia; pero las relaciones no se interrumpieron, pues reapareció en 1797 con la llegada de tropas francesas.[4] Volvió a «abatir sus columnas», como se diría en argot masónico durante la ocupación ruso-turca, y retornó a salir a la superficie con el regreso de las tropas imperiales francesas. Mientras el Imperio napoleónico estuvo allí, la logia *La Beneficenza* recibió nuevas constituciones del Gran Oriente de Francia, y también de la Logia Madre del Rito Escocés Filosófico, San Alejandro de Escocia y del Contrato Social. En la misma época, otros dos talleres se abrieron en Corfú: *La Filogenesi* y *San Napoleone*.

El rito se afianzó con rapidez en ciudades como Milán, Génova y Nápoles. Alrededor de 1803 a 1805, los hermanos Joseph y Michél Bédarride fueron iniciados en Mizraim, quienes jugaron un papel importante en su desarrollo posterior. En ese momento, se vieron a sí mismos como sucesores de los Caballeros de Jerusalén y de los Rosacruces.

Por lo tanto, el Rito de Mizraim existe primero en Italia y da la patente al Rito Francés de los Bèdarride. También en otros lugares es el Ritual Egipcio de Cagliostro el que cambia al Rito de Mizraim, se adopta y todavía se utiliza en el santuario del Adriático.[5]

De modo que el Antiguo y Primitivo Rito Egipcio de Mizraim viaja desde Venecia y las Islas Jónicas, hasta ser transmitido en Lombardía. En 1805, Lechangeur, junto con Clavel, Marc Bédarride y Joly, funda en Milán el Supremo Consejo del rito, que tiene jurisdicción sobre noventa grados.

En aquella época se buscaba en los misterios egipcios el verdadero origen de la masonería. Incluso en las Constituciones de Anderson encontramos, además de los deberes de un masón, una historia arquetipo de la masonería en la que la relaciona con las pirámides de Egipto, y enfatiza que surgieron muchas logias en su construcción.

Por aquel entonces, el nombre de Mizraim era la única referencia egipcia a este rito, excepto en los Altos Grados. Como ocurría en esa época, y que algunos aún recalcan con cierto énfasis, era simplemente un camino para aquellos que deseaban progresar hacia los Grados de Perfección.

---

4. Véase B. N. ms. FM 2 562.
5. Denis Labouré, *op. cit.*

Marc Bédarride nos cuenta en su autohistoria que en 1810: «...participó en la expedición de Joachim Murat en Sicilia, el desembarco en esta isla no se pudo realizar y el ejército regresó a Nápoles, donde se le concedió el grado 90.º de Mizraim». No existe ninguna duda en lo referente al fracaso de Murat.[6] Sin embargo, sí la tenemos en cuanto a la concesión del grado 90.º en esa fecha. Existe un diploma expedido, en 1811, por el capítulo rosacruz, llamado *La Concorde*, que tenía su sede en los Abruzos y que adoptó de forma particular el Rito de Mizraim por haberse desarrollado en las logias militares franco-italianas del Reino de Nápoles. Al pie del diploma expedido al hermano B. Clavel –el padre del historiador F. T. B. Clavel–, comisario de guerra, aparece la firma de Marc Bédarride, que por entonces sólo tenía el grado 77.º.[7]

Ninguno de los trece firmantes tenía un grado 90.º. Siete eran grado 68.º, un grado 70.º, dos grados 73.º y tres grados 77.º, que eran Lasalle, Lechangeur y Marc Bédarride. De entre ellos, Pierre de Lasalle será durante los próximos años el Gran Maestre de Mizraim en Nápoles. El primero en firmar dicho documento es precisamente él como Gran Presidente, no cabe duda de que era el dignatario con más rango de la logia y seguramente de todo el rito. Debemos concluir que Mizraim contaba, en ese momento, sólo con setenta y siete grados. Dentro de cinco años, cuando los hermanos Bédarride redacten los Estatutos del rito, será el momento que existan los noventa grados.

Sigue diciendo, con referencia a Marc Bédarride, es decir, a sí mismo: «Regresa de nuevo para Milán y allí recibe la Gran Estrella de Mizraim, es nombrado Gran Conservador y miembro de honor del Supremo Consejo de Mizraim de esta capital por el patriarca Théodoric Cerbes, Soberano Gran Conservador del Rito Egipcio para el Reino de Italia».

Por lo tanto, debemos distinguir dos Ritos de Mizraim diferentes: el rito existente en Italia y el francés de los Bédarride, que es, ciertamente, posterior. Tal como afirma Caillet: «Los elementos conocidos hasta la fecha hacen que la hipótesis más probable sea que el Rito de Mizraim naciera en Italia antes de 1810, con un sistema de setenta y siete grados, llevado a noventa entre 1811 y 1812».[8]

---

6. Véase la *Gaceta de la Regencia de España e Indias*, vol. III, núm. 111, p. 1031, 1810.
7. El documento lo ha hecho público y lo ha estudiado Francesco Landolina en el núm. 6 de la revista *Hiram* del Gran Oriente de Italia, publicada en diciembre de 1980.
8. Serge Caillet, *op. cit.*

Fue en Nápoles, en 1812, que el Gran Maestro de la masonería egipcia, Pierre de Lasalle, incorporó los *Arcanum Arcanorum* o «Régimen de Nápoles» al Rito de Mizraim. El rito ya poseía las patentes hasta el grado 66.º, luego recibió su tercera serie, conocida como grados místicos, del 67.º al 77.º y, por último, la serie del grado 78.º al 90.º.

A partir de unas notas que hacen referencia al establecimiento de un Soberano Capítulo denominado *Marie-Louise,* en el valle de Roma, apareció un documento que hace alusión a una logia misraímita en Lanciano. Este taller data de 1811 y determina que un Supremo Consejo de los Grandes Maestres del Rito Mizraim se estableció en 1813 en Nápoles. El documento, para ser precisos, habla de un *Rito de Misphraim (sic)* donde los grandes hermanos se hacen llamar *Hazsids* y son los representantes del Supremo Consejo General. En él, estaban:

- Pierre Charles Auzou, como Muy Sabio Maestro.
- Armand Gaborria, como Primer Gran Vigilante.
- Pierre Anselme, como Segundo Gran Vigilante.
- Pierre Chardin, como Gran Secretario.
- Joseph Pichot, Gran Tesorero.
- Angelo Montani, Gran Limosnero.

También, como hemos visto, es en Nápoles que los Bédarride, tanto Gad, en 1782, como Marc, alrededor de 1810, recibieron los Altos Grados de Mizraim.

El escritor contemporáneo a esa época, y que fue miembro de Mizraim, Claude Antoine Thory, nos narra tanto en *Nomenclature des Principaux Rites,* como en *Acta Latomorum*, lo siguiente: «...el Rito de Misphraim que es muy joven en Francia, era muy popular en Venecia y en las Islas Jónicas. Allí existían muchos Capítulos de Misphraim en los Abruzos y en la Puglia (Italia)... Todos los grados, excepto el 88.º, 89.º y 90.º, tienen nombres diferentes. La denominación de los últimos tres grados no es conocida, ellos están indicados en el manuscrito que nos fue transmitido a nosotros como estando velados».

En efecto, en los tres últimos grados todos son Sublimes Pontífices Soberanos, Príncipes Poderosos y Grandes Maestros, añadiéndole la serie que gobierna cada cual. Es evidente que, al hacerlos administrativos, pierden su carácter de *Arcanum Arcanorum*. Ragon opinaba lo mismo:

«En estos inicios, los postulantes sólo podían llegar al grado 87.º; los otros tres grados que completan el sistema estaban reservados para superiores desconocidos; y los nombres de estos grados se ocultaron a los hermanos de grados inferiores».

Debemos añadir que sus pruebas de iniciación eran largas y difíciles y se basaron en lo que se conoce de los egipcios y en los Misterios Eleusinos. Heckethorn afirma que este rito era esencialmente autocrático, porque no había la obligación, por parte del Gran Maestro, de rendir cuentas por sus acciones. Es con esta organización que el Rito de Mizraim se difundió en los reinos de Italia y Nápoles.

No será hasta 1810 que las primeras noticias sobre el Rito de Mizraim puedan ser históricamente comprobadas según la documentación existente en diversos archivos y desmentir lo que no era cierto. Lo único seguro es que, en ese año, los masones franceses se apoderaron del Rito de Mizraim en Italia y fijan definitivamente su nomenclatura. Por otro lado, según J. M. Ragon –que estaba allí–, lo vacían de cualquier referencia egipcia y lo judaízan, tanto es así que en su *Tuileur* (Retejador) lo llama «Masonería Judaica».[9] Evidentemente, es una apreciación exclusiva de Ragon.

El rito se extendió con rapidez y apareció en Francia gracias a los hermanos Bédarride, que habían recibido poderes en 1810, ya sea en Nápoles, por el hermano De Lasssalle, o bien en Milán, del hermano Cerbes. Algo que todavía no está claro.

En resumen, Marc, el hijo de Gad Bédarride, era ciertamente grado 77.º de Mizraim en 1811, como lo demuestra la patente que lleva su firma. También vemos que pertenece a la logia *La Concordia* de Lanciano en los Abruzos,[10] que luego se convierte en grado 90.º en Nápoles, y en Milán recibe del Maestro Cerbes el grado de Gran Conservador, es decir, Gran Maestro Soberano, el título que le permite establecer el rito en otros países. Como podemos apreciar, tenía más relación con Cerbes que con Lasalle.

El Imperio napoleónico empezó a perderse en 1812 a causa de la campaña rusa, después de seis meses, una sucesión de problemas condiciona

---

9. Jean Marie Ragon, *Tuileur General de la Francmaçonnerie*, Collignon, París, 1861, p. 234.
10. *Cf.* Ventura, *op. cit.,* p. 24, nota 29; y Caillet, *op. cit.,* p. 90.

al ejército francés y siguió una terrible debacle. Los hermanos Bédarride se reencuentran a principios de 1814 en un París que la Sexta Coalición –compuesta por Rusia, Austria y Prusia– invade y da lugar a una batalla que sucedió entre el 30 y 31 de marzo contra el Imperio francés. El 4 de abril, Napoleón abdica por primera vez. Cinco días después, el 9 de abril, los hermanos Bédarride, que desde su regreso se han vinculado o mantenido relaciones con los círculos masónicos, fundan el Supremo Gran Consejo General del grado 90.º de Francia. Serge Caillet, dice: «Desde el mes de mayo, una logia practica el Rito de Mizraim en el Oriente de París, bajo el título distintivo *L'Arc-en-ciel*».[11]

Según las hipótesis más fiables, en 1813, Joseph, Marc y Michel Bédarride, Joly, Gaborria y Garcia recibieron en Nápoles el poder y las patentes para difundir el Rito de Mizraim.

Lo dejamos aquí, el desarrollo en Francia lo veremos más adelante. Tan sólo añadir como anecdótico que en 1813 nombraron a Mathieu de Lesseps miembro de honor con el grado 89.º –que es uno de los grados de los *Arcanum Arcanorum*–, por lo tanto, aquí ya no era iniciático, había pasado a ser un grado administrativo, más, en este caso, de honor. También lo nombraron Comendador de la Orden de los Caballeros Defensores de la Masonería (orden ligada a Mizraim).[12]

Hemos hecho referencia en un determinado momento que, cuando los austriacos ocuparon Venecia, prohibieron la masonería (1815). El documento, que acredita la puesta «en sueños» del rito, está firmado por Giuseppe Darresio y dice que serán solamente las 16 primeras clases y los 86 primeros grados de la orden. Algo que no deja de ser curioso, pero reafirma la existencia del rito. Además, dice en otro documento que el Filaleto Abraham, nombre iniciático de un Superior Desconocido, que ya sabemos que no era otro que el barón Tassoni al pasar por Venecia, habría reconstituido el conocido como Rito Egipcio hacia 1801, que no era otro que la Orden Oriental de Mizraim. Fue fundada con iniciados provenientes de los Caballeros de Oriente, de los Filósofos Desconocidos y de otros iniciados en la Cábala.

---

11. Serge Caillet, *op. cit.*, p. 95. A quien nos permitimos referir a los lectores que deseen más detalles, especialmente en lo que respecta a otros masones como François Joly y Armand Gaborria, los otros introductores de Mizraim en Francia desde Italia.
12. Véase *Tableau des membres de Misraïm*, 1818, p. 4 (B. N. ms. FM impr. 2363).

La situación opresiva terminó en la revuelta de 1848 contra los austriacos, que pronto se transformó en una guerra entre Italia y Austria, los primeros apoyados por los gobernantes de los Ducados, el Papa y el rey de Nápoles y los segundos, por la Santa Alianza (Prusia y Rusia). Todo terminó con el Tratado de Viena de 1866, donde se restableció la paz y la retirada de los austriacos. Es curioso que después de que Venecia consiguiera la unificación con Italia, se produjera el abatimiento de columnas del rito. Queremos creer que el motivo fue otro que la guerra, y que en este momento desconocemos.

El 20 de abril de 1867, el Poder Supremo del rito se reunió en Venecia y promulgó el siguiente documento:

Gloria al omnipotente
EMET
Respeto a la Orden
POTENCIA SUPREMA

Desde el Oriente del Supremo Gran Consejo General de Soberanos Grandes Maestros de la Orden de Misraim, de sus cuatro series y del 90.º y último grado, asentado en el Valle de la Laguna de Venecia, bajo un punto fijo de la Estrella Polar en 45° 26' 2" N. y 12° 20' 33" E., a los 20 días del 4.º mes del año 5863 V. L.

A todos los masones regulares.

Saludos en todos los puntos del triángulo.

Traemos a vuestro conocimiento que el Supremo Gran Consejo General de los 90.º y último grado del Rito de Misraim, Potencia Suprema para Italia, decidió en su asamblea general extraordinaria el día 19 del IV.º mes del año 5863 de la Verdadera Luz (Era Vulgar de 1867) poner en sueños, en Italia, el Rito en sus 4 series y sólo en sus primeras 16 clases hasta el grado 86.º, y esto hasta que el despertar de dichos grados y clases se considere necesario u oportuno por la Potencia Suprema y su Supremo Gran Conservador. Para ello se ha constituido un triángulo de tres Grandes Conservadores en las personas de los Sublimes Hermanos Giuseppe Darresio 90.º, Antonio Zecchin 90.º y Luigi della Migna 90.º, para que se hagan cargo, de cuando sea el momento adecuado, traspasar los supremos poderes conservados de la Orden y del Rito al Hermano que estimen más digno para que se mantenga *ad aeternum* la continuidad de la transmisión de poderes. En virtud de estas decisiones, el Supremo Gran Consejo de Soberanos Grandes Maestros absolutos del 90.º y último grado del Rito de Misraim (o de Egipto) otorga a los muy ilustres y muy poderosos Hermanos Giuseppe Darresio, Antonio Zecchin y Luigi della Migna los plenos poderes para el nombramiento del Supremo Gran Conservador de la Orden y el Rito. Hecho en el Valle de la Laguna de Venecia el día 20 del 4.º mes del año 5863 de Misraim.

El Supremo Gran Conservador:
Giovanni Pallesi d´Altamura 33.º 66.º 90.º

Los grandes conservadores:
Giuseppe Darresio 33.º 66.º 90.º
Antonio Zecchin 33.º 66.º 90.º
Luigi della Migna M. T. 33.º 66.º 90.º

El documento lleva en el reverso la firma de los Supremos Grandes Conservadores que se sucedieron entre 1867 y 1966.[13]

Hay que tener en cuenta que este acto puso a dormir sólo a los primeros ochenta y seis grados de Mizraim y que no se refería a los *Arcanum Arcanorum* (del 87.º al 90.º). Por otro lado, en este documento la diferencia entre 5863 V. L. y 1867 E. V. es de 3 996 años y no de 4 004 años, como se supone debe ser en Mizraim. Es probable que el calendario misraímita utilizado no fuera exacto, o bien que hubo un error de cálculo. Habría sido más sencillo ceñirse a la diferencia de 4 000 años, usado por el resto de la masonería. Antes de cerrar el tema del Rito de Mizraim en Italia, debemos constatar un cierto número de hechos a este respecto que pueden ser concordantes. Hemos dejado claro que fue en Italia donde nació en Rito de Mizraim con noventa grados durante la invasión napoleónica, aunque ya existía unos antecedentes.

Que Mizraim tendrá una triple preocupación:

a) regenerar la teología a través de la teúrgia;
b) el conocimiento de la naturaleza a través de experimentos concretos con datos metafísicos;

---

13. Como dato curioso destacar que en la escritura original que aparece en el documento, que está en los archivos de los Ritos Unidos de Miszaim y Menfis, el texto está escrito de derecha a izquierda.

c) la antropología a través de los símbolos, los mitos, cualquier expresión de lo sagrado o de la dimensión nocturna e inconsciente de la psique humana. Sería un error, como se hace con demasiada frecuencia, ver aquí sólo fantasías incoherentes.

Que la tradición del Rito de Mizraim nos indica que sus últimos grados eran practicados en tres diferentes formas o regímenes.

1.º Régimen Egipcio-Griego: Régimen de Nápoles, donde se mantenían los *Arcanum Arcanorum* o *Secretum Secretorum*, tendentes a centrarse en la alquimia, en el neoplatonismo y el hermetismo. La primera es una palabra que significa «Egipto», *Al-khemi* o Tierra de *Khem* [Tierra Negra], en el griego antiguo χημεία (*khēmeía*) o χυμεία (*khumeía*), originalmente «una fusión líquida mezclada como extraída del oro». Lo segundo es un movimiento filosófico que comenzó en Alejandría y se basaba en la Cábala. Lo tercero se refiere a una filosofía, un esoterismo o una espiritualidad, en busca de la salvación por el espíritu –muy parecido al gnosticismo–, pero asumiendo el conocimiento analógico del cosmos.

2.º Régimen Copto-Egipcio: Régimen de Venecia, donde se practicaban los *Arcanum Arcanorum* o *Mysterium Magnum*. La tradición copta se funda en el estudio de los Salmos. Sus sacerdotes, que podríamos definir como místicos, transmitían el conocimiento de forma individual, diferenciándose así de la masonería, que lo hace de forma colectiva. Paracelso y otros alquimistas emplearon el término *Mysterium Magnum* para denotar la materia primordial indiferenciada.

3.º Régimen Filosófico-Cabalístico: Régimen de Bédarride, donde se perdieron los *Arcanum Arcanorum* y pasaron a ser grados administrativos. Practicaban la Cábala, siguiendo la tradición judaica.

Sin embargo, creo que éste es un programa real que también afecta, como lo fue para los Rosa-Cruces del siglo anterior, el establecimiento de una espiritualidad, un esoterismo y una política universal. Pero no sólo debemos resaltar los hechos específicos del Rito de Mizraim, también hemos visto anteriormente que la logia rosacruz *La Concordia*, fue de las primeras en acogerse a este Rito Egipcio. Veremos ahora que el rosacrucismo siempre estuvo muy cerca de la orden y que, de una mane-

ra u otra, tiene que ver con la Orden Rosa-Cruz que se funda posteriormente en Inglaterra.

Según William Wynn Westcott,[14] fue un embajador de Venecia el que
habría fundado en Inglaterra, en el siglo XVIII, una pequeña sociedad
rosacruz. El último superviviente de esa orden, William Henry White,
Secretario General de la Gran Logia Unida de Inglaterra, habría iniciado
a Robert Wentworth Little, fundador, a su vez, en 1866, de la *Societas
Rosicruciana in Anglia*.

Cuando hace referencia al diplomático, creo que se refiere al vizconde
de Lapasse, que fue secretario del embajador en Londres por recomendación del marqués D'Osmond, y eso le dio la posibilidad de viajar por
toda Europa. Estuvo en Londres en 1815, Hannover en 1818 y Berna en
1824. Conoció a los rosacruces alemanes relacionados con el barón Von
Eckartshausen, y por su recomendación fue enviado a Palermo en 1831,
en el Reino de las Dos Sicilias y allí conoció al príncipe Balbiani, discípulo de Cagliostro, que lo inició en el hermetismo de la Rosa-Cruz. Tuvo
acceso a las bibliotecas de las abadías de La Cava, Monte Cassino y Montreal. De vuelta en Francia, Lapasse quiso conocer los archivos de los rosacruces en ese país, y allí se familiarizó con las obras de Paracelso, Van
Helmont, Robert Fludd y David de Planis-Campy.

Otro personaje que residió en Nápoles en 1833, y que también ha
tenido su importancia en el mundo masónico y el rosacrucismo, fue Edward Bulwer Lytton, autor de *Los últimos días de Pompeya*. Durante su
residencia en esa ciudad, tuvo un maestro en ciencias ocultas, Geronta
Sebezio, alias de Domenico Bocchini, que fue el que le concedió los diversos grados de iniciación egipcia en la logia masónica que presidía. La
ceremonia se realizó en las catacumbas de San Gennaro, en Capodimon-
te en 1834. En esa ciudad es donde transcurre durante la segunda mitad
del siglo XVIII la acción de su conocida novela rosacruz *Zanoni*, publicada
en 1842.[15]

---

14. William Wynn Westcott (17 de diciembre de 1848-30 de julio de 1925) fue un mé-
    dico forense, mago ceremonial, teósofo y masón, nacido en Leamington, Inglaterra.
    Fue el *Magus* supremo de la SRIA (*Societas Rosicruciana in Anglia*) y pasó a cofundar
    la Golden Dawn.
15. Edward Bulwer Lytton, *Zanoni*, Ed. Luis Cárcamo, Madrid, 1980.

EL RITO EN FRANCIA

Ya hemos visto que el primer intento de establecer la masonería egipcia en Francia fue gracias al conde de Cagliostro, que en 1785 lo encontramos en Lyon, fundando la famosa logia *La Sagesse Triomphante,* y convirtiendo a cientos de adeptos a sus doctrinas místicas. Pero su mayor triunfo lo logró en París, al establecerse allí, con el apoyo del médico alemán Mesmer, del cardenal Rohan, del célebre escultor Houdon, incluso de Saint-Martin, «el filósofo desconocido». También le ayudó visitar de forma continuada la logia mixta *La Candeur,* de la que era Orador Bacon de la Chevalerie, uno de los discípulos adelantados de Martínez de Pasqually.

Parece ser que un poco más tarde, en 1801, seguía existiendo en Francia una especie de masonería egipcia. Prueba de ello, la da Ragon cuando habla de una orden establecida en París:[1] «Este régimen, fundado en 1801, en París, en la Logia de los *Frères-Artistes* [Hermanos Artistas], por el hermano Cuvelier de Trie, pretendía derivar directamente de los antiguos misterios egipcios, bajo el título de la Sagrada Orden de los Sofisianos, establecida en las pirámides de la República Francesa. Esta Orden debe su origen a unos generales franceses, que formaban parte de la expedición egipcia. Luego fue absorbida por la Logia de los Artistas. La Orden se coloca bajo los auspicios de Horus».

En cambio, para Robert Ambelain, este rito nació de la fusión de varias corrientes masónicas en torno a una supervivencia gnóstico-hermética, asociada a la masonería, que encontró Gérard de Nerval en su viaje a Oriente.[2]

---

1. Jean-Marie Ragon, *Orthodoxie Maçonnique: Suivie de la Maçonnerie Occulte, et de l'initiation Hermétique,* E. Dentu, París, 1853.
2. Gérard de Nerval, *Viaje a Oriente,* Valdemar, Madrid, 1988.

Casi todos los historiadores están de acuerdo que fue 1813 el año de la fundación del Rito de Mizraim en Francia, aunque ya existía en París una Logia Madre conocida como Arcoíris [*Arc-en-Ciel*], que profesaba un rito egipcio, posiblemente derivado de alguno de los expuestos anteriormente. Esta estructura tenía como Gran Maestre al Ilustre Hermano Hayère con tres logias *Arc-en-Ciel*, *Buisson Ardent* [Zarza Ardiente] y *Pyramides*. Muchos autores, sobre todo los franceses, afirman que la logia *Arc-en-Ciel* fue fundada por Marc Bédarride, pero pienso que no. Ya hemos visto que la logia existía y lo que posiblemente hizo, como en otras ocasiones ha ocurrido así, fue incorporarla a la estructura que aportaban los Bédarride por tener una dimensión más internacional.

Si nos centramos en el Rito de Mizraim, una de la hipótesis que hemos visto es que fue Gad Bédarride, quien lo creó a principios del siglo XVIII; y que posteriormente fue reintroducido en Francia en 1813 por sus tres hijos, incluido Marc Bédarride, que fue su primer Gran Conservador. De hecho, parece que los hermanos Joseph, Marc y Michel Bédarride ignoraron o desconocían totalmente los *Arcanum Arcanorum*, empujándolos así a generar artificialmente los grados 88.º, 89.º y 90.º como administrativos. Sin embargo, también hemos podido ver que otros masones parecen haber conocido una transmisión del rito en sus últimos grados al mismo tiempo. Se trata de François Joly, que recibió los poderes de Nápoles en 1813 de manos de los responsables del rito en aquel momento, es decir, de Pierre de Lasalle y Charles Lechangeur.

El rito en territorio francés se convierte en la punta de lanza de la oposición clandestina, republicana y revolucionaria frente al Antiguo Régimen, así como contra la Iglesia Católica. El rito vuelve de nuevo a realizar un acto de ruptura, e incluso de subversión en relación con su siglo. En otras palabras, el Rito de Mizraim fundado en París se distanciaba del Rito Egipcio de Cagliostro, según lo afirma Marc Bédarride en su obra *De l'Ordre Maçonnique de Misraïm*.[3] Sin embargo, vemos que en el fondo deriva de los rituales que Cagliostro había traído de Egipto, y que luego modificó para formar su rito iniciático, autodenominado *Misraim seu Ægypti*.

La cuestión es que el rito se desarrolló con éxito, y podríamos decir que bajo la protección del Rito Escocés. Según lo explicado por el propio Bédarride: «Algunos días después, el G∴ C∴ fue a hacer una visita al

---

3. Marc Bédarride, *op. cit.*

muy esclarecido H∴ conde Muraire, primer presidente de la corte de casación bajo el Imperio, uno de los Grandes Inspectores Generales, grado 33.º del Rito Escocés Antiguo y Aceptado, y gran dignatario del Supremo Consejo del Santo Imperio […] luego de una entrevista bastante larga este Ill∴ H∴ dijo al G∴ C∴ que si lo encontraba bien, haría una elección entre los miembros más esclarecidos del Supremo Consejo del Santo Imperio, para iniciarlos en el Misraimismo».

El 12 de febrero de 1814, el conde Muraire –suegro de Élie Decazes, que más tarde sería en primer ministro de Luis XVIII–, acompañado de varios grandes dignatarios, todos del grado 33.º del Rito Escocés Antiguo y Aceptado para Francia, se reunieron con Marc Bédarride en el Hotel des Indes para crear el Supremo Gran Consejo General del grado 90.º del Rito de Mizraim. Entre los asistentes se encontraban los escritores Pierre Alexis Pierron y Claude Antoine Thory; el inspector general del ejército y jefe de división en el ministerio de guerra, Barbier de Tinan; y el caballero Chalan, legislador.

Junto a Marc Bédarride estaba su hermano Joseph y el presidente del grado 70.º, el hermano Lacoste, en ese momento se eleva a los asistentes, primero al grado 77.º y luego al grado 87.º, haciéndoles prestar y firmar el juramento de fidelidad a la Orden Masónica de Mizraim y a los estatutos generales. Se les entrega a su vez los respectivos diplomas, así como diversos manuscritos con los rituales de la orden en sus cuatro series. Los Grandes Inspectores, que provenían del Rito Escocés Antiguo y Aceptado, reconocieron el objetivo que pretendía el nuevo rito. No se trataba de otra cosa que dotar una vez más a la masonería del contenido que había perdido, sobre todo en la época que fue gran Maestre de Francia Louis de Pardaillan de Gondrin, segundo duque d'Antin.

Desde ese momento quedó constituido el Supremo Gran Consejo General de los Grandes Ministros Constituyentes, grado 87.º. ¿Pero por qué no se creó en ese momento el máximo organismo que debía regir la orden en Francia? Sencillamente, porque Michel Bédarride aún no había llegado a París. Por lo tanto, Marc Bédarride, como primer Gran Conservador, creó esa primera potencia y la expandió por diversas ciudades de Francia: París, Lyon, Burdeos, Aviñón, Cavaillon, Marsella, Montauban y Toulouse.

No obstante, el poder real en ese momento seguía en manos de Pierre de Lasalle, Gran Conservador del Valle de Nápoles que, a través de una carta, recomienda a Marc Bédarride que aumente de nivel a François Joly, que ya tenía el grado 77.º. Hacemos mención de este hecho porque Joly será el protagonista de unos acontecimientos relevantes para la orden y que afectarán a los hermanos Bédarride.

Inmediatamente después de que Michel Bédarride hubiera regresado a Francia, se elevó a François Joly, el 19 de mayo de 1815, a los grados 81.º y 87.º. Con ese aumento entraba a formar parte del organismo rector que había creado Marc Bédarride en París, y facilitaba de esa manera la creación del Supremo Gran Consejo General de Sabios, Grandes Maestros *ad-vitam* grado 90.º, para regir la Orden Masónica de Mizraim en Francia. Como consecuencia, la reestructuración a nivel «mundial» quedaba así:

- En Nápoles, como Gran Conservador se mantenía Pierre de Lasalle.
- En Milán, el Gran Conservador seguía siendo César Tassoni.
- En Varsovia, el Gran Conservador fue Theodoric Cerbes o Serbes.
- En Jerusalén, como Gran Conservador se nombró a Vitta Polaco.

De este último se tiene poca información, aparte de lo escrito por Marc Bédarride. Rebold habla de él en los siguientes términos: «Parecía como si el H∴ Lechangeur, jefe del rito, no quisiera iniciar a los HH∴ Bédarride en el grado de Gran Conservador, 90.º del rito, etc. A pesar de lo cual, para los proyectos que tenían en mente, una constitución de tal naturaleza les era absolutamente necesaria. El H∴ Michel Bédarride se dirigió, por tanto, en ese sentido a un delegado llamado Polacq, un israelita residente en Venecia que, usurpando los derechos de Lechangeur, se había proclamado también Superior Gran Conservador, es decir, Gran Maestro Independiente; obtuvo el 1 de septiembre de 1812 una constitución, que le confería el título que había deseado. Este documento, pese a todo, no le pareció suficiente para realizar sus proyectos, dado que sólo llevaba una firma y carecía de los signos de autenticidad. Así que […] se hizo otorgar otra constitución por el H. Théodore Gerber de Milán […] el 12 de octubre de 1812».[4] Podemos apreciar que los nombres se han modificado, no sé muy bien por qué a Polaco lo llama Polacq y a Cerbes lo menciona como Gerber. Estos cambios en los nombres o al traducirlos al idioma en que se escribe, crean posteriormente mucha confusión.

---

4. E. Rebold, *op. cit.*, p. 576.

En consecuencia, parece que los principales impulsores de Mizraim fueron los hermanos Parenti, César Tassoni, Charles Lechangeur, Pierre de Lasalle, Théodoric Cerbes, Vitta Polaco y, finalmente, Gad Bédarride y sus hijos Marc, Joseph y Michel. Un gran número de neófitos fueron admitidos en esa época, en la Orden de Mizraim.

La Logia Madre *Arc-en-Ciel* se integró en el Rito de Mizraim el 19 de mayo de 1815, y actuó de la misma forma en acontecimientos posteriores. También hemos visto que el Supremo Gran Consejo del grado 90.º había adoptado el régimen milanés de Théodoric Cerbes, en vez del régimen de Nápoles, que contenía los *Arcanum Arcanorum*. En Lyon, los antiguos seguidores de *La Sagesse Triomphante,* que bajo el Imperio habían fundado *San Napoleón de la Buena Amistad,* se unieron al Rito de Mizraim.

Ragon es elevado a grado 88.º en 1816, y este propone la inclusión de Mizraim en el Gran Oriente de Francia (G.O.F.), del que había sido miembro durante doce años. Bédarride lo convoca el 18 de octubre para una tenida en la logia *Arc-en-Ciel,* y así votar la inclusión. La votación no es favorable, saliendo 36 bolas negras y 4 blancas. Ragon se retira muy molesto, y a partir de ahí se lleva buena parte de los miembros de la logia *Arc-en-Ciel* a otra logia perteneciente al G.O.F., conocida como *Les Vrais Amis,* rebautizada poco después como *Les Trinosophes,* de la que Ragon será su Venerable Maestro, creando así una escisión en el Rito de Mizraim.

Ragon lo cuenta de la siguiente forma: «El 18 de octubre fui con 3 hermanos a la tenida de *Arc-en-Ciel,* presidida por Marc Bédarride. Anunció escuetamente el orden del día y no dio a entender la importancia y la utilidad que tenía la votación a favor o en contra de la propuesta de presentar el Rito de Mizraim al G.O.F., las bolas negras rechazaron la propuesta por amplia mayoría. Muy disconforme con esta situación, esperé a que se contaran las papeletas: la urna contenía 36 bolas, de las cuales sólo 4 eran blancas, las de mis amigos y las mías. Me levanté y, sin pedir la palabra, pero metiendo mi banda de Kadosch en mi bolsillo, declaré a los presentes que me retiraba, no creyéndome estar con masones, ya que rechazaron la regularidad que se les ofrecía, y, volviéndome hacia el Oriente, dije: "Señor Bédarride, hasta este momento he sido completamente su víctima; pero afortunadamente esta sesión acaba de esclarecerme sobre vuestra duplicidad, sobre el tráfico inmoral que queréis hacer de un rito que ni siquiera conocéis; vuestra ignorancia de la masonería, vuestra facilidad para fallar en sus compromisos, cometer perjurio, presenciar vuestras oscuras sospechas, me hace dudar de que sean masones; nunca habéis podido probar vuestra misión y mostrar vuestros poderes. ¡No, no sois masones! Estoy rompiendo con vosotros, ¡nunca me volveréis a ver! Y, seguido por mis tres amigos, llegamos rápidamente a las escaleras. Joseph Bédarride, corriendo detrás de nosotros, exclamó: "Hermanos, reorganicémonos, comenzaremos la votación de nuevo, ¡tal vez se hayan equivocado!". No respondimos».[5]

Éste será quizás el punto de partida de la primera de las muchas escisiones que experimentarán los ritos masónicos «egipcios». También de la intromisión del Gran Oriente de Francia por dominar todos los otros ritos.

Por lo tanto, podemos ver que, desde el inicio de la implantación del rito en Francia, la situación se complica con la existencia simultánea de dos regímenes. Uno es el creado por los hermanos Joseph, Marc y Michel Bédarride, el otro era el importado por François Joly, conocido como Régimen de Nápoles o *Arcanum Arcanorum*. Ragon será el instigador para que terminen subsistiendo los dos regímenes. De todo ello hablará en su célebre *Tuileur*, aunque lamentablemente sin aportar ritual alguno.

A pesar de todo, François Joly, que se había iniciado en Italia, reclamó la Gran Maestría del Rito de Mizraim en Francia, además fue apoyado por Jean-Marie Ragon. Es evidente que a Ragon le interesaba el rito. El 20 de noviembre de 1816, el hermano Joly presentará al Gran Oriente de Francia los secretos del régimen de Nápoles o *Arcanum Arcanorum,* de los que tanto se hablará, y que el Rito de Mizraim, refiriéndose al de los Bédarride, desconocía por completo.

Con ese trasfondo, Ragon escribió: «En 1816, once hermanos pertenecientes al rito, muy descontentos y escandalizados por el tráfico que los importadores se atrevían a hacer de esta masonería, y con el loable y desinteresado fin de ponerle fin, resolvieron purificar el arca y crear un nuevo poder supremo del rito: formaron un Supremo Consejo del grado 90.º».[6]

Los miembros que formaron ese nuevo Supremo fueron Armand Gaborria, como Gran Maestro Absoluto y grado 90.º; el propio Ragon, como Venerable fundador de la logia imperante de los *Trinosophes*; como presidente del nuevo organismo, fue nombrado François Joly. También estaban Décollet, jefe de la administración de monedas y medallas, y

5. Jean-Marie Ragon, *op. cit.*, pp. 186-7.
6. J. M. Ragon, *op. cit.*, pp. 186-7.

Méallet, secretario de la Sociedad Académica de Ciencias. El rito se constituía, en sus cuatro series y en todos los grados, según la patente expedida por Nápoles en 1818, al hermano Joly.

Sus estatutos son claros, no reconocen en Francia otra autoridad masónica que el Gran Oriente de Francia. Se nombraron comisionados en ambos lados.

Por último, el G.O.F. aceptó el rito el 8 de octubre, pero su finalidad, como he dicho anteriormente, no era ponerlo en uso. Después de la firma, hizo renunciar a todos, alegando que lo hacía para que nadie siguiera abusando del rito, y declaró disuelto en 1816 su Supremo Consejo del grado 90.º. El más perjudicado con todo ello fue Ragon, que se quedó sin poder recibir los grados finales del 88.º al 90.º. Los masones, que se negaron a ser reconocidos por el Gran Oriente, se propagaron después por Bélgica, Irlanda y Suiza.

Ya hemos mencionado que Parenti fue el que llevó el manuscrito de los rituales de los *Arcanum Arcanorum* a Bruselas, donde se estableció el rito en 1817.

La transmisión se refería a rituales masónicos que velaban una práctica específica. Las iniciaciones consistían en la puesta en escena de una leyenda de la orden velada, que sólo era descifrable si había una explicación oral. La fuente menciona como origen la fecha de 1799, otras aseguran que fue en 1788, pero no tengo ninguna prueba más sustancial. En efecto, es una verdadera cuadratura del círculo poder establecer una cronología y, por tanto, la historicidad de los rituales *Arcanum Arcanorum*. Además, cuanto más avanzamos en el tiempo, más alteraciones y adiciones desdibujan las pistas.

Si partimos de la hipótesis que en la práctica misma de la masonería de finales del siglo XVIII y principios del XIX, los masones tomaron notas, escribieron y reescribieron los rituales, dejándose llevar por la inspiración o la costumbre en vez de la tradición, tenemos como resultado que a veces llegaron incluso a fusionar unos rituales con otros, y perdieron la esencia del grado. La conclusión es que lo que ocurrió con el *Régimen de Nápoles* fue probablemente eso, e incluso a veces llegaron a inventar sistemas de grados a partir de una iniciación que nada tenía que ver con la masonería del momento.

La manera de proceder así está en correlación directa con la forma de tocar música. Los compositores de esa época sólo escribirán los acordes, las armonías y los sistemas de bajo. Correspondía a cada músico improvisar a partir de la estructura armónica. Por eso es tan difícil datar la existencia de algunos ritos por esta práctica de reescritura a veces unida a una gran inventiva…

En cuanto al Rito de Mizraim, que fue objeto, precisamente en los años 1795-1820, de una gran dedicación por parte de Armand Gaborria, hasta el grado de constituir hoy un referente y punto de apoyo por la extraordinaria abundancia de documentos que nos dejó. Cualquiera que los compare de forma imparcial con los de los hermanos Bédarride, notará la enorme diferencia. La explicación dada por los memorandos del Supremo Consejo de Nápoles forma todo el sistema filosófico del verdadero Rito de Mizraim y satisfacen el espíritu de la mayoría de los masones expertos. En 1817, a raíz del asunto de los «Cuatro Sargentos de La Rochelle»,[7] el Gran Oriente de Francia, entonces monárquico y católico, se convirtió en uno de los más feroces opositores al Rito de Mizraim. Las luchas, los hostigamientos y las persecuciones por las denuncias del G.O.F. hicieron muy difícil la existencia del rito misraímita en Francia. Como consecuencia, tuvieron que expandirse a otros países.

Tras haber visitado Bélgica, Suecia, Irlanda y Gran Bretaña, Joseph y Michel Bédarride volvieron al continente; Joseph se dirigió a Suiza y Michel a los Países Bajos.

Finalmente, en 1818 se estableció en Bruselas una Potencia Suprema de la orden para los Países Bajos, y el 1 de agosto de ese año se publicó en esa ciudad una defensa del Rito de Mizraim, haciendo referencia a una obra que apareció en Londres en 1805, bajo el mismo rito. Creo que esto último no es correcto y que posiblemente el escrito corresponde a un documento aparecido en Italia.[8] No obstante, parte de los archivos del Rito de Mizraim siguen estando en Bruselas. De estos elementos, se puede deducir:

1) Que el Rito Egipcio se practicaba en el Mediterráneo y en Italia antes de 1789.
2) Que, en sus últimas etapas, se practican en forma de dos regímenes

---

7. Intento por parte de los carbonarios de salvar, el día de su ejecución, a los cuatro sargentos bonapartistas acusados durante la Restauración de haber querido derrocar a la monarquía y que fueron condenados a la guillotina.
8. *Antico e Primitivo Rito di Misraim-Memphis Statuti e Regolamenti*, Ed. Arktos, 2005.

diferentes: un régimen con filosofía cabalística (régimen de Bédarride) y un régimen con filosofía egipcio-helénica (*Arcanum Arcanorum* o régimen de Nápoles).

El hecho de que Bédarride informe que el misterioso Ananiah partió de Francia hacia Italia en 1782, sólo demostraría que, al menos, este punto de su historia no carece de verosimilitud histórica.[9] Esto daría la razón a Arthur E. Waite, que rechaza como más que dudosa la hipótesis de ciertos escritores mal informados que atribuyen la «invención» del rito en 1805 a Charles Lechangeur en la ciudad de Milán.[10]

Durante su estancia en Londres, parece ser que los hermanos Bédarride elevaron al grado 90.º y último de Mizraim a su alteza real, el duque de Sussex. Además, en Dublín hicieron lo mismo con el duque de Leinster y en Edimburgo con el duque de Athol. Los decoraron con la gran estrella de Mizraim y organizaron en estas dos últimas ciudades un Supremo Gran Consejo del grado 87.º para administrar a los misraímitas de esos países.

El mariscal Pierre Riel, marqués de Beurnonville, Gran Maestre Adjunto del Gran Oriente de Francia, prohibió todo contacto a los miembros de su Obediencia con los del Rito de Mizraim, bajo pena de expulsión. Esto, desgraciadamente, sigue ocurriendo exactamente igual hoy día con otras Obediencias, es de agradecer que el Gran Oriente de Francia ya no lo practique. Como consecuencia, la Orden de Mizraim se convirtió en el lugar de encuentro de todos los opositores al régimen, lo que la llevó gradualmente a su declive entre 1817 y 1837. A pesar de ello, el derrumbe no fue total, pasó por fases alternas, que van desde una intensa actividad masónica hasta un momento de profundo estancamiento. Finalmente, logró sobrevivir.

Jean Mallinger,[11] abogado y escritor, muy bien documentado, explica la situación de la siguiente forma: «El Gran Oriente de Francia rompió las relaciones en esta situación [la de la persecución], según lo esperado, la maldad llegó tan lejos como para denunciar el Rito de Mizraim al poder político, provocar registros y enjuiciamientos contra el Rito de Mizraim

---

9. Marc Bédarride, *op. cit.*, vol. II, p. 125.
10. Arthur E. Waite, *op. cit.*
11. Seguidor del pitagorismo, publicó numerosos libros sobre el maestro de Samos y se dedicó a la difusión de su doctrina. Fue un dirigente de Menfis-Mizraim.

con el fin de impedir su existencia». Es más, si leemos detenidamente a Ragon, –nunca debemos olvidar que era un funcionario del Ministerio del Interior–. En su *Tuileur General*, hay una nota al pie de página en la que naturalmente presenta la persecución como consecuencia lógica de actos contrarios a las leyes que habrían sido cometidos por los misraímitas y señala la circular del 22 de junio de 1818 del Supremo Consejo de los Países Bajos, que prohíbe el Rito de Mizraim.[12] Precisamente este caso nada tiene que ver con el argumento de Ragon, ya que fue por un problema de estatutos. Se señala el cierre de la logia *Bonne Foi* de Montauban en 1821, donde la autoridad civil se apoderó de sus papeles y registros, además de cerrar su local. Otro caso fue cuando, el 1 de octubre de 1822, la policía irrumpió en la logia misraímita de Tarare, apoderándose de todos sus archivos.

Ragon sigue diciendo sobre el rito: «... que mantenía muchos puntos en común con el Rito Escocés Antiguo y Aceptado, aunque tenía un sistema de noventa grados y que desde el grado 67.º muestra su especificidad judía». Es evidente que este último comentario era una forma discriminatoria de tratarlo.

Hay que tener en cuenta que los primeros francmasones judíos eran sefardíes de Ámsterdam y Londres, así como de las colonias americanas. Los casos eran diversos, por ejemplo, la Gran Logia de Francia no prohibía explícitamente la entrada, pero la condicionaba a si estaban bautizados o no, eso pasaba en el siglo XVIII. En cambio, la logia *Aurore Naissante*, que fue reconocida desde 1807 por el Gran Oriente de Francia gracias a la diplomacia de Max Cerfbeer, fue la primera en acoger judíos.

Como he dicho en unas líneas anteriores, no todo fue oscurantismo. En 1822, el Rito de Mizraim tuvo un gran éxito, agrupó logias y consejos en veinticuatro ciudades francesas, veintidós en París, incluida la Respetable Logia Madre *Arc-en-Ciel*, seis en Lyon, seis en Metz, cinco en Toulouse, tres en Burdeos, una en Lille, una en Saint Omer, una en Marsella, una en Rouen, una en Estrasburgo, una en Clermont-Ferrand, una en Nancy, una en Besanzón, una en Montpellier, una en Carcasona, una en Montauban, una en Moissac, una en Roanne, una en Tarare, una en Nantes, una en Sedan, una en Nimes, lo que hace un total de cincuenta y seis logias en Francia, así como las existentes en Inglaterra, Suiza y Bélgica.

---

12. Jean Marie Ragon, *Tuileur General Francmaçonnerie,* Collignon, París, 1861, p. 248.

La composición de estas logias era muy diversa. Allí se encontraban algunos dignatarios del Rito Escocés, muchos seguidores de las doctrinas esotéricas e incluso partidarios de los Altos Grados. También algunas personalidades políticas y finalmente opositores al régimen realista como los republicanos, bonapartistas, carbonarios, etc.

Hay un documento emitido en 1824 por el Supremo Santuario para Escocia de la Orden Masónica de Mizraim que proporciona interesante información sobre quiénes eran los miembros de los Altos Grados alrededor del mundo. Este documento está firmado en el Valle de Edimburgo, y demuestra que el rito estuvo activo también en Inglaterra. Entre ellos están perfectamente documentados:

— El príncipe Augustus Frederick, duque de Sussex, Gran Maestro de la Gran Logia Unida de Inglaterra que, el 14 de febrero de 1817, fue iniciado en el grado 90.º y último, e investido de todos los poderes para Inglaterra, Escocia e Irlanda. Soberano Gran Maestro Absoluto de la orden.[13]
— Elie Louis Decazes, duque de Decazes, embajador del rey de Francia en la Corte de Gran Bretaña, Gran Conservador de la orden, grado 90.º.
— Honoré Muraire, conde de Muraire, Gran Conservador de la orden. Gran Presidente del Supremo Consejo en Francia. Gran Oficial de la Legión de Honor, grado 90.º.
— Marc Bédarride, teniente coronel, París, Gran Conservador de la orden, grado 90.º.
— Joseph Bédarride, capitán de Caballería, París, Gran Conservador de la orden, grado 90.º.
— Augustus F. Fitzgerald, duque de Leinster, y Gran Maestre de la Gran Logia de Irlanda, grado 90.º.

Y continúa enumerando a los Grandes Maestros de la orden de Holanda, Rusia, Venecia, Nápoles, Berlín, Palmira, Francia y España. Entre ellos encontramos al Gran Maestro Andorrha, 87.º, que era el Gran Ministro de la orden en Madrid del que carecemos de datos, pero demuestra que en esa fecha, sesenta y tres años antes de la fundación de la Gran

---

13. Era miembro de la familia real británica de la Casa de Hannover, sexto hijo del rey Jorge III y de la reina Carlota de Mecklenburg-Strelitz, 25.º presidente de la Royal Society.

Logia Simbólica Española de Memphis y Mizraim, ya existía en España una masonería mizraímita.

También asistieron:

— Claude Antoine Thory, escritor, París, Soberano Gran Maestro de la Orden, grado 90.º.
— Caballero Ebrard, París, Soberano Gran Maestro Absoluto de la Orden, grado 90.º.
— Conde Louis de Fauchecour, teniente coronel de Ingenieros, París, Soberano Gran Maestro Absoluto de la Orden, grado 90.º.
— Pierre-Joseph Briot, político y consejero, París, Soberano Gran Maestro Absoluto de la Orden, grado 90.º.
— B. Allegri, París, Soberano Gran Maestro Absoluto de la Orden, grado 90.º.
— Louis Joseph de Fernig, barón de Fernig, general, París, Soberano Gran Maestro Absoluto de la Orden, grado 90.º.
— François Antoine Teste, barón Teste, teniente general, París, Soberano Gran Maestro Absoluto de la Orden, grado 90.º.
— J. Barrau, cónsul general de Holanda en Trieste, Gran Ministro Constituyente de la Orden, grado 89.º.
— Burfin, secretario de Embajada en Florencia, Gran Ministro Constituyente de la Orden, grado 88.º.
— Barón Nicolai, San Petesburgo, coronel del emperador de Rusia, Gran Ministro Constituyente de la Orden, grado 87.º.
— A. Sasportas, Nueva York, Gran Ministro Constituyente de la Orden, grado 87.º.
— Jean-Marie Barbier de Tinan, París, jefe de división del Ministerio de Guerra, Gran Ministro Constituyente de la Orden, grado 87.º.
— Rangone, Venecia, Gran Ministro Constituyente de la Orden, grado 87.º.
— J. G. Salem, Nápoles, Gran Ministro Constituyente de la Orden, grado 87.º.
— Barón Smith, Berlín, Gran Ministro Constituyente de la Orden, grado 87.º.
— N. Prastia, capitán de Estado Mayor, Palmira, Gran Ministro Constituyente de la Orden, grado 87.º.
— Andorrha, Madrid, Gran Ministro Constituyente de la Orden, grado 87.º.

— Mirbel, canciller del embajador de Francia en Londres, Gran Ministro Constituyente de la Orden, grado 87.º.

De ahí realmente su persecución y la conducta antifraterna del Gran Oriente de Francia, sobre todo, llevada a cabo por los dignatarios del Rito Moderno (francés), que querían dominar en masonería. Esto no es nuevo, ocurrió lo mismo en España en el año 1875, donde Juan Utor, miembro del Rito Francés, terminó como Gran Maestre Adjunto del Gran Oriente de España y Gran Secretario del Supremo Consejo del grado 33.º y último del Rito Escocés Antiguo y Aceptado de España.[14]

No ayudaba nada el hecho de que ese mismo año, Pierre-Joseph Briot, uno de los líderes de los carbonarios franceses, se convirtiera en uno de los Grandes Maestros de Mizraim. Se había incorporado al rito en 1810, y se mantuvo fiel hasta su muerte. Provenía de la logia *La Constellation de Napoléon,* en Nápoles, y de regreso a Francia se unió a la logia mizraímita masónica de Besanzón *Les Sectateurs de la Vérité.* De hecho, el rito de los Bédarride se fue cada vez más convirtiendo en un rito con fines secretos y políticos. Por lo tanto, la policía de la Restauración no tuvo grandes dificultades para obtener la disolución del Rito de Mizraim. Había nacido lleno de promesas, pero finalmente tuvo que permanecer quince años en clandestinidad. Sin embargo, no debemos creer, como intentan algunos, que el rito se había convertido en el cenáculo y refugio de los Carbonarios. En todos estos hechos, y también en la cantidad de miembros, hubo algunos de ellos, pero no más que en otros ritos o en otras Obediencias.

La orden fue disuelta en Francia en 1823 por disposición del Tribunal Correccional, debido a las simpatías que los hermanos Bédarride sentían por la causa napoleónica, a pesar de que Bonaparte había muerto el 5 de mayo de 1821. No obstante, seguían siendo militares inactivos del Ejército Imperial napoleónico. A pesar del Decreto de Disolución, los hermanos Bédarride consiguieron abrir nuevas logias de Mizraim en Francia hasta 1831.

El Rito de Mizraim, que había estado clandestino durante quince años, fue restaurado en 1838 después de la Revolución de Julio y tras la subida al trono de Luis Felipe I. Había sobrevivido lo mejor que pudo, pero durante ese período nació un nuevo rito que le disputaría su espacio

---

14. Véase Galo Sánchez-Casado, *op. cit.*, pp. 281-283.

masónico. No era otro que el Rito de Menfis, fundado o refundado en Lyon ese mismo año por Jacques-Etienne Marconis de Nègre, del que hablaremos en el siguiente capítulo. La Orden de Mizraim fue disuelta de nuevo en 1841, y volvió a salir a la luz en 1853.

Mientras tanto, Marc Bédarride había pasado al Oriente Eterno en 1846, Joseph Bédarride falleció en 1840 y su hermano, Michel Bédarride, tendrá todos los poderes dentro del Rito de Mizraim. El rito, después de muchas vicisitudes, será absorbido definitivamente por el Rito de Menfis.

Cuando Michel Bédarride a su vez se unió al Oriente Eterno el 10 de febrero de 1856, J. T. Hayère, designado por él como su sucesor el 24 de enero anterior, se convirtió en Gran Conservador Superior, Gran Maestro del rito. Inmediatamente, el Gran Oriente de Francia (G.O.F.) comienza la persecución política para abolir el rito con la ayuda del Tribunal Correccional y la policía. El mariscal Bernard Magnan, Gran Maestro de G.O.F., invita a los ritos masónicos de Francia a unirse a su Obediencia. No obstante, el Rito de Mizraim se negará y seguirá administrando una docena de logias. Finalmente, por decisión del emperador Napoleón III, el rito se unirá al Gran Oriente de Francia en ese mismo año. Sin embargo, el G.O.F. sólo aceptó recibir las logias de los tres grados simbólicos de Mizraim, y en 1865, el Gran Consejo de Ritos les prohibió practicar los Altos Grados.

El rito se mantuvo en Francia durante unos 74 años y, cuando ya estaba reducido a casi nada, renunció a sus prerrogativas y ortodoxia. Podemos apreciarlo, en palabras de su Gran Secretario, Chailloux, que en un discurso afirma: «Llega el momento en que finalmente se le permite disponer de sus fuerzas vivas para ponerlas al servicio de las ideas del progreso; esta institución es enmendada por la fuerza de las cosas, para transformarse, para evolucionar en una dirección progresiva. Con nosotros, la reorganización comenzó con la revisión de los rituales. Estos rituales se han armonizado no sólo con los principios masónicos y democráticos, sino con los datos científicos más modernos (…) Suprimiendo por completo todo lo que, como mucho, podría recordar el carácter casi religioso del origen de este grado, la Masonería no tiene ni debe tener nada en común con la religión (…) Podemos extraer de nuestra Declaración de principios, impresa en 1885, que la base fundamental e inmutable es la existencia del Ser Supremo, la inmortalidad del Alma, el amor al prójimo; hoy podemos leer en nuestra Constitución reformada que es la Autonomía de la persona humana, la justicia o el altruismo».[15]

Como hemos visto, el Rito de Mizraim también estuvo activo en Inglaterra y tendrá mucha importancia para el rosacrucismo que terminó fundando SRIA (*Societas Rosacruciana In Anglia*). En la revista *El Rosacruz* de enero de 1871, en la página 136, se puede leer: «Tenemos el gran placer de anunciar que este rito masónico filosófico (*Antien and Primitive Rite of Misraim*) ha sido recientemente establecido en Inglaterra bajo la autoridad derivada del Gran Consejo de Ritos para Francia, y que los Conservadores Generales celebraron una reunión en la Freemasons Tavern el miércoles 28 de diciembre. Los sitiales principales fueron ocupados por el Ill. H. Wentworth Little, 90.º; el R. Hon. conde de Limerick, 90.º; y S. Rosenthal, 90.º; por quien el Santuario "Bective" de Levitas –el grado 33.º del rito– fue debidamente abierto… Entonces se anunció que los siguientes hermanos habían aceptado el cargo en el rito: el R. Hon. conde de Bective como Soberano Gran Maestre, etc., etc.».

Lo comentado en la revista es natural, corresponde a una decisión tomada por el propio rito que fue separarse de la Gran Logia Unida de Inglaterra en 1870. Los motivos aludidos fueron causas políticas y allí se nombró al conde de Bective grado 90.º, como Soberano Gran Maestre del Rito de Mizraim. Se mantiene la orden gracias a la actividad de Robert Wentworth Little, Gran Secretario de la Gran Logia Unida de Inglaterra y fundador de la *Societas Rosicruciana In Anglia*, al conde de Limerick, a Sigismund Rosenthal y E. H. Finney, editor del periódico semanal *El Francmasón*, que crean en Londres el Supremo Consejo General 90.º del Rito de Mizraim, invocando un ritual de consagración de Adolphe Cremieux, entonces Soberano Gran Comendador del Supremo Consejo de Francia. Todos ellos eran los Grandes Conservadores Generales del Rito de Mizraim para Inglaterra y Escocia.

Finalmente, según lo escrito por Robert Freke Gould, el Rito de Mizraim se fusionará con el de Menfis en 1881, cuando John Yarker «…confirió la comunicación de los grados de Mizraim a los miembros del Rito de Menfis para no tener un órgano de gobierno separado en este país [Inglaterra]».

---

15. J. Mallinger, «Les Rites dits Egyptiens de la Maçonnerie», revista *Inconnues*, n.º 12, Lausanne, 1956.

LOS *ARCANUM ARCANORUM*

La Francmasonería es una fraternidad dentro de una fraternidad, una organización externa que oculta una Hermandad interna de elegidos. Antes de que sea posible discutir inteligentemente el origen del oficio, es necesario establecer la existencia de estas dos órdenes separadas pero interdependientes, la visible y la otra invisible. La sociedad visible es una espléndida camaradería de hombres «libres y aceptados», obligados a dedicarse a preocupaciones éticas, educativas, fraternales, patrióticas y humanitarias. La sociedad invisible es una fraternidad secreta y augusta, cuyos miembros están dedicados al servicio de un misterioso Arcanum Arcanorum.*

MANLY P. HALL

Son muchos los autores, entre ellos Kremmerz, Ventura, Labouré o Caillet, que creen que el verdadero núcleo del Rito de Mizraim se encuentra en los grados conocidos como *Arcanum Arcanorum*. Podemos asegurar que sobre estos grados se ha derramado muchísima tinta. En determinados casos se han interpretado mal, y en otros se ha creado un mito ineficaz. En algunas órdenes de Ritos Egipcios se han conservado como los grados más secretos, y en otras, como los «grados finales» de un sistema tradicional.

Según el Diccionario Larousse, la palabra *Arcanum* la define como: conocimiento, lenguaje misterioso o toda operación hermética cuyo secreto sólo deben conocer los iniciados. Es decir, que *Arcanum Arcanorum* se refiere al «secreto de los secretos», al gran secreto.

¿Qué es el secreto de los secretos? Son las instrucciones contenidas en los Cultos Mistéricos que han sido transmitidas a lo largo de siglos y siglos. Normalmente, forman un conjunto de grados, y cuando se completa esta serie de grados, se comprende el misterio que ha alimentado la controversia mundial desde los albores de la civilización. Por lo tanto, podríamos decir que el sintagma latino *Arcanum Arcanorum,* o más específicamente el Secreto de todos los Secretos: es el último misterio que se supone se encuentra detrás de toda magia, alquimia y astrología. A veces encontramos la referencia a los *Arcanum Arcanorum* escrita de la siguiente forma A.·. A.·., que podemos decir que es la mayúscula abreviada seguida de tres puntos que podríamos valorar como un triángulo al que se considera el último nivel de las sociedades iniciáticas, secretas o discretas.

Ya lo hemos dicho antes que tuvieron su origen en Nápoles y escritos en latín. Pero encontramos algo parecido en hebreo, llamado «Macroprosopus» en *La Kabbala Denudata*.[1] Es un aspecto de divina emanación en la cábala, identificado con la sefirá Keter, atributo de la Voluntad Divina. Pero también los griegos utilizaban el «Astron Argon» (Ἄστρον Ἀργόν), que podríamos latinizar como *Argenteum Astrum,* es decir, «Estrella de plata».

Aunque no sólo es eso, *Arcanum Arcanorum* fue una orden en sí misma, siempre oculta e invisible, que ha venido operando durante toda la evolución de la humanidad bajo diversos nombres y formas, guiándola en un camino espiritual. Sus objetivos siempre fueron explorar e investigar dicho camino espiritual de la historia de la humanidad. Cada orden, bien sea mágica, escuela de misterios o religión, siempre que ha difundido alguna Luz o una pequeña porción de sabiduría, lo ha hecho como vehículo exterior de lo que fue esa Comunidad Interior.

Con el paso del tiempo, lo mismo que les ocurrió a otras órdenes, fue decayendo, pero sus enseñanzas fueron recogidas por ritos masónicos. Uno de ellos fue el Rito de Menfis-Mizraim, de hecho, se fundamenta en esos cuatro grados finales que a veces sólo son tres –87.º, 88.º, 89.º– dependiendo de su procedencia, por ejemplo, si hablamos específicamente de la Escala de Nápoles, serían del 87.º al 90.º. Aunque estos grados llamados *Arcanum Arcanorum* también los encontramos en otro tipo de organizaciones. Un ejemplo de ello son los colegios herméticos, los pita-

---

1. Interesado por la cábala, Christian Knorr von Rosenroth pretendió hacer una traducción latina del *Zohar* y el *Tikkunim*, y publicó como estudios preliminares los dos primeros volúmenes de su *Kabbala Denudata, sive Doctrina Hebraeorum Transcendentalis et Metaphysica Atque Theologia* (Sulzbach, 1677-1678). Contienen una nomenclatura cabalística, el *Idra Rabbah* e *Idra Zuta* y el *Sifra di-Zeni'uta*, ensayos cabalísticos de Naphtali Herz y Jacob Elhanan, etc. Rosenroth publicó otros dos volúmenes bajo el título *Kabbala Denudata* (Frankfort-on-the-Main, 1684), conteniendo el *Sha'ar ha-Shamayim* de Abraham Cohen de Herrera y varios de los escritos de Isaac Luria.

góricos o los rosacruces. Labouré incluso va aún más atrás en el tiempo y encuentra el origen de los *Arcanum Arcanorum* en los textos herméticos y alquímicos del siglo XVI y XVII. Llega a decir que en el fondo son una magia eónica aplicada en entornos aparentemente lejanos entre sí, que desarrolla una técnica teúrgica.[2]

Sobre este tema no debemos de olvidarnos de Michael Maier, que entre 1612 y 1616 estuvo en la corte de James I en Inglaterra, allí conoció a Robert Fludd y logró un gran reconocimiento. Hacia 1614 publicó su primer libro, *Arcana Arcanissima*, que se lo dedicó al médico inglés William Paddy. La obra no sugiere lugar, ni tiempo. Más tarde regresó a Alemania en 1617, donde publicó *Atalanta Fugiens*, en Oppenheim, con Jean-Théodore de Bry. Un libro excelente que lleva maravillosos grabados alquímicos, además de contener poemas y cincuenta piezas musicales.

Sin embargo, es en el siglo XVIII donde la expresión *Arcanum Arcanorum* se descubre en la literatura rosacruz. Sobre todo, en el libro *Los Símbolos secretos de los Rosacruces*, publicado en Altona en dos ediciones, la de 1785 y la de 1788, donde recoge toda una serie de escritos difundidos anteriormente.

Debemos tener en cuenta lo dicho, tanto la enseñanza como los rituales derivados de los *Arcanum Arcanorum* sirvieron para confeccionar los grados que se exponen de diferentes formas en la cúspide de numerosas órdenes iniciáticas. Hacia finales del siglo XVIII, todos estos materiales, rituales y enseñanzas, después de haber recorrido numerosos países de Europa y algunas islas buscando la senda iniciática, terminaron en manos de Alessandro de Cagliostro. Al final los encontró, pero no los llamaba *Arcanum Arcanorum*, sino *Secretum Secretorum* [el Secreto de los Secretos], que finalmente significa lo mismo.

Algunos autores aseguran que la creación de estos Altos Grados fue una idea propia del conde Cagliostro, todo es posible, aunque existen muchas dudas de que fuera el creador. Lo que sí es cierto es que fue él, como francmasón y mago, quien los dio a conocer.

El encuentro de Cagliostro de esos documentos se originó en Malta, en ese momento un centro para la masonería y otros cultos esotéricos. Fue uno de sus caballeros, Luigi d'Aquino, primo del Gran Maestre na-

---

2. Denis Labouré, «Les rites maçonniques Égyptiens: De Cagliostro aux arcana arcanorum», *Carnets d'un franc-maçon égyptien*, n.º 52, Seiten, CIRER, 2001, p. 130.

cional de la Masonería Napolitana, y amigo de Cagliostro, quien le entregó a este último los tres Altos Grados herméticos. Por lo tanto, fue D'Aquino quien aportó los secretos de los arcanos al Rito Egipcio. Cuando el Gran Copto explicaba cómo ocurrieron los hechos al recibir de su cómplice y amigo D'Aquino los manuscritos, decía: «…nunca dudé del conocimiento que se encontraba en los aspectos ocultos de los documentos…», luego los transmitió a Lyon y Bélgica durante sus diversos viajes.

¿De dónde provenían los *Arcanum Arcanorum?* No se sabe muy bien. Podrían venir del mago y místico Kolmer, más conocido con el *nomen* de Althotas,[3] que fue uno de los mentores e iniciador de Cagliostro en los grandes misterios. El origen de los grados no deja casi ninguna duda, provenían del antiguo Egipto y de la antigua Grecia. Ya hemos visto, cuando hablábamos de la antigua Grecia, que existían unos misterios que quedaban cerrados a los profanos y que se llamaban Misterios mayores.

Jean Mallinger, en la revista *Inconnues,* afirma: «…los paralelismos entre ciertos pasajes de los Arcanos y las tradiciones del ritual de Cagliostro son asombrosos». Tanto el Rito de Mizraim como el de Menfis mezclaron siempre el simbolismo masónico con la alquimia, sin olvidarse de las referencias egipcias.

Por tanto, es de Italia, y en particular de dos regiones, una Nápoles, la otra Venecia y sus islas, donde los Ritos Egipcios tienen sus orígenes. En Nápoles encontramos también la presencia de otra orden que centra su doctrina y su ritual, aún más explícitamente, en Egipto: la Orden Osiriana Egipcia, de la que se sabe aún menos sobre sus orígenes y sus posteriores desarrollos. Esta organización culmina como una expresión externa en la Hermandad Terapéutica de Miriam o *Schola Philosophica Hermética Classica Italica*, fundada por Giuliano Kremmerz, cuyo nombre real era Ciro Formisano. La Escuela se basaba en el modelo de las antiguas hermandades isíacas egipcias y en los antiguos cultos mistéricos.

Lo cierto es que la orden, fundada por Giuliano Kremmerz, *Ordine Osirideo Egizio*, no dejaba de ser una orden interna, es decir, una orden dentro de la orden que se dedicaba a la alquimia operativa y espiritual. Las conexiones que tenía con los movimientos filosóficos, herméticos y alquímicos fue lo que posiblemente dio a luz la idea de unificar Menfis

---

3. En los Ritos Egipcios, Mizraim, Menfis y Menfis-Mizraim, siempre se adopta un *nomen* por el cual se conoce al iniciado.

con Mizraim y sus *Arcanum Arcanorum,* aunque hay que hacer una investigación más profunda. No debemos olvidar que el primer maestro que tuvo Kremmerz fue Pasquale de Servis, más conocido como Izar (Jerónimo Izar Ben Escur), un francmasón, martinista y hermetista italiano, que basó sus enseñanzas en los *Arcanum Arcanorum* del sistema conocido como *Scala di Napoli.*

Para poder saber con una cierta certeza la composición de los *Arcanum Arcanorum* debemos concentrarnos en los inicios del siglo XVIII, donde los círculos de adeptos provenientes de varios ritos se consagraron al estudio de dichos grados y los dividieron en tres campos diferentes, eso sí, interrelacionándolos permanentemente:

a) Un sistema teúrgico. Donde, a través de distintas invocaciones a base de ritos, talismanes, sigilos y diversas técnicas, atraían al Santo Ángel Custodio y a ciertos ángeles menores. En otros casos, a unos eones, y se beneficiaban de esa forma con su asistencia. Este camino lleva al iniciado a percibir, bien sea a través de la alquimia interna o ayudándose de la alquimia metálica, un proceso de transmutación.

b) Una práctica de alquimia interna. Consideraron al cuerpo como un atanor.[4] De forma que cada etapa de la alquimia metálica encuentre su correspondencia dentro del cuerpo del adepto, originándose un unir y venir permanente entre lo esotérico y lo exotérico.

c) Una práctica alquímica metálica. Donde se desarrollaba también la espagírica. Dentro de la Obra externa que se realizaba en los laboratorios, parece ser que lo más utilizado era el antimonio. Este producto fue el principal ingrediente del *kohl,* una pasta negra usada por los egipcios, entre otros, como maquillaje para los ojos. También los babilonios conocían este mineral semimetálico, que lo utilizaban para ornamentar sus vasijas. Siempre se ha dicho que el descubridor real del antimonio fue el alquimista y rosacruz Basil Valentine que además escribió un tratado, *Triumph Wagens des Antimonij* [El carro triunfal del antimonio], donde describió cómo se procedía a la extracción del antimonio a partir de sus compuestos.

---

4. Atanor (del *a* privativo del griego y *thanatos,* «muerte»): una especie de cocina en la que el carbón, al caer mientras se consumía, mantenía un fuego moderado durante mucho tiempo.

Actualmente, los grados conocidos como *Arcanum Arcanorum* presentes en el mundo masónico, sólo contemplan el aspecto teúrgico. Sin embargo, no debemos olvidarnos de la alquimia metálica o de la espagírica. Tenemos grados en el Rito de Menfis-Mizraim que enseñan alquimia metálica, para finalmente conectar con esos cuatro últimos grados esotéricos.

Hay que tener en cuenta que las ideologías sobre este rito masónico que tenían Cagliostro y Martínez de Pasqually eran muy parecidas, sobre todo cuando se trataba del alma humana y su reintegración con lo divino. Es evidente que eso se debía al origen de los *Arcanum Arcanorum* que, como hemos visto, procedían del hermetismo egipcio-helénico. Ese panteísmo, que se encontraba de forma decidida en el lenguaje de los grados, nunca hubiera sido aceptado en el lugar donde la familia Bédarride estaba asentada en Francia, al ser un enclave mayoritariamente judío. Me refiero a la zona de Cavaillon, lo que se desarrolló allí nada tiene que ver con el origen de los *Arcanum Arcanorum,* por ese motivo los Bédarride crean unos grados que están más enfocados a los misterios judaicos y la cábala.

Por lo tanto, los grados que conducían a los *Arcanum Arcanorum,* según lo expuesto por los Bédarride, eran rotundamente monoteístas. Estaban basados en la tradición del Antiguo Testamento, lo que nos lleva a concluir que no son los escritos por los diversos autores que consideraban a estos ritos como panteístas y comprendían un tipo de misterios completamente diferentes a los grados inferiores. Lo más probable es que mientras el rito seguía creciendo, estos grados permanecieron en el medio, esto es, entre los ritos simbólicos y los administrativos.

Con toda seguridad, por lo que acabamos de escribir, es ahí donde se encuentra la clave de la falta de compromiso de los Bédarride con estos grados y la dirección que tomó el rito en Francia.

También para Cagliostro, el iniciado en los Ritos Egipcios a través de sus primeros grados masónicos, se preparaba a fin de poder acceder a las técnicas teúrgicas de una forma natural. Para él existía una continuidad entre la masonería egipcia y los ritos teúrgicos, es decir, la primera era tan sólo la representación simbólica de la segunda. Es por eso que Gastone Ventura afirma en sus escritos que el grado 88.º de los *Arcanum Arcanorum* contiene una iniciación martinista. Vemos que según avanza el tiempo y analizamos los rituales del *Krata Repoa* estos también guardan una notable similitud con esos grados y con el rito de Cagliostro.

Bien, creo que ya ha quedado suficientemente demostrado que los *Arcanum Arcanorum* fueron una adición al Rito Egipcio en sus principios y que se produjo en Italia. Podríamos concretar que, en 1782, el conde Cagliostro, después de conseguir unos frutos en su investigación sobre las sociedades secretas, los introdujo en el Rito Egipcio. Y estos frutos consistían en una serie de prácticas mágicas y cabalísticas que sublimaban la alquimia interna.

También podemos deducir que Cagliostro había establecido algún tipo de conexión con los rosacruces. Lo decimos porque eran ellos los que utilizaban el término *Arcanum Arcanorum* en el siglo xvii, y que finalmente dichos grados acabaron siendo introducidos en el Rito de Mizraim en 1788, aunque no se puede asegurar que fuera en la forma primigenia que tenían. Posteriormente, serían incorporados en el Rito de Menfis en 1838, añadiéndoles un simbolismo caballeresco y templario.

Cuando hablábamos de los Filaletos, vimos que a Alessandro de Cagliostro se le invitó al Convento (convención masónica) que organizaron en 1785, ya que era un masón conocido y alabado. La propuesta que le hicieron es que aportase los *Arcanum Arcanorum* a los ritos que ya poseían: Rosacruz, Elus Cohen, Martinista, etc. El objetivo era refundar la masonería en su forma más iniciática, hermética, alquímica y mixta. Luego se pasaría por un segundo ciclo, donde se trabajaría después de serios estudios y pruebas que todos deberían cumplir en técnicas de evolución acelerada basadas en la teúrgia.

Como ya sabemos, finalmente Cagliostro, por varios motivos, rechazó la propuesta. De hecho, si este plan hubiera tenido el éxito que esperaban, los diversos conocimientos que aún siguen ocultos se habrían difundido. Aunque es muy probable que sólo hubiese llegado a las órdenes más iniciáticas, y no a toda la masonería.

No obstante, alguna iniciativa salió de allí, ya hemos visto la trayectoria de los Filaletos, pero también la idea de que luego, de vuelta a Italia en 1792, plasmó Cagliostro cuando introdujo en su Orden Egipcia la conocida *Scala di Napoli*. Para ello fundó la logia *I Figli della Libertà* [El Hijo de la Libertad], en la Riviera di Chiaia, que pasó a sueños en junio de 1799. Dicha logia sería despertada posteriormente en 1813 por Marc Bédarride, con el nombre de *La Figlia della Sapienza* [La Hija de la Sabiduría], época en la que el Gran Copto era el general español Lorenzo de Montemayor.

Debe tenerse en cuenta que cuando recibieron las patentes para establecerse en Francia, ni Marc ni Michel Bédarride estaban iniciados en los *Arcanum Arcanorum*. Por lo tanto, no podían comunicar los secretos de los que no se encontraban en posesión. Este hecho creó una situación difícil y sustituyeron el trabajo esotérico (interno), mágico y alquímico por la enseñanza masónica exotérica, llegando casi al punto de hacer desaparecer de forma total su naturaleza esotérica. Los miembros más avanzados del Rito de Mizraim y partícipes de los grandes misterios empezaron a marcharse, otros no fueron admitidos en estos grados y, en algunas jurisdicciones, ni siquiera se los comunicaron a los Grandes Conservadores. Finalmente, terminaron siendo reemplazados por grados, que sólo servían para determinar quiénes eran las cabezas del rito.

Llegaron hasta tal punto de que el ritual del grado 89.º del Rito de Mizraim decía lo siguiente: «Se da en este grado, que podemos llamar el último de la masonería del Rito de Mizraim, una explicación ampliada de la relación del hombre con la divinidad a través de la mediación de los espíritus celestiales. Este grado es el más sorprendente de todos, requiere la mayor fortaleza mental, la mayor pureza de costumbres y la fe más absoluta… La palabra de paso es Uriel, nombre de uno de los líderes de las legiones celestiales que se comunica más fácilmente con los hombres». Como mucho podríamos hablar de un cierto barniz teúrgico, pero tenemos serias dudas de que lo practicaran.

Al Gran Oriente de Francia se le entregó, el 8 de octubre de 1816, un cuaderno conteniendo los *Arcanum Arcanorum*. Lo trajeron de Italia los masones François Joly, Armand Gaborria y Francisco García, a quienes se los habían entregado en 1813. No olvidemos que es el mismo año en que le dieron los suyos a Bédarride.[5] Lo curioso es que eran diferentes, seguramente porque procedían de dos fuentes distintas o porque Marc Bédarride los modificó. El 20 de noviembre de 1816 fueron examinados por una comisión del Gran Oriente de Francia, el cuaderno tenía sólo tres grados, el 88.º, 89.º y 90.º del Rito Mizraímita.[6]

Sin embargo, muy posteriormente, Armand Rombauts y Jean Mallinger en los años 1930-33, mientras realizaban la revisión del Rito de Mizraim,

---

5. Ese mismo año coincide con la unificación de la masonería inglesa, dividida en dos Grandes Logias, la de los *Antiguos* y la de los *Modernos,* que se unificaron creando el ritual de Emulación.
6. Denis Labouré, *op. cit.*

que fue introducido en Bélgica entre 1817 y 1818, hablan de cuatro grados, 87.º, 88.º, 89.º y 90.º, cuando se refieren al Régimen de Nápoles. Mallinger llega a decir: «Hay un Retejador manuscrito sobre pergamino, con una escritura absolutamente idéntica al de otro documento, fechado en 1778, que contiene los *Arcanum Arcanorum*». Esta cita hace referencia implícita a Jean-Marie Ragon, quien en su *Tuiléur général* menciona, a propósito del Rito de Mizraim, la existencia de un Retejador (*Tuiléur*) manuscrito en un pergamino de 1778.[7] También comenta sobre esos cuatro grados: «Forman todo el sistema filosófico del verdadero Rito de Mizraim, que satisface a todos los masones instruidos, mientras que los mismos grados en el de los Bédarride son una burla fraudulenta, nacida de su ignorancia».

De igual forma, Jean Pierre Giudicelli de Cressac Bachelerie define los *Arcanum Arcanorum* de la siguiente manera: «Esta enseñanza concierne a una teúrgia, es decir, a una conexión con los eones-guías que deben tomar el relevo para hacer comprender un proceso, pero también a una vía alquímica muy cerrada, que es un *Nei-Tan*, es decir, una vía interna».[8]

Según la Enciclopedia de Oxford, *Nei-tan* corresponde a la «filosofía taoísta», significa alquimia interior o elixir interior. En contraste con *Wai-tan* (alquimia exterior), o técnicas para preparar el elixir de la trascendencia inmortal, cocinando ciertas sustancias en un caldero. En *Nei-tan*, las sustancias son los elementos básicos de la vida: *ch'i* (aliento vital), *ching* (esencia generativa) y *shen* (espíritu), y el caldero es el propio cuerpo del practicante.

Está claro y es evidente que los famosos tres grados, en algunos casos cuatro, fueron incorporados a lo más alto del Rito de Mizraim a principios del siglo XIX. Pero, aunque podamos identificar sus influencias, en parte debemos preguntarnos ¿quiénes son los organizadores de este extenso y complejo rito? Pues además de los italianos ya citados en anteriores capítulos, creo que el Rito de Mizraim tuvo que ser una continuación de la obra de Parenti,[9] que el barón italiano César Tassoni,[10] junto con los

---

7. Jean-Marie Ragon, *op. cit.*, pp. 305-306.

8. Jean-Pierre Giudicelli de Cressac Bachèlerie, *De la Rose Rouge à la Croix d'Or*, Éditions Axis Mundi, París, 1988, p. 67.

9. El único autor que cita a Parenti es Marc Bédarride, que lo presenta como un iniciado del «valle» de Zante, grado 66.º de la orden.

10. Después de 1814, Tassoni aparece mencionado por los Bédarride como Gran Maestro de Mizraim en Milán, para la Italia del Norte.

franceses Pierre Lasalle, Theodoric Cerbes y Charles Lechangeur, llevaron a buen término.[11]

Aunque según Rebold, parece ser que el hombre determinante fue Lechangeur, un masón muy activo, que era el Venerable Maestro en 1807, de la logia *Reale Augusta,* asentada en Milán.[12] Siendo Gran Maestro del Gran Oriente de Nápoles, el príncipe Eugène de Beauhernais quiso introducir los *Arcanum Arcanorum* en los Altos Grados del Rito Escocés Antiguo y Aceptado. Ante el rechazo de la propuesta por el Supremo Consejo y la escisión que hubo en 1808 en el Gran Oriente de Italia (de Milán), según Ubaldo Triaca, es posible que se optara por desarrollar un rito con noventa grados, seguramente sobre la herencia de los setenta grados que aportó Tassoni.[13]

Es evidente que quien controlaba los *Arcanum Arcanorum* en la *Scala* o Régimen de Nápoles, era Pierre Lasalle. Eso explica por qué François Joly, el 24 de diciembre de 1813, había recibido de Lechangeur y de Lasalle una carta patente del grado 90.º, autorizándolo a difundir por toda Francia el Rito de Mizraim, incluidos dichos grados.

Reghellini de Schio, en uno de sus libros, asegura que «un Círculo de masones egiptófilos aficionados a la Alquimia y la Teúrgia practicaban el Rito de Mizraim».[14] Se refiere al grupo formado por Lechangeur (Gran Presidente, 90.º), Lasalle (Gran Guardián de los Sellos, 90.º)[15] y Bechera (Gran Canciller, 90.º) junto con Joly.

Por tanto, es obvio que existían dos líneas de desarrollo del rito en la península itálica, el hecho de que Marc Bédarride guardara un silencio absoluto sobre Charles Lechangeur nos hace pensar que existía una rivalidad y una lucha de poder entre ambos. Cuando François Joly se instala en París sobre 1814, volverá a existir un conflicto con los Bédarride. A partir de esa fecha no encontraremos ninguna noticia más de Lechangeur ni en Italia ni en Francia, suponemos que posiblemente habría fallecido.

---

11. Charles Lechangeur no aparece citado en ninguna parte de la obra de Bédarride.
12. Emmanuel Rebold, *Histoire Générale de la Franc-Maçonnerie*, A. Frank, París, 1851.
13. Ubaldo Triaca, *Abrégé de l'histoire de la Franc-Maçonnerie italienne*, Gloton, París, 1948, p. 23.
14. Mario Reghellini de Schio, *op. cit.*
15. El Guardián de los Sellos ha sido otro nombre para el Ministro de Justicia durante el Antiguo Régimen francés, en masonería equivaldría al Orador actual.

Ha quedado probado por el documento existente que François Joly fue admitido por Lasalle y Lechangeur en los *Arcanum Arcanorum*, y no sólo por ser un buen masón. Fue el responsable de organizar los Conventos (conferencias) de los grados superiores. Eso le llevó a un enfrentamiento con la familia Bédarride por el control del rito. La confrontación venía porque eran dos formas de ver, y desarrollarlo. El hecho alcanzó tal punto que Marc Bédarride tampoco menciona a Joly en su libro,[16] ni una sola vez. Bédarride, a pesar de su control del rito y su trabajo en la expansión de sus grados, nunca estuvo bien considerado por el resto de la masonería francesa.

Hay que señalar una primera cosa sobre estos peculiares y últimos grados del Rito de Mizraim (*Scala di Napoli*). Los grados 87.º, 88.º y 89.º se denominan Soberanos Grandes Príncipes y el grado 90.º, Soberano Gran Maestre Absoluto. Hoy en día la mayoría de los Ritos Egipcios toman los nombres de los grados de otras nomenclaturas, por ejemplo, del Rito de Menfis, o del Menfis-Mizraim de John Yarker, etc.

Rito de Mizraim de Marc Bédarride (1814):
— 87.º Gran Ministro, Poderoso Maestro, Jefe de la primera serie.
— 88.º Soberano Príncipe, Poderoso Gran Maestro, Jefe de la segunda serie.
— 89.º Soberano Gran Príncipe, Poderoso Gran Maestro, Jefe de la tercera serie.
— 90.º Soberano Gran Maestre Absoluto, Jefe de la cuarta serie.

Rito de Menfis de Jean-Etienne Marconis de Nègre (1836):
— 87.º Gran Regulador General de la Orden.
— 88.º Sublime Príncipe de la Masonería.
— 89.º Sublime Maestro de la Gran Obra.
— 90.º Sublime Caballero del Knef.

Rito de Menfis-Mizraim de John Yarker, el más difundido y retomado en Francia (1881-83):
— 87.º Sublime Príncipe de la Masonería.
— 88.º Gran Elegido de la Cortina Sagrada.

---

16. Marc Bédarride, *op. cit.*

— 89.º Patriarca de la Ciudad Mística.

— 90.º Patriarca Sublime Maestro de la Gran Obra.

Puntualizamos que estas denominaciones son interesantes, porque tienen el mérito de egiptizar un poco estos grados, pero son completamente ajenas al rito original de Mizraim. A partir de entonces, los rituales se modificaban y reescribían regularmente (¡cuando los había!).

Ragon hace referencia a ellos, afirmando: «Reproducimos los últimos cuatro grados del Rito de Misraim realizado por el Supremo Consejo de Nápoles, por los hh. Joly, Gaborria y García». Sin embargo, agrega una nota: «Esta explicación y los desarrollos de los grados 87.º, 88.º y 89.º, que forman todo el sistema filosófico del verdadero Rito de Mizraim, satisface el espíritu de cada masón instruido… Todo este rito de hecho se resume en los cuatro grados filosóficos de Nápoles…».[17]

Los *Arcanum Arcanorum* juzgan el grado de suficiencia o insuficiencia para otras órdenes más internas adscritas a la corriente osiriana, pitagórica o a la corriente de la antigua Rosa-Cruz, como: la Orden de la Rosa-Cruz de Oro del sistema antiguo, la Orden de los Hermanos Iniciados de Asia, Societas Rosacruciana in Anglia (SRIA), que fue matriz de numerosas sociedades rosacruces, como la Golden Dawn, la Societas Rosicruciana in Americana (SRIAm), la Ordo Templi Orientis (OTO) y, ya en el siglo xx, la Antiquus Mysticusque Ordo Rosae Crucis (AMORC), la Fraternitas Rosae Crucis de Reuben Swinburne Clymer y la Fraternitas Rosicruciana Antiqua de Krumm-Heller, y otras muchas que permanecieron desconocidas, escapando a la investigación histórica y especialmente a los problemas humanos.

Pero ¿a quién están reservadas estas transmisiones? Estas transmisiones están reservadas a aquellos para quienes la francmasonería no es simplemente una escuela de pensamiento y creen que va más allá de un camino iniciático, siendo un Camino Vivo en el que se puede establecer la comunicación con la Causa Primera. Aunque siempre estarán sujetos a un trabajo operativo y personal real, para volverse eficientes.

¿Por qué los *Arcanum Arcanorum* se convirtieron en las instrucciones orales? ¿Quién desarrolló este programa? Quizás abordaremos este tema en otro momento.

---

17. Jean-Marie Ragon, *op. cit.*, pp. 247 y 307, nota 1.

LOS GRADOS EN MIZRAIM

Según Marc Bédarride, la Orden Masónica de Mizraim está compuesta por noventa grados, divididos en diecisiete clases, formando cuatro series.

La Primera contiene los grados del 1.º al 33.º; y se denomina Simbólica; los Sublimes Caballeros Elegidos son los Jefes que ejercen la vigilancia sobre ellos.

La Segunda, que va de los grados 34.º al 66.º, se denomina Filosófica; los Grandes Inspectores Comendadores son los Jefes y tienen la supervisión, además de la inspección, de la Primera Serie.

La Tercera del grado 67.º al 77.º se denomina Mística; son los Grandes Inspectores Intendentes Reguladores Generales, son los Jefes y tienen la supervisión, además de la inspección, de la Primera y Segunda Serie.

La Cuarta se denomina Cabalística; son los Sabios y Grandes Maestros *ad-Vitam,* son los que tienen la dirección general de la orden; ésta comprende del 78.º hasta el 90.º y último grado.

Como Bédarride no realizó nunca un cuadro de grados del rito, y el realizado por Ragon en su *Tuileur-General* está distorsionado por su propia visión, he optado por usar el publicado por Reghellini de Schio:[1]

1.ª SERIE
1.ª CLASE:
Grado 1.º, Aprendiz.
Grado 2.º, Compañero.
Grado 3.º, Maestro.

---

1. Mario Reghellini de Schio, *Esprit du dogme de la franche-maçonnerie*, H. Tarlier, Bruselas, 1825, p. 262.

2.ª CLASE:

Grado 4.º, Maestro Secreto.

Grado 5.º, Maestro Perfecto.

Grado 6.º, Maestro por Curiosidad o Secretariado Íntimo.

Grado 7.º, Maestro en Israel o Preboste y Juez.

Grado 8.º, Maestro Inglés.

3.ª CLASE:

Grado 9.º, Elegido de los Nueve.

Grado 10.º, Elegido de lo Desconocido dicho de Pérignan.

Grado 11.º, Elegido de los Quince.

Grado 12.º, Perfecto Elegido.

Grado 13.º, Ilustre Elegido de la Verdad.

4.ª CLASE:

Grado 14.º, Escocés Trinitario.

Grado 15.º, Escocés Compañero.

Grado 16.º, Escocés Maestro.

Grado 17.º, Escocés Panissière

Grado 18.º, Maestro Escocés.

Grado 19.º, Escocés las Tres «J».

Grado 20.º, Escocés de la Bóveda Sagrada de Jacobo VI.

Grado 21.º, Escocés de San Andrés.

5.ª CLASE:

Grado 22.º, Pequeño Arquitecto.

Grado 23.º, Gran Arquitecto.

Grado 24.º, Arquitecto.

Grado 25.º, Aprendiz Perfecto Arquitecto.

Grado 26.º, Compañero Perfecto Arquitecto.

Grado 27.º, Maestro Perfecto Arquitecto.

Grado 28.º, Perfecto Arquitecto.

Grado 29.º, Sublime Escocés.

Grado 30.º, Sublime Escocés de Hérodom.

6.ª CLASE:

Grado 31.º, Arco Real.

Grado 32.º, Gran Hacha u Orden Interior del Templo.

Grado 33.º, Sublime Caballero Electo, Jefe de la Primera Serie.

2.ª SERIE

7.ª CLASE:

Grado 34.º, Caballero de la Elección Sublime.

Grado 35.º, Caballero Prusiano.

Grado 36.º, Caballero del Templo.

Grado 37.º, Caballero del Águila.

Grado 38.º, Caballero del Águila Negra.

Grado 39.º, Caballero del Águila Roja.

Grado 40.º, Caballero del Oriente Blanco.

Grado 41.º, Caballero de Oriente.

8.ª CLASE:

Grado 42.º, Comendador de Oriente.

Grado 43.º, Gran Comendador de Oriente.

Grado 44.º, Arquitecto de los Soberanos Comendadores del Templo.

Grado 45.º, Príncipe de Jerusalén.

9.ª CLASE:

Grado 46.º, Sublime Príncipe Rosa-Cruz de Kilwinning y de Herodom.

Grado 47.º, Caballero del Occidente.

Grado 48.º, Sublime Filósofo.

Grado 49.º, Caos 1.º Discreto.

Grado 50.º, Caos 2.º Sabio.

Grado 51.º, Caballero del Sol.

10.ª CLASE:

Grado 52.º, Supremo Comendador de los Astros.

Grado 53.º, Filósofo Sublime.

Grado 54.º, Llave Masónica: 1.er grado Minero.

Grado 55.º, Llave Masónica: 2.º grado Lavador.

Grado 56.º, Llave Masónica: 3.er grado Soplador.

Grado 57.º, Llave Masónica: 4.º grado Fundidor.

Grado 58.º, Verdadero Masón Adepto.

Grado 59.º, Soberano Elegido.

Grado 60.º, Soberano de Soberanos.

Grado 61.º, Gran Maestro de las Logias Simbólicas.

Grado 62.º, Muy Alto y Muy Poderoso Sumo Sacerdote.

Grado 63.º, Caballero de Palestina.

Grado 64.º, Gran Caballero del Águila Blanca y Negra.

Grado 65.º, Gran Elegido, Caballero Kadosh, Gran Inspector.

Grado 66.º, Gran Inquisidor Comendador, Jefe de la Segunda Serie.

3.ª SERIE
11.ª CLASE:

Grado 67.º, Caballero Benefactor.

Grado 68.º, Caballero del Arcoíris.

Grado 69.º, Caballero de la Banuka, llamado de Hinaroth.

Grado 70.º, Muy Sabio Príncipe Israelita.

12.ª CLASE:

Grado 71.º, Soberano Príncipe Talmudim.

Grado 72.º, Soberano Príncipe Zadikim.

Grado 73.º, Soberano Príncipe Haram.

13.ª CLASE:

Grado 74.º, Soberano Príncipe Gran Haram.

Grado 75.º, Soberano Príncipe Hasids.

14.ª CLASE:

Grado 76.º, Soberano Príncipe Gran Hasids.

Grado 77.º, Gran Inspector Intendente Regulador General de la Orden.

4.ª SERIE
15.ª CLASE:

Grado 78.º, Soberano Príncipe del grado 78.º.

Grado 79.º, Supremo Tribunal de los Soberanos Príncipes.

Grado 80.º, Supremo Consejo de los Soberanos Príncipes Clarividentes.

Grado 81.º, Supremo Consejo de los Soberanos Príncipes del grado 81.º.

16.ª CLASE:

Grado 82.º, Supremo Consejo de los Soberanos Príncipes del grado 82.º.

Grado 83.º, Soberano Gran Tribunal de los Ilustres Soberanos Príncipes del grado 83.º.

Grado 84.º, Supremo Consejo de los Soberanos Príncipes del grado 84.º.

Grado 85.º, Supremo Consejo de los Soberanos Príncipes del grado 85.º.

Grado 86.º, Supremo Consejo de los Soberanos Príncipes del grado 86.º.

17.ª CLASE: *Arcanos de Arcanorum - Régimen de Nápoles 1816:*

Grado 87.º, Supremo Gran Consejo General de Grandes Ministros Constituyentes de la Orden para la Primera Serie.

Grado 88.º, Supremo Gran Consejo General de Grandes Ministros Constituyentes de la Orden para la Segunda Serie.

Grado 89.º, Supremo Gran Consejo General de Grandes Ministros Constituyentes de la Orden para la Tercera Serie.

Grado 90.º, Soberano Gran Maestro Absoluto, Poderoso Supremo de la Orden.

PARTE V

EL NACIMIENTO DE MENFIS

Desgraciadamente, la mayoría de la información sobre el inicio de la historia del Rito de Menfis ha sido erróneamente copiada de enciclopedia en enciclopedia. No sólo eso, fue deliberadamente modificada, ése es el motivo por el que intentaré exponer la máxima información.

El Rito de Menfis, que elaboró Marconis de Négre, haciendo uso de todo lo que había aprendido en el curso de sus numerosas iniciaciones en los Altos Grados, tanto del Rito Escocés como del Rito de Mizraim, constituye con toda probabilidad uno de los más completos y variados de los que han llegado hasta nuestros días.

Quizá por eso, este rito, que se estableció en Francia bajo la monarquía de Felipe de Orleans, fue absorbido arbitraria y forzosamente por el Gran Oriente de Francia. Pero no lo hizo sin más, cuando lo tuvo le aplicó una reducción contextual, de manera que los grados pasaron de noventa y cinco a treinta y tres. Se supone que, para no hacer sombra ni competencia al Rito Escocés Antiguo y Aceptado, que era el más popular en Francia y que gozaba de favores gubernamentales.

Lo que oficialmente se denominó Rito de Menfis o Rito de Menfis Oriental, o también Rito Oriental Antiguo y Primitivo de Menfis, está ampliamente descrito en el ensayo, publicado en 1849 por Marconis de Négre, titulado *Hermès ou Le Sanctuaire de Memphis*. Describe así los principios de este rito, que se aparta un poco de la masonería transalpina tradicional: «El Rito Masónico de Menfis es heredero de los misterios de la antigüedad; educa a los hombres a rendir homenaje a la divinidad; sus dogmas descansan sobre los principios de la humanidad; su misión es el estudio de la sabiduría, lo que sirve para discernir la verdad; es la aurora benéfica del desarrollo de la razón y de la inteligencia; es el culto a la calidad del corazón humano y la condenación de sus vicios; finalmente es el eco de la tolerancia religiosa, la unión de todas las creencias, el vínculo entre todos los hombres, el símbolo de las dulces ilusiones de la esperanza que predica la fe en Dios que salva y la caridad que hace bendecir a los hombres».

Estos principios sabiamente difundidos por Marconis, cuya seriedad y profundidad cultural eran indiscutibles, contribuyeron de una forma total al éxito del rito. Pero este éxito, como veremos, llevó muy pronto a la envidia y a la neutralización de la fraternidad. Originalmente, Jean-Etienne Marconis de Nègre había articulado el Rito de Menfis en noventa y dos grados, divididos en tres series: la primera serie de treinta y cinco grados, constaba de los tres primeros grados simbólicos tradicionales –Aprendiz, Compañero y Maestro–, y de otros treinta y dos, que en parte se retomaban de los grados escoceses del mismo nombre, como el Maestro Electo de los Nueve, el Gran Maestro Arquitecto, el Caballero del Arco Real, el Caballero de la Bóveda Sagrada, el Príncipe Rosacruz de Heredom, el Caballero Kadosh, el Gran Comendador Inquisidor, el Soberano Príncipe del Real Secreto, el Caballero Gran Inspector para terminar con el Gran Comendador del Templo. La segunda serie, del grado 36.º al 68.º, incluía grados de ritualidad que iban desde las tradiciones egipcias y orientales, hasta retomar al mismo tiempo temas alquímicos que habían sido elaborados en el siglo anterior por el barón Théodore de Tschoudy. Pero tampoco puede pasarse por alto la mención a la tradición nórdica, que aparece en el grado conocido como Caballero Escandinavo.

La tercera serie, que va del grado 69.º al 92.º, explora unos cuantos temas de la serie anterior y sobre todo incluye algunas joyas ritualísticas. Por ejemplo, el Sublime Caballero del Triángulo Luminoso (o del Sagrado Delta), y el Sublime Maestro del Anillo Luminoso, que podemos contar entre los más bellos textos de la masonería egipcia.

Veamos ahora cómo se desarrolla la leyenda de la creación del rito. El misterio que rodea el origen de la francmasonería especulativa moderna quizás no constituye el mayor de sus atractivos en la historia más o menos aceptada de la institución, que data, podríamos decir, del siglo XVIII, según nos ha contado, en su vertiente simbólica o especulativa, la Gran Logia Unida de Inglaterra.

En esa época también surgieron, sobre todo en Francia, varios ritos de naturaleza más o menos mística o filosófica-ocultista, más o menos caballeresca, que trabajan los Altos Grados. Por lo tanto, es muy probable que jugaran un papel igualmente preponderante en la preparación de la gran Revolución francesa. Ya vimos que en las logias misraímitas había muchos descontentos con los gobiernos franceses.

La totalidad de estos ritos deben sus nacimientos a orígenes que habrían sido muy difícil de probar con documentos. Ya que la mayoría de sus historias eran legendarias, tradicionales, imaginativas y en algunos casos contradictorias.

Basta con echar un vistazo a la supuesta historia cronológica de la francmasonería desde la creación del hombre, dada en el preámbulo de las Constituciones que Anderson compiló para la Gran Logia de Inglaterra en 1723.

Debemos decir que, si la francmasonería durante siglos ha ejercido una fascinación tan profunda y una influencia duradera, no se debe tanto a su historia externa, que en el fondo deja mucho que desear, sino a unas cualidades innatas que pertenecen a todos los grandes movimientos espirituales. La mayoría sostienen como su verdadero objetivo el ayudar a la humanidad a ascender en su ansiosa búsqueda de la verdad, la empinada y ardua escalera de la última perfección humana.

Pensamos que todo ello da una respuesta siempre provisional, aunque de una forma especial crea muchos interrogantes sobre el rito, hasta que se fusiona con el de Mizraim.

Podemos afirmar que lo concebido o elaborado por Marconis era un sistema dotado de cierta coherencia y lógica. En cambio, existían algunos grados bastante imaginativos, cuyos nombres tenían el probable propósito de influir en los masones franceses que buscaban otras vías. Por ejemplo, estaba: el Sabio Shivaista, el Príncipe Brahmán, el Gran Pontífice de Ogigia –que es la isla donde la ninfa Calipso, según la *Odisea,* tuvo prisionero a Ulises durante casi nueve años–, etc.

Marconis debe ser reconocido por haber sabido mezclar hábilmente el Rito Escocés, el Rito de Mizraim, la Orden de los Arquitectos de Africanos y es probable que también la Orden de los Filadelfos de Narbona. De hecho, con ello consiguió dar vida a una interesante y profunda vía iniciática, que lamentablemente es desconocida en su totalidad para la mayoría de los masones.

Ciertos expertos han planteado la hipótesis de que Marconis, emulando a los imaginativos hermanos Bédarride, llegó a inventar algún ritual desde cero. Sin embargo, si este fuera el caso, debe admitirse que estos inventos no fueron descabellados y se pusieron en papel, inspirándose en textos antiguos, según las fuentes de la Sabiduría Tradicional. Decimos esto porque queda claramente demostrado lo dicho en las invocaciones de apertura y cierre de las ceremonias descritas por él en el citado libro *Le sanctuaire de Memphis*.

Aunque lo cierto es que, en ausencia de documentos contemporáneos y narraciones publicadas, debemos basarnos en otros registros sobre el origen de este rito. El relato más remoto atribuye el comienzo del Rito Antiguo y Primitivo de Menfis a los Misterios Dionisíacos que existieron alrededor del 1060 a. C. y que fueron transmitidos a Asia Menor por iniciados griegos. Según el libro de Jacques Etienne Marconis de Négre, la primera versión oficial del Rito de Menfis fue escrita en 1839, allí nos dice que la ciencia masónica les había sido transmitida a los templarios y éstos son los que la difundieron. Asegura que: «Al comienzo de la era cristiana, el sabio egipcio Ormus, convertido al cristianismo por san Marcos, unió los misterios de los sacerdotes egipcios con los del cristianismo, purificándolos, además atrajo hacia sus enseñanzas a algunos esenios y otros judíos que fundaron una escuela de ciencia salomónica. Esta doctrina se la comunicaron a los templarios: que fueron conocidos bajo el nombre de Caballeros de Palestina o Hermanos de la Rosacruz de Oriente; es a ellos a quienes el Rito de Menfis reconoce como fundadores inmediatos».

En consecuencia, sería Ormus el que, reuniendo a su alrededor a un grupo de discípulos, se habría perpetuado a lo largo de los siglos hasta la época de la primera cruzada. Esta doctrina sería luego comunicada a los primeros Caballeros del Temple, quienes la exportarían a Europa.

Podemos encontrar indicios de esta leyenda en numerosos textos rituales de la segunda serie. No hace falta mucha imaginación para concluir que, en este caso, al igual que en el Rito de Mizraim fundado por Bédarride, que históricamente no se sostiene. Lo más probable es que Marconis suministrara leyendas y expresiones que tenían el claro objetivo de atraer afiliados a su rito. Se dirigía en especial a miembros del Rito Escocés, que se habían quedado en el grado 33.º y que no disponían de un abanico tan amplio de opciones iniciáticas.

Es evidente que, según Marconis, son los Hermanos de Oriente, fundados en Palestina en 1118 d. C. y transferidos a Escocia, los que comunicaron a los templarios su doctrina, que luego transmitieron a la Orden de Escocia y se estableció así una Gran Logia de Edimburgo, la cuna de la nueva masonería. Por lo tanto, debemos suponer que la masonería moderna deriva de ellos y no de los constructores.

Sigue diciendo: «En 1150 llegaron a Suecia ochenta y un masones dirigidos por Garimont y se presentaron al arzobispo de Upsala, que recibió de ellos el depósito de los conocimientos masónicos. Fueron estos ochenta y un masones, quienes establecieron la masonería a Europa». «Los templarios escoceses fueron excomulgados en 1324 por Harminio. Esta fecha concuerda con la que da el hermano Chereau para la separación de los Masones de Edimburgo de los de Menfis, que tuvo lugar en 1322, es decir, dos años antes. Estos últimos siguieron fieles a las antiguas tradiciones; los otros fundaron un nuevo Rito con el nombre de Heredon de Kikwinning o de Escocia. De modo que, desde finales del siglo XIV, existían dos ritos: el Rito de Menfis o de Oriente y el Rito Escocés».[1] Es evidente que comprobar lo dicho por Marconis es prácticamente imposible, sin embargo, uno y otro rito continuaron expandiéndose por todas partes de Europa.

Lo máximo que le podemos cuestionar a Marconis de Négre es que quiso hacer vuelos pindáricos sobre los orígenes míticos del rito que fundó con la habitual y obvia referencia a los templarios definidos, no como el origen, sino como la cuna de la francmasonería.

En su introducción al texto denominado *Historia abreviada de la masonería*, Marconis parte de lejos. Comienza con los albores de las primeras civilizaciones humanas que surgieron en el valle del Indo –así aparecen los grados dedicados a Brahma y a los Vedas–, o los referentes a Grecia y al Cercano Oriente, con un curioso e interesante pasaje sobre Mani, perseguido por los sacerdotes de Mitra. Los Caballeros Templarios, al celebrar esos misterios en secreto, habrían aprendido y abrazado las tres grandes enseñanzas de Mani: a) el dualismo, (la fe en los dos principios); b) el sabaotismo, (el culto a las fuerzas de la naturaleza) y c) el jobaísmo, (el culto a un solo dios, totalmente independiente del mundo material).[2]

Según Ragon, la procedencia es otra, y como en muchas ocasiones lo simplifica así: «El rito judaico, conocido como el rito egipcio de Mizraim,

---

1. Jacques-Etienne Marconis de Négre, *op. cit.*, pp. 5-6.
2. Jacques-Etienne Marconis de Nègre, *op. cit.*, pp. 3-5.

una extraña colección de grados no egipcios, parece haber inspirado a los masones Marconis y Mouttet, quienes intentaron establecer, en 1839, en París, luego en Marsella y Bruselas, un nuevo rito llamado de Menfis, compuesto inicialmente de 91 grados, cuya nomenclatura y estatutos se encuentran en un folleto in-12 de 240 páginas que estos HH.·. publicaron el mismo año bajo el título de *El Hierofante*. En este folleto dice en la página 6 que el rito de Menfis reconoce como fundadores inmediatos a los Caballeros de Palestina o a los Hermanos Rosa-Cruces de Oriente».[3]

Pero Ragon vuelve a errar, como en otras ocasiones, aquí ya no se trata de un rito judaico, como en el caso de los Bédarride. Estamos hablando de una síntesis de todos los ritos esotéricos y ocultistas.

Otros historiadores como Gérard Galtier mantienen que el Rito de Menfis había nacido de la fusión de otros ritos existentes, sobre todo en la zona de Occitania. Entre ellos cita a un rito gnóstico de origen egipcio, al Rito Hermético de Aviñón, al Primitivo de Narbona y a los Arquitectos Africanos de Burdeos.

Por supuesto, la Misión de Egipto, concebida y dirigida por el general Napoleón Bonaparte, recién salido de una campaña tan victoriosa como inesperada en Italia, se inicia el 19 de mayo de 1798 con la partida de la fuerza expedicionaria francesa desde Toulon. Contó, efectivamente en sus filas, con numerosos masones de diversos ritos iniciáticos.

También, Robert Ambelain mantiene la tesis: «La mayoría de los miembros de la Misión de Egipto que acompañaron a Bonaparte eran masones de los viejos ritos iniciáticos antiguos: Filaletos, Arquitectos Africanos, Rito Hermético, Filadelfos, Rito Primitivo de Narbona, así como miembros del Gran Oriente de Francia».[4]

Algunos años más tarde, John Yarker, Gran Maestro del Soberano Santuario de Gran Bretaña, escribía: «El rito de Menfis es una síntesis de diversos ritos primitivos, practicados el siglo anterior y principalmente del Rito Primitivo de los Filadelfos de Narbona, al cual el Rito Antiguo y Primitivo [de Menfis] se refiere como origen de sus principios y su forma de gobierno».[5]

Otra de las controversias son los militares del ejército de Oriente, que fueron o no iniciados en el rito. También de si la logia que crearon, lla-

---

3. Jean Marie Ragon, *op. cit.*
4. Robert Ambelain, *Cérémonies et rituels de la Maçonnerie symbolique,* Niclaus, París, 1966.
5. *The Kneph*, vol. II, núm. 13, enero 1882, p. 102.

mada *Isis*, pertenecía al rito de los Filadelfos, o ya dependía del Rito de Menfis. Es muy probable que lo que fundaran fuera una logia filadelfa de la que terminó surgiendo el rito menfita.

Hacemos esta referencia porque para Marconis de Négre *Los Filadelfos* tenían un gran peso, hay que considerar que existieron dos logias con ese nombre vinculadas al Rito de Menfis, una en París y otra en Londres.

Según ha constatado Gérard Galtier por una carta perteneciente a Marconis, y que estaba en posesión del Gran Hierofante Soluttore Avventore Zola, fue por esa época que los generales Napoleón Bonaparte, Jean Baptiste Kléber y Joachin Murat fueron iniciados en los misterios y en la tradición. La ceremonia la realizaron sabios masones egipcios en la Cámara del Rey de la Gran pirámide de Keops, donde recibieron como única investidura un anillo. Estos fundaron la logia *Isis* en El Cairo, para profundizar en los conocimientos y la sabiduría que el rito les transmitía. El Venerable Maestro era Jean-Baptiste Kléber, que había nacido el 9 de marzo de 1753 en Estrasburgo y que fue asesinado el 14 de junio de 1800 en El Cairo.

Por otra parte, Robert Ambelain añade que gracias a varias investigaciones que se han podido hacer últimamente, también figuraba entre los miembros de la Misión de Egipto, Gabriel Mathieu Marconis de Négre, que pertenecía al Rito Antiguo y Primitivo de Narbona.[6] A pesar de lo expuesto por los anteriores historiadores, Marconis de Négre nunca mencionó en sus escritos que hubiese habido una fusión de esos antiguos ritos con el de Menfis. Concretamente, en lo que concierne al Rito Primitivo de los Filadelfos de Narbona, Marconis de Négre no hace ninguna referencia en *L 'Hiérophante* (1839), mientras que en *Le Sanctuaire de Menfis* (1849) se limita sólo a señalar en la página 13: «...creemos que este Rito tiene muchas analogías con el de Menfis».

Nadie puede poner en duda que Marconis de Négre tenía una extensa cultura masónica y también esotérica, su único problema era que cuando escribía no le gustaba citar sus fuentes. Han tenido que ser escritores posteriores, o sus sucesores, los que han aclarado ciertos aspectos de la historia del rito. Por ejemplo, en capítulos anteriores hemos mencionado a dos altos dignatarios de Mizraim: Pierre-Joseph Briot, que era miembro

---

6. Véase Robert Ambelain, *Marconis de Négre* en Daniel Ligou, *Dictionaire de la Franc-Maçonnerie*, PUF, 1991, vol. II, p. 826.

de la logia Los Filadelfos (*Les Philadelphes*), creada en Besanzón en 1797, y el general Lechangeur, que había servido en el ejército de Egipto. Ambos confirman por completo la hipótesis anteriormente expuesta, que procedían de ritos esotéricos y que terminaron en Ritos Egipcios; eso sí, el rito en el que acabaron ambos era Mizraim y no Menfis.

También se ha escrito mucho sobre la monumental montaña de grados, tanto de Mizraim como de Menfis, pero como veremos por la carta mencionada antes, su intención era otra. El rito además declaraba que sus objetivos y métodos de estudio eran mantener todos los principios filosóficos y místicos, así como la fe inquebrantable en los Grandes Maestros de la humanidad. Quería integrar el simbolismo masónico y las contribuciones de las ciencias espirituales, al igual que las tradiciones iniciáticas de los antiguos misterios. Es decir, armonizar los saberes esotéricos para establecer una armonía fraterna en interés de la humanidad. Mantener firme y siempre presente la idea de que los masones, sean del rito que sean, deben considerarse como miembros de una gran familia. También valorar como una característica fundamental del rito, el hecho de respetar todas las religiones y no estar involucrado en política.

Gérard Encausse, más conocido como *Papus,* dice: «Es un intento de exteriorizar el camino hermético. Este tipo de Masonería siempre ha estado reservada para una élite y a menudo sólo incluye Altos Grados, dejando a los otros ritos la preparación de los futuros iniciados».[7] Eso debería ser así, pero actualmente las Obediencias de los Ritos Egipcios han incluido los tres primeros grados, obligados por la gran incomprensión de las órdenes clásicas hacia los Ritos Egipcios.

Tal y como escribe en primera persona en sus textos, Marconis de Nègre había dividido los Antiguos Misterios de Menfis en dos clases, los pequeños y los grandes. Los pequeños tenían como finalidad instruir a los iniciados en las ciencias humanas, estando la sagrada doctrina reservada para los últimos grados de iniciación o la Gran Manifestación de la Luz. Los misterios giraban en torno a tres ejes principales: la moral, las ciencias exactas y la doctrina sagrada. Del primero al segundo grado, el paso era bastante sencillo y se realizaba sin intermediarios. Pero llegado a este segundo grado de iniciación, se requerían largos preparativos, que fueron objeto de otros tres grados simbólicos. De estos nuevos grados

---

7. Papus, *Ce que doit savoir un Maître Maçon,* Deméter, París, 1986.

simbólicos, el primero terminaba y completaba los pequeños misterios; los otros dos abrían los grandes.

Únicamente en el primer nuevo grado simbólico, es decir, el tercero de la iniciación, se exponían las primeras leyendas que continuaban en los dos segundos, se practicaba para penetrar en el significado de estas tradiciones y hacerse digno de la gran manifestación de la Luz. Todo esto incluía preparativos, viajes simbólicos y lo que técnicamente se denominaba la *autopsia*,[8] que no debe confundirse con el término médico moderno para examinar el cadáver. Las preparaciones se dividían en dos clases: la primera tenía el título simbólico de Sabiduría y, por objeto, la Moralidad. Los iniciados eran llamados *Thalmedimitas* o discípulos. La segunda tenía como título simbólico Fuerza, y por objeto, las Ciencias Humanas. Los iniciados de este segundo grado eran llamados *Heberimitas* o asociados.

Los viajes simbólicos se dividían en tres clases: en la primera llamada funeraria, los iniciados llevaban el nombre de *Murehemitas*; en la segunda llamada venganza, tomaron el nombre de *Berimitas* y en la tercera llamada liberación, el de *Nescheritas*.

El gran complemento de la iniciación, la autopsia, era el coronamiento del edificio, la clave de bóveda. La iniciación consistía en el conocimiento del dogma monoteísta, que se revelaba sólo a los grandes iniciados: existe Uno, y un solo Dios. El panteísmo fue la religión de la antigüedad, y esta palabra proviene de las palabras griegas *Pan* y *Theos*, que significan «Todo» y «Dios».

Esto, obviamente, está escrito en teoría, por Marconis. Aunque era humanamente imposible que un miembro del Rito de Menfis pudiera llegar a tener un conocimiento completo de todos aquellos secretos que eran revelados antiguamente en el séptimo grado.

Para ello habría sido necesario adoptar los tiempos y las precauciones precisas de la antigüedad —empezando por el noviciado— y, por tanto, prever períodos muy largos y un compromiso constante. Sin embargo, en una sociedad en proceso de industrialización y secularización como la francesa del siglo XIX, esto no era posible, por lo que fue necesario limitarse a los llamados Altos Grados.

---

8. Esta palabra en su etimología es de procedencia griega bajo denominación αὐτοψία (autopsia), que indica la acción de ver por los propios ojos.

Hay que señalar que Marconis de Négre había escrito que consideraba el Rito de Mizraim como una pura invención de los hermanos Bédarride. Ése es el motivo por el que había creado originariamente una escala iniciática de noventa y dos grados, que se diferenciaba no sólo de la escala Mizraim –tanto en la versión veneciana como en la versión espuria de los Bédarride–, sino también en lo que respecta a los treinta y tres primeros grados de la tradición de lo que entonces se llamaba ya Rito Escocés.

Marconis había colocado en lo más alto de esta escala el grado 92.º, Soberano Príncipe de los Magos del Santuario de Menfis, donde se encontraba la venerada Arca de la tradición. El Santuario de Menfis estaba compuesto por cinco grandes Dignatarios y por seis Magos, designados de por vida. Los cinco dignatarios eran: el Gran Hierofante, el Soberano Pontífice Gran Maestro de la Luz, el Soberano Príncipe de los Magos Sothis, el Soberano Príncipe de los Magos Hori, el Soberano Príncipe de los Magos Arsine, mientras que los seis Magos eran dos magos Sothis, dos magos Hori y dos magos Arsine.

Quien fue en realidad la mano derecha de Marconis y que desempeñó un papel importante en la elaboración del corpus ritual fue Antoine Muttet, un masón culto de la época, autor de muchos rituales de la segunda y tercera serie.

Tras su absorción por el Gran Oriente de Francia en 1862, el Rito de Menfis desapareció casi por completo del país vecino. Sin embargo, se estableció con sólidas raíces en Egipto como Gran Oriente de Menfis de Egipto; en Italia (especialmente en Palermo, sede del Gran Oriente de Menfis para Italia); en Inglaterra y en los Estados Unidos de América (y desde allí a Sudamérica).

El año anterior, Marconis había impreso el que puede considerarse su testamento espiritual, *Le Rameau d'Or d'Eleusis*, que en la primera página describe su contenido: «La historia resumida de la masonería, su origen, sus misterios, su acción civilizadora, su propósito y su introducción en los diferentes países del mundo; el origen de todos los ritos y los nombres de sus fundadores, el marco de todas las Grandes Logias, los lugares donde tienen su sede, el año de su fundación, el rito que practican, los nombres de todos los Grandes Maestros que las gobiernan, el número de los que le pertenecen; los noventa y cinco rituales de la Masonería que contienen todo el conocimiento de los ritos más practicados, la explicación de todos los símbolos, emblemas, alegorías, jeroglíficos, signos característicos de todos los grados del Calendario Perpetuo de todos los ritos Masónicos; el Kadosh Templario con el Ágape de los antiguos iniciados, el Gran Capítulo de la Rosa-Cruz, el *Tuileur* universal, los cinco rituales masónicos de adopción para las damas, etc.».

Se trata de un programa muy extenso que en el texto original de la primera publicación supera las 520 páginas y que obviamente no se ha respetado en su totalidad. Sin embargo, este escrito representa uno de los libros esenciales en el ámbito de la masonería del siglo xix para la comprensión de un mundo fascinante y envuelto en el misterio.

La siguiente es una historia resumida del legendario, tradicional y esotérico Rito de Menfis. Está compuesta y revisada sobre la versión francesa publicada en 1849, la italiana, editada en Palermo en 1923, y algunas notas divulgadas en Inglaterra.

EL DESPERTAR DE MENFIS EN FRANCIA

Como ya sabemos, los expedicionarios de la campaña de Egipto, embarcados en Toulon a las órdenes de Bonaparte el 19 de mayo de 1798, provenían en su mayor parte de los Filadelfos. Es decir, que habían trabajado anteriormente a esa fecha en ritos siempre de extracción egipcia, que confluyeron y se integraron con rapidez en esa logia. Todos ellos habían tenido un camino parecido al de Charles Lechangeur, militar de la Armada de Oriente; quien fue uno de los futuros fundadores del Rito de Mizraim y que creará en Milán, hacia 1805, el Supremo Consejo de ese rito. Estos francmasones habrían descubierto, según la leyenda, a un grupo gnóstico-hermético superviviente en El Cairo y también a una masonería drusa en el Líbano, que posiblemente era de la que hablaba Gérard de Nerval,[1] y que se remontaba a los masones operativos que acompañaron a los templarios. Los masones de la Misión de Egipto decidieron renunciar a su primera filiación, que provenía de la Gran Logia de Londres, y acto seguido practicaron un nuevo rito que no le debería nada a Inglaterra y que, además, en aquel momento era el principal enemigo de Francia.

Gabriel Marconis de Négre era poseedor de todos los grados del antiguo Rito de Perfección. Y era miembro de Rito Primitivo de Narbona, dirigido por Chefdebien. Como oficial de los ejércitos napoleónicos, fue iniciado en la logia *Isis* y fundó, a su regreso de Italia en 1798, una logia llamada *Pèlerins de Memphis* [Peregrinos de Menfis], que será un antecedente de la creación el rito.

A partir de entonces tuvo que enfrentarse a diversas acusaciones, una de ellas era la de plagiar el Rito de Mizraim. Gabriel Marconis de Négre intentó explicar que el Rito de Menfis había sido traído de Egipto en

---

1. Gérard de Nerval, *Viaje a Oriente*, Valdemar, Madrid, 1988.

1814 por Samuel Honis, que al regresar a su país creó, junto a sus compañeros de armas y hermanos masones, como el marqués de Laroque, el barón Dumas, Hypolite Labrunie, J. Pettitt y otros más, incluyendo al propio Marconis de Négre, todos miembros del rito de Narbona, es decir, de los *Filadelfos,* una logia de marcadas características rituales egipcias. ¿Cómo o de quién lo recibió? Lo cierto es que no lo sabemos, porque no tenemos ningún dato.

Lo que sí conocemos es que se convirtieron en la Alta Autoridad que dirigía el rito y que se reunieron en Montauban el 30 de abril 1815 para crear una primera Logia Madre del Rito de Menfis. La crearon con todas sus Clases y Senados, cuyo nombre fue *Les Disciples de Memphis* [Los Discípulos de Menfis], y empezó a trabajar el 23 de mayo 1815. Esta logia poco después se convertirá en la Gran Logia del Antiguo y Primitivo Rito Oriental de Menfis y proclamará como Gran Maestro de este rito a Samuel Honis. Si la historia es cierta, *Los Discípulos de Menfis* apenas sobrevivieron un año, la iniciativa resultó un fracaso porque hubo otros asuntos más importantes que se produjeron durante ese año, como la batalla de Waterloo.

No sabemos bien por qué a Samuel Honis le sucedió como Gran Maestre General, el 21 de enero de 1816, Gabriel Mathieu Marconis de Négre. En ese momento, el rito ya asumió una escala ritual de noventa y cinco grados, aunque su recorrido también fue corto y tuvo que ponerse en «sueños». Según *The Kneph* –la revista que publicaba John Yarker– confirma que el 7 de marzo de 1816 la Gran Logia se declaró abatida y que sus archivos fueron confiados a Marconis de Négre.

Es posible que la sucesión se debiera a que Samuel Honnis volvió otra vez a Egipto, ya que fundó varias Logias francesas en Ismailía, Port Saíd, Suez y El Cairo. Considero lo dicho anteriormente porque fundará en Alejandría, en 1845, la logia *Al Ahram* [Las Pirámides]. Ésta fue reconocida por el Gobierno de Egipto y en ella terminarán iniciándose muchos políticos. Más adelante, veremos que el Soberano Santuario de Egipto tendrá un cierto protagonismo en el reconocimiento de Giuseppe Garibaldi.

Si como hemos visto, el Rito de Mizraim reunía a los jacobinos y carbonarios nostálgicos de la república francesa, dentro del Rito de Menfis se aglutinaban los bonapartistas que se mantuvieron fieles al águila napoleónica.

En este período, entre 1816 y 1837, el rito sobrevivió con fases alternas, pasó de etapas de intensa actividad masónica a momentos de escasa actuación; sin embargo, logró sobrevivir. Uno de los intentos ocurrió en 1826, cuando el rito reanudó sus trabajos por algunos de sus miembros bajo las directrices del Gran Oriente de Francia. Pero esa Obediencia en esa época era mayoritariamente monárquica y obtiene la disolución del Rito de Menfis, que volvió a pasar a la clandestinidad, de igual forma que la obtendrá el de Mizraim en 1841.

Antes de que hablemos del nacimiento del Rito de Menfis, vamos a saber un poco más del que realmente fue su creador, Jacques-Étienne Marconis de Nègre. Había nacido en Montauban el 3 de enero de 1795 y fue iniciado en el Rito de Mizraim en París el 21 de abril de 1833, teniendo entonces 27 años de edad. El mismo día recibió los primeros trece grados del rito, pues, como hemos visto, no era muy difícil de ascender esta escala egipcia de los hermanos Bédarride. El 27 de junio del mismo año, varios miembros de la logia presentaron ciertos cargos en su contra, por lo que fue excluido del rito, aunque el motivo concreto no consta. Poco después salió de París y se dirigió a Lyon, donde, bajo el nombre de Jean de Négre, fundó otra logia de Mizraim, llamada *La Bienveillance* [La bondad], de la que asumió su veneratura. Como Venerable Maestro de esa logia fue elevado al grado 66.º por la suprema autoridad de ese rito, es decir, por Marc Bédarride, que poco imaginaba que el hermano Négre y el hermano Marconis, a quien habían expulsado previamente, eran una misma persona.

Sin embargo, no pasó mucho tiempo antes de que los masones de Lyon presentaran nuevos cargos en su contra, y el 27 de mayo de 1838 fue expulsado otra vez del Rito de Mizraim. Por lo tanto, podemos asegurar, siguiendo el análisis histórico, que el Rito Oriental de Menfis, fundado por Jean Etienne Marconis de Négre, procede de una escisión del Rito de Mizraim. Por esa razón, Menfis está muy influido por Mizraim, al que ha enriquecido con otras aportaciones iniciáticas.

Después de estas dos expulsiones, Marconis, convencido de que ya no podía seguir en el Rito de Mizraim, se apoya en la escalera mizraímita fabricada por Lechangeur, en algunas notas y relatos de su padre Gabriel Mathieu y en los masones que componían la logia de este último. Con esos mimbres reconstruyó el perfil, la sustancia y la historia –quizás legendaria en algún momento– de un rito que recogía en un solo cuerpo ritual los múltiples elementos de la tradición iniciática egipcia, presentes en la diversidad de los ritos, entonces en funcionamiento. Pero el contenido se deriva en gran medida del contacto mantenido por Jean Etienne con los Ritos de Mizraim.

Después de ese largo sueño reparador, el 29 de marzo de 1838 despierta el Rito de Menfis y se constituyen sus tres Supremos Consejos, instalando algo más tarde, el 3 de abril del mismo año, la *Gran Logia Osiris* en París y el 21 de mayo la logia de *La Bonaventure* en Bruselas. Fue elegido por primera vez Gran Maestre General de Francia el 7 de julio de 1838, y se creó para él un nuevo título de «Gran Hierofante», que ostenta el grado 96.º y relega al 95.º, ya que hasta entonces no existía otro mayor.

En ese mismo año, el 5 de octubre, crea el Soberano Santuario de Menfis para Francia, lo componen el Gran Hierofante y seis Patriarcas Conservadores del Rito de Menfis: Delapline, Dr. Audibert, Moutet, barón de Poederlé, Laroussie y el Dr. Morrison.

Para tener una idea de lo que Marconis de Négre quería ofrecer a los masones de su época y ver los principios fundamentales que iban a constituir el rito, tan sólo debemos leer su libro *El Santuario de Menfis*,[2] en el que decía: «El Rito Masónico de Menfis es heredero de los Misterios de la antigüedad; educa a los hombres para que rindan homenaje a la divinidad; sus dogmas reposan sobre los principios de la humanidad; su misión es la conquista de la sabiduría, que sirve para discernir la verdad; es el amanecer benéfico del desarrollo de la razón y de la inteligencia; es el culto a las cualidades del corazón humano y la condena de sus vicios; es finalmente el eco de la tolerancia religiosa, la unión de todas las creencias, el vínculo entre todos hombres, el símbolo de las dulces ilusiones de la esperanza que predica la fe en Dios que salva y la caridad que hace bendecir a los hombres».

Por consiguiente, Jacques Étienne Marconis termina como nuevo Gran Hierofante, Gran Maestro de la Luz, Santo Depositario de las Tradiciones y archivos generales de la orden. Era un hombre que había estudiado con sumo detalle los antiguos misterios griegos y egipcios. Era el editor de *La Colmena masónica*, revista científica y literaria; del *Sol místico*, revista de la masonería universal, y del *Templo místico*, revista de la masonería egipcia. Además de un prolífico escritor, al que le debemos

---

2. J. E. Marconis de Négre, *Le sanctuaire de Memphis ou Hermès,* Bruyer, París, 1849.

obras como: *Le tuileur général de tous les rites maçonniques connus, Le Panthéon maçonnique, instruction générale pour tous les rites, Le sanctuaire de Memphis ou Hermès, Le Rameau d'Or d'Eleusis, Travaux complets des sublimes maitres du Grand-Oeuvre.*

Por lo tanto, podemos decir que tardó poco en reconstruir el Rito de Menfis y le buscó un origen que no fuera complicado, de la misma forma que había hecho Lechangeur al atribuir la raíz de Mizraim al rey egipcio que llevaba ese nombre. Hay que reconocer que mostró mucha más sensatez, respeto y sentido común que el manifestado por Marc Bédarride, que en su *Historia de la Orden de Mizraim* achacó el origen al Paraíso y al mismo Dios. Mucho más modesto, Marconis sitúa la creación del rito en nuestra era, de esa forma cualquier masón podía aceptarla sin ninguna desconfianza. Tal vez lo único dudoso fueran esos documentos caldeos que se encontraban en el Arca Sagrada del Rito de Menfis. Sus amplios conocimientos del mundo antiguo que, por supuesto, era muchísimo mayor que el de los creadores del Rito de Mizraim, le llevó a construir ingeniosamente su propio sistema, variando y cambiando grados, pero sobre todo dándole contenido a los títulos.

El esquema de grados sufrirá una serie de cambios menores durante las siguientes décadas, pero en general los primeros treinta y tres grados son más o menos los mismos que los grados correspondientes al Rito Escocés Antiguo y Aceptado, y el resto cada vez se va haciendo más complejo.

A partir de ahí revisaron los niveles de los diferentes ritos, los modificaron y los clasificaron según un gran número de grados similares y explicaron los axiomas religiosos de los antiguos Hierofantes y de las iniciaciones antiguas. Poco después, dieron a la institución el título de Rito Antiguo y Primitivo de Menfis.

Los grados iniciáticos los dividieron en tres series y siete clases, que son muchos menos niveles que los que tenían las escuelas, donde obtuvieron su origen, como el Rito Primitivo de Narbona, donde se enseñaban las ciencias masónicas.

La primera serie desarrolla una ética basada en el autoconocimiento. Da explicaciones de los símbolos, signos y alegorías; preparan así a los que comienzan a estudiar la filosofía masónica.

La segunda serie incluye el conocimiento de la historia y de los rituales masónicos de una forma más extendida, así como los mitos poéticos sobre la antigüedad y las antiguas iniciaciones.

La tercera serie incluye el aprendizaje de la historia de la filosofía, el estudio de los mitos religiosos en diferentes épocas, así como todas las ciencias que se consideraban ocultas o secretas. En cuanto a la ciencia masónica, se la conoce por su parte mística y trascendental, englobando el esoterismo, los grandes misterios y el reconocimiento de los estudios ocultos más avanzados.

Cada uno de estos tres conjuntos o series no sólo están compuestos por varias divisiones en las que se agrupan todos los niveles de la masonería moderna. No obstante, al atravesar de forma gradual los Antiguos Misterios, donde se revela la razón de la existencia de estos grados, la serie final desvela el esoterismo de la masonería y la gnosis, ésta es la ciencia que se ha mantenido de siglo en siglo hasta nosotros y que ilumina nuestra institución hoy día.

Así fue el origen y la constitución del Rito Antiguo y Primitivo de Menfis, al que más tarde se adjuntará, como veremos, el Rito de Mizraim.

El Rito de Menfis publicó sus Estatutos y Reglamentos el 11 de enero de 1839. Ese momento es el que puede considerarse como el verdadero fundamento del rito, porque en el experimento anterior apostaron por lo mítico o por lo insignificante, según los datos, vengan de unos o de otros.

El crecimiento de la orden siguió a buen ritmo y durante 1839 se establecieron varias otras logias o capítulos, entre ellos el Capítulo *Les Philadelphes* en París el 21 de mayo. La logia *Chevaliers de Palestine*, el 21 de noviembre en Marsella; y el 25 de diciembre, la logia *Les Sectateurs de Ménès* [Los Adoradores de Menes], y el 30 de diciembre, dicha logia fue elevada al rango de Gran Logia Provincial 90.º, Sublime Maestra del Buen Trabajo. El 29 de febrero de 1840 se fundaron las logias *Bienveillance* y *Sages d'Heliopolis* en el Oriente de Bélgica, fundadas por tres masones: Viterbols, orfebre del rey de Holanda; Glaudin, secretario de la Academia; y por Mesmakeir, banquero.

El Rito de Menfis fue un gran éxito precisamente por el apoyo de las logias militares, tanto fue así que, en 1841, en vista de la enorme popularidad y rápido crecimiento de su membresía, así como por la multiplicación de las logias, el Gran Oriente tuvo temor del Rito de Menfis.

Debido a la fuerza política que tenía, el Gran Colegio de los Ritos del Gran Oriente de Francia enviaron a sus miembros, que eran empleados en el gobierno público, como Ragon, a intentar por todos los medios posibles aniquilarlo. Los hermanos Bédarride, a su vez, lo denunciaron a las autoridades. Tras varias intrigas, los Bédarride consiguieron llamar la atención del Prefecto de Policía de París. Las logias no tenían otro motivo que el reunir sus miembros y disfrutar del buen placer de los trabajos masónicos. El 25 de febrero de 1841, el Prefecto de Policía en París solicitó a los asociados de la Orden Masónica de Menfis que cesaran sus reuniones y, el 21 de mayo de 1841, el Gran Hierofante declaró el Rito de Menfis inactivo. Todas las logias que trabajaban en Francia quedaron en cuarentena, y el Rito de Menfis se vio obligado a entrar de nuevo en «sueños», pero sobrevivió en Bélgica, que se mantuvo como la llama perenne.

En 1842, tras constituir un templo místico para la custodia de los archivos y la propagación del rito en el extranjero, el Gobierno de la orden entra también en cuarentena. No obstante, un año más tarde, aún había logias y Consejos Representativos que funcionaban en Inglaterra, América, Esmirna, Buenos Aires y también en Rumanía.

Después de siete años de inactividad, reapareció a plena luz del día en territorio francés el 5 de marzo de 1848, es decir, poco más de una semana después de la caída de Luis Felipe y la proclamación de la Segunda República. Comienza entonces, para el rito, su época más hermosa. Cuenta, entre sus altos cargos, con masones de renombre de otras obediencias y hasta con un Comendador de la Orden de Malta.

Reanudaron los trabajos con fuerza y vigor, tres logias, un Capítulo y un Consejo. El Gran Hierofante Marconis, que era muy respetado por su dignidad, había trabajado incansablemente para restaurar la orden. El 21 de mayo de 1848 se reanudó la actividad en el Capítulo *Les Sectateurs de Menes,* en París, el número de grados se incrementó a noventa y dos. Según los estatutos, estos títulos debían otorgarse de forma gratuita, estrictamente en función del mérito y la diligencia.

En 1849 se publican unos nuevos Estatutos Generales de la orden, y en ese mismo año, el Soberano Santuario en Francia del Rito de Menfis emitió una patente para que un Gran Consejo Provincial y varias logias más se fundaran en Egipto bajo la jurisdicción italiana. Entre sus miembros se encontraba el que más adelante será famoso al convertirse en Gran Maestro del Rito de Menfis, era Soluttore A. Zola. Acababa de fundar la primera logia italiana que trabajó en el Rito Escocés Antiguo y Aceptado en la ciudad de Alejandría.

Todas las logias operarán en perfecta armonía. Sin embargo, cuando en 1862 se decida que el rito se fusione con el Gran Oriente de Francia, varios masones egipcios que se encontraban trabajando bajo las Constituciones francesas e italianas, decidirán tener la suya propia, como veremos más adelante.

El 27 de julio de 1850 se refundó la Logia Capitular y Areópago *Los Discípulos de Menfis*. No obstante, ese mismo año volvieron a haber acusaciones respecto a la masonería en general y contra el Rito de Menfis y la Gran Logia Nacional, en particular a las que se les retira la autorización para reunirse. Una vez más, las logias menfitas vuelven a entrar en cuarentena el 23 de diciembre de ese mismo año. A pesar de ello, lograron crear un Sublime Consejo de Maestros de la Gran Obra que se instaló en París el 15 de abril de 1851. La orden fue prohibida nuevamente y suspendida en Francia, aunque siguió en Inglaterra y, como veremos, será reinstalada en París en 1853.

Al quedar inactivas las logias, no sólo del Rito de Menfis, también las de la Gran Logia Nacional, se intentó una primera negociación con el Gran Oriente de Francia. Se pretendía reunir las siete logias de la Gran Logia Nacional con las cuatro del Rito de Menfis. El que relata el hecho como participante es el historiador Emmanuel Rebold, que lo habían nombrado miembro honorario de la logia *Clémente Amitié*, y que representaba a la Gran Logia Nacional.

El objeto principal era reunir a las tres Obediencias y sacar a las dos de la cuarentena a la que se veían sometidas. Rebold convocó a los elementos más progresistas del Gran Oriente, que fueran activos y tuvieran iniciativa. Consiguió los poderes, tanto de la Gran Logia como del propio Marconis de Négre, que era el Gran Hierofante de Menfis, y solicitó al Gran Oriente la afiliación de estas once logias. Sigo con el relato del propio Rebold: «Las negociaciones preliminares no habían presentado ninguna dificultad; todas las condiciones estipuladas para esta fusión fueron aceptadas por ambas partes; sólo faltaba hacer la petición oficial al Gran Maestro, que, según se le indicó, no presentaba la menor dificultad. Esta solicitud se hizo en la forma correcta. Pero cierto hermano logró convencer al Gran Maestro [del G.O.F.] que los diputados que serían elegidos por estas once logias probablemente se unirían al grupo de la oposición al que darían una influencia demasiado grande, y evidentemente no se tomó ninguna medida».

A diferencia de las Grandes Logias, bien sea la inglesa o las estadounidenses con las que estoy más familiarizado, el Gran Oriente de Francia, a través de un Gran Colegio de los Ritos, siempre ha querido controlar otros ritos y por supuesto todos los grados que los componen. En muchos casos, como en el Rito de Menfis, llegaron a modificar su escala de grados, reduciéndola, y puedo asegurar que con poco acierto. Esto ya había pasado con algunos grados del Rito Escocés Antiguo y Aceptado, cuando en 1875 los Supremos Consejos internacionales no dejaron participar al Gran Oriente de Francia en la Conferencia de Laussane. Este Gran Colegio de Ritos se creía que tenía autoridad sobre toda la masonería en Francia, e incluso en ciertos países de Europa. Llegó a afirmar que tenía al Rito Escocés bajo su control e influenció en los desarrollos del Rito Escocés en Inglaterra e Irlanda, hasta tal punto que surgieron serias situaciones entre esos cuerpos y los dos Supremos Consejos del Rito Escocés en Estados Unidos.

Aunque no reconocidas por el Gran Oriente como autoridad suprema de la masonería francesa, muchas logias del Rito de Menfis mantuvieron sus trabajos clandestinamente. Es curioso porque en otras partes de Europa y América del Sur, el rito disfrutaba de un gran éxito. El 16 de julio de 1851, Marconis de Négre establece en Londres una Logia Madre, a la que llamó Gran Logia de *Les Sectateurs de Menes*, e instaló como Gran Maestre para Inglaterra al periodista Jean Philibert Berjeau,[3] que se encontraba exiliado allí junto a Geneste, Baille, Jean-Marie Ballaguy, Dubois, Deleau, Carette y Gustave Ratier.

Las autoridades también detuvieron a los masones enviados a Berlín para levantar el rito, existen evidencias de actividad en Alemania en el siglo XIX. Tras el fracaso de la tentativa de unión con el Gran Oriente, hay un despertar del rito en Francia. Durante 1853, Jean Philibert Berjeau vuelve a París y bajo las narices de la policía reconstruye un Templo Místico clandestino. Esta situación llevó a la masonería a que se produjeran varias subdivisiones en los países que estaba. Sin embargo, hubo muchos masones que no querían abandonar una rama que amparaba una línea de trabajo como la espiritual y esotérica.

Entre 1856 y 1860 se produjo otra reorganización del rito, se puede decir que, después de muchas vicisitudes, Mizraim fue definitivamente

---

3. Berjeau fue el editor y codirector de *La Vraie République*. Organizador en Londres de la Sociedad Fraternal de los Socialdemócratas Franceses y uno de los líderes del Comité de Vigilancia Antimonárquica fundado en Londres en 1873.

absorbido por el Rito de Menfis. Esto trastocó el sistema de Menfis y los grados los aumentaron a noventa y siete, parecía una buena idea, pero finalmente volvieron a reducirlos. No obstante, pasó de los noventa y dos a los noventa y cinco. Todo se debía mayormente a los trabajos iniciáticos, aunque en algunos casos al puramente administrativo. Con esta nueva nomenclatura, el rito volvió a tener un notable éxito, tanto en Francia como en Italia, concretamente en Milán. Sin embargo, ciertas Obediencias nacionales de Mizraim permanecieron activas, como fue el caso de Bélgica. Aunque finalmente se unificaran en el Rito único de Menfis-Mizraim, creado por Giuseppe Garibaldi.

Los noventa y cinco grados mantuvieron las divisiones en las siguientes tres series:

1.ª serie: del grado 1.º a 35.º.

Incluía a su vez tres clases: Logias, Capítulos y Areópagos, donde se enseñaba la moral, el significado de los símbolos, emblemas y la primera parte de la historia de la orden, así como el ejercicio de la filantropía.

2.ª serie: del grado 36.º al 68.º.

Incluía dos clases: Senado y Consistorio, donde se impartían las ciencias naturales y la segunda parte de la historia de la orden. Se proporcionaba materiales de estudio sobre la organización y doctrina de todos los ritos practicados en la Masonería Universal. También se estudiaba el sentido oculto de la mitología poética.

3.ª serie: del grado 69.º al 95.º.

Incluía únicamente una clase, el Consejo. En estas Cámaras Rituales se aprendía la culminación de la historia de la orden. Se desarrollaba la parte mística y trascendental de la Masonería Universal. Se potenciaba las especulaciones teosóficas más atrevidas y sublimes. Además, se estudiaba de manera particular la filosofía de las religiones y de todas las disciplinas que incluso hoy constituyen en su conjunto la Ciencia Secreta.

LA EXPANSIÓN DEL RITO DE MENFIS

Los acontecimientos políticos y la oposición a la masonería en Francia hicieron que las actividades del rito se transfirieran a Londres. Una vez allí, la Gran Logia de Inglaterra tuvo conocimiento y lo condenó en términos inequívocos.

Jean Etienne Marconis de Négre también visitó América, y el rito se estableció en Nueva York. Los trabajos continuaron prosperando en Egipto, Rumanía y otros países. Asentó personalmente la primera estructura del rito en la ciudad de Nueva York el 9 de noviembre de 1856, bajo el título de Supremo Consejo de los Sublimes Maestros de la Gran Obra, del grado 94.º, supeditado al gobierno como Gran Maestre de David McLellan.

Confirió el grado a un importante número de masones y estableció también un Supremo Consejo del grado 90.º. John Mitchell, que había sido en 1801 el Soberano Gran Comendador Fundador del Supremo Consejo de la Jurisdicción Sur, era quien lo dirigía y en 1860 incluía a más de cien *Past Masters* de las Logias Azules. Seguramente, esto era lo que disgustaba a Albert Pike.

El rito en Estados Unidos descansaba sobre una base que, desde el inicio, no era sólida. El hecho de que el rito se instalara en Nueva York, apoyado por la Jurisdicción Norte del Supremo Consejo del Rito Escocés Antiguo y Aceptado, no sentó bien a la Jurisdicción Sur del mismo rito. Albert Pike, uno de los masones más relevantes del escocismo, escribía: «No tengo conocimiento de que ni el Rito de Mizraim ni el de Menfis viertan sus mercancías de poco valor dentro de nuestra Jurisdicción. En la Jurisdicción Norte se declara que este último [se refiere a Menfis], ha asumido una posición en relación con otras Órdenes de la Masonería, que le da derecho a un lugar en el trabajo masónico». Por otro lado, seguía diciendo: «En 1852, Harry J. Seymour, de Nueva York, quien había sido uno de los primeros simpatizantes del sistema, visitó Europa y fue elevado al grado 96.º, el más alto grado e investido con autoridad para establecer en el Continente de América un Gran Soberano Santuario de los Conservadores Generales de la Orden. Ésta es la máxima autoridad conocida por el Rito, debajo de él hay un Soberano Consejo General establecido para Nueva Inglaterra que está prosperando».[1]

Si bien es cierto lo que dice de la elevación de Seymour, no tiene en cuenta la Gran Maestría de McLellan. El establecimiento de un Soberano Santuario en Estados Unidos vendrá una década más tarde.

En 1856, el rito se constituye en Egipto, al establecerse en Alejandría un Sublime Consejo de la orden, bajo el título distintivo de Gran Oriente de Egipto, con poderes para establecer un Soberano Santuario. El marqués Joseph de Beauregard es el Gran Maestre.

También en Australia, ese mismo año, se constituye la Logia Madre *The Golden Bough of Eleusis*, en Ballarat.

Giuseppe Garibaldi y algunos de sus oficiales se inician en Palermo en 1860, en una logia del Rito de Menfis. Palermo será uno de los grandes enclaves que posteriormente tendrá una gran relevancia en el desarrollo del rito.

Finalmente, Harry J. Seymour, 96.º en 1861, será el Soberano Gran Maestro del Soberano Santuario de la Francmasonería Antigua y Primitiva del Rito de Menfis para el Continente Americano, al suceder al hermano McLellan; y Robert D. Holmes, 95.º es el Gran Experto General. Ambos eran miembros del Supremo Consejo del R.E.A.A. para la Jurisdicción Norte de los Estados Unidos en Nueva York, que era el Consejo ordinario de esa jurisdicción. Con la Gran Maestría de Harry J. Seymour, el rito en Estados Unidos experimentó un cierto auge.

Cuando el mariscal Magnan fue promovido a la Gran Maestría del Gran Oriente de Francia, dirigió el 30 de abril de 1862 una circular a todas las Obediencias con el fin de promocionar la unidad masónica en Francia.

Ya hemos visto lo que pasó con el Rito de Mizraim, que se negó a integrarse y sólo acató la orden por mandato obligatorio del emperador Napoleón III. Sin embargo, una de las principales logias francesas del Rito de Menfis, conocida como *Les Sectateurs de Menes*, pidió al Gran

---

1. Albert Pike, «The Spurious Rite of Memphis and Misraim», artículo en *Heredom, The Transactions of the Scottish Rite Research Society*, vol. 9, 2001.

Oriente una autorización para trabajar supeditado a su jurisdicción. Marconis de Négre, creyendo legítimamente que su rito tendría un mejor estatus si operara bajo la égida del Gran Oriente, solicitó su reconocimiento. Se consultó al Gran Colegio de los Ritos y tras un informe muy favorable del hermano Frazy, por decreto del 12 noviembre de 1862 se admitió el Rito de Menfis en su seno. Para lograr esto se requería que Marconis dejara toda la autoridad que tenía hasta ese momento y entregara la totalidad del rito, al mismo tiempo que sus creaciones, al control del Gran Oriente.

Así lo hizo, con lo cual las logias simbólicas de Menfis fueron reconocidas y autorizadas para continuar trabajando en los tres grados simbólicos; no obstante, los grados superiores del 4.º al 97.º inclusive fueron archivados. Hay que tener en cuenta que en ese momento los grados del 4.º al 33.º estaban bajo la dirección del Rito Escocés Antiguo y Aceptado a través de la Cámara de Ritos del Gran Oriente de Francia y la autoridad para trabajarlos sólo podía obtenerse de ese cuerpo.

Es posible que la decisión de Marconis de Négre, agobiado ante la desaparición arbitraria y política del rito, no ve más salida que rendirse al Gran Oriente de Francia y solicitar su incorporación con la esperanza de así poder revivirlo. Pero Marconis es nombrado, sin oposición alguna, Gran Hierofante Mundial del Rito de Menfis, por el resto de las Obediencias que no eran francesas.

En la revista *The Kneph* de septiembre de 1883, se dice que: «Marconis, después de haber mantenido una seria competencia durante veinticuatro años contra el Gran Oriente de Francia, cansado por el trabajo o tal vez por la paz reinante en la masonería, creyó bien abdicar de su dignidad como Gran Hierofante Universal en favor del Gran Oriente de Francia, transmitiendo al mismo tiempo el rito como consta en su carta del 15 de mayo de 1862; y confirmando su retiro por la de 1 de septiembre de 1863; 2 de marzo de 1864; 26 de septiembre de 1865 y 15 de marzo 1866».[2]

¿Quiere esto decir que, para la creación de nuevas logias del Rito de Menfis, únicamente el Gran Oriente de Francia podría otorgar Cartas Constitutivas? Por supuesto que no. Vemos que cada año hace una carta de retiro, esto nos dice que el pacto no era definitivo, había que reno-

---

2. *The Kneph*, vol, III, n.º 9, septiembre de 1883.

varlo cada año. Con esta maniobra, Marconis consiguió a cambio el «resurgimiento» del rito y el permiso para reabrir las logias cerradas por la policía. Pero aún se le imponía una condición más grave: estas logias de Menfis solamente podrían trabajar en los rituales de los tres primeros grados de la Masonería Universal, o como mucho, hasta el grado 33.º.

En efecto, Jacques-Etienne Marconis, fundador del Rito de Menfis, cedió y aceptó la petición de reducir el rito de noventa y cinco a treinta y tres grados, conservando sólo los grados considerados más importantes. Elaboró una equivalencia relativa de los valores de los grados del Rito de Menfis con los del Rito de Mizraim, los del Rito Escocés y los del Rito Francés, gobernados por el Gran Consejo de los Ritos. En ese momento, los grados pasan a ser conferidos exclusivamente por el Gran Consejo de los Ritos del Gran Oriente.

A partir de entonces, los grados más allá del 33.º en el Rito de Menfis nunca han sido sacados legítimamente de la oscuridad en la que fueron arrojados por el Gran Oriente cuando asumió el control. Incluso las logias simbólicas del Rito de Menfis pronto abandonaron sus rituales y adoptaron el sistema del Rito Francés Moderno, de modo que en 1870 el Rito de Menfis desapareció por completo en lo que respecta a cualquier conexión con la masonería oficial francesa.

Veamos el decreto emitido por el general Magnan que, aunque nunca fue iniciado en una logia, era el Gran Maestre impuesto por Napoleón III.

EL GRAN MAESTRO DE LA ORDEN, A LOS PRESIDENTES
DE LAS LOGIAS[3]
S ∴ S ∴ S ∴

Muy Queridísimos Hermanos: El Artículo 8 de la Constitución declara que la iniciación Masónica tiene varios grados, los cuales se cursan y confieren según las formas indicadas por los Rituales, y de los cuales el más alto es el 33.º del Rito Escocés Antiguo y Aceptado. (Art. 8 de la Constitución). Los nombres propios de estos grados, y las insignias que se les atribuyen, y que han sancionado la tradición, los Rituales de los grados, o los Estatutos Generales de la Orden, son los únicos reconocidos por el Gran Oriente, y los únicos permitidos; todos los demás títulos o

---

3. *Boletín del Grand Orient de France,* noviembre de 1862, p. 420.

condecoraciones están prohibidos por los artículos 42, 43, 44 y 262 de los Estatutos Generales.

El uso de condecoraciones masónicas, que indican grados superiores al grado 33.º, no sólo es una violación de la ley, sino la negación de los principios consagrados en los artículos 11 y 19 de la Constitución, que coloca a todos los masones y todos los Ritos bajo el nivel de igualdad entre ellos.

Aprendemos, mientras tanto que, en desprecio de estos sabios principios, y a pesar de las prescripciones generales de la ley, los masones se presentan en la Logia, y en las diferentes reuniones masónicas, adornados con joyas y cordones no autorizados, y que no tienen ningún derecho a autorizarse.

Que algunas Logias, bajo la forma de recompensas masónicas, distribuyen joyas que tienen mucha semejanza con las condecoraciones del Orden Civil; y, mientras tanto, el uso del mandil, símbolo del trabajo, está cada vez más en desuso, al mismo tiempo que las insignias no reconocidas por las leyes de la Masonería se multiplican cada día más y más:

Que los Hermanos, Masones originalmente del Rito de Menfis, a quienes el Gran Oriente ha admitido en su seno, sin reconocer o autorizar, sin embargo, el gran número de grados de ese Rito, olvidan las condiciones de esa admisión, y llevan en sus cordones el signo ostensible de sus títulos anteriores, o, al firmar sus nombres, colocan ostentosamente el alto número de títulos que habían adquirido.

Se desestima, pues, la decisión del Consejo de la Orden, publicada en el Boletín Oficial de noviembre de 1802, páginas 418 y ss.; porque, según los términos de esa decisión, habiendo sido revisados y regularizados los títulos de los Hermanos de ese Rito, ya sea al grado de Maestro o al de Rosa Cruz, ninguno de estos Hermanos puede pretender poseer otro grado que no sea lo indicado en esta visa; y para ellos como para todos, son obligatorias las disposiciones de los artículos 130 y 137 de los Estatutos Generales.

Es nuestro deber, muy queridos hermanos, poner fin a estos diferentes abusos; los señalamos a todos los masones, y particularmente a la atenta atención de los Presidentes de Talleres.

Por cuanto los Estatutos Generales de la Orden definen aún más particularmente, si es posible, las insignias de cada grado, y proscriben lo incongruente o chocante que haya en las condecoraciones masónicas, restableciendo por doquier la unidad y la sencillez, apelamos a la firmeza y al buen gusto de todos nuestros Hermanos; pero corresponde, sobre todo, a los Venerables hacer que se respete la ley; es para ellos un derecho y un deber negarse a admitir en sus Templos a todo Masón de la Jurisdicción que lleve una condecoración, una banda, un título, un grado, no reconocido por el Gran Oriente de Francia. Cualquier debilidad en estos aspectos sería una falta, cualquier tolerancia una infracción del Reglamento. Estamos seguros de que nuestro llamamiento será escuchado y producirá los mejores frutos.

Reciban, muy queridos hermanos, la seguridad de mi alta y afectuosa consideración.

Por el Gran Maestre:	El Mariscal de Francia
El Gran Maestro Adjunto,	Gran Maestre de la Orden Masónica,
A. Lengle	Magnan

El hecho es que todo esto no era más que una venta al poder político-masónico que representaba el Gran Oriente de Francia, que le llevaba a la decadencia y corrupción de los rituales. Así se les impuso, «…que estas logias de Menfis sólo puedan operar durante las ceremonias de los tres primeros niveles de la Francmasonería Universal, prohibiendo su trabajo en todos los demás grados…». Creando así una alternativa o mezcla al gusto del Gran Oriente francés, cambiando la historia y reclamándola como propia. Una vez modificados, ya no interferían con sus rituales y, lo que es más importante, no tenía ningún efecto revelador en miembros de otros ritos. Fueron vaciados de todo contenido simbólico y esotérico, y los convirtieron en un instrumento de los propósitos políticos del Gran Oriente de Francia.

Si bien con los años el Gran Oriente rectificó sus políticas con respecto a algunos otros ritos masónicos que se practicaban en Estados Unidos y América del Sur, nunca modificó sus actos en relación con el Rito de Menfis. Por ello, ese rito quedó tan muerto como el proverbial «clavo de la puerta»,[4] después de que Marconis renunciara a su autoridad en 1862. A pesar de ello, Marconis de Négre no se quedó parado. En julio

---

4. Expresión calificada como proverbial en varios diccionarios del siglo XIX, que significa esperar mucho tiempo.

de 1862, el Gran Hierofante le concede una patente al hermano Seymour, que había sucedido a McLellan para constituir en Estados Unidos un Soberano Santuario. La patente expedida por Marconis fue reconocida al poco tiempo por el Gran Oriente de Francia el 3 de septiembre de 1862 y registrada en su Gran Libro de Sellos bajo el número 28 911. Ésta es una muestra más de que Marconis no había perdido su poder, la patente la concede él, pero la reconoce el Gran Oriente.

Es posible que Jean Etienne Marconis no confiara plenamente en el Gran Oriente de Francia, porque poco antes del tratado de la transmisión del rito, constituyó legal y regularmente en El Cairo, en 1856, la logia *Menes*. También fundó un Supremo Consejo de la Orden y un Santuario de Menfis con el título distintivo de Gran Oriente de Egipto, que estaba formado por un Gran Maestre, seis Patriarcas, sesenta y cinco Grandes Conservadores de la Orden, Grandes Electos de la Mística. Tenían autoridad para conferir del primero al octogésimo noveno grado: que es el Sublime Maestro de la Gran Obra. Así mismo podían fundar Logias, Capítulos, Areópagos, Senados y Consistorios, gobernándolos como un poder libre e independiente.[5] Los nombramientos eran por cinco años, según el artículo 7 del capítulo 3 y el artículo 4 del capítulo 1 de los Estatutos fundamentales del rito.

El Gran Hierofante invistió al marqués Joseph de Beauregard con el cargo de Gran Maestre del Supremo Consejo del grado 95.º, según la patente núm. III. Beauregard era, además, el Sustituto del Gran Hierofante.

Este paso dado por Marconis se verá confirmado por una patente provisional que se ratificará en 1866, concedida por el Gran Oriente de Italia al Gran Oriente de Egipto, donde le autorizaba a operar en los Altos Grados y a formar una Gran Logia Nacional de Egipto para trabajar en los tres primeros. Como veremos posteriormente, esta Gran Logia dará mucho que hablar. Esto creó desconcierto entre los muchos ritos, y constituciones. Finalmente, esta autoridad masónica fue reconocida en todo el mundo. El príncipe Halim, que había sido iniciado en la logia del escritor Edward Bulwer Lytton, en El Cairo, será el Supremo Gran Conservador, al que sucederá posteriormente Soluttore A. Zola.

El 26 de agosto de 1865, los hermanos Giuseppe Garibaldi, 33.º, ex-Gran Maestre del Gran Oriente de Italia, y Francesco di Lucca, 33.º Gran

---

5. Véanse patentes núm. I, II, III, así como la patente núm. XI.

Maestre, son elegidos miembros honorarios del Soberano Santuario de Estados Unidos del Rito de Menfis, intercambiándose los garantes de amistad entre ambas Obediencias. El Rito de Menfis, en 1866, se había asentado en Egipto sobre unas bases sólidas.

El Gran Maestre, el marqués de Bauregard, siempre había declarado que el acto por el cual el Gran Hierofante Marconis abdicó de sus derechos a favor del Gran Oriente de Francia no estaba contrafirmado por el Gran Canciller del rito. Eso era cierto, y ése fue el motivo por el que rechazó reconocer la legitimidad del G.O.F., manteniendo la organización en noventa y cinco grados, y no en los treinta y tres que pretendía el Gran Oriente de Francia.

Esto parece una nimiedad, pero es cierto. Según los Estatutos y Reglamentos del rito, publicados el 11 de enero de 1839, capítulo 1, artículo 1, 4 y 5, así como el capítulo III, artículo 2, por el cual el acto de abdicación en favor del Gran Oriente de Francia, hecho por Marconis de Nègre, debería haber sido refrendado por el Gran Canciller del rito, como prescribe el artículo 4, Capítulo 1, y por el artículo 26, Capítulo III, que exige dicha ratificación del Gran Canciller bajo pena de nulidad. Por lo tanto, dicho acto es nulo y es como si nunca hubiera existido.

El camino adoptado por el Gran Oriente no fue legal, por esta razón no pudo ceder el rito que no le pertenecía. Éste le fue confiado sólo como un depósito sagrado, para ser preservado. Por consiguiente, desde el punto de vista de la orden, tal acto es nulo, por cuanto tiende a disolver el Poder Supremo del Rito de Menfis; considerando que la admisión de un derecho a un titular para el ejercicio de funciones no puede disolver el órgano que le ha encomendado ese título.

El decreto que emitió el Gran Oriente de Egipto después de la reunión terminaba así:

> Visto que en Francia ha sido disuelto el Templo Místico, el Santuario de Menfis y el Soberano Consejo General, unido a los tres Consejos inferiores, grados 93.º, 92.º y 91.º, por el hecho de la abdicación del Gran Hierofante.
>
> Visto que la Gran Logia Provincial de la Orden de Menfis, constituida en el Valle de Marsella, se levantó y protestó unánimemente contra tal acto: El Gran Oriente de Egipto, de acuerdo con los poderes conferidos por la Patente N.º II, convocó a todos los Patriarcas, grado 95.º, con

domicilio en Egipto (creado por el mismo Hno.·. Marconis), en una sesión del Santuario, y es recién en 1867 que se reencuentran, y que, en virtud de la patente legal y regular, N.º III, se fundó el primer Santuario de Menfis en Egipto, en sustitución del demolido Santuario de París.

Lo he dicho antes, lo que podía pasar era un presentimiento de lo que sentía el Gran Hierofante que siempre deseó que el rito estuviera en Egipto, su antigua cuna. Seguramente esto se aceleró por las circunstancias políticas de la época, que le impidieron retener por más tiempo en París la sede general de la orden. Por lo tanto, era Egipto el poseedor de la única patente existente de tales grados y de tal autoridad que le había sido otorgada legalmente por Jean Etienne Marconis de Négre, Gran Hierofante del Supremo poder, administrador y gobernante de la Orden de Menfis.

De todos modos, el hecho de creer que Marconis de Négre había cedido íntegramente el rito al Gran Oriente de Francia, parece escasamente consistente con lo sucedido. Es cierto que renunció al Oficio de Gran Maestre del Gran Oriente, lo cual era normal, pero retuvo el cargo de Gran Hierofante de Menfis hasta su fallecimiento. La prueba más contundente de ello es el hecho de que continuó firmando documentos del rito.

El fallecimiento en París, el 21 de noviembre de 1868, del Gran Hierofante Marconis de Négre, terminó por acelerar los hechos. Fue sin duda una de las figuras más interesantes de la masonería francesa del siglo xix.

Egipto asumió la plena posesión de la dirección del rito.[6] El Rito en Egipto se mantuvo con sus noventa y cinco grados, pero por razones políticas en 1869 entra en sueños de manera parcial. El Santuario funcionó en secreto con un número limitado de Patriarcas, quienes junto con el Patriarca y Sub Magus, 96.º, el marqués Joseph de Beauregard, preservó el rito por algún tiempo más.

Sería interesante conocer la fecha exacta de la patente del marqués de Bauregard como Gran Maestre, grado 96.º, ya que, en las peculiares circunstancias del caso, el cargo de Gran Hierofante se supone que recae en el grado 96.º más antiguo o en el Sustituto del Gran Hierofante. Las respectivas patentes de América y Egipto estaban así:

---

6. Gastón Ventura, *Les Rites Maçonniques de Misraïm et de Memphis,* p. 170.

AMÉRICA	EGIPTO
90.º certificado el 7 de mayo de 1856	90.º certificado, ? Patente I
94.º certificado el 7 de octubre de 1857	94.º certificado, ? Patente II de 1856
95.º certificado el 3 de septiembre de 1862	95.º certificado, ? Patente III

Cuando a la muerte del Gran Hierofante, en 1868, el Gran Oriente de Francia abandonó el rito, sólo dos potencias lo mantenían con regularidad, a saber, América y Egipto. Por lo tanto, si, como parece, la patente de Beauregard era anterior a la de Seymour de 1862, y dado que así lo creo claramente, debería haber sido Beauregard el Gran Hierofante.

En este sentido, es muy útil ver las copias de las patentes núm. I, núm. II y núm. III, mencionadas en la página 52, vol. III, núm. 7 de la revista *The Kneph*.

En ese momento de *impasse,* todo vuelve a reconducirse, y el Soberano Santuario de Estados Unidos rompe sus relaciones con el Gran Oriente de Francia. El Gran Maestre Seymour les envía una notificación el 20 de marzo de 1869. La razón que da es consistente, el Supremo Consejo de Francia está librando patentes a unos masones de Lusiana y están estableciendo logias en esa jurisdicción, violando los derechos y la autoridad de la legítima Gran Logia de Luisiana. La verdad es que no sabría decir si ésa era la verdadera razón, o simplemente una excusa para romper las relaciones.

En un escrito firmado por Thévenot como Gran Secretario del Gran Oriente de Francia, con fecha 24 de febrero de 1870, contestando a Poulle sobre el Rito de Menfis, después de verter ciertas acusaciones poco fraternales, le responde:

«El Boletín del Gran Oriente [de Francia] que usted recibe, contiene muchas resoluciones sobre ese tema. Consulte el año 1866, páginas 123, 146; año 1867, página 332; año 1868, folios 444, 467, 593. Finalmente, el hermano Marconis murió en 1869; esperamos que no tenga sucesor y que el Rito de Menfis no nos moleste más. Ya ha desaparecido por completo de Francia. No se mantiene en Europa, salvo en algunas localidades de Rumanía, donde también tiende a desaparecer gracias a nuestro incesante esfuerzo».

Eso era fácil comprobar que no era cierto y que el rito se mantenía en Francia, Inglaterra, Estados Unidos y, por supuesto, Rumanía. Pero lo más curioso es la coletilla: «gracias a nuestro incesante esfuerzo», es decir, que el Gran Oriente de Francia tenía como objetivo eliminar cualquier rito que no dominase y creyese competencia. Una bonita forma de «fraternidad», que por suerte ha dejado de practicar.

Ya hemos visto en varias ocasiones que el rito, desde su fundación en 1798-99 hasta 1869, tuvo que sucumbir muchas y muchas veces y, como una nueva ave fénix, otras tantas resurgir con sus propios «principios». En 1872 se volvió a reactivar el Rito de Menfis, que había seguido clandestinamente dando señales de vida. El 21 de noviembre de ese año, el Gran Oriente de Egipto reunió a todos sus Patriarcas en Sesión del Santuario y el 21 de diciembre se nombró provisionalmente como Gran Maestro a Soluttore A. Zola.

Obtuvo sin problema alguno la autorización formal de S. A. Ismail, Jedive de Egipto, para reabrir los trabajos del Gran Oriente de Egipto, autorización que fue concedida como manifestación de su soberana confianza y amistad que siempre tuvo con la masonería.

Harry J. Seymour, Gran Maestro del Soberano Santuario de Estados Unidos –que había obtenido su regularidad del propio Marconis de Négre– otorgó una patente el 4 de junio de 1872 a John Yarker, 33.º, 95.º, para el establecimiento de un Soberano Santuario en Inglaterra y en Irlanda.

El 8 de octubre, el hermano Seymour, en una Asamblea General de los miembros de Menfis, en el Freemason's Hall en Londres (sede de la Gran Logia de Inglaterra), instala definitivamente al Soberano Santuario de Gran Bretaña e Irlanda y a John Yarker a su cabeza.

Inmediatamente, John Yarker intercambió patentes con Giambattista Pessina, que había fundado un Rito «reformado» de Menfis, en Catania, además de su Rito Mizraim.

El nuevo Santuario dirigido por Yarker nombra al general Garibaldi miembro honorario, e inmediatamente se establecen relaciones con el Supremo Consejo del Rito Escocés de Sicilia y con el Gran Oriente de Egipto.

Durante ese tiempo, la Orden en Egipto se había sumido en el caos; y se tuvo que refundar de nuevo, organizarla y consolidarla. Del 21 de noviembre al 20 de diciembre de 1872, hubo simplemente sesiones preparatorias. Del 21 de diciembre al 20 de marzo se refundó verdaderamente la orden y se reorganizó. El 21 de marzo de 1873 se eligió y se proclamó por unanimidad y definitivamente Gran Maestre del Santuario de Menfis del Gran Oriente Nacional de Egipto a Soluttore A. Zola.

El 11 de enero de 1874, el Gran Maestre de Egipto, Soluttore A. Zola, que había sido exaltado a grado 96.º el 1 de noviembre de 1873, es nombrado Gran Hierofante del rito. Ya hemos dicho anteriormente que, por las patentes expedidas, no sabíamos si le debería haber correspondido a Harry J. Seymour. Lo cierto es que el 23 de junio Seymour deja la Gran Maestría de Estados Unidos y delega sus funciones en Alexandre B. Mott, que le sustituye como Gran Maestre General del rito en ese país.

Una de las primeras decisiones que toma Zola es aplicar al rito la disminución de grados a los treinta y tres acordados con el Gran Oriente de Francia. Sin embargo, surgieron problemas por la reducción del rito y se produce una escisión. Algunos masones americanos, poco satisfechos con el recorte de los grados, organizan el Rito Egipcio de Menfis en EE. UU., presidido por Calvin C. Burt.

Desafortunadamente, el Rito de Menfis no tenía los rituales originales de varios grados, especialmente los más altos y, según una carta del Gran Experto Borzi,[7] refiriéndose a los publicados por Yarker, dice: «En un momento el rito estaba compuesto por noventa y cinco grados que eran expresión de todas las tradiciones iniciáticas, egipcia, india, persa, escandinava, etc., de la antigüedad.

»Luego fue sintetizado en treinta y tres grados por el Gran Hierofante Marconis, sin que estos tengan ninguna relación con los grados escoceses. Los primeros veinte grados representan la tradición escocesa, los últimos diez son grados culturales de profunda filosofía evolutiva, los últimos tres son administrativos».

También hubo cambios en el Reino Unido, y en 1874 el inmemorial Capítulo *Jerusalén* se fusionó formalmente con el Capítulo *Palatine núm. 2,* y con el *Senado núm. 2* del Antiguo y Primitivo Rito de Menfis. De esta forma, le daban al rito el prestigio de esta asociación de tiempo inmemorial dentro del Reino Unido.

Bajo el nombre de Rito Antiguo y Primitivo recibe John Yarker una carta el 1 de octubre de 1875, firmada por Mac Leod Moore, 33.º, 90.º y 97.º, que dice ser el Gran Maestro del rito. También recibe en esa mis-

---

7. Archivos Fondo Palermo - Carta sin fecha del Mayor Borzi en respuesta a una carta del caballero Chiaramonte, fechada el 16 de abril en Trípoli.

ma fecha otra de Estados Unidos y Canadá, donde el hermano Beswich dice lo mismo.

Según Edoardo Frosini, que terminará siendo Gran Hierofante unos años más tarde, el Rito Antiguo y Primitivo comprendía dos ramas: a) La rama oriental de Menfis; b) la rama occidental, o de Swedenborg.

En 1876, el Gran Oriente de Palermo, que quería asegurar la continuidad del rito, concedió una licencia al Gran Oriente de Egipto, confirmando la concedida en 1856 por Marconis. Como agradecimiento, el Gran Oriente de Egipto emitió a Salvatore Sottile, Gran Maestre en Palermo, una carta constituyente de un Soberano Consejo Administrativo General de la Orden de Menfis para Italia y Palermo.

En esa fecha, en Palermo también existía el Rito «reformado» de Mizraim y de Menfis, dirigido por Giambattista Pessina. Ambos Grandes Maestres siguieron siendo rivales, hasta que, en 1881, el carisma de Giuseppe Garibaldi lograría el milagro de la reunificación.

Mientras tanto, en 1876, en Inglaterra, Kenneth R. H. MacKenzie, el autor de la *Real Enciclopedia Masónica* y miembro de SRIA [*Societas Rosacruciana in Anglia*], se convertía en el Gran Secretario del Supremo Gran Consejo de los Ritos de Menfis y del mal llamado Swedenborg, ya que el teólogo, filósofo y místico nunca creó un rito.[8]

En esa misma época, el Gran Oriente Nacional de Egipto, confirió, el 25 de octubre, a Giusseppe Garibaldi, los grados 95.º y 96.º, con el título del Gran Maestre Honorario, *ad vitam*.

Con estos actos de reconocimiento a Giuseppe Garibaldi y de concesión de grados, tanto de Mizraim como de Menfis, aunque sea de una manera honorífica, se va preparando el camino para lo que será la unificación de los ritos que veremos en el próximo capítulo.

---

8. Kenneth R. H. MacKenzie, *op. cit.*

GIUSEPPE GARIBALDI

Vamos a ver ahora cómo transcurre el devenir del Rito de Menfis y qué ocurrió con el Rito de Mizraim, pero primero veamos también quién fue Giuseppe Garibaldi, que tendrá un gran protagonismo en la unificación de ambos ritos.

Cuando Giuseppe Garibaldi nació en Niza el 4 de julio de 1807, la ciudad todavía formaba parte del Imperio francés y seguiría así hasta 1814.[1] Sus padres Domenico y Rosa eran respectivamente comerciante marítimo y ama de casa. Su educación no aportó los resultados esperados y empujaron a su padre a iniciarlo en la profesión de marinero. Pronto adquirió la vocación de navegante, que le coloca al frente de su familia.

A partir de los 15 años, con la autorización de su padre, se embarca por el Mediterráneo y, con apenas 25 años, se convierte en capitán de un barco mercante. En el mismo período, comienza a acercarse a los movimientos patrióticos europeos que aspiran a apoyar a todos los pueblos en su lucha por la Libertad.

Giuseppe Garibaldi era un joven que, influenciado por el romanticismo en boga en ese momento, entra en un primer contacto con las ideas republicanas y patrióticas de Giuseppe Mazzini para conseguir la unidad italiana. Aunque pronto comienza a conocer el socialismo de Saint-Simon a través de algunos de sus seguidores que huyen a Turquía. Parece que permaneció en Estambul durante tres años y allí adopta las ideas de los sansimonianos[2] seguidas por Émile Barrault, líder de los exiliados france-

---

1. Niza fue una república italiana de Liguria, disputada por Francia, que ocupó entre 1783 y 1814, volvió a ser italiana hasta que en 1860 la invadió y se la anexionó.
2. Claude-Henri de Rouvroy, conde de Saint-Simon, fue un filósofo, economista y militar, fundador del sansimonismo. Sus ideas tuvieron una gran influencia y transcendencia en la mayoría de los filósofos del siglo XIX. Filántropo y filósofo, fue el pensador

ses en Constantinopla; y quien, en 1830, escribió lo siguiente: «Desde ahora las Bellas Artes son el Culto; y el Artista es el Sacerdote». Durante este viaje, Garibaldi se familiarizó aún más con las tesis de Mazzini, el ideólogo masón de la unidad italiana, aunque se desconoce la fecha exacta en que Giuseppe Garibaldi ingresa en la *Joven Europa*.[3]

A finales de 1833, Garibaldi se enrola en la armada del reino de Cerdeña para expandir la propaganda revolucionaria. Mazzini le encarga, en 1834, un propósito específico: participar en un motín con el objetivo de suscitar una revolución republicana en Génova, y luego en todo el reino de Cerdeña. Sin embargo, los tiempos aún no están maduros: la revuelta es detenida en los territorios del Condado de Saboya y Garibaldi, debe refugiarse en Marsella, mientras un tribunal de Génova, sin su presencia, lo condena a muerte.

En 1836, desembarca en Río de Janeiro y desde ahí comienza el período que durará hasta 1848, combatiendo con sus marinos junto a los gobiernos rebeldes en varias batallas contra el Imperio del Brasil. Esta experiencia tendrá un gran valor para la formación de Giuseppe Garibaldi, tanto como líder de hombres como elemento táctico impredecible en cualquier batalla. Su veneración por Mazzini seguirá siendo tal que bautizará el barco que comandará en este período con el nombre de *Mazzini*.

En 1841, tras el nacimiento de su primer hijo y la muerte de su amigo y compatriota Rossetti,[4] Garibaldi partió hacia Uruguay cuando las cosas en Brasil empezaban a empeorar. En 1842, por petición del Gobierno de Montevideo, vuelve al mando de tres barcos, esta vez uruguayos, para una nueva guerra de liberación contra Juan Manuel de Rosas, dictador apoyado por Argentina.

Garibaldi es iniciado en la masonería en 1844, en la logia francesa *L'Asile de la Vertu* [El Asilo de la Virtud], al Oriente de Montevideo. El

---

de la sociedad industrial, que estaba en proceso de suplantar al Antiguo Régimen a finales de la Ilustración. El economista André Piettre lo describe así: «Fue el último de los caballeros y el primero de los socialistas».

3. Joven Europa, *Giovine Europa* en italiano, fue un movimiento revolucionario fundado en 1834, en Berna, por Giuseppe Mazzini.

4. Gabriele Rossetti, poeta, revolucionario y erudito italiano, conocido por su esotérica interpretación de Dante.

escritor francés Alexandre Dumas[5] oye hablar de él por primera vez y le dará un papel muy importante como el héroe de Dos Mundos.[6]

En 1848, Garibaldi regresa a Italia, donde estallan las revueltas independentistas que verán los famosos Cinco Días de Milán. En 1849 participó en la defensa de la República romana, junto con Mazzini, Pisacane, Mameli y Manara, y fue el alma de las fuerzas republicanas durante la lucha contra los franceses aliados del papa Pío IX. Pronto se convertirá en un héroe de las Guerras del *Risorgimento,* que tenían como objetivo liberar a su patria de la ocupación y favorecer la reunificación italiana.

Garibaldi no abandonó los ideales unitarios, y en 1858-1859 conoció a Cavour y Víctor Manuel, quienes le autorizaron a constituir un cuerpo de voluntarios, grupo que se denominó «Cazadores de los Alpes». Participa en la Segunda Guerra de la Independencia, cosechando varios éxitos, pero el armisticio de Villafranche interrumpe sus operaciones y las de sus cazadores. En 1860, Giuseppe Garibaldi fue promotor y líder de la Expedición de los Mil (o de los Camisas Rojas). Desde Marsala, comienza su marcha triunfal; vence a los Borbones en Calatafimi, llega a Milazzo, toma Palermo, Messina, Siracusa y libera por completo Sicilia.

Se convocan plebiscitos tanto en Nápoles como en Sicilia, que confirman la aprobación popular de las operaciones militares. Cuando Giuseppe Garibaldi finalmente se encuentra el 26 de octubre con Víctor Manuel II, en Vairano, lo saluda como el rey de la Italia unida y pone en sus manos los territorios conquistados. Luego se retiró de nuevo a su isla de Caprera, de alguna manera su papel militar había terminado. Aunque siempre estará dispuesto a luchar por los ideales nacionales.

Una vez unificado el Reino de Italia, Garibaldi es exaltado a la Maestría Masónica en Palermo, en diciembre de 1861. Para la elección del cargo de Gran Maestro del Gran Oriente italiano, participa en la primera Asamblea Constituyente en Turín oponiéndose a Filippo Cordova. Le faltó poco para ganar, recibió 13 votos contra los 15 de Cordova, es evidente que perdió la votación porque en ese momento sólo era un Maestro masón. Aprovechando el contratiempo, seis representantes del Gran Oriente Escocés de Palermo, entre ellos Francesco Crispi y Saverio Friscia, llevaron a

---

5. Dumas es amigo y admirador de Garibaldi, cuyas memorias traduce. En 1860, Dumas vendió sus posesiones para comprar armas para Garibaldi y durante la Expedición de los Mil, viaja a Sicilia para entregarle las armas compradas.

6. Alejandro Dumas, *Memorias de Garibaldi,* Biblok Book, Barcelona, 2014.

Garibaldi a Turín. Allí le confirieron, el 11 de abril de 1862, todos los grados del 4.º al 33.º del Rito Escocés Antiguo y Aceptado. En ese mismo acto le ofrecieron el cargo de Gran Maestro y Soberano Gran Comendador del Gran Oriente de Palermo, levantando la siguiente acta:

«Nosotros los aquí suscritos SS.·. GG.·. II.·. GG.·. del grado 33.º y Ult., Francesco Crispi, Giuseppe Insenga, Saverio Friscia, Rosario Bagnasco y los GG.·. SS.·. EE.·. CC.·. KK.·. del grado 30.º, Giovanni Brasetti y Salvatore Cappello, los seis en calidad de Comisionados Extraordinarios por mandato del Sup.·. Consejo el día once del primer mes del año de V.·. L.·. 5862 nos presentamos al general Giuseppe Garibaldi M.·. al que le hemos conferido todos los G.·. Mas.·. Del grado 4.º al 33.º, presentándole el nombramiento de Pres.·. del Sup.·. Cons.·. G.·. O.·. de Italia, con sede en Palermo, con el título de P.·. Sov.·. Gr.·. Com.·. Gr.·. Mae.·.».

La respuesta de Garibaldi al Supremo Consejo de Italia, con sede en Palermo, no se hizo esperar.

CARTA DE GARIBALDI
AL SUPREMO CONSEJO DE PALERMO

Florencia, 18 de mayo de 1867 E.·. V.·.
HH.·.,
Todavía no tenemos patria porque no tenemos Roma, tampoco tenemos masonería porque estamos divididos.

Si con el viejo lobo de la diplomacia, por un lado, y la apatía del pueblo por el otro, sólo Roma pelea por nosotros, ¿quién en la Masonería podrá jamás otorgarnos una patria, una Roma moral, una Roma Masónica? Soy de la opinión de que la unidad de la masonería traerá la unidad política de Italia. Por eso es mi vivo deseo que se convoque una reunión, para crear una Asamblea Constituyente.

Envolver en Masonería ese *Fascio Romano*[7] que, a pesar de tantos esfuerzos, aún no ha podido conquistar en política.

Considero a los masones la porción elegida del pueblo italiano.

---

7. El *fascio* principalmente se utilizaba como símbolo vinculado a las figuras supremas del Imperio romano. Siempre ha sido un símbolo utilizado para representar fuerza, colectivo, a veces incluso igualdad, etc. En este caso se refiere a grupo o logia, es decir, unificación.

Dejando de lado las pasiones profanas y con la conciencia de la alta misión que les encomienda la noble institución masónica, crean la unidad moral de la nación. Todavía no tenemos unidad moral; pero la Francmasonería puede hacer esto, y eso se hará inmediatamente.

Hermanos, no agrego nada más. Vuestra es la sagrada y desdichada tierra de las iniciativas, hagamos una obra verdaderamente digna de los hijos de la Viuda, si somos capaces de unir el halo de la revolución a las glorias políticas y patrióticas.

Moralidad y masonería, unámonos y seremos fuertes para vencer el vicio con la virtud, el mal con el bien, y nuestra patria y la humanidad nos lo agradecerán.

Mientras tanto, os ruego comuniquéis esta mesa a todas nuestras Logias, ya que mi firme intención es que sean invitados a que cada uno designe su propio representante a la Asamblea General Masónica, que tendrá lugar en Nápoles en las instalaciones de la Gran Logia Egeria al Oriente de Nápoles, en la Via Nilo núm. 30, para el 21 de junio próximo, en cuya asamblea espero poder hablar como representante del Gran Oriente de Palermo.

Hermanos:

La abstención es inercia, es muerte. Es urgente entendernos, y en la unidad de intenciones tendremos unidad de acción. Así que espero que nadie se pierda la llamada.

Estoy con toda mi alma.

Vuestro hermano,

Giuseppe Garibaldi

No debemos olvidarnos de otro protagonista de esa contienda, que fue Giambattista Pessina, por dos motivos:

a) por ser unos de los que apoyarán incondicionalmente a Garibaldi para la unificación de Menfis, con Mizraim;
b) por ser el que facilitó la correspondiente carta patente para fundar la Gran Logia Simbólica Española de Menfis-Mizraim.

Como ya hemos indicado en la primera parte de este estudio, y también en el capítulo anterior, el Rito de Mizraim, presente en Palermo y Nápoles en 1860, tardó algunos años hasta ser puesto en «sueños» definitivamente en Venecia en 1867. A su vez, el Rito de Menfis también abatió columnas cuando las levantaron el Gran Oriente y los Supremos Consejos Masónicos del Rito Escocés Antiguo y Aceptado, después de la toma de Roma en 1870.

Mientras tanto, la guerra siguió y la última campaña de Giuseppe Garibaldi será a favor de Francia, que se había liberado de Napoleón III y se transformó en una república. En 1871 participó en su última empresa bélica, luchando por los franceses en la guerra franco-prusiana. Reclamado por los Comités de Defensa Nacional a iniciativa del republicano, Léon-Michel Gambetta defendió la ciudad de Dijon de los alemanes, consiguiendo la victoria. En esa última contienda logró cosechar algunos éxitos, pero nada pudo hacer para evitar la derrota final de Francia.

En la última fase de su vida, Giuseppe Garibaldi volvió al socialismo y desarrolló posiciones pacifistas: su experiencia le había enseñado que las guerras, a menudo, no son la mejor manera de obtener resultados. Casi paralizado, murió en su isla de Caprera el 2 de junio de 1882. Pero unos años antes comenzaron en Italia las negociaciones con miras a su unificación en un sólo Gran Oriente, con sede en Roma. Existía el problema de la existencia de varios ritos, pero predominaba el Rito Escocés Antiguo y Aceptado, que tenía un Supremo Consejo en Turín, otro en Palermo y un Areópago independiente en Florencia. Asimismo, en 1874, cuando aún no había concluido el proceso de unificación, el Gran Oriente de Palermo quiso asegurar la continuidad del Rito de Menfis, que también corría el riesgo de desaparecer de Italia. Lo cierto era que hasta esa fecha había sido privado de un Gran Hierofante Mundial desde la muerte de Marconis de Nègre en 1868.

Por lo tanto, este Gran Oriente de Palermo concedió al Soberano Santuario de Menfis, de Egipto, en Alejandría, una carta que reconfirmaba la entregada por Marconis de Nègre. No olvidemos que había establecido este Soberano Santuario bajo el título de Gran Oriente de Egipto. Dos años después, en 1876, el mismo Gran Oriente de Egipto despertó el Rito de Menfis en Palermo, al emitir a su vez la siguiente patente (escrita en italiano con un título bilingüe italiano-árabe):

A la Gloria del Sublime Arquitecto de los Mundos
GRAN ORIENTE DE EGIPTO
A todos los Masones repartidos por los dos hemisferios
S∴U∴P∴C∴P∴
En el nombre del Gran Hierofante, Gran Maestro, Líder Supremo de la
Luz, del grado 95.º, Gr∴ E∴ *ad vitam* de la Orden Masónica de Menfis,
Rito Oriental.

Nos, Gran Hierofante, Sublime Maestro de la Luz, en virtud de los Estatutos
de la Orden Masónica de Menfis, declaramos haber constituido y que por la
presente Patente constituimos el Soberano Consejo General Administrativo
de la Orden para Italia en el Valle de Palermo. Al cual se le concede plena
facultad de constituir Logias, Capítulos, Areópagos, Senados, Consistorios
y Consejos en los Valles de Italia y de mantener correspondencia con ellos.
También de proveer todas las peticiones que le sean dirigidas por el Santuario
de Menfis y será por una duración de cinco años, según los Estatutos de la
Orden Masónica de Menfis, en lo que concierne a cada miembro, con el fin
de guardar el resto de las prescripciones de los Estatutos citados, aprobándose
todos los actos hasta este día.

Dado en el valle de Alejandría de Egipto, el veintiséis del mes de Epafi,
año 000,000,000 *v∴ l∴*

Por el Gran Hierofante,
S. A. Zola

El Diputado Gran Hierofante,
Gran Maestro del Santuario,
J. de Beauregard, 96.º, 33.º

El Gran Canciller,
F. F. Degli Oddi, 95.º, 33.º

Visto por el Reino de Italia en el
Valle de Palermo.
El Gran Maestre del Supremo
Consejo del Rito de Menfis,
Salvatore Sottile, 96.º, 33.º

El Gran Secretario,
Edouard Roux, 95.º, 33.º

Aproximadamente, al mismo tiempo que la emisión de esta patente,
Giambattista Pessina creó por iniciativa propia un rito igual en Catania,

asignándole el título de «Rito reformado de Menfis» en treinta y tres grados. No debemos olvidar que él ya era el Gran Maestro del Rito reformado de Mizraim, y comenzó la publicación de una revista llamada *La Piramidi di Menfi*.

La novedad no sentó muy bien a varias Obediencias italianas. La noticia fue recogida en las páginas 13 y 14 del número 10/11 (12 de julio de 1876), de la *Rivista della Massoneria Italiana*, órgano del Gran Oriente Unido de Italia, dirigido por Ulisse Bacci. En ella se publicó este pequeño y malicioso artículo bajo el título *Las Pirámides de Menfis*: «…en Catania emerge milagrosamente de la tierra, tal vez desplegándose por la acción de algún movimiento subterráneo invisible, *Las Pirámides de Menfis*; el maestro masón, por lo que se puede suponer que la ha hecho brotar sería el hermano Pessina. Para los que no lo sepan, diremos que bajo el título *La Piramidi di Menfi* apareció en el valle del Simeto un periódico masónico cuyo aspecto se asemeja mucho a nuestra Revista y cuyas primeras quejas se produjeron el pasado 21 de junio. Por lo que podemos leer al comienzo de la primera columna, parece que se trata de una entrega prematura (…). Se declara órgano del Supremo Consejo de los Muy Poderosos Grandes Conservadores *ad vitam*, Poder Supremo de los Ritos Masónicos Egipcios, Orden del Rito de Menfis para el Reino de Italia, es decir, de un rito que no tiene un solo miembro en Catania y que tiene una sola logia en Italia: *La Riforma* en el Oriente de Génova. ¿Este importante taller conoce esta revisión? ¿Lo sabe el Gran Oriente de Egipto? Tendríamos mucha curiosidad por conocer los actos oficiales que otorgan a *La Piramidi di Menfi* el derecho a autoproclamarse órgano del Rito de Menfis (…)».

Mientras tanto, el Gran Hierofante de Egipto Soluttore Avventore Zola otorgó en 1876 a Giuseppe Garibaldi los grados 95.º y 96.º de Menfis y el título de Gran Maestre de Honor *ad vitam* del Soberano Santuario de Egipto. Asimismo, Garibaldi recibió la afiliación de Mizraim como Gran Maestro de Honor del Antiguo Rito Egipcio Reformado de Mizraim (ARERM). Además, fue nombrado miembro honorario del Soberano Santuario de América del Norte (presidido por Seymour) desde 1865, también lo fue del Soberano Santuario del Reino Unido (presidido por Yarker) desde 1872. La gran personalidad de Garibaldi, su grandeza y su carisma, lo convertirán en el «unificador ideal» de los dos ritos.

Hay que comprender que Mizraim era un rito originario de Italia que, a pesar de las vicisitudes que la masonería sufrió en ese país antes de su unificación, había seguido practicándose en Nápoles. Es evidente que ésa fue su ciudad de origen o, en todo caso, una de aquellas donde reapareció casi «espontáneamente».

El Gran Maestro del Rito reformado de Mizraim en Nápoles era Giambattista Pessina, y a pesar de que no era bien visto por todas las Obediencias, el 13 de septiembre de 1880, el Soberano Santuario de Inglaterra lo nombra como su representante en Nápoles. A partir de ese momento, las relaciones epistolares de John Yarker con Giambattista Pessina se hicieron más cotidianas y en 1881 intercambian una serie de cartas destinadas a la reunificación de la masonería egipcia mundial.

Se plantea el problema de quién podrá llevar a cabo dicha tarea, y la conclusión es que cuando se trata de «reunificación» hay que contar con el viejo Garibaldi, el luchador por la libertad y el arquitecto de la República Italiana. Hablaban de un héroe de la unificación italiana y de tantas otras guerras desde su juventud –en América del Sur e incluso en Francia–, Garibaldi era miembro de todas las Obediencias y de todos los ritos que existían. Fue uno de los hombres más notables de la historia y lideró una lucha que encajaba perfectamente en el gran proyecto de la francmasonería para elevar la dignidad humana. Las razones por las que luchó permanecen abiertas para el debate, y son todavía válidas como tema de actualidad.

Giambattista Pessina convoca en septiembre de 1881 el Gran Convento de Mizraim y Menfis en Roma, para completar la unificación de los dos ritos en el mundo entero. Con el fin poner fin a las veleidades de independencia del Menfis de Palermo y del de Francia, Pessina dejó sus poderes en manos del Convento. El general Giuseppe Garibaldi fue elegido entonces Gran Hierofante de la Orden de los Ritos Unidos de Menfis y Mizraim, por la Confederación de Soberanos Santuarios. Allí también se acuerda de que todas las órdenes de Menfis y de Mizraim, que después de un «tiempo razonable» no se fusionasen, serían declaradas automáticaente no reconocidas. Palermo se pliega a la orden porque emanaba de Giuseppe Garibaldi, Gran Hierofante General, al que los hermanos de Palermo ya reconocían. Garibaldi nombra entonces como Sustituto –con derechos de sucesión y Miembro Oficial del Soberano Santuario de Venecia– a John Yarker, Gran Maestro para el Reino Unido (Gran Bretaña, Escocia e Irlanda), y que además es el Gran Maestro del Rito Escocés Primitivo. En el mismo año, John Yarker recibe la patente del Rito Reformado de Mizraim, de manos de Giambattista Pessina, a cambio de una patente del Rito de Menfis.

Como consecuencia, Giambattista Pessina, Gran Maestro de Mizraim en Nápoles, y de acuerdo con John Yarker, que era el Gran Maestro de Menfis en Gran Bretaña, proclamaron al general Giuseppe Garibaldi, Gran Hierofante Mundial, grado 97.º, de todos los ritos masónicos egipcios.

Inmediatamente, Giuseppe Garibaldi, que ya era Gran Maestro del Rito de Mizraim desde 1860, y ahora elegido Gran Hierofante General, en virtud de sus poderes soberanos, unifica definitivamente los dos ritos: Mizraim y Menfis, que formalmente habían permanecido separados hasta esa fecha. Sobra decir que el nuevo Rito de Menfis-Mizraim, nace de esta unión, y que la fusión de los dos ritos: Menfis y Mizraim, se realizó en un clima de integración íntima y armoniosa.

No obstante, los masones egipcios… los de Egipto, pero también de Canadá y ciertas logias de América, no se unirán a esta unificación. Mientras en Francia, donde Menfis estaba en aquel momento inactivo, Mizraim por principios acepta a medias, aunque veremos que finalmente termina por rechazar la fusión. Ese mismo año, el 24 de diciembre, Garibaldi es reconocido como Gran Hierofante por el Soberano Santuario de Rumanía de Menfis y Mizraim (con patente de Giambattista Pessina). Desde ese preciso momento, los dos ritos quedan definitivamente unidos.

Por lo tanto, será bajo el mandato de Garibaldi que, tras intensas discusiones, los ritos de Menfis y Mizraim –que en la mayoría de los países ambos están liderados por los mismos altos dignatarios– se fusionarán en una única orden masónica. Finalmente, sólo el Soberano Gran Consejo General del Rito de Mizraim para Francia rechaza entrar en la Confederación de los Ritos Unidos de Menfis y Mizraim, y conservará su jerarquía de noventa grados como Rito Oriental de Mizraim con el hermano Jules Osselin como Gran Maestre.

El Gran Oriente de Egipto estaba convencido de que la sucesión directa al Gobierno Supremo de la Orden, tras la muerte del Gran Hierofante Marconis de Nègre, la tenían ellos y rechazan el reconocimiento de legitimidad de este nombramiento.

De todos modos, la cuestión se resolverá de una forma conciliadora en el año 1900. Por lo dicho, Egipto se niega a reconocer la legitimidad de Garibaldi. A través del marqués de Beauregard se proclama a Soluttore A. Zola como sucesor directo del Gran Hierofante Marconis de Nègre, pero sigue sin ser un nombramiento definitivo, porque la mayoría de Obediencias se niega a reconocerlo.

El 2 de junio de 1882, el Gran Hierofante Garibaldi pasa al Oriente Eterno al fallecer en su residencia de la isla de Caprera, situada al noreste de Cerdeña. Como parte de su testamento simbólico, esta prodigiosa figura dejó escrito lo siguiente: «Yo lego mi amor por la Libertad y la Verdad; y mi odio por la Mentira y la Tiranía».

Giuseppe Garibaldi fue quizás el masón más célebre de los ritos de Menfis y de Mizraim, pero no fue el único; muchos personajes famosos fueron masones notables que pertenecieron a esos ritos.

Ya lo hemos dicho anteriormente, en 1876, el Gran Oriente de Egipto había nombrado provisionalmente como Gran Hierofante del rito a Soluttore A. Zola. El Boletín Oficial del Gran Oriente Nacional de Egipto publicaría, unos años más tarde, la abdicación del Gran Maestro Soluttore A. Zola, y un resumen histórico sobre los hechos.

DECRETO DE ABDICACIÓN DEL GRAN HIEROFANTE, G∴ M∴, S. A. ZOLA

Nos, Salutore Avventore Zola, Gran Hierofante Gran Maestro de la Luz, fundador del Gran Oriente Nacional de Egipto, etc., declaramos solemnemente:

¡Después de más de once años obligado a contender contra las mayores dificultades! Con el propósito de Fundar, consolidar y Reorganizar el Antiguo y Venerado Rito Oriental de Menfis, y Propagarlo nuevamente en el Valle del Nilo, su antigua cuna. Después de haber sido legal y regularmente elegido para el cargo de Gran Maestre del Santuario; y luego a la Sublime Dignidad de Gran Hierofante, una dignidad que estaba hasta ese momento vacante por la abdicación del Ill. Hno. Jean Etienne Marconis. Una abdicación que trajo consigo el desmembramiento del Templo Místico y Santuario del Rito que existió en París hasta fines de 1866, como se desprende del presente compendio histórico confirmado por documentos depositados en nuestros Archivos.

[…] Hemos abdicado y por el presente abdicamos como Gran Hierofante en favor del Ilustre Hermano Ferdinando Francesco Oddi, que en este momento es regular y legalmente investido en presencia de los Sublimes Magos, 96.º, y de los Patriarcas Grandes Consejeros de la Orden, 95.º.

Le entregamos todos los documentos confirmatorios para que sean depositados después de su lectura en los Archivos del Templo Místico tan pronto como sea reabierto por él.

Al nuevo Gran Hierofante le entregaremos también todas las Patentes, Breves y Diplomas en blanco que pertenecen propiamente al Rito, así como nuestro Timbre y Sello, junto con nuestra Patente de Gran Hierofante.

Para el Archivo se hará una selección de lo concerniente al Rito, y se le consignará también. Le entregaremos así mismo las Piedras Litográficas de los Breves y Diplomas, junto con el mobiliario perteneciente al Santuario del Gran Oriente de Egipto. El nuevo Gran Hierofante en su calidad reconocerá regular y legalmente nuestro crédito que la Orden nos debe.

Invitamos a todos los aliados de la Orden y a todas las Potencias Masónicas esparcidas por la superficie del globo a reconocer desde este día en adelante como Gran Hierofante Universal del Rito Oriental de Menfis al Ilustre y Amado Hermano Ferdinando Francesco Oddi.

El presente decreto es ejecutado por Nos en virtud del artículo 4 de los Estatutos Orgánicos del Rito, y refrendado por el Gran Canciller, y será publicado *in extenso*, con el Resumen Histórico, y remitido a todas las Potencias Masónicas.

Dado por Nos en el Oriente de El Cairo en este día, seis de abril de mil ochocientos ochenta y tres (1883).

El Gran Hierofante G∴ M∴
S. A. ZOLA, 97.º

El Gran Canciller,
D. DIONISIO ICONOMOPULO, 96.º

Pero en Egipto las aguas tampoco estaban tranquilas, y a raíz de todos estos acontecimientos, hay algunas discrepancias entre el Gran Oriente Nacional de Egipto y la Gran Logia Nacional. Recordemos que la institución había sido fundada en Alejandría después de largos y amargos conflictos, con la autorización del Jedive Ismail.[8] El Gran Oriente Nacional de Egipto incluía una Gran Logia Simbólica y un Supremo Consejo de

---

8. Revista *L'Egitto Massonico*, núm. 3/1896, Alessandria, p. 6.

los treinta y tres grados del Rito Escocés Antiguo y Aceptado. La Gran Logia Simbólica fue establecida para operar según la norma de la regularidad masónica, y obtuvo el reconocimiento de la masonería inglesa. En cambio, el Supremo Consejo recibió el reconocimiento de la masonería estadounidense de Charleston. Mientras que el Gran Oriente trabajaba el Rito de Menfis.

El Jedive Ismail[9] fue una de las figuras más grandes en el siglo XIX en Egipto, fundó la Sociedad Geográfica Egipcia en 1875 y perteneció a la masonería, orden que patrocinaba como una prominente organización humanitaria, lo que animó a su hijo Tewfik a ser iniciado. Según la propia Gran Logia Nacional de Egipto, en 1881, el Jedive Tewfik Pasha se convirtió en su Gran Maestro y mantuvo más de quinientas logias, que trabajaban en inglés, francés, griego, hebreo, italiano y árabe. Finalmente, obtuvo el reconocimiento para la Obediencia de la mayoría de las Grandes Logias del mundo. La investigación de Mousa Sindaha, historiador y masón, muestra que el Jedive Tewfik, de hecho, delegó sus deberes a Hussein Fakhry Basha, entonces ministro de Justicia, y que el número de logias reales estaba más cercano a cincuenta y seis que a quinientas.

En poco tiempo, la situación cambió políticamente, y la Gran Logia se proclamó independiente del Gran Oriente. La primera se vinculaba con los ingleses y reprochaba al Gran Oriente haber traicionado los ideales y la tradición de la masonería original. El Gran Oriente tenía frecuentes relaciones con las logias del Gran Oriente de Francia, y con el Gran Oriente de Italia. También con la logia *Les Pyramides d'Egypte*, donde se inició el emir Abd al-Qádir (Abdelkader).[10]

En 1880, Salutore Avventore Zola limitó los trabajos del Gran Templo Místico; y decretó la «puesta en sueños» del Soberano Santuario. Luego

---

9. Jedive, que significa «virrey», fue un título hereditario otorgado, en 1867, por el Imperio otomano al pashá de Egipto. Ismail Pasha (1830-1895), hijo de Ibrahim Pasha, fue Jedive de Egipto de 1863 a 1879. Su reinado se caracterizó por un fuerte impulso modernizador, en 1869 inauguró el Canal de Suez, pero a la larga creó una enorme deuda pública que en 1878 le obligó a aceptar el dominio franco-inglés sobre el reino.

10. Abd al-Qádir fue el líder militar y religioso que fundó el estado argelino y dirigió a la población en su lucha contra la dominación francesa. El emir mantuvo estrechas relaciones con destacados miembros de la francmasonería. Llegó a ser iniciado en la logia de *Las Pirámides* de Alejandría y visitó en 1865 la logia *Henri IV* de París.

transmitió la Gran Maestría del Gran Oriente de Egipto a su Gran Canciller, Ferdinando Francesco degli Oddi.

Cuando Ahmad Urabi Pasha lideró la revuelta contra los ingleses en 1882, incluso la masonería del Gran Oriente fue vigilada de cerca por la policía de Urabi. A partir de esa fecha, el Gran Oriente y la Gran Logia continuaron sus actividades por separado.

El reconocimiento italiano tuvo lugar hacia 1884, veinte años después de la constitución del Gran Oriente de Egipto, bajo condiciones precisas. Era necesario que el Gran Oriente de Egipto reconociera las logias italianas ya existentes en ese país, que reunían a la mayoría de los miembros de la comunidad italiana como dependientes exclusivamente del Gran Oriente de Italia. Además, el Gran Oriente de Italia, que tenía su sede en Roma, solicitó que el Gran Oriente Egipcio lo reconociera explícitamente como la única autoridad masónica italiana. Al mismo tiempo se comprometió a hacer lo equivalente en este sentido y en julio de 1884 el Gran Maestro del Gran Oriente de Italia, Giuseppe Petroni, envió una carta al Gran Oriente de Egipto en la que comunicaba el envío de todos los documentos para el reconocimiento mutuo. Esto fue sellado por un concordato establecido y firmado el 30 de agosto de 1884, que consta de cuatro artículos que rigen sus relaciones. El primero establecía el reconocimiento mutuo. El segundo describía la situación de las logias italianas en territorio egipcio, conservando el Gran Oriente de Italia el derecho de mantenerlas bajo su Obediencia y de reconstituirlas si estaban inactivas. En el artículo tercero, se comprometía a no fundar nuevas logias. El artículo cuarto establecía las disposiciones finales, las firmas y el archivo de las copias con Tommaso Sisca, Ulisse Bacci y Rinaldo Bosco como garantes de amistad entre las dos Obediencias.

En junio de 1896, el Gran Oriente Nacional de Egipto organizó una conferencia masónica que reunió a masones de varias nacionalidades y pertenecientes a diferentes Obediencias.[11] Pero como hemos dicho anteriormente, todo se arregló en 1900. En ese año aparece en *L'Egitto Massonico*, órgano del Gran Oriente Nacional de Egipto del 31 de mayo, una noticia muy interesante bajo el título *El Rito antiguo y Primitivo de Memphis - Liga Mundial*. Lo que sigue es un extracto:

---

11. *L'Egitto Massonico*, núm. 8/1896, Alessandria, p. 13.

«El Soberano Gran Santuario de EE. UU. con sede en Nueva York; el Soberano Gran Santuario de Gran Bretaña e Irlanda, con sus Santuarios dependientes en África Oriental y Nueva Zelanda; que como Santuarios interdependientes mantienen relaciones y son aliados del Soberano Santuario de Francia, España, Rumanía e Italia y sus dependencias que se asienta en Palermo; han firmado un tratado efectivo que proclama como Gran Hierofante universal *ad vitam* al M.·. Ill.·. H.·. Ferdinando Francesco degli Oddi, que es Gran Maestro del Gran Oriente Nacional de Egipto, Hierofante Supremo del Rito de Memphis; un oficio que durante su vida estaba ocupado por el nunca suficientemente lamentado, H.·. General Giuseppe Garibaldi, que figura en el momento del anuncio como Gran Maestro General Honorario *ad vitam* del Gran Oriente Nacional de Egipto, tal como aparece en la carta autografiada al M.·. Ill.·. Gran Maestro F. F. degli Oddi».

Parece, pues, que el conflicto entre el Gran Oriente Nacional y la Gran Logia Nacional de Egipto terminó con la aceptación de la nominación como Gran Maestro de la Gran Logia de Su Alteza, el príncipe Mohammed Ali Pasha, cuyo padre, el Jedive Mohammed Tewfik Pasha, y su abuelo, S. A. Ismail Pasha, también habían sido francmasones.[12]

Con este cambio, quien perdía era el Rito de Menfis en Egipto. Tampoco en Italia la cosa fue mejor.

El Gran Maestro Paolo Figlia, titular de su propia patente, renunció el 7 de junio de 1903 a la Orden de Menfis en Italia, con sede en Palermo, para dedicarse por completo al Rito Escocés Antiguo y Aceptado. Después de esto, lo reemplaza Benedetto Trigona, que asumió la Gran Maestría de la orden.

Unos años más tarde, en 1905, el Gran Oriente de Milán se fusionó con el Gran Oriente Roma y se trasladó a esta última ciudad. Mientras tanto, la Orden de Menfis optó por no hacer lo mismo, prefiriendo con-

---

12. El Jedive Ismail Pasha fue el primer Gran Maestro de la Gran Logia de Egipto que, en 1879, regaló la famosa «Aguja de Cleopatra» a Estados Unidos. El obelisco fue erigido originalmente en Heliópolis, Egipto, alrededor del año 1500 a. C. con un peso de 200 toneladas, su desmontaje y montaje fue todo un problema. Se envió bajo la dirección del Comendador H. H. Gorrige, también masón, y el 9 de octubre de 1880 se colocó la primera piedra de la base del monumento con ceremonias masónicas.

servar su independencia como Rito Filosófico, sin enredarse en las controversias externas que plagaban las logias en ese momento. El trabajo de Edoardo Frosini en *Massonneria Italiana e Tradizione Iniziatica*, ofrece una mirada sagaz e inteligente a este período de la masonería italiana.

El Gran Maestro Benedetto Trigona renuncia a su cargo en 1906, como Gran Maestro del Rito de Menfis en Italia. Sin embargo, no se nombró ningún sucesor, y posteriormente la orden entró en un estado de inactividad gradual.[13]

Éste ha sido el origen y composición del Rito Antiguo y Primitivo de Menfis, que surgió y se unió al Rito de Mizraim. Con esto, concluye nuestra breve descripción de los hechos históricos sobre este rito.

---

13. Edoardo Frosini, *Massonneria Italiana e Tradizione Iniziatica,* Gherardo Casini Ed., Roma, 2011.

LOS GRADOS DEL RITO DE MENFIS

Aquí enumero los grados que Marconis de Négre cita en su libro *El Santuario de Menfis,* posteriormente estos grados fueron cambiados por otras órdenes que pretendieron seguir con el rito. Sólo llega al grado 92.º, ya que los otros tres eran secretos.

Primera Serie

Esta serie incluye desde el grado 1.º al 34.º; enseña moralidad, da implicación de símbolos, dispone a los seguidores a la filantropía y les hace conocer la primera parte histórica de la orden.

Grado 1.º, Aprendiz.
Grado 2.º, Compañero.
Grado 3.º, Maestro.
Grado 4.º, Maestro Discreto.
Grado 5.º, Maestro Arquitecto.
Grado 6.º, Sublime Maestro.
Grado 7.º, Maestro Justo y Perfecto.
Grado 8.º, Caballero de los Elegidos.
Grado 9.º, Caballero Elegido de los Nueve.
Grado 10.º, Caballero Elegido de los Quince.
Grado 11.º, Sublime Caballero Elegido.
Grado 12.º, Caballero Gran Maestro Arquitecto.
Grado 13.º, Caballero del Arco Real.
Grado 14.º, Caballero de la Bóveda Sagrada.
Grado 15.º, Caballero de la Espada.
Grado 16.º, Caballero de Jerusalén.

Grado 17.º, Caballero de Oriente.

Grado 18.º, Caballero Príncipe de la Rosa-Cruz de Heredon.

Grado 19.º, Caballero Príncipe de Occidente.

Grado 20.º, Caballero Gran Pontífice de Jerusalén.

Grado 21.º, Caballero Gran Maestre del Templo de la Sabiduría.

Grado 22.º, Caballero Noaquita, o de la Torre.

Grado 23.º, Caballero del Líbano.

Grado 24.º, Caballero del Tabernáculo.

Grado 25.º, Caballero del Águila Roja.

Grado 26.º, Caballero de la Serpiente de Bronce.

Grado 27.º, Caballero de la Ciudad Santa.

Grado 28.º, Caballero Templario.

Grado 29.º, Caballero de Juan, o del Sol.

Grado 30.º, Caballero de San Andrés.

Grado 31.º, Caballero Kadosh.

Grado 32.º, Gran Inquisidor Comendador.

Grado 33.º, Soberano Príncipe del Real Misterio.

Grado 34.º, Caballero Gran Inspector.

Grado 35.º, Gran Caballero del Templo.

Segunda Serie

Esta serie incluye desde el grado 36.º hasta el 68.º; enseña las ciencias naturales, la filosofía de la historia y explica el mito poético de la Antigüedad: su objetivo es provocar la búsqueda de causas y orígenes, desarrollando un sentido humanitario y solidario.

Grado 36.º, Caballero Filaleto.

Grado 37.º, Doctor de los Planisferios.

Grado 38.º, Sabio Sivaísta.

Grado 39.º, Príncipe del Zodíaco.

Grado 40.º, Sublime Filósofo Hermético.

Grado 41.º, Caballero de las Siete Estrellas.

Grado 42.º, Caballero del Arcoíris.

Grado 43.º, Caballero Supremo Comendador de los Astros.

Grado 44.º, Sublime Pontífice de Isis.

Grado 45.º, Rey Pastor de los Hutz.

Grado 46.º, Príncipe del Monte Sagrado.

Grado 47.º, Sabio de las Pirámides.

Grado 48.º, Filósofo de Samotracia.

Grado 49.º, Titán del Cáucaso.

Grado 50.º, Niño de la Lira.

Grado 51.º, Caballero del Fénix.

Grado 52.º, Sublime Escaldo.

Grado 53.º, Caballero de la Esfinge.

Grado 54.º, Caballero del Pelícano.

Grado 55.º, Sublime Sabio del Laberinto.

Grado 56.º, Pontífice de Cadmea.

Grado 57.º, Sublime Mago.

Grado 58.º, Príncipe Brahmán.

Grado 59.º, Pontífice de Ogigia.

Grado 60.º, Caballero Escandinavo.

Grado 61.º, Caballero del Templo de la Verdad.

Grado 62.º, Sabio de Heliópolis.

Grado 63.º, Pontífice de Mitra.

Grado 64.º, Guardián del Santuario.

Grado 65.º, Príncipe de la Verdad.

Grado 66.º, Sublime Kavi.

Grado 67.º, Muy Sabio Muni.

Grado 68.º, Gran Arquitecto de la Ciudad Misteriosa.

Tercera Serie

Esta serie incluye desde el grado 69.º hasta el 92.º; da a conocer el complemento de la parte histórica de la orden; se ocupa de la alta filosofía, estudia el mito religioso de las diferentes épocas de la humanidad y admite los más audaces estudios teosóficos.

Grado 69.º, Sublime Príncipe de la Cortina Sagrada.

Grado 70.º, Intérprete de los Jeroglíficos.

Grado 71.º, Doctor Órfico.

Grado 72.º, Guardián de los Tres Fuegos.

Grado 73.º, Guardián del Nombre Incomunicable.

Grado 74.º, Supremo Maestro de Sabiduría.

Grado 75.º, Soberano Príncipe de los Senados de la Orden.

Grado 76.º, Soberano Gran Maestro de los Misterios.

Grado 77.º, Supremo Maestro del Sloka.

Grado 78.º, Doctor del Fuego Sagrado.

Grado 79.º, Doctor de los Sagrados Vedas.

Grado 80.º, Sublime Caballero del Toisón de Oro.

Grado 81.º, Sublime Caballero del Triángulo Luminoso.

Grado 82.º, Sublime Caballero del Temible Sadah.

Grado 83.º, Sublime Caballero Teósofo.

Grado 84.º, Soberano Gran Inspector de la Orden.

Grado 85.º, Gran Defensor de la Orden.

Grado 86.º, Sublime Maestro del Anillo Luminoso.

Grado 87.º, Gran Regulador General de la Orden.

Grado 88.º, Sublime Príncipe de la Masonería.

Grado 89.º, Sublime Maestro de la Gran Obra.

Grado 90.º, Sublime Caballero de Kneph.

Grado 91.º, Soberano Príncipe de Menfis, Jefe del Gobierno de la Orden.

Grado 92.º, Soberano Príncipe de los Magos del Santuario de Menfis.

La Orden de Menfis tiene tres Grandes Condecoraciones legionarias (honor), y una simbólica:

1.ª La gran Estrella de Sirio.
2.ª La condecoración de la Legión de los Caballeros de Eleusis.
3.ª La condecoración de la Legión de los Caballeros del Temible Sadah.

Decoración simbólica:

La insignia del Toisón de Oro.

PARTE VI

DESARROLLO DEL RITO DE MENFIS-MIZRAIM

Giuseppe Garibaldi, el luchador por la libertad y Gran Hierofante de ambas Obediencias, lamentablemente falleció en junio de 1882, no pudiendo hacer más por el nuevo rito que el que ambos sistemas de Altos Grados se coordinaran y fusionaran.

Estos dos ritos, al igual que los de los Filaletos, los Filósofos Desconocidos del barón Tschoudy, los Filadelfos, los Perfectos Iniciados de Egipto, los Amigos del Desierto, etc., están separados en el mundo masónico convencional, porque, como ya hemos visto, su origen no es el mismo. En efecto, el Ritual de Mizraim aparece en Venecia en 1788, sin duda, bajo la égida del conde de Cagliostro, quien lo había fundado en 1784 como Rito de la Masonería Egipcia: la belleza de este ritual es deslumbrante y marcó todos los demás referentes, tanto a Mizraim como a Menfis, que se crearon a partir de entonces.

Los ritos que se convirtieron en el rito de Menfis-Mizraim a fines del siglo XIX, ya no tienen rival en lo que respecta a la cantidad de grados en un sistema. Tampoco con las varias versiones de los *Arcanum Arcanorum* que siguen estando en uso, y dado que muchos lo consideran el verdadero tesoro de la tradición hermética, ninguna orden de Menfis-Mizraim se atreve a dar detalles al respecto.

Tras la muerte de Garibaldi, Pessina se proclama su sucesor como Gran Hierofante, pero no es reconocido por el resto de los Soberanos Santuarios extranjeros. Sin embargo, le da tiempo a conceder a Rumanía una carta patente con fecha 24 de junio, que nombra a Constantin Moriou Gran Maestre de la Gran Logia de Rumanía.

No obstante, visto que no obtenía el apoyo de la mayoría, Pessina decide retirarse y que John Yarker, que era el Sustituto del Gran Hierofante, actúe como tal mientras se resuelve la cuestión. Lo que se aprueba por todos los Santuarios el 11 de noviembre de 1882. Pero Egipto interpreta que la máxima autoridad internacional del Rito Oriental de Menfis la poseen ellos. De modo que, tras la muerte del Gran Hierofante Soluttore Avventore Zola, que confirió el importante reconocimiento a los hermanos de Palermo, el italiano Ferdinando Francesco degli Oddi lo sucedió en 1883. Una vez al frente de los Ritos Unificados, rechazó y negó las pretensiones de sucesión de Giambattista Pessina, el maestro de esgrima de Garibaldi, que trató de suplir sus deficiencias esotéricas con el intento de rectificar los dos ritos a su manera. Pessina fue iniciado el 6 de noviembre de 1846 como Aprendiz masón en la respetable logia *Lavoro* [Trabajo], del Rito Oriental de Mizraim, al Oriente de Teramo Abruzzi. Fue exaltado a Compañero el 12 de enero de 1848, y a Maestro el 10 octubre 1860. En su trayectoria masónica fundó más de cuarenta y dos logias en Italia. En el año 1868 recibió directamente del Gran Hierofante Marconi de Négre, el grado 96.º del Rito de Menfis, que le autorizaba a desarrollar la propaganda menfita en Italia y fundar el Gran Consejo. Una vez consiguió los dos objetivos, pudo reunir más tarde al antiguo Mizraim e hizo la reforma a treinta y tres grados, creando los correspondientes rituales y dándoles fuerza y vigor.

La historia de estos ritos es tumultuosa y, como hemos ido viendo, fueron prohibidos en diferentes ocasiones en 1823 por la Restauración; en 1838 bajo Luis Felipe, en 1848 por la revolución que trajo la Segunda República, en 1871 durante la Comuna de París y se mantuvieron «en sueños» a lo largo de las dos guerras mundiales… El motivo siempre fue el mismo que, a menudo, su dimensión esotérica ha perturbado mucho a lo externo y a lo interno.

El 15 de febrero de 1887 se funda en España el Soberano Gran Consejo Ibérico, Rito Nacional Español de Menfis–Mizraim, y su primer Gran Maestre fue Manuel Jimeno y Catalán. Al que le dedicaremos el próximo capítulo.

También se vuelve a reinstalar de nuevo un Soberano Santuario para Italia de Menfis-Mizraim, en la ciudad de Palermo, con una patente expedida por Ferdinando Francesco degli Oddi, Gran Maestro del Gran Oriente de Egipto. Dicho documento se le concedió a Salvatore Sottile, en ese momento Gran Maestro del Rito de Menfis.

Por otra parte, S. A. R., el Jedive de Egipto, Mehemet-Thezafik, que era Gran Maestro de la Gran Logia Nacional de Egipto y Gran Maestro

Honorario del Soberano Gran Consejo Ibérico, falleció el 7 de enero de 1892. El hecho en sí, lamentable por la pérdida de un soberano liberal e ilustrado, parecía que allanaba el camino a Degli Oddi, pero no fue así.

Ese mismo mes y año, Ferdinando Francesco degli Oddi hacía un decreto en el que decía:

> Nos Gran Maestro, Gran Hierofante *Ad Vitam* del Gran Oriente para Egipto y dependencias.
>
> Para evitar cismas y dispersiones de fuerzas que deben ser todas destinadas al bien de la Humanidad y al triunfo de la Fraternidad Universal, hemos decretado y decretamos:
>
> Art. 1. El Gran Oriente de Egipto, a excepción del Templo Místico, se pone «en sueños» provisionalmente.
>
> Art. 2. Quedan disueltos todos los Cuerpos que de él dependen, con excepción del Templo Místico.

Por todos estos hechos, el Supremo Gran Consejo General del Antiguo y Primitivo Rito de Menfis de Egipto y sus dependencias, pasó a formar parte de la Confederación del Rito, cuyo Imperial Gran Consejo residía en Nápoles. Se nombró representante para España del expresado rito y del Soberano Gran Consejo, al conde Federico de Nichichiwich.

Todo lo contrario pasaba en el Reino Unido. Bajo el control de John Yarker, el rito estaba bien dirigido y nombró como su representante en el Gran Consejo General Ibérico al Ilustre y Poderoso Hermano Ramón Moreno y Roure, Gran Ministro de Estado del mismo. En 1894 nombró para ocupar el cargo de Muy Imperial Gran Maestro del Directorio de los Altos Grados Masónicos del Rito de Menfis y de Mizraim para Escocia, al teniente coronel John Cromble.

De manera que, finalmente, los Soberanos Santuarios de Estados Unidos, Inglaterra, Rumanía, España, Italia y Egipto firmaron el 30 de marzo de 1900 un acuerdo proclamando Gran Hierofante Universal del rito de Menfis-Mizraim a Ferdinando Francesco degli Oddi, Gran Maestre del Gran Oriente Nacional de Egipto y Jefe Supremo del Rito Oriental.[1]

---

1. *L'Egitto Masonico*, órgano del Gran Oriente Nacional de Egipto, del 31 de mayo de 1900.

Sin embargo, al poco tiempo surge un nuevo conflicto dentro del Gran Oriente de Egipto y Degli Oddi dimite en 1902. John Yarker se ve a sí mismo como el nuevo Gran Hierofante Mundial de Menfis y Mizraim. Esta autoproclamación no fue respaldada por Egipto y, en 1903, Degli Oddi pasó sus títulos de Gran Hierofante y Gran Maestro a Idris Bey Raghed. Este último asumió sus funciones en Egipto y el Medio Oriente árabe hasta 1930, sin contacto con los demás Soberanos Santuarios de Menfis y Mizraim. Es evidente que este alejamiento lo que hizo fue reforzar la figura de John Yarker como Gran Hierofante.

Ese mismo año, John Yarker, como sucesor reconocido por todo el mundo masónico de Menfis-Mizraim, constituye el 24 de septiembre de 1902 el Soberano Santuario de Alemania del Rito de Menfis-Mizraim, y nombra como su Gran Maestre a Theodor Reuss, cuyo *nomen* es *Peregrinus*. El núcleo fundador de esta orden fueron, además del propio Reuss, Franz Hartmann[2] y Heinrich Klein, dos conocidos esoteristas.

Reuss asumió la obligación como Gran Maestre General el 11 de noviembre de 1902, en una ceremonia celebrada en Berlín. El nuevo Soberano Santuario procedió a fundar nuevas logias y a intercambiar representantes con varios Soberanos Santuarios, Grandes Orientes, etc., de Italia, España, Rumanía, Bulgaria, Argentina, Cuba y Egipto.

El heredero de Theodor Reuss fue el fundador de la antroposofía Rudolf Steiner, que lo nombraron Gran Maestro General del rito el 15 de junio de 1907, para ello se da un curioso y draconiano contrato que exponemos a continuación. Otro dato que también sorprende es el encabezado, donde el Rito Escocés Antiguo y Aceptado está emparejado con la Orden de los Antiguos Masones del Rito de Menfis y Mizraim.

---

2. Fue un médico alemán, masón, teósofo, martinista, ocultista, geomántico, astrólogo y autor de varias obras esotéricas, además de unas biografías de Jakob Böhme y Paracelso. En 1906 fue miembro fundador, junto con Carl Kellner y Heinrich Klein, de la *Ordo Templi Orientis* (OTO).

GRAN ORIENTE ESCOCÉS DEL RITO A. & A. 33.º.
SOBERANO SANTUARIO DE LA ORDEN
DE LOS ANTIGUOS MASONES DEL
RITO DE MEMPHIS & MISRAIM
Oficina del Gran Maestre General

Berlín, SW 47.º, el 3 de enero de 1906

Contrato y Acuerdo Fraternal.

Entre Theodor Reuss, Soberano Gran Maestre General *ad vitam,* 33.º, 90.º, 96.º y único jefe de la Orden de los Antiguos Templarios Francmasones de los ritos Escocés, de Menfis y de Misraim para el Reich Alemán, y el Hno. Dr. Rudolf Steiner, secretario general de la Sociedad Teosófica,[3] Presidente de la Sociedad Templo Místico y del Capítulo Mystica Æterna 30.º, 67.º, 89.º en Berlín, hoy se da el siguiente tratado y fraternal acuerdo por concluido y firmado.

El Hermano Dr. Steiner por el presente recibe de Theodor Reuß, en cumplimiento de lo dispuesto en este contrato todos los requisitos y autorizaciones, a su elección y sin necesidad de obtener previamente la aprobación del Hno. Theodor Reuss, para iniciar a un número ilimitado de miembros de la Sociedad Teosófica o incluso a aquellas personas que no pertenezcan a la Sociedad Teosófica, en el Capítulo y Templo Místico «Mystica Æterna» en Berlín, en la Orden de los Antiguos Templarios Francmasones de Ritos Escoceses, de Menfis y de Mizraim para el Reich Alemán, hasta el grado 30.º del A. & A.

El hermano Dr. Steiner, por su parte, se compromete por cada candidato que acepta en la Orden antes mencionada o en los Grados de Perfección, pagar al Hno. Theodor Reuss una tarifa de cuarenta marcos que dará el candidato en cuestión, cuando avance al grado 18.º, y a cambio recibirá un diploma de este grado emitido por Theodor Reuss. Este cargo es debido y pagadero a Theodor Reuss el día de la aceptación del candidato. En casos especiales, un candidato puede diferir dicho pago,

---

3. En este caso debemos hacer una aclaración, Steiner nunca fue un teósofo de la Sociedad Blavatsky-Adyar y, cuando se firmó este tratado, ya estaba en una situación incómoda con Annie Besant. Él y muchos de sus seguidores se separaron de la Sociedad Teosófica en 1912 y formaron un nuevo grupo: la Sociedad Antroposófica.

sin embargo, sólo será legítimo miembro de dicha Orden, y sólo tendrá derecho al grado o Diploma de Membresía si la tarifa anterior se le ha pagado al Hno. Theodor Reuss. Si un miembro es poseedor de otros grados y quiere otros diplomas que no sea el de grado 18.º, la emisión de cada diploma adicional costará 10 marcos, que deben estar pagados antes de la emisión por el Hno. Theodor Reuss. El hermano Dr. Steiner no podrá expedirlos ni hará uso para sí mismo ni para sus candidatos o miembros, sólo puede hacerlo el Hno. Theodor Reuss. Ni el Hno. Dr. Steiner ni nadie admitido por él o perteneciente a su organización puede hacerlo. Los miembros no controlan [¡sic!], es decir, que quedan sin derecho a contabilizar y al uso para demandar. El hermano Dr. Steiner no tiene derecho a trabajar de forma independiente para propagar la Orden. En el tiempo de ausencia de Berlín del Hno. Theodor Reuss, éste nombra al hermano Dr. Steiner como Gran Maestre General Adjunto y Secretario General del Soberano Santuario.

Este nombramiento surtirá efecto en la fecha en que el hermano Dr. Steiner traiga cuatro candidatos a dicha Orden y tenga establecido su Capítulo. El hermano Dr. Steiner tiene, como Diputado General Gran Maestro, por el momento, sólo jurisdicción sobre sí mismo y sobre los miembros suministrados. Puede practicar sobre ellos hasta el grado 30.º A. & A., tiene la exclusiva jurisdicción desde y sólo si es igual al grado 30.º A. & A., el resto está bajo la jurisdicción del hermano Theodor Reuss. Si el Hno. Dr. Steiner llega a cien (100) candidatos la tarifa estipulada en este contrato de cuarenta marcos (40 M.) al hermano Theodor Reuss será una cesión, el Hno. Theodor Reuss nombra al Hno. Dr. Steiner como Gran Maestre General en funciones 33.º, 90.º, 96.º para el Reich alemán, con jurisdicción sobre todas las Organizaciones y Órdenes del rito existentes en el Reich alemán.

Con la adición del número anterior de cien candidatos, éstos deben pertenecer también a la Orden de la Hermana von Sievers[4] y el Hermano Dr. Steiner debe ser incluido en el cómputo. Todos los rituales impresos,

---

4. En 1900 conoció a Rudolf Steiner y lo introdujo al teosofismo. Desde 1902 fue la colaboradora más cercana de Steiner y juntos se comprometieron a construir la sección alemana de la Sociedad Teosófica en ese país. Junto con Rudolf Steiner, también creó el arte del movimiento conocido como euritmia. En 1908, Marie von Sivers y Johanna Mücke fundaron *Philosophisch-Theosophischen Verlag* en Berlín para publicar los libros de Rudolf Steiner. En 1914 se casó con Rudolf Steiner.

catecismos, libros, los objetos de la Logia, deben ser devueltos por el Hno. Dr. Steiner o, por el contrario, recibir el pago.

El hermano Dr. Steiner asume todo el vestuario masónico exclusivo para sus miembros, que obtendrá de la señorita Marta Gierloff a una tasa fija.

El Hermano Dr. Steiner se compromete a que ninguna persona de la Gran Logia Simbólica, excluidos los de Leipzig[5] o los del Hno. Theodor Reuss (Soberano Santuario), acepten a los que hayan renunciado o hayan sido suspendidos de una logia, organización o autoridad en Alemania.

El Hermano Dr. Steiner no reconocerá o mantendrá relaciones con miembros del Soberano Santuario, o con la logia que haya sido disuelta o suspendida, o que haya sido retirada del Soberano Santuario o que haya renunciado a Theodor Reuss.

Por supuesto, el hermano Dr. Steiner pierde inmediatamente todos los derechos y grado en el Soberano Santuario, y en la Orden mencionada, si es contrario a las dos últimas disposiciones. El Hno. Dr. Steiner tiene derecho al uso de un sello oficial y de la papelería con el nombre de la Orden, como el usado por el mismo Hno. Reuss.

Como hermano debe llevar el sello oficial. Le entrego al Dr. Steiner en este contrato el Sello.

Hecho, leído, aprobado y firmado el tres de enero de mil novecientos seis E.·. V.·. en Berlín Groß-Lichterfelde.[6]
(Sello de goma) (Sello de goma)
Theodor Reuss, 33.º, 90.º, 96.º.

Después de décadas de informes mediáticos incompletos y numerosos esfuerzos de propaganda sobre la supuesta pertenencia de Rudolf Steiner a la *Ordo Templi Orientis* (OTO) de Theodor Reuss, varios documentos de sus archivos y publicados en el libro *Der Grosse Theodor Reuss Reader*

---

5. Era típico de la capacidad de persuasión de Reuss que, en la primavera de 1904, pudo organizar la supuesta regularización de un cuerpo masónico no reconocido que acogía una membresía mucho más grande que la suya. Éste fue la *Grosse Freimaurer Loge von Deutschland*, que tenía alrededor de 30 logias y 700 miembros. Su sede estaba en Leipzig.
6. Groß-Lichterfelde (desde 1912 «Berlín Lichterfelde») fue un municipio independiente al suroeste de Berlín desde 1877 hasta 1920.

confirman que Steiner nunca aceptó nada de Reuss, excepto los permisos para Menfis y Mizraim. Por lo tanto, no existe evidencia ni documentación alguna que haga suponer que Steiner fuera miembro de la *Ordo Templi Orientis*.[7] Seguiremos con el tema más adelante. Centrémonos ahora en el desarrollo del Rito de Menfis-Mizraim en Italia, sobre todo en Frosini, aunque también Panni estaba entre ellos, pero lo que más nos interesa es la presencia en el documento de Edoardo Frosini, más conocido por el nombre de *Doctor Hermes*. Ya había pertenecido al Rito Regular de Menfis de Palermo como miembro de la Logia *Rigeneratori*, donde tenía un alto grado honorífico. Luego fundó en Florencia la logia *Lucífera,* junto a Arturo Reghini y Amedeo Rocco Armentano, cuyo nombre simbólico era ARA. Dicha logia pertenecía al Rito Simbólico (dependiente del Gran Oriente de Italia), del que dimitió el 25 de diciembre de 1907 y también terminó por dimitir del Gran Oriente el 8 de febrero de 1909, según él «después de un año inútil de espera benevolente». Sin embargo, no dejó de participar en junio de 1908 en el Congreso Espiritualista de París, en calidad de Delegado en Italia del Rito Nacional Español. El nombramiento lo había hecho Villarino de Villar como Gran Maestro del Rito de Menfis-Mizraim, en España, el 18 de enero de 1908.

La relación de Frosini con Villarino del Villar queda muy clara en la dedicatoria que le hace el primero al segundo en su libro *Massoneria Italiana e Tradizione Iniziatica*, publicado en 1911: «Al ilustre Hermano Isidro Villarino del Villar, Gran Maestre del Rito Nacional Español, de la doctrina integral iniciática, valeroso intérprete de la escuela social solidarista, genial propagador y constante apóstol de la libertad y la humanidad, le dedico con afecto fraterno estas páginas escritas en nombre de la masonería universal para el renacimiento de la italiana».[8] Es todo un documento de intenciones donde insinúa que la masonería italiana estaba pasando por unos angustiosos momentos, lo mismo que había ocurrido con la masonería española cuando en 1887 existieron cinco Grandes Orientes y un inmenso caos.

En 1902 había desaparecido en Francia la autonomía del Rito Mizraim, debido a las presiones ejercidas por el Gran Oriente, aunque la masonería esotérica seguía teniendo sus seguidores. Uno de ellos era el

---

7. Peter R. Köning, *Der Grosse Theodor Reuss Reader,* ARW, Múnich, 1997.
8. Edoardo Frosini, *op. cit.*

doctor Gérard Encausse —más conocido como *Papus*—,[9] el nombre provenía de un espíritu del libro *Nuctameron*, atribuido a Apolonio de Tiana.
El Dr. Encausse era un líder indiscutible, fue el fundador de la Orden
Martinista y siempre estuvo interesado por la tradición esotérica masónica. Había hecho varios intentos de formar parte de alguna Obediencia,
hasta pidió entrar en la Gran Logia de Mizraim de los hermanos
Bédarride, pero le fue denegada, también lo probó con la Gran Logia de
Francia, donde ocurrió lo mismo. El ingreso en el Gran Oriente ni siquiera lo intentó, ya que siempre fue un opositor hacia la línea de pensamiento que desarrollaba esa orden, por considerar que la masonería que
se impartía en su seno estaba desprovista de contenido.

Después de todo lo dicho, obtuvo de John Yarker una patente que le
permitía abrir una logia en Francia del Rito de Swedenborg, a la que
llamó *INRI*. En 1906 obtuvo también de Yarker la autorización para
constituir una Gran Logia, y se convirtió así en su Gran Maestro, aunque
era del Rito de Swedenborg. A partir de este desarrollo puede considerarse el cuarto período de la historia del rito.

Algunos historiógrafos, sobre todo franceses, siempre han mantenido
que en 1908 Théodore Reuss autorizó a Papus para abrir la logia *Humanidad* en compañía de Henri Charles Détré, más conocido como *Téder*.
Bien, eso no es cierto, es una gran mentira sostenida por el «chauvinismo»
francés, que ya hemos visto en otras muchas ocasiones. ¿Cómo podían
admitir que la Gran Logia Madre del Rito de Menfis-Mizraim, en Francia,
hubiera sido fundada por una orden española? Es evidente que algunos
historiadores franceses preferían que la procedencia fuera de Alemania, a
pesar de estar a punto de entrar en guerra con ese país. Tampoco se entiende que viniera de alguien como Reuss, que ya hemos visto su actuación al
leer el contrato con Steiner. Además, la logia se llamaba «Humanidad», en
español, ni *Humanité*, en francés, ni *Menschheit*, en alemán.

La verdad es que en 1908 la logia *Humanidad*, con sede en París, aún
pertenecía a la Gran Logia Simbólica del Rito Nacional Español —entiéndase Menfis-Mizraim—. Aparte de masones franceses, tuvo en su seno
exiliados españoles de la talla de Manuel Ruiz Zorrilla, 33.º, 90.º, 96.º,

---

9. Gerard Encausse nació en A Coruña (España) el 13 de julio de 1865, de madre española y padre francés, fue médico, hipnotizador y divulgador del esoterismo. Los
seudónimos por el que ha sido más conocido son: Papus y Tau Vincent.

que representaba en París al Soberano Gran Consejo General Ibérico desde 1899. Había sido Gran Maestro del Gran Oriente de España (GODE) y Soberano Gran Comendador del Supremo Consejo. Además, fue ministro de Justicia y jefe de Gobierno con Amadeo I. Es cierto que la logia *Humanidad* finalmente fue cedida al Gran Maestro del Rito Swedenborg, el Dr. Gerard Encausse (Papus) y al Gran Maestro adjunto Charles Détré (Téder). De esta forma, la logia *Humanidad* se convirtió en la Logia-Madre del Rito de Menfis-Mizraim en Francia, y así fue cómo se recuperó el Antiguo y Primitivo Rito Oriental de Menfis-Mizraim en ese país.[10]

Para desmentir a los historiadores que mantienen la tesis de que fue Reuss, cito lo escrito por otro de los grandes masones franceses, Oswald Wirth, perteneciente a la Gran Logia de Francia, y que no le gustó lo que había realizado Villarino del Villar al facilitar a Papus ser Gran Maestro. En 1910 publicó en la revista la *Lumière Maçonnique* un artículo con el nombre de «Una gran mentira».[11]

«Ciertas informaciones recibidas de muy buena fuente nos permiten afirmar que las actividades del Gran Oriente Ibérico del Rito Nacional Español han cesado desde hace ya mucho tiempo, más allá de los Pirineos. No obstante, su antiguo Gran Maestre, el H∴ Isidro Villarino del Villar, continúa expidiendo cartas constitucionales y patentes, con la cooperación de algunos amigos, como si aún estuviera a la cabeza de una organización efectiva (…). El gran Hierofante Villarino del Villar trató a partir de entonces de mantener su Rito gracias a las logias de América. Pero estas acabaron también por abandonarle, de suerte que se quedó solo, salvo por unos cuantos cómplices que le ayudaron a enmascarar en Francia, Italia y Turquía la inexistencia material de la jerarquía que preside. Como por casualidad, ese rito que se califica a sí mismo de nacional y español no tiene ni un solo taller en España (…) (…) Reducido, nos aseguran a su mínima expresión, el Gran Consejo fantasmagórico de España no se ha privado de fundar la logia *Humanidad* en París y la logia *Centrale Ausonia* en Italia (…)».

Es, en efecto, una gran mentira, pero no como la entendió Wirth, ya que en 1910 la Gran Logia Simbólica del Rito Nacional Español gozaba

---

10. B. P. del Soberano Gran Consejo Ibérico, Año 1, 5 de octubre de 1889, Sección Oficial, p. 10.
11. Véase *Lumière Maçonnique*, núm. 5 (1910).

de muy buena salud. No será hasta 1913 que se fusionará con la Gran Logia Simbólica Catalano-Balear después de la muerte de su Gran Maestro Villarino del Villar, ya con miras a convertirse en parte de la Gran Logia Española en 1921.

No sabría decir si el dictamen de Oswald Wirth se debe simplemente a falta de información, lo que es posible, ya que habla de «ciertas informaciones recibidas» o al temor de que una Obediencia esotérica pudiera hacer sombra al gran ocultista dándole alas a Papus. Sea una cosa u otra, lo cierto es que confirma que fue Villarino del Villar quien fundó la logia *Humanidad*.

No entendemos tampoco porque Wirth tardó cuatro años en hacer el reproche a Villarino del Villar. Tal vez el artículo apareció al serle otorgada la nueva carta patente a Papus, en marzo de 1908, con el título de *Gross-Orient des Alten und Angenommenen schottischen Ritus der Freimaurer, Supreme Grand Lodge des Swedenborg Ritus in París*, firmado precisamente por Theodor Reuss.[12]

No entiendo por qué Papus, que ya tenía en 1906 una patente para el Rito Oriental Antiguo y Primitivo de Menfis y Mizraim (Madrid), y que fue emitida por el Rito Nacional Español, dirigido por Vilarino del Villar, precisaba la de Reuss.[13] Con respecto a sus estatutos y sus conexiones con dignatarios masónicos extranjeros, el mismo Papus comparte sus pensamientos sobre John Yarker y afirma: «...que durante sus conversaciones con el distinguido hermano Yarker, que era el Gran Maestro del Rito Antiguo y Primitivo, así como con el Dr. Westcott de la Sociedad Rosacruz de Inglaterra y el ilustre masón español Villarino del Villar, muchos Consejos Supremos extranjeros le confirieron el gran honor de inscribirlo entre sus miembros honorarios o representantes en Francia». A pesar de esto, Papus fue objeto de violentos ataques por parte de ciertos masones franceses, lo que hizo que la experiencia fuera aún más traumática.

---

12. Véase Philippe Encausse, *Sciences Occultes*, París, 1949, pp. 128-129.
13. Teniendo objetividad debemos recordar que Papus había recibido, el 25 de marzo de 1907, una carta patente de la Orden Masónica Oriental de Mizraim para Italia, y el 18 de abril siguiente otra carta patente del Supremo Consejo para Italia de esta misma orden. No sabemos con qué título y no conocemos el texto. Sin embargo, suponiendo que este último fuera entregado por el Supremo Gran Conservador del Rito para Italia, no se ha encontrado ningún rastro de la emisión de esta carta patente en ningún archivo. Si existe esa patente, sólo la podía tener el hijo de Papus, que nunca la dio a conocer.

Según Bricaud, fue el 24 de junio de 1909 que el Soberano Santuario de Alemania otorgó una patente constitutiva sellada y firmada en Berlín. Estaba rubricada por el Gran Maestre Theodor Reuss (*Peregrinus*), que había asistido al Congreso de París. El Dr. Gérard Encausse (Papus) y Charles Détré (Téder) fueron nombrados Gran Maestre y Gran Maestre Adjunto, respectivamente. En realidad, nadie se pone de acuerdo.

En 1910, Papus escribió sobre la creación del Rito Antiguo y Primitivo de la Masonería por parte de Yarker, quien había nombrado como Gran Maestre de Alemania a Reuss, según Bricaud. Papus también mencionó que Villarino era un conocido masón, español. Sin embargo, no está claro por qué Papus no reconoció a Yarker como su Gran Hierofante General, ni a Villarino como el Gran Maestro de Menfis-Mizraim, en España, quien le había otorgado patentes para la logia *Humanidad*. Papus afirmó ser miembro honorario o representante de estas órdenes en Francia, pero estos títulos no otorgan la autoridad para establecer Grandes Santuarios o Supremos Consejos.

Según Bricaud, se consideró quién era más digno de merecer la posesión de la Gran Maestría, y Theodor Reuss habría otorgado este título a Francia. Cuando Papus falleció en 1916, Téder fue su sucesor. Después de la muerte de Téder en 1918, Bricaud afirmó que él fue elegido por consenso de los miembros supervivientes de la orden para asumir el cargo, pero no existe ninguna documentación que lo acredite. En 1933 publicó un breve folleto sobre la historia de Menfis-Mizraim, que luego se reeditó en 1938, a través de su sucesor, Constant Chevillon.[14]

Papus manejó bien los asuntos de la orden y buscó ganar, a través de su Obediencia, una respetabilidad masónica que había descuidado durante los años previos a la Primera Guerra Mundial. Como corolario, organizó una conferencia internacional, masónica y espiritualista, en París el 24 de junio de 1908, a la que dedicaremos uno de los próximos capítulos.

El 16 mayo de 1908, el Gran Hierofante John Yarker ratifica todos los poderes de Eduardo Frosini, 96.º, y lo nombra corresponsal oficial de los ritos ortodoxos de la Federación Mundial. Valiéndose de esa autorización y con patente expedida por el Rito Nacional Español, funda el 17 de

---

14. Jean Bricaud, *Notes historiques sur le Rite Ancien et Primitif de Menfis-Misraim*, Lyon, 1933.

diciembre de 1908, en Florencia, la logia *Centrale Ausonia*, que dependerá del Soberano Gran Consejo General Ibérico, por consiguiente, de España. La logia florentina se convertirá tres meses más tarde en el alma del Rito Filosófico Italiano, es decir, de Menfis-Mizraim.

En la revista *Hermes,* que publicaba Frosini, aparecía esta noticia:[15] «En el Oriente de Florencia se ha constituido el Supremo Gran Consejo del Rito Filosófico Italiano y de los Ritos Unidos para Italia. El Rito Filosófico Italiano consta de siete grados, que recogen, dándoles un carácter enteramente italiano, las enseñanzas simbólicas del Rito Antiguo y Primitivo de Menfis y Mizraim. Los rituales están todavía elaborándose. El Soberano Gran Consejo General Ibérico ha reconocido a este Supremo Consejo con patente del Gran Maestro Isidro Villarino del Villar, expedida el 30 de diciembre de 1909, E∴ V∴ El I∴ P∴ H∴ John Yarker, por fin, fue nombrado Gran Maestre Honorario *ad vitam*…».

Antes de continuar, deberíamos echar un vistazo a quién fue John Yarker por la influencia ejercida durante tantos años, primero en el Rito de Menfis y posteriormente en el Rito de Menfis-Mizraim. Se inició en la masonería el 25 de octubre de 1854, a la edad de 21 años, en la logia *Integrity* núm. 189 de Manchester, perteneciente a la Gran Logia Unida de Inglaterra (GLUI). Desde 1862, Yarker va abandonando gradualmente sus responsabilidades en la Gran Logia Unida de Inglaterra y elige asistir a las reuniones de la *Fringe Masonry*.[16] Todo esto lo hizo perteneciendo al Supremo Consejo de Inglaterra, donde alcanzó los Altos Grados del Rito Escocés Antiguo y Aceptado (REAA); que también abandonó en 1870, cuando empezó las relaciones con los Soberanos Santuarios de Menfis y de Mizraim.

El 10 de julio de 1871 ingresó en el Bristol College of Societas Rosicruciana in Anglia (SRIA); y en 1891 será miembro honorario del Metropolitan College, donde conocería a William Wynn Westcott, uno de los tres fundadores, en 1888, de la Orden Hermética de la Golden Dawn, con Samuel Liddell «MacGregor» Mathers y William Robert Woodman, todos miembros de SRIA. En 1881 obtuvo el título de doctor en Ciencias Herméticas por la Escuela de Papus; en 1893, lo inician en el martinismo

---

15. *Hermes*, revista de estudios esotéricos libres, núm. 1 (1910).
16. El término *Fringe Masonry* —«Masonería Marginal»— se usa aquí a falta de una alternativa mejor.

y poco después Papus le otorga una carta patente para que pueda abrir la Orden Martinista de Gran Bretaña.

Lo que antecede aclara el porqué de la importancia del Congreso Masónico Espiritualista, que se celebró en París en junio de 1908, en el Templo de la Orden del Derecho Humano. En ese acto se entregó una patente con el fin de la creación de un Soberano Gran Consejo General del Rito de Menfis-Mizraim para Francia y sus dependencias. La patente constitutiva fue librada por el Soberano Santuario de Alemania, firmada y sellada el 24 de junio en Berlín por el Gran Maestre Theodor Reuss, que asistió al Congreso de París. El documento ratificaba, como Gran Maestre, al doctor Gerard Encausse (Papus), y a Charles Détré (Téder) como Gran Maestre adjunto. La logia *Humanidad* precedentemente vinculada al Rito Nacional Español, se convierte así en la Logia Madre del Rito de Menfis-Mizraim en Francia.

En ese mismo acto, el fundador de la Orden Martinista, el Dr. Gerard Encause (Papus) es ratificado en la Dignidad de Gran Maestro de los Ritos de Menfis y de Mizraim. También Frosini, unos años más tarde, en 1910, formará en Florencia un Supremo Consejo para Italia del nuevo Rito Filosófico Italiano, que constaba de siete grados. Es decir, que el rito de Yarker, que ya se recortó a treinta y tres grados, ahora vuelve a reducirse, tal como lo había hecho Pessina y también el Rito Nacional Español (Menfis-Mizraim). Además, lo asocian con el Rito Escocés de Heredom Antiguo y Aceptado (Cernau).[17]

Con posterioridad a los diversos acuerdos que se tomaron en el Congreso de París, unos años más tarde, en 1911, se firmará un tratado de amistad que vinculará los Ritos de Menfis y Mizraim con la Iglesia Gnóstica y la Orden Martinista. Allí nos encontramos con conocidos masones: Papus, Jean Bricaud, Constant Chevillon y Rudolph Steiner, que ya habían participado en el Congreso Espiritualista de París, etc.

Tras el Congreso de París, las relaciones entre John Yarker y Theodor Reuss se habían fortificado hasta el punto de que lo nombró su sustituto como Gran Hierofante, aunque muchas de las delegaciones no estaban de acuerdo. Por lo tanto, después de la muerte del Gran Hierofante, John

---

17. Ese era el nombre real del rito. Véase documento del Gran Oriente de Francia en BNF Gallica, FM1 (1)-FM1 (541), p. 10. Archivos centrales. Dosier concerniente a Joseph Cerneau.

Yarker, el 20 de marzo de 1913, el título se le debería haber otorgado a Theodor Reuss, Gran Maestre de Alemania, tal como estaba dispuesto. Pero no fue así.

El Soberano Consejo Universal, con sede en Nápoles, cuestionó el nombramiento y también protestó por las acciones realizadas por Theodor Reuss como Gran Maestro. No se entendía el porqué estaba organizando otra orden no masónica, utilizando como base la Orden de Menfis-Mizraim.

Finalmente, el Soberano Consejo Universal confirió el título de Gran Hierofante General a Edoardo Frosini, que era miembro del Soberano Santuario de Venecia e iniciado desde 1900 en los grados 33.º, 90.º, 95.º y 96.º por John Yarker e Isidro Villarino del Villar. Edoardo Frosini, cuyo *nomen* era *Doctor Hermes*, se convierte así en el legítimo y regular Gran Hierofante General con el grado 97.º.

Aunque no tenga que ver con el rito de Menfis-Mizraim, vamos a aclarar un hecho que a veces confunde a algunos autores. Hay quien dice que Theodor Reuss organizó su Soberano Santuario en Londres. Eso no es así, lo que orquestó durante su estancia en Inglaterra fue la fundación de la *Ordo Templi Orientis* (OTO), es por eso que era criticado.

Mucho de lo relacionado con los principios de la historia de la OTO es oscuro. Reuss afirmó en 1914 que «la constitución de la *Ordo Templi Orientis* databa de enero de 1906», también que había una placa de latón grabada con la inscripción «Soberano Santuario de la Orden de los Templarios de Oriente» en la puerta de su casa en Berlín, en diciembre de 1905. Estoy seguro de que todo esto sólo es una forma de querer darle más antigüedad a esa organización. Parece poco probable que la orden estuviera activa en algún sentido desde 1905, y creo que no se fundó realmente hasta 1912.

Otro de los argumentos que utilizó fue el que derivaba de la Academia Masónica del Dr. Kellner, lo cierto era que la OTO nunca tuvo ninguna conexión con la masonería: ni con la esotérica, ni con la liberal, ni con la conservadora. En este último caso, su relación era el hecho de que algunos de los que formaron parte del Soberano Santuario habían pertenecido a la Gran Logia Unida de Inglaterra. Ese Soberano Santuario, que confunde a historiadores y miembros de Menfis-Mizraim, es el constituido en Londres, el 30 de junio de 1913, por Theodor Reuss, 97.º; Henry Meyer, 96.º; Henry Quilliam, 95.º; León Engers Kennedy, 95.º y Aleister Crowley, 95.º. Como vemos, estaba Crowley, que nunca perteneció a Menfis-Mizraim. Ingresó en el Templo de Isis-Urania, de la *Hermetic*

Order of the Golden Dawn [Orden Hermética del Alba Dorada], en 1897, donde escaló rápidamente los grados iniciáticos inferiores y se enfrentó con otros miembros de la misma, como William Butler Yeats y S. L. McGregor Mathers, que provenían de SRIA (*Societas Rosacruciana in Anglia*). Con toda seguridad, los grados se los dio Reuss por transmisión.

Con el comienzo de la Primera Guerra Mundial, Rudolf Steiner disolvió el Rito de Menfis-Mizraim en Alemania. Las guerras siempre han afectado a la masonería en general, la Primera Guerra Mundial, conocida como la Gran Guerra, estalló el 28 de julio de 1914 y duró hasta el 11 de noviembre de 1918.

Las grandes potencias del mundo se reunieron en dos alianzas opuestas: el Triple Entente o Aliados (Imperio británico, Francia y el Imperio ruso) *versus* la Triple Alianza o las Potencias Centrales (Alemania, Italia y el Imperio austro-húngaro). En realidad, podemos definirlo como un conflicto entre países imperialistas, cargado de ultranacionalismo. El enfrentamiento era entre los viejos países imperialistas como Gran Bretaña y Francia, frente a los nuevos países imperialistas como Alemania. Esta última quería crear una gran flota y una línea ferroviaria desde Berlín a Bagdad. En el conflicto bélico, participaba también un movimiento paneslavo: ruso, polaco, checo, serbio, búlgaro y griego contra un movimiento pangermánico.

Aunque Italia también formaba parte de la Triple Alianza, junto con Alemania y Austria-Hungría, no se unió a las potencias centrales, ya que Austria-Hungría había tomado la ofensiva en contra de los términos de la Alianza. Estas alianzas se reorganizaron y ampliaron a medida que más naciones entraban en la guerra: Italia, Japón y Estados Unidos se unieron a los aliados, mientras que el Imperio otomano y Bulgaria se incorporaron a las Potencias Centrales. La pregunta sigue siendo ¿cómo afectó la Gran Guerra a España? La respuesta la encontramos en un periódico de la época:

> La guerra ha trastornado de tal manera la situación económica del país, que hoy es imposible la vida. Muchas fábricas han cerrado, otras tienen a sus obreros a medio trabajo, hay fábricas que están haciendo un soberbio agosto y, sin embargo, éstas no han aumentado sus jornales, a pesar de saber sus dueños que todo ha encarecido.

Periódico *El Liberal* de Sevilla. 27 de noviembre de 1916

Por lo tanto, durante ese período y algunos años después se produjo una crisis en todas las Obediencias de la masonería europea. Algo que sufriría particularmente el Rito de Menfis-Mizraim, posiblemente por ser menos numeroso que los otros. Durante la Gran Guerra el rito en Inglaterra, Alemania, Francia, Rumania y Egipto entró en cuarentena.

Al Rito Nacional Español le afecta la guerra igualmente, pero España no participa en la Primera Guerra Mundial, ni tampoco se alinea y permanece neutral. La masonería española ya había padecido bastante con el desastre de 1898.[18] En este caso concreto no fue la guerra, sino la muerte de su Gran Maestre, Villarino de Villar, la que hizo desaparecer el rito al fusionarse con la Gran Logia Simbólica Catalano-Balear en 1913.

Tampoco saldrá mejor librado el Rito Filosófico Italiano, dirigido por Edoardo Frosini, que queda inactivo en 1914. Estas circunstancias no sólo afectan a Italia, es a todo el Rito de Menfis-Mizraim, ya que se queda sin Gran Hierofante Mundial. A partir de ese momento, los Grandes Maestros franceses asumen la dirección y el desarrollo de la orden.

En Francia, de 1908 a 1919, la orden estará dirigida por un Soberano Gran Consejo General (grados 94.º), de los Ritos Unidos de la Masonería Antigua y Primitiva de Menfis-Mizraim, con un Gran Maestro a su cabeza, que fueron:

De 1908 a 1916: Gerard Encausse (Papus), fallecido en octubre de 1916.
De 1916 a 1918: Charles Détré (Téder), fallecido en septiembre de 1918.
De 1918 a 1934: Jean Bricaud, fallecido en Lyon el 21 de febrero de 1934.
De 1934 a 1944: Constant Chevillon, asesinado en Lyon por la milicia francesa el 25 de marzo de 1944.

El primer Gran Maestro, el Dr. Gerard Encausse (Papus), aunque se doctoró en medicina, siempre luchó contra el cientificismo racionalista de la época. Lo hizo difundiendo una doctrina nutrida de las fuentes del esoterismo occidental, reflejada en las ideas del químico Louis Lucas, el matemático Josef Hoëné-Wronski, el alquimista Cyliani, el pitagórico Lacuria, el magnetizador Héctor Durville, el músico y literato Antoine Fabre d'Olivet, o el filósofo y escritor Alexandre Saint-Yves d'Alveydre.

---

18. Véase Galo Sánchez-Casado, *op. cit.*, pp. 321-322.

El Dr. Encausse siempre negó ser un taumaturgo o una inspiración, y se presentó simplemente como un erudito, un experimentador. Murió el 25 de octubre de 1916 a causa de una enfermedad contraída, ejerciendo su profesión en el cuerpo médico del ejército francés durante la Primera Guerra Mundial.

Tras su fallecimiento surgieron algunas divisiones, a menudo derivadas de conflictos personales. Algo que aprovechó el Gran Oriente de Francia, dando un paso audaz y reincorporando de nuevo el Rito de Menfis-Mizraim en su Colegio de Ritos.

Tras la muerte de Papus le sucede el Gran Maestre adjunto Charles Détré (Téder), el 25 de octubre de 1916. Es una elección que será muy breve, tan sólo durará dos años. No obstante, durante ese tiempo le dará ocasión de modificar varias cosas, tanto en Menfis-Mizraim como en la Orden Martinista, que también había heredado del Dr. Encausse. Su concepto, mucho más global que el practicado hasta el momento, hace que intente que el Rito Masónico de Menfis-Mizraim sea la antecámara del martinismo. Eso le lleva a publicar nuevos rituales martinistas que sean más masónicos y, por tanto, muy alejados del espíritu y de la forma primitiva concebida por Papus. Mantuvo sus débiles actividades durante la Gran Guerra y gracias a un Tratado de Alianza firmado en 1917, Téder se acercó a la Iglesia Gnóstica Universal de Jean Bricaud.

A través de numerosos contactos en el extranjero, donde trabajó como periodista, Charles Détré contribuyó al desarrollo de las dos organizaciones Menfis-Mizraim y el martinismo. Por desgracia, murió antes de que pudiera restaurar verdaderamente la fuerza y la energía de estas sociedades de iniciación.[19] Lo cierto es que la reforma no gustó a algunos martinistas y se tuvo que enfrentar a Víctor Blanchard, que se separó con varios de sus miembros.

A partir de ese momento, en Francia, el martinismo se dividió en dos caminos: el lionés y el parisino. Es decir, el de la Orden Martinista Tradicional y el de la Orden Martinista Sinárquica, respectivamente. El Gran Maestro Charles Détré murió el 25 de septiembre de 1918. Con su muerte se perdió definitivamente la unidad, porque fueron varios los que afirmaron ser sucesores legítimos, ya no de él, sino de Papus. Para simplificar, digamos que después de 1919, dos hombres se presentarán como

---

19. J. Bricaud, «Papus et Téder», *Annales initiatiques,* n.º 1, enero-marzo, 1920, pp. 2-5.

sus sucesores legítimos: por un lado, Jean Bricaud en Lyon, y por el otro, Victor Blanchard, en París.

Sin duda, todo lo anterior afectó también a la Orden de Menfis-Mizraim. A pesar de ello, un numeroso grupo de masones pertenecientes a otras Obediencias y ritos, como el Francés del Gran Oriente o el Escocés de la Gran Logia y del Supremo Consejo, que también poseían los Altos Grados del Rito Menfis-Mizraim y deseosos de trabajar la masonería desde un punto de vista más iniciático, toman la resolución de mantener el Rito de Menfis-Mizraim en Francia. Decidieron dar este paso, aunque manteniéndose siempre fieles a su Obediencia, ya fuera el Gran Oriente o la Gran Logia de Francia. Para ello volvieron, junto a Jean Bricaud (Joanny), a «levantar columnas» de la Logia Madre *Humanidad* al Oriente de Lyon. Se hizo con una carta patente, en este caso sí, estaba librada por el Dr. Theodore Reuss (*Peregrinus*), el 10 de septiembre de 1919 para la constitución de un Soberano Santuario de Menfis-Mizraim, en Francia. Por si eso no era suficiente, el 30 de septiembre, el Supremo Gran Consejo de los Ritos Confederados de Estados Unidos libra igualmente una carta patente para el establecimiento, en Francia, de un Supremo Gran Consejo de los Ritos Confederados (*Early Grand Scottish Rite, Menfis and Miraïm, Royal Order of Scotland*, etc.).

Ya sabemos lo que ha ido pasando en uno de los países fuertes del Rito de Menfis-Mizraim, pero ¿qué ocurría por esa época en el otro? Me estoy refiriendo a Italia.

Ya vimos que en 1906 que el Gran Maestro Benedetto Trigona puso el Rito de Menfis en sueños, pero en 1921 vuelve a despertar el Soberano Santuario en Palermo, en virtud de la carta patente librada por Egipto. Son tres los Grandes Patriarcas y Grandes Conservadores que lo realizan: Giuseppe Sullirao, Giovanni Sottile y Reginald Gambier MacBean. La explicación que dieron fue que, al detectar algunos movimientos para reavivar el Rito de Menfis en Sicilia con fines políticos, quisieron evitar un resurgimiento espurio. El Soberano Santuario nombró a Reginald Gambier McBean, que poseía el grado 96.º, y que era el cónsul inglés en Palermo, Gran Maestro General de Italia y sus dependencias. McBean terminó escribiendo un libro, *A Complete History of the Ancient and Primitive Rite*, muy interesante para la época. La obra estaba destinada a responder especialmente a las muchas preguntas que habían dado lugar unas notas francesas e italianas publicadas en esa ciudad sobre el reciente renacimiento del rito en Italia. El Soberano Santuario de Menfis-Mizraim, en Palermo, siguiendo la línea marcada por Yarker, trabajó sólo en treinta y tres grados y, con la llegada del fascismo, sus actividades desaparecieron.

El 23 de noviembre de 1923, Marco Egidio Allegri recibió una patente de Reginald Gambier Mac Bean por la que se convirtió en Gran Conservador *ad vitam* del Rito de Menfis en Palermo y Jefe del Templo Místico para las regiones de Véneto y Lombardía. También se convertía en Gran Conservador *ad vitam* del Rito del Mizraim en Venecia.

He hecho referencia a la llegada de los totalitarismos europeos como el fascismo (1922), el nazismo (1933, aunque gestado en los años 20) o dictaduras como las españolas (1923 y 1936), que en esa época terminarán por afectar a la masonería –sea el rito que sea.

El Gran Maestro Mundial, el alemán Theodor Reuss-Wilson (*Peregrinus*) falleció en 1924 sin que la dirección mundial de Menfis-Mizraim pudiera asegurar un sucesor en Alemania. El rito en Italia fue puesto en cuarentena por el Gran Maestre McBean en 1925, a causa de la situación política. Finalmente, fue prohibido por el régimen fascista italiano, que impidió trabajar a las logias. Aunque algunas de ellas continuaron cubriéndose tras una asociación conocida como la Societa Marinade Poseidonia.

La actitud del gobierno fascista terminará por disolver definitivamente la masonería un año más tarde. Allegri sería encarcelado en 1930, y luego liberado. Durante ese tiempo, reescribió los rituales de los tres primeros grados, añadiéndoles varios grados alquímicos del barón de Tchoudy para las logias masculinas, y recoge los rituales de Cagliostro, adaptándolos a las logias femeninas. Con este hecho se aparta de la filiación mayoritaria sostenida por los Grandes Hierofantes Marconis-Zola-Garibaldi-Oddi-Yarker-Frosini.

Para poner un poco de orden, ese mismo año, el Soberano Santuario de Francia, bajo la Gran Maestría de Jean Bricaud, publica la Constitución y los Reglamentos Generales de la Orden Masónica Oriental del Rito Antiguo y Primitivo de Menfis-Mizraim.

Sin embargo, debemos tener en cuenta que algunos puntos relacionados con la escala masónica de la época evolucionaron en 1934, después del Convento de Bruselas y posteriormente durante la Gran Maestría de Robert Ambelain.

La definición más completa y sintética que podríamos dar del Rito de Menfis-Mizraim, en su dimensión a la vez espiritual, hermética e iniciática, es la que da Jean Bricaud.[20]

«El Rito Oriental Antiguo y Primitivo de Menfis-Mizraim, fusión del Rito Oriental Antiguo y Primitivo de Menfis, establecido en Francia en 1838, por Jean-Etienne Marconis de Nègre y el Rito Oriental de Mizraim o Egipto importado de Italia en 1815 por los hermanos Bédarride, es heredero de las tradiciones masónicas del siglo XVIII, de las que conservó los sabios principios, la fuerza moral y la disciplina». Como otros ritos masónicos, está abierto a todos los hombres libres y de buenas costumbres que quieran trabajar en desbastar la piedra en bruto, pulirla y darle forma cúbica. Esta piedra debe ser utilizada para la construcción del Templo Sagrado, fundado en la Sabiduría, decorado por la Belleza y sostenido por la Fuerza que los masones se comprometieron a levantar bajo los auspicios y para gloria del Sublime Arquitecto de los Mundos.

Sin embargo, hay que destacar que el Rito de Menfis-Mizraim respeta sobre todo los principios tradicionales de la masonería, que ha mantenido y desea mantener intactos. De modo que el Rito de Menfis-Mizraim quiere declarar que respeta la independencia de los demás ritos y, como no interfiere en modo alguno con los actos emanando de su autoridad, espera que los otros ritos actúen hacia él de la misma forma.

La escala masónica en el Rito de Menfis-Mizraim, primeramente, tenía noventa y cinco grados, divididos en noventa grados de instrucción y cinco grados oficiales. Ahora también hay un grado 96.º, 97.º, e incluso se llega al 99.º, prerrogativas de los Grandes Maestros y del Gran Hierofante del rito.

Los grados de instrucción se dividen en tres series y siete clases:

La primera serie, que constituye la Masonería Simbólica, enseña la parte moral basada en el autoconocimiento. Ofrece el estudio de símbolos, emblemas y alegorías. Además, prepara a los iniciados para profundizar en la filosofía masónica.

La segunda serie, o Masonería Filosófica, comprende el estudio de la historia, la filosofía y los ritos masónicos más difundidos. Así como los mitos poéticos de la antigüedad y las antiguas iniciaciones.

---

20. Boletín Oficial de *l'Ordre Maç∴ Orient∴ du Rite Ancient et Primitif de Memphis-Misraïm,* n.º1, Saint Jean d'Eté, 1933.

La tercera serie, que constituye la Masonería Oculta o Hermética, contiene el complemento de la parte histórica y filosófica. Estudia el mito religioso en las distintas épocas, así como todas las ramas de la ciencia llamadas esotéricas o secretas. Finalmente, con respecto a la masonería, da a conocer su parte mística y trascendente, y admite los estudios ocultos más avanzados.

No sólo cada una de estas tres series se compone de varias divisiones en las que se confieren todos los grados masónicos modernos, sino que nos conduce progresivamente a través de los antiguos misterios, donde se revela la razón de la existencia de estos grados. La última serie desvela el esoterismo de la masonería y la gnosis, ese conocimiento que se ha perpetuado de siglo en siglo hasta nosotros y que hoy ilumina nuestra institución.

Tales son, resumidos brevemente en unas pocas líneas, el origen, el fin y la organización de la Antigua y Primitiva Orden Masónica Oriental de Menfis-Mizraim.

«Por lo que acabamos de decir, se comprenderá fácilmente que el Rito de Menfis-Mizraim sólo puede ser adecuado para un número muy limitado de personas reclutadas principalmente entre los estudiantes de Ocultismo y Hermetismo, que por sus estudios; son más aptos que otros para comprender el esoterismo de la Masonería. Podemos decir que hay una selección entre los masones estudiosos que no se contentan con saber hacer ciertos signos, con aprender la pronunciación de ciertas palabras cuyo significado desconocen, o con darse aires misteriosos, sino que están deseosos de reintegrarse con la Causa Primera, la fuente real de nuestras instituciones y de estudiar la parte oculta y trascendente de la Masonería».

El párrafo anterior corresponde a unas palabras de Jean Bricaud, que fue Gran Maestre General de la orden en Francia.

Cuando Jean Bricaud muere en Lyon el 21 de febrero de 1934, Constant Chevillon fue elegido para sucederle. La Guerra Civil Española, la Segunda Guerra y su Holocausto ya se cernía sobre Europa.

Constant Chevillon, Diputado Gran Maestre y miembro del Comité Permanente del Supremo Santuario, le sucedió en todas sus funciones: Gran Maestro del Rito de Menfis-Mizraim, Gran Maestre de la Orden Martinista, Gran Mago de la Orden Rosacruz, Cabalística y Gnóstica. También heredó el patriarcado de la Iglesia Gnóstica Universal y, de la misma forma que Bricaud antes que él, recibió la consagración episcopal el 5 de enero de 1936, bajo el nombre de Tau *Harmonius*. Provenía de

Attica, una sociedad literaria que había fundado en 1911, y un encuentro con el poeta-astrólogo Jean-Baptiste Roche lo encaminó hacia el ocultismo, aunque siempre fue más teúrgo que cualquier otra cosa. Ingresó en la masonería egipcia de Menfis-Mizraim –alrededor de 1913–, allí conoció a Gérard Encausse (Papus) y a Jean Bricaud, que lo recibió en la Orden Martinista el 14 de diciembre de 1919.

Dedicó su vida a la masonería y estableció numerosos contactos en el extranjero. Fue un profundo pensador y trabajador incansable. Como hombre de convicciones, supo poner en práctica la enseñanza de las órdenes iniciáticas y espiritualistas a las que pertenecía. Escribió varios libros y asumió la dirección de la revista *Annales Initiatiques* entre 1934-1939, contribuyó al desarrollo de diferentes organizaciones, tanto en Francia como en muchos otros países. Como miembro de la Fraternidad Rosa-Cruz, se opuso a Harvey Spencer Lewis de AMORC y a los separatistas reunidos en Bruselas bajo los auspicios de una Federación Universal de Órdenes y Sociedades Iniciáticas (FUDOSI),[21] fundada en agosto de 1934, desde donde desafiaron los poderes de Chevillon.

El resultado fue la fundación de otra federación, la FUDOFSI (Federación Universal de Órdenes, Fraternidades y Sociedades Iniciáticas), encabezada por Constant Chevillon.

En 1935 levanta de nuevo las columnas del Soberano Santuario Helvético bajo la Gran Maestría de Hilfiker-Dunn. En 1936 creó los Grandes Templos Místicos de Bélgica y Polonia, bajo la obediencia del Soberano Santuario de Francia.

Dos grandes representantes miembros del Soberano Santuario de Francia se establecen, uno en Alepo para Siria-Palestina, otro en Concepción (Chile), en representación de América del Sur. En 1937, el Convento anual del Soberano Santuario de Francia se desarrolla en Lyon, en el Templo de la Logia Madre *Humanidad*. Una importante delegación del Soberano Santuario Helvético, bajo la dirección del Gran Maestre Hilfinker y el Canciller General A. Reichel, asiste a las grandes tenidas. Los

---

21. La FUDOSI se formó en 1934 para «proteger las sagradas liturgias, ritos y doctrinas de las Órdenes iniciáticas tradicionales de ser apropiadas y profanadas por organizaciones clandestinas» (Revista *FUDOSI*, nov. 1946). La FUDOSI no era una orden, sino una Federación de Órdenes y Sociedades. Entre sus fundadores estaban Emile Dantine, Leon Lelarge, François Wittemans, Jean Mallinger, Spencer Lewis –no me queda del todo claro cómo conoció Lewis a Mallinger– y Víctor Blanchard.

dos Soberanos Santuarios se comprometen a trabajar en perfecto acuerdo e intercambian garantes de amistad para sellar su unión. También se constituyeron dos provincias administrativas en Madagascar y en el norte de África (Marruecos, Argelia y Túnez), y nombra dos Grandes Maestros adjuntos para dirigirlos.

Entre sus más destacadas acciones está la de haber iniciado a Robert Ambelain y ser su maestro. El propio Ambelain lo describe así: «Yo no conocía a los tres aplomadores, ellos me conocían por mis conferencias y mis libros, artículos, etc. Simplemente, pasé un domingo de enero de 1939 el interrogatorio bajo venda. Una voz que reconocí como la del Gran Maestro Chevillon me hizo la siguiente pregunta: "Señor, parece que usted hace una diferencia entre el adepto y el iniciado, ¿por qué?…". Profuso en mis lecturas fulcanellianas, repliqué que el iniciado era el estudiante –de *initium*: "comienzo"– y el adepto, el "maestro" –de *adeptus*– y contestó la voz de Chevillon: "Creo, señor, que tiene razón…", por lo que fui admitido por unanimidad de votos, que una indiscreción me informó más tarde. El apoyo del Gran Maestro Chevillon obviamente había tenido un gran peso».

Después de que las sociedades de iniciación fueran prohibidas por el Gobierno de Vichy, el 13 de agosto de 1940, se celebraron las reuniones masónicas en la clandestinidad, desafiando el peligro. Chevillon sintió la sombra de su prematura muerte rondando a su alrededor, y sufrió por no poder expresar y transmitir todo el mensaje que llevaba dentro. Algunas de sus cartas lo muestran desesperado por su inacción, forzada.

Interrogado dos veces por la policía del Gobierno de Vichy, fue detenido en Lyon el 25 de marzo de 1944. El rito, entonces en plena expansión, sufrió todo el peso de la violencia de la barbarie nazi. George Delaive, Gran Maestro del rito en Bélgica, después de unirse a la Resistencia en Francia, es encarcelado y decapitado con un hacha en la prisión de Brandeburgo. Raoul Fructus, miembro del Soberano Consejo del Rito de Menfis-Mizraim antes de la guerra, murió deportado en febrero de 1945. Otto Westphal, responsable del rito en Alemania, fue internado en un campo y luego torturado. Constant Chevillon, Gran Maestre Nacional del rito, fue asesinado a pocos kilómetros de Lyon el 26 de marzo de 1944 por la milicia francesa colaboracionista. Murió trágicamente víctima de la barbarie fascista. Por tanto, el rito pagó un alto precio por su apego a la libertad y su lucha contra el flagelo nazi.

En 1944, Charles-Henry Dupont, simbólico *Eques a vera luce,* se convirtió en Gran Maestre de Francia. Había recibido la luz masónica el 6 de junio de 1918, luego los grados de Compañero (20 de marzo de 1919) y Maestro (7 de diciembre de 1920) en la logia del Sur de Francia, en Tananarive. Estuvo varios años trabajando en Madagascar y de regreso a Francia se instaló en Coutances (Canal de la Mancha), donde se incorporó el 17 de octubre de 1936 a la logia *Liberté et Progrès* del Gran Oriente de Francia, allí ocupó el cargo de primer Vigilante de forma permanente hasta 1960. Se podría decir que hasta esa fecha hizo una carrera masónica clásica. Pero también colaboró con Jean Bricaud y especialmente con Constant Chevillon, quien lo ordenó Rosa-Cruz (en la filiación de Bricaud) y lo recibió en el Rito de Menfis-Mizraim con el grado 95.º y el cargo de Gran Canciller el 21 de octubre de 1934. Luego, un año más tarde, fue nombrado Gran Administrador del Soberano Santuario del Rito Menfis-Mizraim, para Francia. Al mismo tiempo, ingresó en el Supremo Consejo de la Orden Martinista. Tras la Segunda Guerra Mundial y la muerte de Chevillon, heredó el cargo magistral de las órdenes «Lyonesas», en particular la Gran Maestría del Rito de Menfis-Mizraim y de la Orden Martinista.

Cuando se produjo la declaración de la Segunda Guerra Mundial y Francia cae bajo la ocupación alemana, Dupont suspende los trabajos de Menfis-Mizraim y pasa a la clandestinidad. Sin embargo, la logia *Alejandría de Egipto* continuó funcionando, de 1941 a 1945, en la casa de Robert Ambelain.

EL RITO EN ESPAÑA

Con referencia al Rito de Menfis-Mizraim en España, es evidente que con la escasa documentación existente se puede escribir poco de su historia. Empezaremos afirmando que, a pesar de usar el mismo nombre de Menfis-Mizraim, su desarrollo, al contrario de Italia y de Francia, fue menos espiritualista y casi nada ocultista. Incluso si hacemos caso de Enrique Vera, cuando menciona a Cagliostro, vemos que su punto de vista era un tanto diferente, ya que lo más importante para él era que Cagliostro hacía en las logias «propaganda abiertamente republicana».

Decía: «Quien dio tendencia política, no ya avanzada, sino francamente revolucionaria a la Masonería, fue José Balsamo, extraño personaje que unas veces se hacía llamar conde de Cagliostro, otras, conde del Fénix, marqués de Ana, marqués de Pelegrini o príncipe de Trebisonda, y que a su talento verdaderamente extraordinario, a su actividad sin ejemplo, a su ciencia y a su profundo conocimiento del corazón humano, unía defectos muy censurables, por lo cual tienen razón los que le miran como un gran hombre de corazón humano y también los que le consideran como un audaz aventurero. Lo indudable es que Cagliostro llegó a ser uno de los jefes de la Masonería universal; hizo en varias naciones de Europa trabajos de alta importancia para coadyuvar al triunfo de la Revolución francesa y extender sus principios, y residió en España durante algunos años. Él fue quien implantó en nuestro país el rito conocido como Memfis y Mizraim o Egipcíaco y arrebató al que dirigía el conde de Aranda muchos prosélitos, llamando así a los hombres más exaltados y entusiastas. Fundó de 1783 a 1786 en Madrid logias, a las que llamó Libertad y España, y que llegaron a tener más de quinientos afiliados [...]».[1]

---

1. Enrique Vera y González, *El Marqués de Santa Marta*, Ed. Francisco Bueno, Madrid,

Por esta sucinta reseña y lo leído anteriormente, comprenderá el lector que el conde de Cagliostro no era una persona vulgar. Eso ya lo vimos previamente, pero que también el rito en España discurría por otros caminos, y se entiende que posteriormente adoptara un sistema de treinta y tres grados.

El viaje a que hace referencia Enrique Vera era su segunda gira por España, y como bien dice, residió en Madrid desde 1783 a 1786. Fundó en esa capital las logias *La Libertad* en 1792, y *La España* en 1793, y abrió dos templos, uno en la calle de Lavapiés, núm. 4, principal, y otra en la calle del Bastero.

Otro escritor miembro del rito, Nicolás Díaz y Pérez, nos dice:[2] «Más de 500 francmasones se reunían en estas dos Logias», supongo que esto es una exageración, aunque no tengo ninguna prueba de lo contrario. Continúa diciendo: «El Rito de Menfis y de Misraim, el primero con sus noventa grados y el segundo con noventa y seis, encantaba a los que no conocían más que los tres primeros grados en que estuvo dividido el rito practicado hasta entonces en España. Además, Cagliostro rodeaba todos sus actos de cierta gravedad, de un augusto misterio que fascinaba a los más circunspectos». Creo que lo importante en todo esto es que Cagliostro estuvo en España y que los Ritos Egipcios ya se conocían.

1894. La atención que se le ha prestado a la figura de Enrique Vera y González (1861-1914) es ínfima. Escribió desde joven en la prensa democrática y republicana, fue miembro de la Sociedad Abolicionista Española y autor de numerosas obras políticas y sociales, además de ser el último director que tuvo el periódico federal madrileño *La República*. Junto con Rodríguez Solís, fue uno de esos autores que se preocupó de recoger la historia de las organizaciones que sostuvieron ideas republicanas. Vera y González no fue tanto un teórico como un divulgador.

2. Como periodista fue redactor en Madrid de los periódicos *La Caza* (1865), *La Reforma* (1865-1869), *Los Sucesos* (1866), *El Amigo del Pueblo* (1868-1869), *La República Ibérica* y terminó dirigiendo *El Hijo del Pueblo* (1868-1869). El *Diccionario Enciclopédico de la Masonería* nos dice que sobre el 1860 Díaz y Pérez sufrió una larga emigración por los sucesos de Sixto Camara en Olivenza (Badajoz). Su iniciación al mundo masónico tuvo lugar en Portugal y debió de ser por estas fechas. La amnistía del año 1862 le trajo de nuevo a España. Tomó parte activa en algunas contiendas políticas que le llevaron otra vez al destierro, primero en Cádiz y después en Huelva. En esta ciudad publicó el periódico *El Onnubense*. Los sucesos acontecidos en Aranjuez en 1866 le condujeron por segunda vez al exilio, y en Lisboa y Oporto estuvo dos años dando tono y vigor a la orden y siendo uno de los masones más activos que se conocieron en Portugal.

De las dos logias del rito egipcio existentes en la península, la logia *España* era la más activa socialmente. En 1788 sometió a la aprobación de su asamblea dieciocho proposiciones que los masones que la componían votaron y después imprimieron, haciéndolas circular a raudales por toda la península. Las proposiciones trataban temas diversos, desde económicos a religiosos, que pugnaban abiertamente con lo que determinaban las leyes teológicas. El Gobierno se alarmó y envió las proposiciones a consultas a diferentes organismos, tanto políticos e incluso religiosos. Los dominicos, ¡cómo no!, respondieron al Gobierno, a través del padre Francisco Andrés Pérez, documento que está recogido en un manuscrito que aún se conserva y dice: «…pero se conoce que éstos no hacían gran caso de amenazas. Apenas abandonó España el conde de Cagliostro, y debido a sus trabajos en las Logias de Madrid, se descubrió la famosa conspiración republicana conocida en la historia por el nombre de la de San Blas, de la que fue cabeza el profesor D. Juan Picornell y Goncila, secundado por D. José Lax, D. Sebastian Andrés, D. Manuel Cortés, D. Bernardo de Garasa, D. Juan Ponz Izquierdo, D. Joaquín Villalba y el abogado llamado Manzanares».

Cagliostro, tal como predijo que estallaría la Revolución francesa, también hizo predicciones para España y no fueron infructuosas, como veremos cuando hagamos referencia a la conspiración de San Blas. Cabe preguntarse si Cagliostro, además de difundir las ideas masónicas más esotéricas, no iría difundiendo una propaganda, francamente republicana, como decía Enrique Vera. Tal vez ése sería el verdadero motivo por el que querían desprestigiarlo, y lo que finalmente le llevaría a morir en un penal.

La conspiración, que estalló el día de San Blas, fue un movimiento de carácter republicano acaecido en Madrid e inspirado en la Revolución francesa. Pretendía una revuelta de las masas populares aprovechando la crisis económica y la creciente impopularidad de Manuel Godoy. Lo cierto fue que al año siguiente se formó un proceso donde fueron sentenciados y condenados a la pena de horca y confiscación de bienes: Juan Mariano Picornell, pedagogo y socio de varias corporaciones ilustradas; Bernardino Garasa, abogado; Sebastián Andrés, matemático; Manuel Cortés, ayudante del Colegio de Pajes; Juan Pons, traductor de idiomas, y José Lax, escritor. En 25 de julio de 1796 se conmutaron estas penas por la de destierro perpetuo, que los sentenciados sufrieron en varias de las colonias americanas.

Enrique Vera, al escribir sobre el suceso, dice: «Ciertamente, éste es un hecho aislado, como lo es también el de haber figurado algunos españoles, entre ellos Guzmán, de la aristocrática familia de los Tilly, en la revolución francesa, donde fue individuo del Comité central de Salud pública de la Convención;[3] pero de todas suertes parece indudable que, a fines del siglo pasado, no sólo existían republicanos en España, sino que se atrevían a tramar conspiraciones como la de San Blas, que debía estallar en Madrid el 3 de febrero de 1796. La influencia de la Revolución francesa y los trabajos de la Masonería determinan estos primeros pasos de la idea republicana en nuestro país».[4]

Antes de que entremos en la fundación de una de las Obediencias del Rito Egipcio o de Menfis-Mizraim creada en España y de la que existe alguna documentación, quiero resaltar el hecho de que, efectivamente, algún tipo de organización perteneciente a Mizraim debería existir en el país alrededor de 1824. Poco o nada sabemos de ello, tan sólo la existencia de un documento encontrado de esa fecha en Edimburgo que habla de un Gran Maestro para España del Rito de Mizraim, llamado Andorrha, en él figura como asistente a una reunión, aunque no hemos sido capaz de obtener más información.

No debe extrañarnos esta falta de documentación, hay que tener en cuenta que las guerras carlistas comienzan en España en 1833 y, aunque ocurrieron en tres etapas, no terminaron hasta 1876. Mientras los carlistas estuvieron ejerciendo algún tipo de poder, la persecución a los liberales o a los que no eran religiosos católicos fue implacable. Tampoco los liberales se quedaron de manos cruzadas y como por entonces España padecía una epidemia de cólera que llegó hasta Madrid, le hicieron creer al pueblo que la mortandad existente era a causa de un veneno que los frailes habían arrojado a las fuentes de agua. De todos eran conocidas las ideas absolutistas de la Iglesia, y como consecuencia de ello se produjo el 17 de julio de 1834 una matanza de frailes.

Una vez más aparecen las persecuciones y los masones tienen que reunirse en clandestinidad. La masonería española no podía desarrollar sus trabajos, y sus miembros eran desterrados a las islas Filipinas. La relación establecida con la masonería filipina sería uno de los motivos por el que,

---

3. Véase Galo Sánchez-Casado, *op. cit.*, pp. 175-176.
4. Enrique Vera y González, *op. cit.*

posteriormente, acusarían a la masonería española de su participación en la independencia de la colonia.

Desde el año 1836, los Gobiernos de España nacieron de una sublevación. Del 36 al 40 surgieron de la insurrección de la Granja; del 40 al 43, del pronunciamiento de septiembre; del 43 al 54, del alzamiento de julio; del 54 al 56, de un doble levantamiento militar y popular. Por último, el Gobierno provisional de 1868 tuvo por base una insurrección y después estallaron otras varias.

Después de la Gloriosa de 1868, existía la gran dificultad de encontrar la persona adecuada para consolidar el cambio de régimen y que aceptara convertirse en rey de España. Como hemos dicho, el país se encontraba en una situación inestable. Isabel II se exilió tras la revolución de 1868 y abdicó en favor de su hijo, el futuro Alfonso XII. Pero el Parlamento español no reconoció a la Casa de Borbón, pronunció su caducidad y aprobó una Constitución en 1869, convirtiendo a España en una monarquía constitucional.

Como regente general (presidente de gobierno) nombraron en 1869 al general Prim. Después de haber considerado varias personalidades para ocupar el trono como «Rey de los españoles», hizo elegir al príncipe Amadeo de Saboya-Aosta. Sin embargo, no logrará verlo como rey. A Prim lo asesinarán antes de que el príncipe llegue a España.

Asumirá el relevo el líder del Partido Radical, Manuel Ruiz Zorrilla, que durante el triunfo de la revolución de septiembre de 1868 siempre defendió que los progresistas debían asumir el programa democrático. Fue uno de los integrantes del primer gabinete, posterior a la revolución.

De los 301 diputados, 191 votaron por el duque de Aosta (Amadeo de Saboya, hijo del rey de Italia); 63 votaron por la República; 27 por el duque de Montpensier (cuñado de Isabel II); 8 por el general Espartero; 2 por Alfonso de Borbón (hijo de Isabel II); y 1 por la duquesa de Montpensier (hermana de la reina caída); los últimos 19 votaron en blanco.

Ruiz Zorrilla jugó un papel importante en el levantamiento de los sargentos del cuartel de San Gil en 1866, por lo que fue condenado a muerte y obligado a huir de España. Desde el exilio en París dirigió planes para derrocar a Isabel II. Tan sólo regresó a España unos meses antes de morir en Burgos de una enfermedad cardíaca en 1895. Había sido iniciado como masón en la logia *Mantuana* de Madrid en julio de 1870, con el nombre simbólico de *Cavour*.

Volviendo a la masonería de Menfis-Mizraim, Garibaldi murió el 2 de junio de 1882 y John Yarker pasó a ocupar su lugar al ser el Sustituto Gran Hierofante Mundial, éste a su vez nombra como Sustituto suyo a Isidro Villarino del Villar, en aquel momento miembro del Soberano Santuario de Venecia. Faltarán aún cinco años para constituir la Gran Logia Simbólica Española de Menfis-Mizraim en España.

Posiblemente, el que tendría que haber sido el Sustituto era Pessina, sin embargo, al precipitarse proclamándose, a la muerte de Garibaldi, como Gran Hierofante, perdió esa oportunidad, ya que Yarker le retiró su confianza. Papus llegó a decir algunos años más tarde de Villarino del Villar que se enorgullecía de haber aprendido con él el verdadero origen de la ciencia masónica. Hago esta referencia a Villarino del Villar porque en el fondo fue el alma del Rito Español de Menfis y Mizraim, aunque la Gran Maestría la ostentasen otros.

Mientras en Italia la masonería se desgarraba en polémicas y acusaciones recíprocas, en España todo iba bien. El 15 de febrero de 1887, Manuel Jimeno y Catalán fundó, con una carta patente de Giambattista Pessina, el Soberano Gran Consejo Ibérico, que «sintetizó» en extremo los grados de Menfis y Mizraim, como lo habían hecho algunos Soberanos Santuarios, entre ellos el inglés y el italiano.

La aparición del Soberano Gran Consejo y de la Gran Logia Simbólica del Rito Antiguo y Primitivo Oriental de Memphis y Mizraim (*sic*), nace también como consecuencia de la desorganización y desconcierto de la masonería española a causa de sus múltiples escisiones.

En ese momento existían varios Grandes Orientes de España, cada uno conocido por el nombre de su Gran Maestro. No debemos olvidar que en esa época la masonería española se había atomizado en múltiples Obediencias enfrentadas las unas con las otras, podemos citar: al Gran Oriente Nacional de España que, tras la muerte del marqués de Seoane, se dividió en dos: el perteneciente a José María Pantoja y el perteneciente a Alfredo Vega, vizconde de Ros; el Gran Oriente de España, dirigido por Manuel Becerra, y tras la dimisión de éste, que fue sustituido por Rojo Arias, se creó la escisión con el mismo nombre, dirigida por Miguel Morayta, junto con López Parra. Asimismo, subsistían precariamente el Gran Oriente Legal y Regular de España de Antonio Pérez, el Gran Oriente Lusitano Unido, la Gran Logia Simbólica Independiente Española, la Confederación Masónica Ibero-Americana, la Gran Logia

Simbólica Regional Catalano-Balear, la Gran Logia de Castilla la Nueva, la Gran Logia Regional de Andalucía. Eso originaba una falta de reconocimiento entre los masones por descalificarse los unos a los otros.[5]

El propio diario oficial del Soberano Gran Consejo Ibérico, decía: «... individuos que se disputan y siguen disputándose la representación genuina de la Orden; representación que, más que los deseos de asumir el Poder y la Dirección, se debe a títulos adquiridos con más o menos legalidad, por la fuerza única de los hechos, que es la más poderosa e incontrastable». [6]

En parte, estas rivalidades correspondían a los diferentes «egos» existentes, pero también a la situación política que vivía España con sus colonias, sobre todo Cuba y Filipinas. Debemos tener en cuenta que el Gran Maestro del Soberano Gran Consejo Ibérico, Manuel Jimeno y Catalán, había sido el Delegado del Gran Oriente de España (GODE) en Filipinas, y que Isidro Villarino había sido el Gran Maestro de la Gran Logia Regional de Lisboa, también del GODE, durante sus años de exilio. Por lo tanto, Filipinas influyó en la caída del GODE y en el nacimiento de la Gran Logia Simbólica Española de Memphis y Mizraim (GLSEMM).[7]

Por otro lado, la posibilidad de una legalización del Soberano Gran Consejo y de la Gran Logia Simbólica del Rito Antiguo y Primitivo Oriental de Memphis y Mizraim, les permitió, mediante la nueva Ley de Asociaciones promulgada por Sagasta, cumplir con los requisitos.

Algunos meses antes de que se aprobara la citada ley, un grupo de masones que provenían del descompuesto Gran Oriente de España decidieron fundar una Obediencia nueva. Debía de trabajar en un rito que no existiera en España, y al que no se le pudiera imputar el desorden creado hasta la fecha. Casi todos los fundadores provenían del Rito Escocés Antiguo y Aceptado, harán gala de ello en más de una ocasión.

Al igual que la Gran Logia de Inglaterra, que fue fundada en 1717, buscaron un origen que se aproximara lo suficiente para considerarlo un rito de lo más antiguo, con este fin eligieron un rito egipcio que, como ya vimos anteriormente, había sido creado en Nápoles el 10 de diciembre de 1747 por Raimondo di Sangro. Fue la influencia de Giambattista Pessina la que les convenció de que el antiguo Rito de Menfis, de noven-

---

5. Véase Galo Sánchez-Casado, *op. cit.*, pp. 283-308.
6. Boletín de Procedimientos del Soberano Gran Consejo Ibérico, año I, 5-10-1889, Sección Oficial, p. 3.
7. B. P. del Soberano Gran Consejo Ibérico, año II, 15-2-1890, p. 5.

ta y seis grados y el de Mizraim de noventa grados, una vez unificados en un solo rito por Garibaldi y que terminó conociéndose como Rito Antiguo Primitivo y Oriental, reducido a treinta y tres grados, era el más apropiado, sobre todo para Pessina, que era el Gran Maestro del Imperial Supremo Consejo General, constituido en Sebeto (Nápoles) el 30 de mayo de 1883.

Finalmente, el Soberano Gran Consejo Ibérico del Rito Antiguo y Primitivo Oriental de Memphis y Mizraim, fue fundado en Madrid el 15 de febrero de 1887. Quedando definitivamente constituido después de abonar los derechos de la patente al Soberano Santuario de Nápoles el 10 de enero de 1889. Fue así hasta que, el 21 de marzo de 1889, y al amparo de las leyes españolas, se constituyó la Gran Logia Simbólica Española de Memphis y Mizraim. Su legalización mediante la Ley de Asociaciones fue aprobada por el Gobierno sagastino el 30 de junio, lo que permitió a la Gran Logia ser un cuerpo masónico autónomo y soberano en todo lo relacionado con el simbolismo. Eso sí, tenía un tratado de amistad y solidaridad con el Gran Consejo General Ibérico.

El Soberano Santuario quedó constituido de la siguiente forma: Manuel Jimeno, Soberano Gran Maestro; Ricardo López Salaberry (*Justiniano*), Diputado Gran Maestro; Nicolás Díaz Pérez, Gran Ministro de Estado; Alejandro Fillol y Costa, Gran Orador; Luis Rubiales y Pardillo, Gran Mariscal; Eduardo Contreras Gómez, Gran Chambelán; Eduardo I. Ferrandiz, Gran Tesorero; Ángel Arenas Paez, Gran Canciller; Isidro Villarino del Villar (*Assis*), Gran Secretario; Dionisio Rodríguez, Gran Heraldo; Joaquín de Aymerich y Fernández Villamil, Gran Primer Examinador. En el mismo decreto italiano, firmado por Giambattista Pessina como Gran Hierofante del rito, se le reconocía el formar parte de la Confederación de Ritos de Menfis-Mizraim.[8] Estableció su sede social en el mismo local que tenía el Centro de Coalición Republicana, en la Carrera de San Jerónimo, núm. 28, en Madrid.

Ricardo López Salaberry, como Diputado Gran Maestro del Soberano Consejo Ibérico, pasó a ser el Gran Maestro de la Gran Logia Simbólica Española del Rito Antiguo y Primitivo Oriental de Menfis-Mizraim. En su discurso de investidura, dijo, entre otras cosas, lo siguiente: «Difíciles son en verdad los momentos por los que atraviesa la Masonería Española y de-

---

8. B. P. del Soberano Gran Consejo Ibérico, año I, 5-10-1889, Sección Oficial, pp. 2 y 3.

licada en extremo la misión que me habéis encomendado confiando, quizás en que el amor a nuestros fines y el calor rayano en apasionamiento, con que por mí es acogido cuanto con ellos se relaciona, son cualidades bastantes para llegar imprimir a nuestra vida colectiva, la sabia dirección que reclama, si hemos de sustraerla a la poderosa atracción que sobre ella ejerce el abismo abierto a sus pies por tendencias separatistas, que cuidaron más del formulismo que de la verdadera fraternidad, y dieron proporciones de cisma, a diferencias de origen, que debió borrar el interés primario y principalísimo de llegar a la unidad por el camino del concierto y mutuo acuerdo».

En primer lugar, la Gran Logia recién creada, aunque se presentaba como una alternativa a lo ya existente, tuvo que compartir el territorio con los otros Grandes Orientes. No solamente eso, además se vio atacada por todos ellos, que la consideraban un rival. Posiblemente, les asustaba la existencia de un rito desconocido que marcaba una nueva tendencia dentro de la masonería española, finisecular. Su tendencia menos racionalista, pero al mismo tiempo más preocupada por los problemas sociales que los políticos, la hacía muy atrayente a los masones desencantados de otras Obediencias. Su vinculación a proyectos externos, más socializados, venía a llenar el vacío que la masonería española denotaba con respecto a la universal.

Eran muy conscientes que tenían un largo camino por delante, y que no representaban en ese momento una de las mayores organizaciones masónicas españolas: «Con tal sistema seremos, tal vez, la agrupación más íntima y modesta. Pero, en cambio, realizaremos, como ninguna, todo cuanto sea posible realizar, y tendremos la ventaja sobre todas, de mejor poder determinar y apreciar las cualidades de cuantos deban o quieran ayudarnos en la noble tarea que voluntariamente nos hemos impuesto».

El primer paso que dieron para conseguir superar al caos que existía fue la implantación de una especie de compendio donde se incidía sobre una serie de directrices que hacía las veces de programa: «Nos hemos propuesto mostrar hechos, prescindiendo de palabras huecas y vanas. El tiempo y los mismos hechos demostrarán que, aún, no ha muerto la fe y el entusiasmo que algunos llegaron a considerar como perdidos. Nuestros esfuerzos y nuestros sacrificios no han de faltar nunca para respetar y hacer que se respeten las Leyes Universales de la Masonería».[9]

---

9. B. P. del Soberano Gran Consejo General Ibérico, año I, 5-10-1889, p. 5.

Hay que destacar entre esas directrices dos novedades muy interesantes en esta organización, su preocupación constante por los problemas sociales del mundo obrero y la integración plena de la mujer.

Primeramente, para fomentar la apertura y la comprensión hacia la clase trabajadora, crearon una Gran Logia de Adopción de la clase Obrera. Ésta fue una hazaña única, ya que ningún otro Cuerpo Masónico había mostrado antes tal preocupación por la cuestión social. El Soberano Gran Consejo General Ibérico y la Gran Logia se caracterizaron por este rasgo, que quedó constantemente reflejado en las páginas de su boletín. El memorando remitido al Gobierno Civil de Madrid, con motivo de la renovación de la mitad del Consejo de Administración, dejaba clara su ambiciosa idea de atender desde un principio lo dispuesto en la Ley de Asociaciones: «Hay en proyecto y estudio la construcción de una barriada o colonia obrera, y la instalación de una Escuela que, a la vez, reúna las condiciones de Asilo Hospital, y otros varios pensamientos que procuraremos realizar por sí propios o con el auxilio y protección de las almas generosas, y aun de los poderes constituidos. Hemos creado una Logia en Madrid, que pudiéramos llamar Sección de la Gran Logia, en la que solamente pueden ingresar los trabajadores, al objeto de regenerarlos y educarlos en cuanto la Gran Logia pueda hacer y realizar esta obra, que las generaciones futuras y todas las clases sociales tendrán que hacernos justicia».[10]

Su inclinación decidida hacia la igualdad de la mujer, en particular dentro de una ideología burguesa reformista y en coincidencia con las orientaciones del republicanismo federal, lleva a clarificar su situación de la forma siguiente: «La Masonería considera que la mujer es parte integrante del género humano, y que, abstracción hecha de su vocación sexual, tiene, lo mismo que el hombre, un destino humanitario que cumplir, que consiste en un aumento de vida moral por más simpática y de seidad [calidad de ser] intelectual por [para] más conocimiento; y en consonancia con tales ideas, tiende a emanciparla de la esclavitud en que yace, esparciendo en su alma espíritu, los reflejos de la institución, para que obedezca al precepto de su destino en todas las etapas de su existencia. Hay, pues, que considerar a la mujer, no como una muñeca ambulante del hombre, sepultada en un montón de seda, sino como mujer y alma, elevando ésta a su verdadera altura, para que su *inmistión* [inmersión]

---

10. B. P. del Soberano Gran Consejo General Ibérico, año II, núm. 1, 15-1-1890, p. 7.

directa o indirecta, que nunca deja de existir en los actos humanos, refleje en éstos las sublimes emanaciones de su perfeccionamiento».

Es evidente que no es la óptica actual de las mujeres, ni de la mayoría de la sociedad, ya que lo expuesto tiene un cierto tinte «paternalista», aunque hay que reconocer que en aquella época era un gran avance.

El segundo paso fue defender su regularidad masónica contra la acusación de irregularidad que le hacían otras Obediencias: «El Soberano Gran Consejo General Ibérico es hijo legítimo de padres conocidos, y por consecuencia, con la partida de bautismo en la mano, a todas horas y en todas ocasiones, puede demostrar el origen de su nacimiento.

»Al nacer, ha encontrado en la Península nada menos que ocho hermanos bastardos, que por sí y ante sí han tomado el nombre de Grandes Orientes, mejor o peor organizados; pero todos ocho, sin saberlo o sin quererlo, resultan gemelos, toda vez que ellos mismos dicen que su padre es el Rito Escocés, lo cual es tan absurdo como imposible.

»Y a pesar de tal imposibilidad, nosotros hemos empezado por respetar a todos, poniendo especial cuidado en no discutir ni disputar a ninguno la legitimidad o derechos que cada cual pueda poseer».

Era evidente que esgrimir como origen el Rito Escocés Antiguo y Aceptado, era absurdo porque sólo lo podía hacer el Supremo Consejo del Rito Escocés Antiguo y Aceptado, y no los Grandes Orientes que tenían, y aún tienen, las logias simbólicas «cedidas» por el Rito Escocés Antiguo y Aceptado. Las cartas patentes de éstos debería de proceder de otros Grandes Orientes ya constituidos, y hasta la fecha no ha aparecido ninguna. En cambio, el Soberano Gran Consejo General Ibérico de Menfis y Mizraim sí que había obtenido su carta patente del Imperial Supremo Consejo del rito. El Soberano Santuario establecido en Nápoles se lo había entregado, tal como queda reflejado en sus comunicados y en el Boletín de Procedimientos del propio Gran Consejo, firmados por Giambattista Pessina. Con esas palabras dejaban claro que su origen era totalmente legal, poniendo en evidencia a otras Obediencias que no podían mostrar su carta patente original.

Sin embargo, siempre insistieron en que su posición estaba al margen de generar algún tipo de división: «Lejos de querer producir un cisma más, y crear otro Cuerpo antagónico o inadmisible, hemos formado el mayor empeño en buscar la legalidad y regularidad que ningún otro Cuerpo posee actualmente en la Península, porque, ninguno, absolutamente ninguno, puede mostrar hoy, como nosotros, la Autorización o Patente original y legalizada, ni probar su origen ni el de los legítimos Poderes de los que a la Península Ibérica trasmitieron o pudieron trasmitir la facultad legal de constituirse, no ya en Grandes Orientes ni Supremos Consejos, sino que rarísima será la Logia Simple que pueda probar su legítimo abolengo, o lo que en Masonería se conoce con el nombre de Cartas, Breves o Patentes, que para los Masones son verdaderas y únicas *Partidas de Bautismo*».[11]

El tercer paso fue demostrar que el Rito de Menfis-Mizraim había sido escogido porque no existía en España y que, tras un reflexivo razonamiento, llegaron al convencimiento de que pertenecía a la masonería primitiva: «Nosotros, apenas nos hemos limitado (y seguiremos limitándonos) a acomodar nuestros trabajos a un Rito no adoptado por nadie en la Península Ibérica; y este Rito, que es indiscutiblemente el que todos los antiguos y modernos autores reconocen como originario de la Masonería Primitiva, y como tal, la única fuente de donde nació el Escocismo en sus diferentes ramas».

No cabe ninguna duda de que, en este punto, exageraban. La historiografía ha dejado claro que los caminos de ambos ritos son diferentes y que en ningún caso dependen el uno del otro. Además, hay que tener en cuenta que muchas patentes se perdieron o fueron quemadas en épocas anteriores.

Seguían diciendo: «…creímos necesario reflexionar, inquirir y analizar detenidamente la situación nuestra y la de toda la Masonería peninsular; y cuando comprendimos el error en que vivíamos, entonces tomamos la resolución de adoptar el verdaderamente Antiguo y Primitivo Rito Oriental de Memphis y Mizraim, que no se presta más ni menos al logro de las tendencias masónicas; y con completo conocimiento de causa, y con convicción firmísima y profunda, adquiridas por un estudio perfecto y reflexivo, acogimos y establecimos felizmente este 'Rito' que ambos son hoy uno solo, y cuyo suceso representa una reforma progresiva y transcendentalísima».

Ya hemos visto que existen distintas opiniones sobre los ritos de Menfis y Mizraim, retrotrayéndolos algunos autores a los orígenes de la hu-

---

11. B. P. del Soberano Gran Consejo General Ibérico, año I, 5 de octubre de 1889, pp. 2 y 3.

manidad y otros a finales de la Edad Media en las repúblicas italianas. También en capítulos anteriores ha quedado claro que el Rito de Mizraim fue importado de Italia hacia 1813 por los hermanos Bédarride, mientras que el Rito de Menfis fue instituido en Francia en 1838 por Marconis de Négre y Moutet.

El año 1890 será decisivo para el establecimiento total de Menfis-Mizraim en España, pasará por algún que otro mal trago, entre ellos, la sentencia a muerte de Villarino del Villar y el enfrentamiento con el Gran Oriente de España de Morayta, pero finalmente el año será muy satisfactorio.[12]

El Boletín de Procedimientos los resumía así: «Resultando que el hermano Villarino se encuentra en Madrid accidentalmente, después de haber sufrido horribles persecuciones en ocho años de emigración por motivos políticos, y que, cansado y abatido, se vio en el caso de entregarse a los tribunales militares, solicitando el indulto de la sentencia de muerte que sobre él pesaba; que ya indultado, cuando debía ser objeto de consideración y amparo por la Orden [se refiere al Gran Oriente de España], se ha visto víctima de una imprudencia temeraria cometida y recibida de quien menos debía esperarla: Consideramos que las explicaciones dadas por el hermano Morayta no atenúan la responsabilidad masónica, y mucho menos teniendo en cuenta su alta investidura, que le obliga bajo todos aspectos a conservar la paz y concordia entre todos los masones del Gran Oriente de España».[13]

Es muy sorprendente leer en el Boletín de Procedimientos del 15 de junio de 1890 como el Soberano Gran Consejo General Ibérico, a pesar de los ataques que venía sufriendo de las otras Obediencias, hacía un llamamiento a la unificación de la masonería española: «El Soberano Gran Consejo General Ibérico, en aras de la Orden y de la Patria, renunciaría generosa y espontáneamente a todos sus derechos legítimamente adquiridos el día en que sea posible la realización de este ideal, que dicen perseguir todos los masones españoles y que nosotros, de la mayor y mejor buena fe, consideramos irrealizable.

»El Consejo General Ibérico ya lo ha dicho antes y lo repite ahora. Cree y considera posible la unificación o entendimiento de todos los

---

12. B. P. del Soberano Gran Consejo General Ibérico, año II, núm. 2, 30-1-1890, Sección Oficial, pp. 5-6.

13. B. P. del Soberano Gran Consejo General Ibérico, año II, núm. 2, 30-1-1890, Sección Oficial, p. 4.

cuerpos que se digan adeptos de un mismo Rito. Aún más: lo entiende de urgentísima necesidad y más aún de general conveniencia.

»Cuando esto suceda, caso de seguirse usando diversos Ritos en España, es posible también el entendimiento o federación de los cuerpos y autoridades de cada Rito; y tal vez con el tiempo, y siendo una verdad tales concertaciones, podrá llegarse a la unificación si las circunstancias o las conveniencias así lo aconsejan después de estar todos los masones españoles regularizados y en posesión de la verdad.

»Es más, el Consejo General Ibérico entiende, en su leal entendimiento, que no es hoy, con asambleas o congresos de cuerpos heterogéneos, cómo puede sacarse adelante la idea de un Oriente único y potente. Tampoco creo que, con cuerpos colocados en el aislamiento o la independencia, se puedan encontrar las soluciones que todos deseamos».

El 14 de octubre de 1890 se celebró en Amberes un curioso congreso. En él no se trataba temas masónicos, aunque había sido organizado por la masonería. Se habló de la Obra Social: de los niños delincuentes, de los mendigos y de que todos los individuos imposibilitados para ganar la subsistencia tenían derecho a ser atendido por la beneficencia pública. Acordaron que ésta cuidara de los convalecientes, y procurara proporcionar trabajo a los indigentes. Terminaron, diciendo: «Creemos inútil todo comentario acerca de la importancia del Congreso internacional de Amberes. La protección a los niños moralmente abandonados; a los individuos imposibilitados por impedimento físico para ganar su subsistencia, y a los imposibilitados –si así puede decirse– por impedimento moral, como son los que han extinguido alguna condena, ha sido el objeto altamente político y social de este Congreso».

Como consecuencia de lo desarrollado en el Congreso de Amberes, la masonería de Menfis-Mizraim, según los periódicos *El Liberal* y *La Justicia*, puso en marcha varias iniciativas. Una de ellas fue la de instaurar una Escuela que al mismo tiempo fuera Asilo-Hospital, en el que los necesitados pudieran encontrar alimento sano y nutritivo para el cuerpo y para el espíritu. Con el fin de sostenerlo, abrió una campaña de donativos.

Su compromiso social y su análisis sociológico era muy evidente cuando publicaba: «…Estudiar el origen de estos atropellos en todas las esferas sociales, bajando a la miserable vivienda del obrero, a la menos miserable de la clase media y a los suntuosos alcázares de la aristocracia, es lo que nos proponemos con estos artículos, no para que sirva de enseñanza, que es de todos bien sabida y entendida, sino de recuerdo constante, de aguijón que nos estimule y nos lleve al cumplimiento de los sagrados e ineludibles deberes que tiene derecho la humanidad a exigirnos, y que, por tanto, estamos en el imprescindible deber de cumplir, si hemos de ser justos y morales, y hemos de llenar a satisfacción los fines que nos imponen a una la ley del progreso humano de la moral universal».[14]

Ese mismo mes de octubre ocurre otro hecho digno de mención, era el levantamiento de columnas de un Capítulo de Real Arco. Fue por un decreto del Gran Maestre de la Soberana Gran Logia Simbólica Española de Menfis-Mizraim, Ricardo López Sallaberry que decía: «Damos Poderes y Autorización amplísima a los Grandes Maestros Examinados don Manuel Jimeno y Catalán, D. Ramón Moreno y Roure y D. Joaquín de Aymerich F. Villamil, para poner en vigor los Trabajos del Honorable Capítulo del Real Arco fundado en Madrid en 1870 y colocado en sueños desde 1872, con todas las prerrogativas y facultades litúrgicas; la conservación de derechos, regalías y consideraciones adquiridas cuando fue creado».

Que había existido un Capítulo de Arco Real, nadie lo pone en duda. Lo hemos manifestado en otros libros. La pregunta es ¿por qué Menfis-Mizraim lo refunda? Independencia y unión, éste parece ser el tema adoptado por un gran número de talleres españoles en esa fecha y poco a poco lo van poniendo en práctica.

En muy poco tiempo se habían declarado independientes la mayoría de las logias andaluzas y estaban unidas entre sí, constituyéndose en Grandes Logias Provinciales como la de Sevilla. Es cierto que se quedaron a la expectativa, pero trabajando siempre por la unificación de la masonería española.

¿Consiguieron tan loables propósitos? Por supuesto que no, aparecieron obstáculos de todo tipo, nacidos de la complejidad de los elementos que entraban en ese vasto plan.

A pesar de ello, creo que el planteamiento de unificación sigue siendo válido y no debemos cejar en ese empeño. Tengo la esperanza de que muchas logias, sean del rito que sean, se interesen más porque la unión masónica, tarde o temprano, sea un hecho, bien sea de forma federal o confederal.

---

14. B. P. del Soberano Gran Consejo General Ibérico, año II, núm. 5, 15-3-1890, p. 3.

Lo que ocurrió en esa época fue que, cuanto más se dividían, más se apartaban de los intereses generales de la masonería, defraudando a la causa que con nobleza y entusiasmo todos habían abrazado. Los propósitos de muchos masones, que tuvieron el valor de romper con antiguas tradiciones o serios compromisos por creerlos, un obstáculo al bien general y al fin común que perseguían, se diluyeron en el aire.

Sabemos que actualmente algunos pretenden lo mismo, pero debemos advertirles que no se dejen subyugar por atractivas apariencias ni por lo que esa independencia pueda brindarles. Porque nunca será absoluta sin ser suicida.

Han existido Grandes Obediencias en España que se han declarado independientes, con iguales propósitos y deseos de unión. De la misma manera hemos visto cómo después de haber proclamado su independencia y los múltiples trabajos que han hecho por cimentarse, ellas mismas han ido tejiendo las redes en las que hoy se encuentran metidas, tal vez sin darse cuenta de que sus mallas no podrán romperse sin un gran esfuerzo, que les producirá desánimo y disgustos.

Siguiendo con lo anterior, en España proseguía el descontento político y, como no podía ser de otra manera, fue en Barcelona donde se originó mayor respuesta en un primero de mayo. En la Ciudad Condal no sólo hubo una, sino dos manifestaciones a raíz de la división del movimiento obrero. Ese día, los trabajadores iniciaban la protesta reivindicativa por la jornada laboral de ocho horas.

La Gran Logia Simbólica Española de Menfis-Mizraim se manifestaba así: «Asiste a los obreros el derecho de petición, reconocido de una manera explícita por la Constitución que nos rige, siempre y cuando aquél se exponga de una manera mesurada y digna; y en este concepto, las Logias que suscriben estarán a su lado, mientras repetimos sus nobles propósitos y no se vean maleados por imprudentes algaradas. Como consecuencia de lo que antecede, estaremos al lado de las autoridades para ayudarlas a evitar que aquellos que, apellidándose amigos de los obreros, desvirtúen la manifestación por medio de motines y disturbios con la dañina intención de favorecer sus intereses bastardos».

El manifiesto lo suscribían las Logias *Avant, Barcelona, Cadena de Unión, Espartaco, Hijos del Trabajo, Luz de la Verdad, Patria, Plus Ultra, Puritanos, Revolución, Sagesse, Unidad e Integridad.* Había logias de varias Obediencias, no obstante, la estructura organizativa de la Gran Logia

Simbólica Española de Menfis-Mizraim rivalizó con otras Grandes Obediencias del territorio español.

En febrero de 1891, el Soberano Gran Consejo General Ibérico y la Gran Logia Simbólica Española de Menfis-Mizraim, contaba ya con sesenta y ocho logias simbólicas distribuidas en varias localidades de la península, a pesar del corto tiempo que llevaba constituida. Tenía también diecisiete Grandes Logias, en otras tantas capitales de provincia. Además de las cuatro Grandes Logias Regionales que comprendían Asturias y Galicia, Andalucía, Castilla la Nueva y Aragón; y si hemos de juzgar por los grandes resultados que en corto plazo obtuvieron, podemos asegurar que en el primer año llegaron a ser seiscientos miembros.[15]

En mayo de 1891, la Gran Logia Provincial de Murcia, el Areópago y la logia *Eco del Progreso*, 38 de La Unión, abrieron una escuela laica de artes y oficios y una biblioteca pública, ésta era otra forma de hacer masonería, algo diferente a lo existente en España hasta ese momento. En el primer curso que se dio asistieron 1 299 estudiantes y 4 015 artesanos. Las instalaciones se les hicieron pequeñas y los dos altos organismos decidieron cambiar de local, trasladándose a la calle Luzón, n.º 4, duplicado bajo, de Madrid, en ese mismo mes de mayo. Algo determinante para ambos cuerpos era tener una buena biblioteca y una sala de lecturas abierta durante todo el día y gran parte de la noche, para que los masones y los obreros la utilizaran en su instrucción.

En España, desde el principio hubo algunas diferencias entre el Rito de Menfis-Mizraim con el Rito Escocés Antiguo y Aceptado, tal vez porque la mayoría de sus fundadores provenía de él. También ocurría en otros países, Albert Pike no tenía ninguna simpatía por el rito, sin embargo, a su muerte, ocurrida el 2 de abril de 1891, los masones de Menfis-Mizraim hicieron un decreto en el que decían: «El muy ilustre y dedicadísimo Masón Norte-Americano, el hermano Albert Pike, Gran Comendador del Supremo Consejo de Inspectores Generales del grado 33.º del Rito Escocés en Charlestón (Carolina del Sur), ha bajado al sepulcro a los ochenta años de edad.

»El fallecimiento de tan ilustrado hermano es una de las pérdidas más sensibles que la masonería cuenta en el presente, pues Albert Pike podía considerarse como uno de los más sabios Maestros, y sus opiniones y

15. B. P. del Soberano Gran Consejo General Ibérico, año III, núm. 5, 1-2-1891, p. 6.

pareceres dentro de la masonería, aun por la que no observa el Rito Escocés, eran oídas y atendidas con predilección y respeto.

»El Consejo General Ibérico súplica a los Cuerpos por él auspiciados, vistan de luto por espacio de tres sesiones y en cada una de éstas se guarden momentos de silencio en señal de duelo y veneración al que fue una de las Lumbreras de la Masonería Universal».[16] Es evidente que la antipatía no era recíproca.

En agosto de 1891, el órgano oficial del Consejo General Ibérico publicaba una estadística de cómo estaba la masonería en ese momento a nivel mundial. Es una información que sociológicamente tiene su importancia, porque hasta esa fecha lo máximo que se podían obtener eran datos exclusivamente nacionales.

Según el cómputo de la citada estadística, existían en el año de 1880, 137 065 logias en actividad que tenían un total de 21 308 644 masones que observaban los ritos simbólicos de *York, Francés, Menfis* y *Mizraim, Escocés Antiguo y Aceptado, Emulación* y algunos otros menos conocidos. Estaban distribuidos en la forma siguiente:

Europa	7 854 415	hombres
América del Norte	5 673 296	"
América del Sur y Brasil	4 507 425	"
Asia y Oceanía	599 212	"
África incluyendo Egipto	83 320	"
Cuba y Puerto Rico	18 516	"
Y en las diferentes partes del globo	2 576 460	mujeres
Total de masones activos	**21 308 644**	

Y calculando inactivos apenas el doble, resultan:

Masones activos	21 308 644
Inactivos	42 617 288

Ésas son las cifras que se manejaban por aquel entonces, y que no cesan de sorprendernos. No sé qué fiabilidad estadístico-sociológica pueda tener, aunque, así y todo, no deja de ser interesante como referencia. Hay

---

16. B. P. del Soberano Gran Consejo General Ibérico, año III, núm. 19, 10-5-1891, p. 6.

un dato interesante en la estadística, es que el número de inactivos tiene una proporcionalidad parecida a la actual.

Esta Gran Logia se había organizado en Grandes Logias Regionales, Provinciales y logias simbólicas. A finales del siglo xviii tenían 25 Grandes Logias Regionales y unas 192 logias simbólicas locales. Los órganos auxiliares de la Gran Logia Simbólica Española de Menfis-Mizraim eran la Gran Logia de Instrucción, la Gran Logia de Adopción de la clase Obrera y la Gran Logia Militar. La existencia de las Grandes Logias específicas es otro hecho sorprendente de esta Obediencia. El decreto para la creación de la militar, decía lo siguiente:

Nos, Ricardo López Salaberry, Gran Maestre de la Soberana Gran Logia Simbólica Española de Menfis-Mizraim, enviamos a todas las Grandes Logias regularmente constituidas, así como a nuestros OObr.·. y MMas.·. pperf.·. de todo el Orbe, Paz, Tolerancia, Verdad.

Ilustres y queridos hh.·.

Sabed Que: De conformidad con lo acordado por nuestra Gran Logia en su Sesión ordinaria de 22 del mes actual, después de estudiada y discutida la conveniencia de legalizar en España la situación Masónica de los Militares de nuestra patria, al igual que lo está establecido en otros países, especialmente en Inglaterra. En uso de las facultades de que estamos investido:

Sanciono y expido el siguiente Decreto.

Artículo 1.º A partir de la fecha de primero de enero de 1892, los Masones Militares de nuestra patria y auspiciados por el Rito Oriental, formarán un único Cuerpo independiente y separado, bajo la denominación especial de Gran Logia Militar Española.

Art. 2.º La Gran Logia Militar Española tendrá su residencia oficial en la capital de España, y a ella podrán pertenecer todos los Militares Españoles, sea cual fuere el punto de la Península y Ultramar en donde tengan que residir los Asociados.

También ese año que empezaba hubo cambios en el cuadro dirigente de la Gran Logia Simbólica Española de Menfis-Mizraim. Se nombró a Ramón Moreno y Roure, exdiputado a Cortes y exgobernador civil, para sustituir como Gran Maestro a Ricardo López Sallaberry, que pasó a ser Gran Maestre honorífico *ad vitam*. Como veremos más adelante, el cargo a Ramón Moreno apenas le durará dos meses, ya que falleció el 16 de abril de ese mismo año.[17]

Por lo tanto, la nueva estructura de la Soberana Gran Logia Simbólica quedaba de la siguiente forma:

D. Ricardo López Sallaberry, *Gran Maestre honorífico* ad vitam; Ramón Moreno y Roure, *Gran Maestre*; Luis Rubiales y Pardillo, *Gran Maestre adjunto primero*; Francisco Menoyo y Salvador, *Primer Vigilante*; Ramón Villaron y Arenas, *Segundo Vigilante*; José M. de C. Just, *Gran Orador*; Federico Rubio y Amoedo, *Gran Orador adjunto*; Gran primer Experto, Vacante por desempeñar la Tesorería General; Joaquín Matamala y Díaz, *Gran segundo Experto*; José Roche y Pistor, *Gran Maestro de Ceremonias*; Atanasio Gómez García, *Gran Arquitecto Revisor*; Antolín F. Martínez Ruiz, *Gran Porta-Estandarte*; Blas Blanco Sanz, *Gran porta Espada*; Pablo Dabo y Miguel, *Gran Guarda Templo*; Pedro C. Timolhée, *Gran primer Auxiliar*; Francisco Barceló, *Gran segundo Auxiliar*; Ulpiano Gómez Pérez, *Gran Tesorero* y *Guarda Sellos*; Isidro Villarino del Villar, *Gran Secretario general*.

La filantropía también ocupa un lugar central en sus esfuerzos, y con este fin establece una sociedad de ayuda mutua, creando un banco masónico por primera vez en España.

La iniciativa se debió a las logias *Perseverancia,* núm. 5, *Puritanos,* núm. 7 y al *Areópago Regional de Castilla la Nueva,* núm. 1. La base de capital fue de 500 000 pesetas, representada por 100 000 acciones de 5 pesetas. Sólo podían ser accionistas los masones activos, tanto españoles como extranjeros. Para ello acordaron nombrar un Consejo de Administración que con carácter definitivo dirigiría los trabajos hasta la Junta general que se señaló a ruego del delegado del Banco en Santander para el día 24 de junio de 1892. En esa reunión, conforme con las indicaciones de la carta de dicho señor, se acordó ir elevando el capital del banco hasta la cifra de diez millones de pesetas. Posteriormente, se pasó a votar el Consejo de Administración, siendo elegidos:[18]

---

17. B. P. del Soberano Gran Consejo General Ibérico, año IV, núm. 1, 31-1-92, pp. 6-8.
18. B. P. del Soberano Gran Consejo General Ibérico, año IV, núm. 7, 14-2-1892, p. 6.

Presidente.– D. Isidro Villarino.

Vicepresidente.– D. Ramón Lino Pérez.

Secretario.– D. Vicente Campos.

Tesorero.– D. Escolástico Sánchez.

Vocales.– D. Marceliano Herrero y don Melitón Gómez.

Director.– D. Emilio J. M. Nogués.

Contador.– D. Guillermo García.

Como he dicho anteriormente, el 16 de abril de 1892 falleció el Gran Maestro de la Soberana Gran Logia Simbólica Española de Menfis-Mizraim, Ramón Moreno y Roure. La asamblea eligió a José Marenco y Gualter como Gran Maestro, para regirla y gobernarla según sus leyes constitucionales. Marenco decía: «…y como a este puesto no se llega por propia voluntad, ni tampoco puede aceptarse sin estar dispuesto a cumplir con religiosidad todos los deberes que las funciones de todo gobierno imponen a cuantos tienen el propósito de respetar lo establecido y realizar cuanto sea compatible con las leyes de la equidad de la justicia y el progreso, acato la voluntad de mis mandatarios aceptando un cargo para el cual, si no tengo méritos y aptitudes, creo poseer energías y voluntad».[19]

Verificada la elección, resultaron elegidos por unanimidad: *Grandes Maestres Honorarios*, Ecxmo. Sr. D. Enrique Pérez de Guzmán y D. Ricardo López Sallaberry; *Ilustre Gran Maestre*, D. José Marenco y Gualter; *Primer Gran Maestre adjunto*, D. Emilio J. M. Nogués; *Segundo Gran Maestre adjunto*, D. Ramón Lino Pérez; *Gran Primer Vigilante*, D. Luis Rubiales y Pardillo; *Gran Segundo Vigilante*, D. Federico Rubio y Amoedo; *Gran Orador*, D. Juan G. Férnandéz Carvajal; *Gran Orador adjunto*, D. Ramón Villaron y Arenas; *Gran Primer Experto*, D. Joaquín Matamala y Díaz; *Gran Segundo Experto*, D. Guillermo García; *Gran Primer Maestro de Ceremonias*, don Emilio Arroyo; *Gran Segundo Maestro de Ceremonias*, D. Francisco Malagón; *Gran Arquitecto Revisor Contador*, D. Atanasio Gómez Garcia; *Gran Maestro de Banquetes*, D. Justo L. Lobo; *Gran Porta Estandarte*, D, Genaro Caffiero; *Gran Porta Espada*, D . Pedro López Ferreiro; *Gran Guarda Templo*, D. Pablo Dabó y Miguel; *Gran Guarda Sellos y Tesorero*, D. Ulpiano Gómez Pérez; *Gran Secretario General*, D. Isidro Villarino del Villar.

---

19. B. P. del Soberano Gran Consejo General Ibérico, año IV, núm. 23, 5-6-1892, p. 1.

No hay que perder de vista que José Marenco, general de la marina y diputado a Cortes, abandonará la Gran Logia Simbólica Española de Menfis-Mizraim, para integrarse en el Gran Oriente Español. Una vez allí, volverá a ser elegido el 30 de septiembre de 1904 como Gran Maestre del Gran Oriente Español. ¿Por qué resaltamos esto? Sencillamente, porque cuando se disuelva la Gran Logia Simbólica Española de Menfis-Mizraim, en 1913, la mayoría de masones se integrarán en la Gran Logia Simbólica Catalano-Balear[20] –futura Gran Logia Española–, pero otros volverán al Gran Oriente Español.

Por si alguien tenía dudas sobre la función del Supremo Consejo, el Boletín de Procedimientos lo aclaró debido a la mala interpretación de la revista *El Taller*,[21] que decía: «...entre las iniciativas del Soberano Gran Consejo General Ibérico: uno de sus actos más transcendentales es el últimamente realizado creando una gran Logia Militar. No sabemos si los resultados responderán a los deseos de aquel alto Cuerpo».

La respuesta dada por la Gran Logia Simbólica Española de Menfis-Mizraim fue que: «...conviene dejar consignado que no ha sido el Consejo General Ibérico el que tal concesión ha hecho. El Consejo General Ibérico no tiene jurisdicción en logias y grados simbólicos, y mal puede otorgar lo que no está facultado para conceder. *El Taller*, de Sevilla, al igual que otros colegas y masones, confunden nuestros organismos y consideran o creen que el Gran Consejo General Ibérico gobierna y dirige el Simbolismo: y no es así».[22]

De esa forma desvanecían el error informativo de la revista *El Taller*. Al mismo tiempo aclaraban que el rito que se utilizaba en la Gran Logia constaba de tan sólo treinta y tres grados, divididos en cuatro clases, de las cuales la primera era simbólica y con separación absoluta en Gobierno, Legislación y Administración. También aclaraban que lo único que los

---

20. Según el decreto de sanción y proclamación de la Constitución de esta Gran Logia firmado por Rosend Arús i Arderiu, que se produjo el 24 de agosto de 1886, en su artículo único dice: «Queda promulgada la Constitución de la Gran Logia Simbólica Regional Catalano Balear, y derogadas cuantas Leyes, decretos y disposiciones puedan estar en contradicción o que no emanen de la misma». *Cf.* Gran Logia Simbólica Regional Catalano-Balear, *Ruptura del Pacto entre la Gran Logia Simbólica Regional Catalano-Balear y el Gran Oriente Español*, Barcelona, 1920, p. 11.

21. *El Taller* nació como órgano de la Confederación Masónica del Congreso de Sevilla, el 15 de enero de 1880.

22. B. P. del Soberano Gran Consejo General Ibérico, año IV, núm. 25, 19-6-1892, p. 2.

unía eran unas leyes de relaciones pactadas entre el Gran Consejo y la Gran Logia Simbólica, que era soberana en los tres grados de Aprendiz, Compañero, Maestro y *Past Master* o Real Arco. Es muy interesante ver la utilización que se hacía de ese cuarto grado, no explícito, pero sí admitido dentro de la Obediencia.

También se acordó por unanimidad adherirse al Congreso Librepensador,[23] que tenía que celebrarse en Madrid en el mes de octubre de 1892, nombrando a tal efecto al Gran Secretario Isidro Villarino del Villar como delegado. Igualmente, allí estaban en el comité organizador otros miembros de la Gran Logia Simbólica Española de Menfis-Mizraim, como Ramón Chíes y Fernando Lozano, quien llegará a ser Gran Maestro del Gran Consejo General Ibérico.

No obstante, ese mismo año, unos meses más tarde, tuvo lugar en Madrid la reunión de La Fraternidad Universal. Esta asociación pretendía la creación de una Federación Espiritista Iberoamericana y la celebración ese mismo año de un Congreso Espiritista Hispano-Americano e Internacional, para solemnizar el cuarto centenario de Colón. El idioma oficial en el congreso sería el español, pero se recibirían también comunicaciones escritas y verbales en portugués, italiano, francés, inglés y alemán. A ella asistieron como ponentes dos escritoras: Ángeles López de Ayala, considerada la principal intelectual feminista de España, y Amalia Domingo, una activista de los derechos de la mujer y la mayor espiritista del país, ambas miembros de la Gran Logia Simbólica Española de Menfis-Mizraim.[24]

A finales de octubre de ese mismo año, el hasta ahora Gran Maestro del Soberano Gran Consejo General Ibérico, Manuel Jimeno y Catalán, deja el cargo para ser sustituido por el Soberano Príncipe de la Orden,

---

23. El concepto de libre pensamiento, tiene como antecedente al poeta y matemático medieval persa Omar Jayyam, autor de la *Rubaiyat*, y al médico y escritor francés François Rabelais, quien en la utópica Abadía de Thelema de su *Gargantúa* acuño la frase «Haz lo que quieras». Sin embargo, el hito histórico más importante para los librepensadores fue la quema en la hoguera de Giordano Bruno, que define una forma de pensar y actuar libre de postulados religiosos, filosóficos, ideológicos o políticos, que se apoyaría principalmente en las propias experiencias existenciales de los librepensadores, en la lógica y en la razón.

24. Ángeles López de Ayala y Molero fue una dramaturga, narradora, periodista y activista política española de finales del siglo XIX y comienzos del siglo XX. Véase Max Nettlau, *La Première Internationnale en Espagne*, D. Reidel, Dordrecht, 1969, p. 519.

Enrique Pérez de Guzmán, marqués de Santa Marta. Se declara y reconoce *ad perpetuam* al propio Manuel Jimeno y Catalán como Gran Maestro General Honorario, con derecho de voz y voto en todos los actos del Gran Consejo, así como se le concede el cargo y título de Gran Maestro General adjunto. Más adelante, veremos que el *ad perpetuam* durará menos de un año.

A partir de 1892, el Gran Maestro General del Soberano Gran Consejo General Ibérico del Antiguo y Primitivo Rito Oriental de Menfis y Mizraim, es Enrique Pérez de Guzmán el Bueno, marqués de Santa Marta, título que obtuvo al casarse con María de los Dolores Golfín de las Casas. Había nacido el 14 de julio de 1826 en la ciudad de Córdoba, en el seno de una familia ilustre y aristocrática, descendiente en línea directa del defensor de Tarifa, Alonso Pérez de Guzmán, al que Sancho IV honró con el sobrenombre de «el Bueno».

Siempre creyó que el mejor modo de honrar la hazaña de su familiar era no traicionando a su conciencia. Así que desde su juventud fue un demócrata convencido que nunca vaciló en proclamarlo en voz muy alta. También demostró una afición decidida por los estudios filosóficos y por las cuestiones económicas y sociales, lo que le llevó a cursar estudios de Filosofía y Leyes en la Universidad de Sevilla. Terminados sus estudios, se interesa por la política, definiéndose como un ferviente republicano federal, por lo que terminó siendo varias veces diputado a Cortes durante el Sexenio Democrático. Había desempeñado el cargo de diputado en 1869 por Barcelona y en las elecciones de 1871 representó a su ciudad, Córdoba, en las Cortes de Amadeo I de Saboya, conocida como la «monarquía democrática».

No deja de ser curioso el hecho de que un hombre perteneciente a la aristocracia tuviera que dar ejemplos de democracia practica a los que, apenas contando con un grupo más o menos numeroso, se apresuraban a convertirse en pequeños reyezuelos. Hay evidencias que en más de una ocasión tuvo que recordarles a los jefes de los partidos que no eran monarcas absolutos y a los ciudadanos que militaban en los partidos democráticos, que debían ser algo más que vasallos sumisos.

Fue el organizador de la coalición de la prensa republicana y colaborador de los diarios *La República Federal* y *La República Ibérica*. Además, fue el mecenas, durante unos años, del periódico federal *La República*. Se inició tardíamente en la masonería española, concretamente el 25 de marzo de 1889, cuando ya tenía 63 años. Sin embargo, no sabemos si había ingresado antes en alguna obediencia extrajera, hay que tener en cuenta que familiares suyos como Pedro Zoilo Téllez-Girón y Pérez de Guzmán, VIII duque de Osuna, y Sebastián de las Casas fueron altos cargos de los Elegidos Cohen.[25]

Finalmente, el Soberano Gran Consejo queda compuesto así:

Numerarios: Excmo. Sr. D. Enrique Pérez de Guzmán, marqués de Santa Marta, *Soberano Gran Maestro General*. D. Manuel Jimeno y Catalán, *Serenísimo Gran Maestro General adjunto*. D. Ricardo López Sallaberry, *Serenísimo Gran Diputado al Gran Maestro*. D. Ángel Arenas Paez, *Ilustre Gran Orador, Ministro de Estado*. D. Isidro Villarino del Villar, *Ilustre Gran Secretario General*. D. Ramón Moreno y Roure, *Ilustre Gran Canciller General*. D. José M. de Cagigao, *Ilustre Gran Tesorero y Limosnero General*. D. Alejandro Fillol y Costa, *Ilustre Gran Chambelán General*. D. Federico Rubio y Amedeo, *Ilustre Gran Porta-Espada*. D. Luis Rubiales y Pardillo, *Ilustre Gran Mariscal General*. D. Ramón Villarón y Arenas, *Ilustre Gran Porta-Estandarte*. D. Joaquín de Aymerich Fernandez Villamil, *Ilustre Gran Heraldo General, Guarda del Santuario*.

Supernumerarios: D. José Sanchez Barrette de Figueiredo Perdigao, D. Isaac Peral y Caballero, D. Pablo Costes y Martínez, D. José Castro Labrada, D. Norberto Tellado, D. Manuel Martínez, D. Manuel García Salazar, D. Francisco de Paula Diez, D. Antonio Arenas Paez, D. José Ruiz de Rosado, D. Rafael Ginard de la Rosa, D. Juan A. de Torre, D. Vicente Martínez Ochandorena, y D. Ramón Prieto y Puga.

En el otoño de ese año, el Gran Maestro del Oriente Español, Miguel Morayta, estuvo gravemente enfermo. Este hecho hizo que el acercamiento entre la Gran Logia Simbólica Española de Menfis-Mizraim y el Gran Oriente Español fuera un hecho, a partir de ahora el entendimiento entre las dos Obediencias será cada vez mayor y las relaciones se irán consolidándose. Es posible que también facilitara las cosas la marcha de Manuel Jimeno y Catalán, que mantenía un enfrentamiento con la actual dirección de la Gran Logia Simbólica Española de Menfis-Mizraim.

Además, con motivo del 400 aniversario del descubrimiento de Colón, el Gran Oriente Español realizó un acto al que invitó al Gran Consejo General Ibérico que, recogiendo el guante, publicaba en su boletín:

---

25. Enrique Vera y González, *op. cit.*, vol. II, pp. 714-15.

«No tenemos tiempo material para hacer reseña del acto, pero sí consignaremos con regocijo que las distancias se estrechan y que la inteligencia fraternal ya está establecida entre el Gran Oriente Español y el Gran Consejo General Ibérico».[26]

Al poco tiempo, ambas Obediencias se dieron un estrecho y fraternal abrazo, sucediendo finalmente lo que debía suceder. Estos dos organismos masónicos llegaron espontáneamente a entenderse y aliarse ante la Masonería Universal, dignamente representada por potencias tan poderosas como Inglaterra, Francia, Irlanda o Suiza. A partir del 15 de octubre de 1892, la masonería española comienza su nueva era de engrandecimiento y prosperidad. Para ello firmaron un documento en el que decía su artículo 1: «Todas las Logias de nuestra obediencia, a partir de la promulgación de esta Ley, marcharan de acuerdo con las Logias del Gran Oriente Español, constituidas en el mismo territorio de su jurisdicción, sin que puedan alegar razón alguna para dejar de prestarles en todo tiempo, solicítenlo o no, el apoyo material y moral que se deben los hermanos».[27]

Los tiempos eran difíciles y mientras se ganaban apoyos en la Península se rompían las relaciones con alguna Obediencia que había estado casi desde el principio a nivel internacional.

En el Convento anual que celebró Rumanía hubo un incidente con el representante del Gran Consejo General Ibérico para América del Norte, Jaques Ochs que, aunque llevaba la documentación correspondiente de sus reconocimientos oficiales firmados por las logias *Pilgrin* y otras, no fue admitido a los actos. Supongo que Rumanía esperaba unas credenciales expedidas por España. Independientemente, el Supremo Consejo General Ibérico rompió todos los lazos masónicos con el Santuario de Rumanía. A la luz de esta decisión, se ordenó a Isidro Villarino del Villar, que era el representante designado para que renunciara a sus poderes y los devolviera a Bucarest.[28]

Entre el verano y el otoño de 1892, se produjo uno de los momentos de mayor expansión de la orden. Se establecieron logias en Estados Unidos y México que se propagaron a lo amplio del territorio, a pesar de la

---

26. B. P. del Soberano Gran Consejo General Ibérico, año IV, núm. 42, 16-10-1892, p. 6.
27. B. P. del Soberano Gran Consejo General Ibérico, año IV, núm. 43, Madrid, 23-10-1892, portada y p. 6.
28. B. P. del Soberano Gran Consejo General Ibérico, ibíd., p. 8.

reacción contraria que provocó el hecho. Ése fue el motivo que obligó al Soberano Gran Consejo a proveer y facilitar a Jaques Ochs todos los medios de acción, para que su delegado pueda actuar sin problemas. A partir de esta fecha le autorizaron para que, bajo su Presidencia y conjuntamente con los dos Soberanos Príncipes de la Obediencia, Dr. José Parés Llansó y Arlang Page, que residían en Estados Unidos, constituyeran en Nueva York un Consistorio de Soberanos Príncipes de la Orden grado 33.º, para todo el territorio norteamericano. De esa forma podían distribuir mejor y controlar los trabajos de los Cuerpos Capitulares y Filosóficos.[29]

El Soberano Gran Consejo y Gobierno del Rito Oriental en la Península Ibérica y territorios ocupados, en vez de disminuir, crece progresivamente, según lo demuestran los siguientes datos: cuenta con setenta Soberanos Príncipes de la Orden, grados 33.º, 90.º, 96.º. La Gran Cámara dogmática, que posee treinta y dos Grandes Inspectores Generales, grado 32.º. El Supremo Tribunal de Justicia, que tiene treinta y dos Grandes Inquisidores, grados 31.º. El Senado filosófico o Gran Cámara del grado 30.º, que cuenta con noventa Príncipes de la Orden y que disponen de seis Areópagos Regionales. El Soberano Capítulo de Caballeros del Pelícano, grado 18.º, de quienes dependen tres Capítulos provinciales y cuatro Consistoriales. Un Soberano Capítulo del Arco Real, que gobierna y dirige independientemente a los *Past Masters* y Arcos Reales.

Mientras que la Gran Logia gobierna dos Grandes Logias Regionales, veinte Grandes Logias provinciales y ciento cuatro logias simbólicas que cuentan en conjunto con 3 146 masones. Todos los cuerpos simbólicos, y muy especialmente el Soberano Capítulo del Arco Real, se regían por el Ahiman-Rezon[30] y los Cuerpos Capitulares del grado 4.º al 33.º, por la Constitución propia del Soberano Gran Consejo.

---

29. B. P. del Soberano Gran Consejo General Ibérico, año V, núm. 2, Madrid, 28-1-1893, p. 4.

30. La primera edición de *Ahiman Rezon* (וְזֹר מִיחָא) se publicó en 1756, la segunda en 1764. Se le considera el Libro de Constituciones de la Antigua Gran Logia de Inglaterra, que se formó en 1751, y fue escrito por Laurence Dermott. La formación de la Antigua Gran Logia reunió a logias y masones que, creyendo formar parte de una tradición masónica más antigua y original que la Moderna Gran Logia formada en 1717, optaron por separarse. Cuando los Antiguos y los Modernos se volvieron a unir en 1813, se habían publicado ocho ediciones.

Para resumir la presencia masónica, en 1893 abarcaba a 149 logias distintas. Éstas se distribuyeron en numerosos lugares, incluida la ciudad misma, así como Cuba, Puerto Rico, Marruecos, Canadá y Estados Unidos.

La Educación y la Beneficencia será otro de los temas muy importantes para esta Obediencia. Estrechamente relacionados y vinculados con el contenido ideológico de la Gran Logia, apostaban por una educación laica e íntegra. Esto era esencial para facilitar a las personas armas que pudiesen usar en su liberación.

Se montaron escuelas laicas en Lugo, Albacete y Barcelona. Lo hacían con tanto entusiasmo que, en esta última ciudad, a los pocos días de creada e instalada la escuela laica de niños, fue creada e instalada la de niñas. En ese sentido, seguían el ejemplo dado por las Grandes Logias de Inglaterra, tanto de los «Antiguos» como de los «Modernos». No cabe duda de que ése era el mejor y más productivo trabajo que la masonería podía realizar.

Por todo ello, aunque en España la cosa iba muy bien, no dejaban de surgir problemas a nivel internacional. Ya había habido ciertos agravios con algunas Grandes Logias de Estados Unidos.

La Gran Logia de Illinois anunció pomposamente que iba a celebrar un Congreso Universal Masónico en Chicago. Todo hacía prever que podía resultar un fiasco; porque no existía ningún plan, ni formas, ni pensamiento fijo, como lo prueban las diferentes prórrogas de su apertura.

Cuando un representante de la Gran Logia Simbólica Española de Menfis-Mizraim se presentó a la Gran Logia de Illinois, ésta le pidió que se les cedieran las logias simbólicas en aquel territorio. La exigencia era absurda y descabellada, pero el pulso estaba echado.

Finalmente, no tenemos la certeza de que fueran estos hechos de deterioro con el continente americano lo que terminó por empujar al marqués de Santa Marta a dimitir. Su argumento, como normalmente suele suceder, fue de tipo personal, aunque la nota es muy seca. Más bien creo que empieza a apreciarse un deterioro en las relaciones del Gran Consejo General Ibérico con la Gran Logia Simbólica Española de Menfis-Mizraim.

Dimisión del marqués de Santa Marta:

Madrid 3 de noviembre de 1812.

Sr. D. Isidro Villarino del Villar, Secretario del Gran Consejo General Ibérico.

Muy señor mío: Ruego a V. dé cuenta al Consejo, cuando tenga por conveniente reunirlo, que desde esta misma fecha ceso en el cargo de Gran Maestro del Consejo General Ibérico.

Esta resolución, fúndola en incompatibilidades que mi salud con el ejercicio de ese cargo, es de todo punto irrevocable; de modo que no hay lugar a la reunión del Consejo bajo mi presidencia, toda vez que me considero desligado desde este momento de toda clase de relaciones masónicas con sus dignos individuos.[31]

El 28 de noviembre de 1893, Fernando Lozano fue instalado como Gran Maestro del Soberano Gran Consejo General Ibérico y obtuvo una nueva carta patente de Giambattista Pessina. En la Gran Logia Simbólica Española de Menfis-Mizraim el Gran Maestro fue Abelardo Carrillo y Galiano.[32]

También hubo cambios en Rumanía, el hermano Constantin Moroiu, 33.º, 97.º, que ya había recibido una carta patente de Pessina, parece haber obtenido, en 1892, una nueva patente de otra fuente que lo confirmó como Gran Maestre del Santuario rumano de Menfis. Aunque en esa fecha las relaciones con España aún seguían rotas.

Al comenzar el año de 1894, las dos Obediencias entraban en el octavo año oficial y nominal de su existencia, y en el sexto efectivo de los trabajos regulares y fructíferos. Durante el primer quinquenio cada año obtuvieron aumentos de consideración en hombres, mujeres, cuerpos y recursos y, como los guarismos no dejaban lugar a dudas, citaremos una sucinta estadística.

En 1889 se cerró el año con 34 logias.

En 1890, con 68 logias.

En 1891, con 86 logias.

---

31. B. P. del Soberano Gran Consejo General Ibérico, año V, núm. 21, 14-11-1893, p. 2.
32. B. P. del Soberano Gran Consejo General Ibérico, ibíd., p. 7.

En 1892, con 114 logias.

En 1893, con 147 logias.

Y al hablar de logias entiéndase únicamente las logias simbólicas, es decir, las que administran los tres primeros grados del simbolismo. Pero eso no evitará que se siga una mala política internacional. Antes de cinco años, la Gran Logia experimentará una crisis debido a una disputa con el Supremo Consejo de Nápoles del citado rito. Este contratiempo se resolvió, en 1894, con el nombramiento de Isidro Villarino del Villar como Gran Maestre de ambas organizaciones. Villarino del Villar pasó a establecer un nuevo rito, que se inspiró en el anterior y se denominó Rito Nacional «Español» o Ibérico, con el que la Gran Logia continuó operando hasta su disolución.

Para entender mejor esta crisis, veamos qué decían de ella:

«El rito que nosotros profesamos, es el Oriental Reformado de Memphis y Mizraim con treinta y tres grados, pero con separación absoluta de los tres simbólicos, lo que no practican los ritos de Mizraim o de Memphis ni el propio Nápoles, cuyo Hierofante se abroga poderes que no posee, ni nosotros podemos reconocérselos.

»Que desde el 1 de enero de 1893, nos declaramos totalmente desligados de Nápoles y no reconocemos su Autoridad, ni aceptamos representación oficial en el titulado Imperial Consejo, por considerar que carece de los prestigios y seriedad indispensables, hallándonos de conformidad y acuerdo con el Supremo Consejo de Irlanda.

»El Sr. Pessina se ha dirigido, de una manera digna de él, a todos nuestros Cuerpos de Norte América, provocando el cisma y la descomposición, y oficiando de Gran Hierofante, hace promesas…

»El Consejo General Ibérico no admite que se atente contra su Soberanía por nadie, y mucho menos por quien, erigido en Gran Hierofante, ha creído que el trabajo de los Cuerpos Supremos de la Confederación del Rito le pertenecen de derecho».[33]

Queda claro que optaron por alinearse definitivamente con el Soberano Santuario de Gran Bretaña e Irlanda, del que era Gran Hierofante Mundial John Yarker, como ya hemos dicho en el capítulo anterior. El Gran Maestro del Soberano Gran Consejo Ibérico, Fernando Lozano,

---

33. B. P. del Soberano Gran Consejo General Ibérico, año VI, núm. 1, 14-1-1894, p. 2.

presentó su dimisión, fundada en las múltiples obligaciones que debía atender. Ya hemos visto que Lozano era uno de los dirigentes del movimiento espírita y las Obediencias, cada vez más, se iban apartando de esa línea para convertirse en una Gran Logia al uso. Como he apuntado en líneas anteriores, el elegido, por unanimidad, para ocupar el cargo de Gran Maestro, tanto para el Gran Consejo como para la Gran Logia, fue Isidro Villarino del Villar, que tomó posesión de la presidencia el día 1 de abril, y con tal motivo quedó constituido el Consejo en la forma siguiente:

CONSEJEROS HONORARIOS

Excmo. Sr. D. Manuel Ruiz Zorrilla.– París.

llmo. Sr. M. A. Alves da Veiga, representante de Portugal.– París.

Mr. Jules Osselín.– París.

Mr. C. Comby, representante para Francia.– París.

Gustave Molinary.– París.

Honorable Jonh Yarker, Condal Manchester.– Withington.

Honorable Carlos Monch Wilson, representante para Inglaterra.– Dublín.

Honorable Righr Stombis, barón Plunkert.– *Archbishop* de Dublín.

Honorable Prossonno Coomar Dutt, representante para la India.– Calcuta.

Conde César A. Blengini, representante para Rusia y Turquía.– Constantinopla.

Capitán Vizenzo Mineo.– Napóles.

Mr. Fernand Oddi.– Alejandría.

Mr. Anacleto degli Oddi, garante de Amistad Supremo Consejo de Egipto.– Alejandría.

Conde de Nichichievich, representante del Rito para Egipto.– Alejandría.

S. E. Hussein Pacha Jackry, representante para la Gran Logia Nacional de Egipto.– El Cairo.

Mr. Richard de Boehme.– Alejandría.

Mr. A. Livitinopulo.– Alejandria.

Conde Jean Lucovich.– Alejandría.

Mr. Tomaso Androvich.– Alejandría.

Mr. Carlos Androvich.– Alejandria.

Mr. Carlos Sihor.– Alejandría.

CONSEJEROS NUMERARIOS

D. Isidro Villarino del Villar.– Soberano Gran Maestro General en la Península Ibérica y territorios ocupados por este Gran Consejo.

D. Francisco Mendoza y Ducha.– Primer Diputado a la Gran Maestría.

D. Ramón Villarón y Arenas.– Segundo Diputado a la Gran Maestría.

D. Antonio Canelas de Castro.– Gran Orador, Ministro de Estado.

D. Ángel Mendoza y Ducha.– Gran Secretario General.

D. Miguel Gil Vinués.– Gran Secretario adjunto.

D. Antonio de la Vega Rodríguez.– Gran Canciller General.

D. Ramón Díaz del Sol.– Gran Canciller adjunto.

D. Enrique García Alcolea.– Gran Mariscal General.

D. Eusebio A. García.– Gran Chambelán.

D. Ulpiano Gómez Pérez.– Gran Tesorero y Limosnero.

D. Joaquin Matamala y Díaz.– Gran Experto.

D. Atanasio Gómez García.– Gran Heraldo Gran del Santuario.

La Gran Logia Simbólica Española, había dejado de llamarse de Memphis y Mizraim, tenía los mismos consejeros con diferentes cargos.

No se puede calificar a esta etapa de declive, ya que la Obediencia se extiende ahora por países como Argentina, Alemania, Hungría y Portugal, aunque su crecimiento se verificaría a un ritmo más lento que en la etapa anterior.

Entre 1889 y 1898, la Gran Logia Simbólica Española ya fuera como Menfis-Mizraim o como el Rito Español llegó a tener 198 logias, 54 de las cuales estaban fuera de España: 18 en Estados Unidos, 4 en Puerto Rico, 17 en Cuba, 4 en México, 4 en Argentina y 2 en Tánger. También existían logias en Berlín, Budapest, Montreal y Lisboa.

En cuanto a las 138 logias metropolitanas, cabe señalar que los talleres independientes galaicos se incorporaron a la Gran Logia Simbólica Española de Menfis-Mizraim de forma federada, haciendo de esa forma que la Obediencia de Menfis y Mizraim en España tuviera una importancia decisiva. Andalucía era la región que más logias tenía, 45; le seguía Galicia con 16 logias federadas; Cataluña con 12; Madrid con 10, y Extremadura y Valencia con 9. Finalmente, se expedirá una carta patente a Francia en 1906, con la que se fundaba la logia *Humanidad* y a Italia en 1909 para la logia *Ausonia*. Como consecuencia de las circunstancias políticas, en España se habían ido produciendo cambios en la Obediencia desde sus inicios. Estas variaciones han resultado, en una derivación de su rito oriental o egipcio original, hacia enfoques más prosaicos. Tras la confirmación de Villarino del Villar como el nuevo Gran Maestro de la Obediencia, remarcó que ni las prácticas del Gran Consejo General Ibérico, ni las de la Gran Logia Simbólica Española, eran ya las del Rito Antiguo y Primitivo Oriental. Tampoco las de Mizraim, ni las de Menfis, y sí una derivación o asimilación que, partiendo de la reforma de Nápoles, introdujeron los treinta y tres grados en la Península Ibérica, con el objetivo de separar la simbología del Capítulo Sublime y Filosófico.

También la diferenciaba la de considerar a la mujer en la masonería con los mismos derechos que el hombre, según ya se consignaba en la Constitución, mientras las otras Obediencias seguían con las logias de adopción para mujeres. Todo eso era lo que, según Villarino del Villar, determinaba la originalidad de la Nación Española masónica, constituyendo no sólo a su juicio, sino de todos los Miembros del Soberano Gran Consejo General Ibérico, una propiedad exclusivamente nacional y más que nacional Ibérica. Así, se hizo constar en resoluciones y acuerdos tomados por estos cuerpos supremos e, inspirándose en esos Acuerdos y Resoluciones, declararon:

El Orientalismo Español no es fruto del capricho o del acaso, ni tampoco es producto del afín de envanecernos con nombres extraños y pomposos. El Orientalismo español es la base y fundamento de un rito exclusivamente Nacional y propio.

En virtud de lo cual venimos en decretar lo siguiente:

1.º El Rito que practican el «Soberano Gran Consejo General Ibérico» y su «Soberana Gran Logia Simbólica Española», así como los Cuerpos auspiciados por estos Altos Poderes, desde la publicación del presente Decreto, se denominará Rito Oriental Ibero.

2.º Todos los documentos oficiales, tanto del Gran Consejo como de la Gran Logia, llevarán los membretes expresando tal denominación.

3.º Ínterin no se agote el material existente, se hará uso del que hoy existe, pero las nuevas tiradas o reproducciones que se hagan serán con arreglo a la denominación que queda consignada en Actas de esta fecha en ambos Cuerpos Supremos.

4.º Por la Secretaria General se pondrá en práctica todo cuanto previene el presente Decreto y todos los Cuerpos auspiciados lo harán también a medida que vayan renovando su material existente, dado en nuestra Gran Maestría a los 18 días del mes de junio de 1894 –El Gran Maestre de la Gran Logia, Gran Maestro del Consejo y Jefe Supremo del Rito en la Península Ibérica, Isidro Villarino, 33.º, 91.º, 97.º. Refrendado. –El Secretario General, Ángel Mendoza Ducha. 33.º, 90.º, 96.º. Cancellado. –El Gran Guarda Sellos y Canciller General, Antonio de la Vega Rodríguez, 33.º, 90.º, 96.º.[34]

Era evidente que, aunque abandonaran la línea más esotérica y espiritualista que el rito desarrollaba en otros países, no dejaba de ser una masonería muy progresista, aunque había dejado de ser progresiva.

En el Boletín de Procedimiento del 28 de noviembre de 1894, escribían: «Con verdadera extrañeza observamos que aún haya cuerpos masónicos que se ocupen de la discusión de si es conveniente o no la concurrencia de la mujer en los periódicos trabajos de nuestra augusta Orden, y lo vemos eso con extrañeza, porque no nos explicamos que aún haya entre nosotros quienes disputen a aquélla sus derechos sociales y quienes no estén ya penetrados de la utilidad inmensa que a nuestra institución aporta el elemento femenino como base que es de la familia y de la sociedad, y cuál rueda esencial para que la Humanidad pueda llegar a su mayor grado de cultura y de progreso».

Finalmente, las Grandes Logias Provinciales y los Cuerpos que llevaban los Altos Grados quedaron anulados y disueltos desde el 28 de febrero de 1895. Tanto los que existían como los que pudieran crearse de nuevo pasaban a ser Grandes Cámaras Areopágicas con funciones desde el grado 4.º al 30.º. Sin embargo, no tenían más autoridad y jurisdicción que sobre la localidad donde residían. Continuaban dependiendo siempre del Senado Filosófico en asuntos corrientes y ordinarios, y del Soberano Gran Consejo en los especiales y extraordinarios.

En el mes de julio de ese mismo año, la Soberana Gran Logia Simbólica Española, en su sesión ordinaria y ante reiteradas instancias de la logia *Emancipación* núm. 148 de La Coruña, acuerda declarar legalmente constituida la Asociación Benéfica que, con el nombre de *La Fraternidad Masónica*, había proyectado y propuesto dicha logia.

---

34. B. P. del Soberano Gran Consejo General Ibérico, año VI, núm. 12, 28-6-1894, p. 11.

Ese mismo año de 1895 falleció el que era Gran Maestro de Honor, Manuel Ruiz Zorrilla (*Cavour*). En sus últimos años acercó sus posiciones a las de Nicolás Salmerón con la creación de la Unión Republicana en 1893. Su actividad se centró en la sociedad civil y enfatizó una supuesta necesidad de orden y autoridad. Con su muerte en 1895, el partido se escindió y las fuerzas republicanas se fragmentaron.

En 1896 se desencadenaron los conflictos bélicos, que para el conservadurismo ultramontano español era suficiente para volver a culpabilizar a la masonería.

Los tagalos se organizaron en una agrupación conocida como Katipunan, fundada por Hilario del Pilar, Andrés Bonifacio y Emilio Aguinaldo, que reproducía el sistema utilizado por el carbonarismo y que poco tenía que ver con la masonería.

En cuanto a si la Gran Logia Simbólica Española de Menfis-Mizraim era una síntesis política o acrática, se podría decir que era ambas. Política porque reconocía un principio normativo, mientras que la síntesis acrática no reconocía distinción alguna entre sus miembros. Podía ser vista tanto como gubernamental como anárquica, siendo el primero su manifestación práctica y el segundo, sus fundamentos teóricos.

Decimos esto porque se adhirió al principio acrático que rechazaba las divisiones de clase, la coerción y el liderazgo basado en intrigas, circunstancias o herencia.

Primero se declaró que todos los trabajos presentados fueran aceptados –desde el inicio–, aun cuando expresaran lo contrario de lo que es y debe ser la masonería. Porque, supuestamente, la mayoría de las opiniones determinarían el comportamiento a futuro. Esas opiniones debían ser conocidas y discutidas, como lo hacían todos los masones.

Realmente eso fue lo que ocurrió. Empezaron cercanos a la espiritualidad y al esoterismo del rito, muy próximos a quienes les auspiciaban y terminaron como cualquier otra Obediencia existente en la Península.

Los redactores del periódico *El Movimiento Católico* hablaban, escribían y fanfarroneaban hasta pedir la pena de muerte contra los que odiaban: «Contra los anarquistas que en la Península se han declarado enemigos de la sociedad, llevando a cabo sus propósitos con una barbarie de que no hay ejemplo en la historia, hemos pedido y seguiremos pidiendo el exterminio contra los masones que, en Filipinas (dirigidos, claro está, por los de aquí), atentan a la integridad de la patria, no creemos que se deba pedir menos que contra los anarquistas».[35]

La Revolución filipina, que tuvo lugar entre 1896 y 1898, es un episodio importante en la historia mundial, pero también en la historia colonial de España y la Guerra Hispanoamericana. Tuvo como resultado, tras más de tres siglos de colonización española, la independencia de Filipinas y la proclamación de la Primera República.

La situación en España estaba cada vez más deteriorada y se preveían guerras, por ello lanzaron un comunicado con fecha 3 de enero de 1898, donde se indicaba que:

En su virtud, la presente tiene por objeto advertiros, daros la voz de alerta y derogar el Decreto del Gran Consejo, fechado en 16 de enero de 1890 y que, en tanto no corran tiempos mejores y con más garantías, os atengáis todos más como consejo que como mandato, al Decreto que en esta fecha expedimos:

DECRETO
Artículo único. «A partir de esta fecha, y en tanto otra disposición o circunstancias no aconsejen anular nuestro mandato, queda prohibido terminantemente que ningún documento público, ya individual o colectivo, se firme con otros nombres que los simbólicos que cada cual posea o con los que desde esta fecha tomarán por conveniencia y precaución».[36]

Debido al «Desastre de 1898», se perdieron las últimas posesiones coloniales: Cuba, Puerto Rico, Guam y Filipinas. El país sufrió la última derrota militar en Cuba a manos de Estados Unidos, con la consiguiente pérdida de prestigio político y social. España permaneció sin colonias, mientras que el resto de Europa expandió su dominio colonial. Esa pérdida de territorios provocó una crisis industrial.

Como consecuencia se produjo una gran represión contra la masonería, que fue el origen del exilio de muchos masones, entre los que se encontraba el que por entonces era su Soberano Gran Maestro: Isidro Villarino del Villar.

---

35. B. P. del Soberano Gran Consejo General Ibérico, año VI, núm. 2, 28-1-1894, p. 7.
36. B. P. del Soberano Gran Consejo General Ibérico, año X, núm. 1, 15-1-1898.

No tuvieron tanta suerte las autoridades del Gran Oriente Nacional de España, que fueron detenidos y permanecieron en la cárcel más de seis meses. Su único delito era haber firmado cartas patentes de logias en Filipinas. Debemos dar gracias que no se llegó a efectuar el máximo del atropello, llevándolos a Manila en el histórico momento que el general Polavieja ganaba batallas, fusilando sin ninguna medida, y mucho menos juicios, a cualquiera que mostrara una sola nota de masonismo, denunciado por Nozaleda y buena parte de la Iglesia.

Tras su exilio en París, Isidro Villarino del Villar estableció contactos con Jules Osselín y el núcleo con el que tenía relaciones, la Soberana Gran Logia Simbólica Española. Ese núcleo era el que se había formado con los masones disidentes de la logia *Arc-en-Ciel* de Mizraim, antes de finales de siglo. La relación de Papus con Villarino del Villar fue estrecha, entre otras cosas porque el Dr. Gérard Encausse (Papus) nunca olvidó su parte española. Siempre dijo, de Villarino: «Que lo consideraba su maestro por toda su enseñanza y ayuda». Evidentemente, se refería entre otras cosas a la patente de la logia simbólica *Humanidad*. Una logia que dará mucho que hablar y que, tras unos años, fue trasladada de París a Lyon. En esta ciudad, donde todavía continúa trabajando la logia *Humanidad*, fue iniciado, elevado y exaltado, otro gran pensador de la masonería, en particular, de la esotérica y en general de la espiritual. Se trata de René Guénon, un filósofo y metafísico francés, conocido por sus escritos como divulgador del pensamiento masónico y oriental. Una figura inclasificable en la historia intelectual, espiritual y esotérica, del xx. Su obra modificó sustancialmente la percepción del esoterismo en Occidente y, entre otros grados de varios ritos, fue grado 95.º del Rito de Menfis-Mizraim.

Tras la ruptura del Gran Consejo General Ibérico y la Gran Logia Simbólica Española de Menfis-Mizraim, con Pessina, otros Grandes Maestros, muy cercanos a Villarino, también rompieron las relaciones, es el caso de Edoardo Frosini. En esa situación no sólo lo hizo con el santuario Italiano, también con el Gran Oriente de Italia. Frosisi era el Delegado en Italia del Rito Nacional Español y alrededor suyo se concentraron un importante núcleo de masones eruditos, a los que movía los mismos ideales. Él mismo escribió en su libro *Massoneria italiana e tradizione iniziatica*:

«La Logia Central Ausonia, patrocinada por la Delegación General para Italia del Rito Nacional Español, asume la autoridad de un organismo regular bajo los auspicios del Soberano Gran Consejo General Ibérico y de la Soberana Gran Logia Simbólica del Antiguo y Primitivo Rito de Menfis y Mizraim, con sede en Madrid y de la Federación Masónica Universal, definitivamente constituida en París.

»Posteriormente, surgiría un Supremo Consejo Italiano de esta organización para regular el trabajo de los talleres y cámaras superiores de la Orden Antigua y Primitiva de Menfis-Mizraim, pero con sus propias características y bajo la denominación de Rito Filosófico Italiano. De una nota a pie de página parece ser que este Rito ya era un hecho consumado en diciembre de 1910 y que esta alta institución, que trabaja en nombre de la Orden Oriental Antigua y Primitiva de Menfis y Mizraim, administra y dirige el Rito Filosófico Italiano de carácter pitagórico en siete grados (sintetizando los tradicionales 33.º, 90.º, 95.º) y los Ritos Unidos que siguen la ortodoxia masónica».[37]

De lo expuesto por Frosini, podríamos llegar a deducir que los «siete grados sintetizados y el programa esotérico de los Filaletos» (con su carácter pitagórico) se manifestaron de la siguiente manera: de 1.er a 3.er grado, como para el resto de la Masonería; 4.º, Rosacruz (4.º-18.º del rito escocés); 5.º, Caballero Kadosch (19.º-30.º); 6.º, Sublime Maestro de la Gran Obra (31.º, 32.º, 33.º del Rito Escocés, 90.º-95.º de Menfis-Mizraim); 7.º, grado administrativo reservado para el Gran Maestro General y el Soberano Gran Consejo Universal.

El Soberano Gran Consejo estaba dirigido por sólo nueve masones, además del Gran Maestre. De los cuales sólo siete eran conocidos, los otros dos permanecerían en las sombras como verdaderos «Superiores Desconocidos», dispuestos a elevar el estándar del rito cada vez que, por cualquier motivo, pareciera desfenecer. El Gran Maestro Soberano absoluto era la Autoridad Suprema, asistido en su tarea por el Gran Consejo Soberano de los Nueve, teniendo en cuenta que los nombró él mismo, cinco de por vida y cuatro cada siete años.

No sabemos si es posible afirmar que los grados de Rosacruz y Kadosch del Rito Escocés sintetizan (con carácter pitagórico) los tradicionales 33.º, 90.º, 95.º grados de Menfis y Mizraim y el programa esotérico de los Filaletos, éste es un asunto que no nos concierne y sobre el que no podemos juzgar, a menos que lo hagamos con todo el esoterismo.

---

37. Edoardo Frosini, *op. cit.*, p. 180.

Tras la muerte de su Gran Maestro, Villarino de Villar, el Rito Nacional Español se fusionó en 1913 con la Gran Logia Simbólica Catalano-Balear. Sin embargo, resulta extraño que una potencia masónica con tantas logias se extinguiera a comienzos del siglo xx. ¿Existió una «crisis»? ¿Fue por la pérdida de Filipinas y Cuba? Todo es posible.

Hay que tener en cuenta que, una vez finalizada la guerra con Estados Unidos, a partir de 1898 se deja de publicar el diario de procedimientos, hemos podido recopilar datos de diversas fuentes que nos han llevado hasta la fusión de 1913, pero han sido dispersos y desde luego no hay una historia continuada a partir de principios del siglo xx.

Que desaparezca en esas fechas no es de extrañar, también le ocurrió al Rito Filosófico Italiano de Frosini, nacido del Rito Nacional Español que se declaró en «sueños» en 1914. Lo más probable fue porque estaba a las puertas de una gran guerra. En esos casos, todo es concebible.

EL CONGRESO ESPIRITUALISTA Y MASÓNICO DE 1908

Hace más de 100 años, un grupo de conocidos espiritualistas, ocultistas y místicos, se reunieron en París para discutir sus diversas órdenes y tradiciones. Esto era parte de la iniciativa de la Revolución Espiritualista, en un intento de mejorar la comunicación entre los diversos grupos esotéricos a nivel internacional.

El Congreso Espiritualista fue un pasional y fructífero encuentro entre todos estos líderes ocultistas. Dentro de los distintos grupos y tradiciones hubo una serie de discusiones informales, debates amistosos y algunas recriminaciones. Sin embargo, en su totalidad, el congreso fue un éxito: consiguieron establecer convenios a nivel internacional entre los diversos grupos y lograr un mayor entendimiento mutuo, aunque tuviera poco recorrido.

Decimos que fue un éxito porque la Revolución Espiritualista sirvió para unificar internacionalmente el movimiento ocultista. Los líderes espiritualistas y ocultistas se comprometieron a respetar las diferencias e intereses de cada tradición. Sin embargo, no se olvidaron de buscar al mismo tiempo oportunidades para desarrollar proyectos en conjunto.

Entre los diversos grupos, se establecieron acuerdos para intercambiar conocimientos y tradiciones. Estas nuevas relaciones promovieron un intercambio de ideas y prácticas. Como consecuencia, los líderes de la Revolución Espiritualista se llevaron consigo una nueva energía.

El espiritualismo es una completa revolución en el pensamiento. Es una gran innovación, muy poderosa porque no se limita a una nación o una clase, ya que se produce a través del corazón, es decir, la vía cardíaca, y afecta simultáneamente a todas las clases, a todas las naciones, a todas las religiones.

Sabemos por la historia que ha habido varios intentos previos de formar una Federación Mundial de Asociaciones Esotéricas. Ya se habían celebrado dos congresos a fines del siglo XIX, uno en 1888 y otro en 1889. Los pioneros de estas convenciones fueron los belgas, que celebraron un congreso bajo los auspicios de Gustave Jottrand y Goblet d'Alviella, el 28 y 29 de marzo de 1888. Ésta fue una reunión masónica que trató sobre: «El significado esotérico del grado 18.º, Soberano Príncipe Rosacruz del Rito Escocés Antiguo y Aceptado». D'Alviella modificó y corrigió algunos capítulos del ritual del grado dieciocho. Pero el acto seguía siendo estrictamente una convención masónica.

Se celebró otro congreso en París, del 9 al 16 de septiembre de 1889. El título de la convención, o congreso, fue *Congres Spirite et Spiritualiste International*. Delegados de todo el mundo participaron en la convención. Algunos miembros fueron: Gerard Encausse (Papus), Stanislas de Guaita, George Montières, Leon Denis, Gabriel Delanne, duquesa de Pomare, etc. Algunas de las órdenes y sociedades participantes fueron: la Orden Martinista, la Orden Hermética de Luxor, la Orden Cabalística de la Rosa-Cruz y la Sociedad Teosófica. En este congreso, Papus inició sus planes para la realización real de la Orden Martinista, tal como la conocemos hoy en día. La siguiente etapa fue organizar otro congreso.

En 1908, el Dr. Encausse (Papus), fundador de la conocida Orden Martinista francesa, organizó una reunión en París con la intención de establecer una Federación Mundial, pero el resultado, como veremos, fue bastante ineficaz.

El congreso espiritualista de París, en 1908, fue un evento significativo que reunió a espiritualistas de diferentes partes del mundo. Tuvo como objetivo promover el estudio y la práctica del espiritualismo, así como unificar y organizar el movimiento. De allí resultó la formación de una Federación Espiritualista Internacional que, aunque actualmente ya no exista, continuó promoviendo el espiritismo. En este capítulo examinaremos el congreso espiritualista de París de 1908, sus objetivos y su impacto en el movimiento.

En la revista *L'Initiation* n.º 5 de febrero de 1908, exponía sus intenciones:

«El viajero que tras un penoso viaje llega a la cima de una montaña, se detiene con placer para asimilar de un vistazo el camino recorrido. Así es bueno, después de varios años de esfuerzo, resumir el resultado alcanzado y es para tal trabajo que sirven los congresos.

»Pero la característica de una convención bien organizada es evitar cualquier sectarismo y apelar a toda buena voluntad con miras al interés superior. Por eso es un gran congreso espiritualista el que queremos organizar en junio de 1908, reuniendo en algunas sesiones las fuerzas actualmente dispersas».

A partir de ese momento, todas las responsabilidades administrativas de cara al próximo congreso estuvieron bajo el liderazgo del joven Chacornac, y la revista *El Velo de Isis* centralizaba la información. El grupo de escuelas de ocultismo fue supervisado por la revista *La Iniciación.* Durville se hizo cargo de la sección magnética del congreso, con *El Diario del Magnetismo* como organismo coordinador. Por otra parte, la revista *Hiram* se encargó de organizar el Convento Masónico, invitando a la participación de los Supremos Consejos de la amistad y otras entidades relevantes.

Finalmente, la celebración de la citada convención fue el 6 de junio de 1908 en el Templo de Derecho Humano, en París, y duró hasta el 13 de junio. Posiblemente, fue el evento más grande e importante de la historia. Esta convención fue creada bajo el liderazgo de Papus y Victor Blanchard, quien jugará más adelante un papel clave en la fundación de la FUDOSI.[1]

Allí estaban presentes delegados y representantes de sociedades más o menos esotéricas o «espirituales», pero también había algunos científicos, filósofos y artistas que compartían el interés por este tipo de pensamiento y algunas ramas de la masonería. Asistieron más de 700 delegados de diferentes países, incluidos Estados Unidos, Inglaterra, Italia, España y Argentina. Los delegados eran principalmente espiritualistas.

En el encuentro participaron más de veinte órdenes y sociedades. El presidente era Papus, el secretario Victor Blanchard, el secretario adjunto Paul Veux y el tesorero Paul Chacornac. Otros que también participaron en la organización fueron: Charles Blanchard, Henri Durville, Téder (Charles Détré) y René Guénon.

---

1. La FUDOSI se fundó en 1934 «con el principal objetivo de salvaguardar las sagradas liturgias, ritos y doctrinas de las Órdenes iniciáticas tradicionales, de ser profanadas y usurpadas por parte de sociedades secretas». (Diario *FUDOSI*, nov. 1946).

Hablemos un poco de este último. Si nos ceñimos a las apariencias, la «carrera masónica» de René Guénon puede resultar desconcertante. De hecho, René Guénon logró ingresar por mediación de un amigo en la Escuela Hermética, fundada por Papus en 1906, cuando aún no había cumplido los 20 años. Esta escuela, que seguía el modelo de las instituciones académicas, sirvió como precursora a varios de los grupos ocultistas, incluida la Orden Martinista de Papus. Era el lugar perfecto para que el joven Guénon accediera a todas estas organizaciones. Fue iniciado como Aprendiz en la logia simbólica *Humanidad* n.º 240, el 27 de octubre de 1907. Esta logia, en la que era venerable Charles Détré (Téder), pertenecía al Rito Nacional Español, rito ligado a Menfis y Mizraim. El 10 de abril de 1908 fue elevado al grado de Maestro, y al mes siguiente ingresó en el Capítulo y Templo INRI del Rito Antiguo y Primitivo de Swedenborg. Allí, en el mes de abril, recibió el grado de Kadosh 30.º, de ese mismo rito, de manos de Theodor Reuss, Gran Maestre del Gran Oriente y Soberano Santuario del Rito Antiguo y Original del imperio alemán.

René Guénon se había unido ese mismo año a la Orden Martinista de Papus (derivada, según el propio Papus, de la Orden de los Elus Cohen de Martínez de Pasqually). Dentro de la Orden Martinista, pronto alcanzó el tercer nivel de iniciación y se convirtió en un «Superior Desconocido».

Fue en este entorno que Guénon se acercó al Congreso Espiritualista y Masónico de 1908; cuyos objetivos se resumen sucintamente, aunque de una forma tendenciosa, en el libro *Las infiltraciones masónicas en la Iglesia*: «Realizar, bajo el pretexto de la reacción contra el materialismo, una federación de las diferentes sectas gnósticas, teosóficas, cabalistas, cuyas doctrinas de ocultismo formen el fondo común; luego, el favor de este grupo para emprender una restauración de la Francmasonería, caída de su verdadero espíritu como resultado de sus intereses políticos».[2] Respaldado por sus grados, pronto se convertirá en grado 90.º del Rito de Menfis-Mizraim.[3]

---

2. Emmanuel Barbier, E., *Les infiltrations maçonniques dans l'Église*, De Brouwer et Cie, París, 1910, pp. 145-146.

3. Después [del Congreso Espiritualista y Masónico de 1908], se creó en el Templo de la Orden Masónica Mixta Internacional el Derecho Humano un Soberano Gran Consejo de Menfis-Mizraim para Francia y sus dependencias. La patente constitutiva fue entregada por el Soberano Santuario de Alemania, firmada y sellada el 24 de junio, en Berlín, por el Gran Maestre Theodore Reuss (*Peregrinus*) que asistió al congreso. La logia *Humani-*

Cuando se le pidió que sirviera como secretario del congreso, Guénon estuvo de acuerdo. Sin embargo, durante el discurso de apertura del Dr. Encausse (Papus) sobre espiritismo y masonería, cierta frase pronunciada por Papus conmocionó a Guénon: «Las sociedades futuras serán transformadas por la certeza de dos verdades fundamentales del espiritismo: la supervivencia y la reencarnación».[4] Después de esto, Guénon dejará la mesa presidencial y retrocederá a su asiento en la fila de atrás.

Chacornac informa que este incidente marcó el final de la participación de Guénon en dicho congreso. Sin embargo, se le encargó que acompañara a los asistentes del convento a la catedral de Notre-Dame y comentara su simbolismo.[5] Si bien pudo haber algún desacuerdo, sería incorrecto suponer que Guénon se desvinculó del espiritualismo y los objetivos del congreso. De hecho, al examinar su trabajo, se hace evidente que fue al contrario. El análisis retrospectivo de la obra guenoniana nos revela la existencia de una verdadera proyección de la iniciativa martinista desarrollada en el Congreso Espiritualista y Masónico de 1908.

El congreso espiritualista era fundamentalmente masónico, de eso no hay duda. Aunque es cierto que participaron grupos iniciáticos no integrados en la masonería, como era la Orden Esotérica de la Rosa-Cruz, la Orden Martinista o la Orden Cabalística de la Rosa-Cruz. Es evidente que la Orden de los Illuminati de Alemania sólo era paramasónica, y que la Iglesia Gnóstica, partidaria del congreso espiritualista, quedó limitada. El patriarca Favre des Essards, conocido como Tau *Synesius*, intervino únicamente para defender su legitimidad y la de su iglesia. Hago referencia a ello porque René Guénon, que formaba parte del comité organizador del congreso, conoció allí la iglesia donde pronto iba a ser ordenado obispo. Así que, a partir de 1909, fue a su vez consagrado obispo de Alejandría, de la Iglesia Gnóstica, bajo el nombre de Tau *Palingenius*, el equivalente en griego de su primer nombre, René: «El que renace».

Entre los visitantes, también se encontraban ocultistas como Arnold Krumm-Heller, quien luego tuvo gran influencia en el desarrollo rosacruz en América del Sur, con su *Fraternitas Rosicruciana Antiqua*; y

dad, anteriormente adscrita al Rito Español, se convirtió en Logia Madre para el Rito de Menfis-Mizraim. Añadamos que Guénon terminó con los diplomas de 30.º, 90.º.

4. Paul Chacornac, *La Vida simple de René Guénon*, Obelisco, Barcelona, 1987.

5. *Cf.* Jean Baylot, «¿Guénon francmaçon?», en el número especial «El hombre y su mensaje, René Guénon», *Planète Plus*, abril de 1970, p. 122.

Theodor Reuss, que se convirtió en el líder espiritual de la Ordo Templi Orientis (OTO).

Sin embargo, el congreso espiritualista no logró realmente su plan de crear una federación esotérica internacional. Aunque algunas de las órdenes (la Orden Martinista, la Orden Cabalística de la Rosa-Cruz y el Rito de Menfis-Mizraim) se coaligaron y establecieron una secretaría permanente en París. Realmente la organización nunca se desarrolló del todo debido a la Primera Guerra Mundial. Papus fallece en 1916, y con él su sueño.

Sin embargo, actualmente el Rito de Menfis-Mizraim a menudo va acompañado de la Orden Martinista, la Orden Rosa-Cruz y la Iglesia Gnóstica. Aunque debo decir que no en todos los casos.

El congreso espiritualista de 1908 fue un hito, un paso significativo hacia la unión de toda la Tradición Oculta. Los líderes allí presentes lograron unirse y comprometerse a trabajar juntos, originando así un marco para la revitalización del movimiento ocultista. Estos compromisos aún se reflejan en el mundo esoterista de hoy, recordando a todos nosotros la importancia de trabajar juntos para mejorar nuestras Tradiciones.

Participaron las siguientes potencias y sociedades: La Orden Martinista; la Orden Cabalística de la Rosa-Cruz; la Orden Esotérica de la Rosa-Cruz; el Gran Oriente y Soberano Santuario 33.º del Imperio alemán; los Hijos de Ismael (masonería árabe); la Gran Logia Simbólica del Rito Nacional Español; el Soberano Gran Consejo Nacional Ibérico de este mismo rito; las Delegaciones del Rito Nacional Español en Italia y Portugal, representadas por Frossini; la Gran Logia de Portugal; el Rito Antiguo y Primitivo de la Masonería para Gran Bretaña e Irlanda; la Gran Logia de Inglaterra del Rito Swedenborg; la Gran Logia de Swedenborg de Alemania; la Gran Logia de Swedenborg de Francia; el Rito Azul de Argentina; la Gran Logia de las Islas de Cabo Verde; la Gran Logia de Libres y Aceptados Masones de Ohio; Gran Logia de Libres, Antiguos y Aceptados Masones de Massachusetts; el Supremo Consejo del grado 33.º de México; el Supremo Consejo de la Orden Masónica Oriental de Misraim y Egipto para Italia; la Orden Alemana de los Illuminatis; el Ordo Templi Orientis; el Supremo Consejo Universal de la Orden Masónica Mixta Internacional el Derecho Humano, que fue quien acogió al congreso en su sede.

Por lo tanto, parece evidente la importancia que tuvo este evento, realizado bajo la presidencia de honor del Ilustre Gran Maestre de Inglaterra, John Yarker, y bajo la Presidencia de facto del Dr. Gerard Encausse (Papus), Gran Maestre de la Orden Martinista y de la Rosa-Cruz Cabalística, aunque finalmente fue mucho menos concluyente de lo que se podría desear.

Las palabras de inauguración del Dr. Gerard Encausse (Papus), fueron las siguientes:

«La reunión de esta noche, por modesta que sea su ubicación en comparación con los templos masónicos en el extranjero, es, sin embargo, de considerable importancia. La verdadera Francmasonería es una ciencia adaptable a las acciones sociales. Sin todo su simbolismo, sin el conocimiento de las enseñanzas patentes o secretas resultantes de este simbolismo, la Masonería pierde todos sus medios de acción. No obstante, las Obediencias Masónicas que operan en Francia han destruido voluntariamente todo o parte de la enseñanza simbólica y las claves reales de la Francmasonería».

Del congreso surgió una «Federación Masónica Universal», reivindicando las «Antiguas Constituciones» que reconocía al Gran Arquitecto de los Mundos y estableciendo unos estatutos que tenían siete artículos. El hermano Téder (Charles Détré) se convirtió en el secretario de la federación.[6]

Estos siete artículos procuraban preservar la llamada «Esperanza de los Hermanos», o una constante y diligente búsqueda de la verdad. La filosofía espiritualista siempre ha buscado promover el progreso moral y espiritual de la humanidad. Estas ideas eran las que respaldaban la Federación Masónica Universal.

Según el artículo 7 de sus estatutos, se preveía el establecimiento de esta organización en todos los países, facilitando la difusión de los ritos masónicos que incorporaban. En París se constituyó un Gran Consejo General del Rito de Menfis-Mizraim para Francia y sus dependencias. Es difícil comprender cómo, a pesar de los precedentes conocidos, Reuss recibiera una cálida bienvenida en el congreso de París y que se aceptara de esa forma una carta patente con el fin de constituir un Santuario en Francia. Esto era innecesario, ya que Papus había recibido de Villarino del Villar una que le permitía establecer el Rito Oriental Antiguo y Primitivo

6. Para obtener información más importante, consultar las *Actas completas de los trabajos del Congreso y el Convento Espiritualista Masónico de junio de 1908,* París, 1910.

de Menfis y Mizraim, desde el 15 de noviembre de 1906. Philippe Encausse, en su obra sobre la vida de su padre, se limitó a repetir lo referido en el folleto de Bricaud, donde se afirma: «que de 1908 a 1916, Papus fue, por tanto, el Gran Maestre del Soberano Gran Consejo General del Rito de Menfis-Mizraim, para Francia».[7]

La famosa carta patente de Reuss parece haberse perdido. No obstante, en la revista *Oriflamme* de julio de 1908, al informar de los resultados del congreso de París, Reuss escribió: «Papus y sus compañeros decidieron constituir un Gran Supremo Consejo y un Gran Oriente del Antiguo y Primitivo Rito de Menfis y Misraim en Francia, y estaban felices de recibir una carta de Reuss». Esta declaración de Theodor Reuss, según Bricaud, es la única evidencia de la expedición de esa patente. En los archivos de Papus sólo se encuentra un diploma firmado por Reuss referente a la *Grand Lodge des Swedenborg,* en París.[8]

Uno de los principios más importantes que la Federación Masónica Universal adoptó fue el respeto a la diversidad de opiniones y prácticas espirituales. Esta organización permitió la discusión de temas que ligaban varios credos, y se acordó que los principios eran, en última instancia, los mismos, ya fuera cristiano o marxista, o de cualquier otra creencia.

Sin embargo, Téder, que fue designado Secretario General de la Federación Masónica Universal en el congreso, expuso dos conferencias de las que extraemos algunas ideas de ellas.

Debemos hacer constar que en la primera explicó la irregularidad de la masonería moderna desde la fundación de la Gran Logia de Londres y las llamadas Constituciones de Anderson, algo que también lo aplicó al Gran Oriente por otros motivos.

Es evidente que ésta no era una buena historia, por mucho que la expusiera Téder, ni desde la perspectiva de la masonería británica ni en lo que respecta a la masonería francesa. Tan sólo en la segunda conferencia,

---

7. Philippe Encausse, *Sciences occultes ou 25 années d'occultisme occidental. Papus, sa vie, son oeuvre,* Éd. Ocia, París, 1949, p. 127; es interesante leer el capítulo completo.

8. *Idem,* p. 129. Sin embargo, cabe señalar que Philippe Encausse declara (p. 128) que no encontró los diplomas alemanes cuando pudo recuperar los archivos de su padre robados por la Gestapo en 1942. Por otro lado, podemos encontrar en la revista *Acacia,* n.º 74, de febrero 1909 (pp. 135-137) el texto de la patente concedida por Reuss a Papus, que no es un mito, aunque podemos discutir la ética de Reuss o la validez de esta patente.

donde afirma la naturaleza esotérica de la orden, va más allá y, de alguna manera poco clara, da en el blanco.

También acierta, a primera vista, con la sugerencia de que la antigua masonería servía mejor a la tradición y a la iniciación que la nueva. Desafortunadamente, Téder no se equivocó cuando condenó antes de escribir en *Origines réelles de la franc-maçonnerie*, el «camino alternativo» tomado por el Gran Oriente de Francia. Pero cuando hace la crítica a la masonería inglesa, malinterpreta la esencia del carácter tradicional e iniciático del noaquismo sustentador de la masonería andersoniana. Incluso hoy en día, si no lo contemplamos ni lo tenemos en cuenta, podríamos equivocarnos.

La Federación Masónica Universal respaldó la constitución en París de un Gran Consejo General del Rito de Menfis-Mizraim, para Francia. El objetivo principal de este consejo era desarrollar el papel que la organización desempeñaría para la humanidad. El Gran Consejo se comprometió a respetar plenamente la libertad de todas las religiones, culturas y tradiciones. Además, se pusieron como objetivo el proceso de una progresiva restauración espiritual.

Antes de ir más lejos y concluir, debemos tener en cuenta lo que dice un escritor de la talla de Robert Ambelain, que reclama la filiación Bricaud-Chevillon-Dupont, sobre la sucesión francesa del Rito de Menfis-Mizraim. En principio, porque es un excelente conocedor del tema y ha sido protagonista y testigo principal en muchas ocasiones. Se trata de dilucidar si lo que afirmaba Bricaud es cierto. En su libro *Notes historiques sur le Rite Ancien et Primitif de Menfis-Misraïm,* sustentaba que era el heredero de Téder, pero no hay constancia firme al respecto. Es más, Ambelain en su obra sobre el martinismo[9] considera el hecho «insuficientemente documentado». Insiste en ello en una carta que dirige el 21 de febrero de 1960 a Charles Dupont y a Philippe Encausse, donde asegura, según palabras de Charles Détré (Téder), que «Bricaud era discípulo de Vintras y hacía de sacerdote», lo que lo vincula a la Iglesia Gnóstica Universal. Es cierto que al acuerdo de coalición que habían llegado la Orden Martinista, la Orden Cabalística de la Rosa-Cruz y el Rito de Menfis-Mizraim se le sumó la Iglesia Gnóstica Universal, tal vez ese sea el motivo por el cual Bricaud

---

9. Robert Ambelain, *Le Martinisme, histoire et doctrine, suivi de Le Martinisme contemporain*, Signatura, Montélimar, 2011.

dice ser el sucesor de Téder. Sin embargo, la conclusión de Ambelain fue que esta supuesta sucesión era para Bricaud «un interesado renacer».[10]

Hoy en día la Federación Masónica Universal ya no existe, pero dejó una herencia comprometida con los fines espirituales. Esta organización ha abierto el camino para que los espiritualistas, incluidas aquellas personas de diferentes tradiciones, filosofías y creencias, puedan juntarse para expresarse libremente. La Federación Masónica Universal ayudó a los espiritualistas a avanzar y experimentar la esencia de sus creencias y la belleza de sus culturas.

Desde el mismo momento de la clausura del congreso, hubo un crecimiento inmediato. Todos cambiaron entre ellos sus diplomas, grados y cartas patentes, lo que creó tanta confusión como el intento de la creación en 1934 de la FUDOSI en Bruselas.

Antes de terminar este capítulo, debemos hacer un pequeño repaso a dos organizaciones que de algún modo recogieron el guante lanzado por Papus y que quedó interrumpido. Cada una de ellas ha intentado exponer su punto de vista, que en algún momento llegaron a enfrentarles. Finalmente, ninguna de las dos sobrevivió a 1950.

Veamos primeramente cuáles eran los objetivos y propósitos de la FUDOSI: *Fédération Universelle des Ordres et Sociétés Initiatiques* [Federación Universal de Órdenes y Sociedades Iniciáticas].

A diferencia de las anteriores conferencias y congresos, la FUDOSI tuvo un propósito único. Estaba dedicada a la tradición esotérica. La masonería, en su conjunto, fue condenada por las órdenes integrantes como una organización atea, y no se incluyeron órdenes masónicas en la federación. Se hizo una excepción únicamente con el antiguo Rito de Menfis-Mizraim, que se reconoció como orden espiritual, aunque no se le aceptaron otros temas masónicos.

Finalmente, el Rito de Menfis-Mizraim, fue excluido en 1935. Desafortunadamente, no tengo ninguna información sobre el razonamiento y el fundamento existente detrás de esta decisión. Sin embargo, dados los desacuerdos internos entre los participantes, es plausible que un miembro hubiera abogado por su inclusión sólo para que otro solicitara su eliminación en un momento posterior.

---

10. Véase Gastone Ventura, revista *Vie della Tradizione,* n.º 33, Palermo, 1978, pp. 51-52, nota 1, y pp. 47-51.

La FUDOSI tenía como objetivo formar un consorcio de organizaciones con el propósito de salvaguardar las liturgias, los rituales y las enseñanzas de iniciación tradicionales. Quería evitar de esa manera la apropiación indebida y la profanación de los secretos por parte de otros grupos. Sin embargo, la empresa estuvo condenada al fracaso desde el principio, porque no hubo consenso sobre la definición de qué era una «Orden Iniciática Tradicional» y qué era una «Organización Secreta».

La FUDOSI le dio gran importancia a reunir a todas las tradiciones de las órdenes rosacruces y las organizaciones martinistas, porque tienen cierta similitud. Curiosamente, el conjunto de estas convenciones, que datan de 1888, fueron encabezadas repetidamente por miembros de *L'Ordre Kabbalistique de la Rose-Croix* (OKRC) y *L'Ordre Martiniste*. En la década de 1920, después de la primera guerra, el anhelo de una Federación Universal fue compartido y deseado entre los «iniciados» de la comunidad esotérica alemana.

Ahora bien, existen aquéllos cuyas mentes aún no están preparadas y que cuestionan el propósito de una Federación Universal, sobre todo en lo que respecta a las órdenes y sociedades iniciáticas. La respuesta es clara: el trabajo de iniciación requiere la máxima vigilancia y una estricta disciplina en general. Por lo tanto, es necesaria una Federación Universal para garantizar el más alto nivel de supervisión en esta área crucial.

Es muy desolador que existan numerosos falsos profetas y supuestos iniciados que explotan a personas inocentes e ingenuas para su propio beneficio egoísta, bajo el pretexto de la iniciación. Como resultado, es crucial advertir a las almas confiadas sobre las doctrinas perjudiciales que propugnan estos charlatanes. De ello eran conscientes al fundar la FUDOSI, y decían: «En cada país, cada Orden auténtica y regular conoce sus imitadores y los falsos profetas. Es necesario vigilar estos movimientos y desenmascarar en todos los países, dondequiera que estén operando a estos impostores o instrumentos de fuerzas ocultas e inconfesadas. Así, evitaremos cualquier confusión entre las auténticas Órdenes regulares y las falsas Organizaciones que son dañinas o que dan enseñanzas que nada tienen que ver con la Tradición Universal y el Esoterismo.

»También es necesario que las auténticas Órdenes sean cuidadosas en la selección de sus miembros y oficiales. En mantener a sus adeptos y estudiantes en el camino recto de las verdaderas doctrinas, obligándolos a seguir una estricta línea de disciplina racional, sincera. Además, deben observar un concienzudo trabajo para evitar así las enseñanzas radicales y la heterodoxia. Esta inmensa labor, que estaba destinada a proteger a las Órdenes contra sus enemigos internos y externos, ha sido llevado a cabo con éxito por la FUDOSI y aún continúa».[11]

El objetivo principal de FUDOSI, como se indica en esta «declaración oficial», apuntaba a unificar las órdenes auténticas en una sola Federación Universal. A pesar de unir sus fuerzas, cada orden y sociedad mantuvo su independencia y autonomía dentro de la federación.

Veamos ahora la otra organización que surgió como competencia de esta primera, y que representaba otro linaje bien Martinista o de Menfis-Mizraim.

No es difícil imaginar cómo debieron sentirse las órdenes y fraternidades que no asistieron a la convención de 1934. Especialmente Constant Chevillon, que lideraba varias órdenes y que había sucedido a Jean Bricaud, estaba particularmente descontento con las decisiones adoptadas en Bruselas.

Cuando Spencer Lewis cofundó, junto a Victor Blanchard, la FUDOSI, lo primero que hizo fue reconocer a la *Antiquus Mysticusque Ordo Rosae Crucis* (AMORC), de la que era *Imperator* como la verdadera heredera del rosacrucismo estadounidense. Era evidente que Constant Chevillon y Jean Bricaud no iban a mantenerse al margen.

Al poco tiempo negociaron con Reuben Swinburne Clymer[12] y cofundaron la FUDOFSI: *Fédération Universelle des Ordres, Fraternités et Sociétés Initiatiques* [Federación Universal de Órdenes, Fraternidades y Sociedades Iniciáticas], encabezada por Constant Chevillon.

Era una federación de órdenes esotéricas independientes, similares a la FUDOSI pero con una visión diferente a ella. En este caso, la que salía favorecida era la *Fraternitatis Rosae Crucis* (FRC) de Clymer. En las primeras declaraciones afirmaron que la FUDOSI de Lewis fue un intento fallido y erróneo de conseguir una legitimación de AMORC.

---

11. Revista de la FUDOSI, AMORC, 1946, San José de California, EE. UU.

12. Fue un ocultista y rosacruz, Gran Maestro Supremo de la FRC (*Fraternitas Rosae Crucis*), quizás la organización rosacruz más antigua de las Américas. Véase R. Swinburne Clymer, *The Rose Cross Order,* The Philosophical Publishing, Allentown, Pa., 1916.

Chevillon otorgó a Clymer el estimado título de *Commandeur des Chevaliers de L'Ordre du Saint-Graal*, [Comendador de los Caballeros de la Orden del Santo Grial en Francia].

En 1935, August Reichel (AMORC Suiza, Hermandad de los Hermanos Iluminados de la Rosa-Cruz, y delegado de la Asociación Alquímica de Francia), después de intermediar sin éxito entre las dos organizaciones, decidió dejar la FUDOSI y se unió a la FUDOFSI. Decidió trabajar en el futuro en el marco de las órdenes de Lyon, encabezadas por Constant Chevillon (Rito Antiguo y Primitivo de Menfis-Mizraim, Orden Martinista-Martinezista de Lyon, Iglesia Gnóstica Universal, Orden de los Caballeros Masones Elus Cohen del Universo).

La asamblea inaugural de la FUDOFSI se reunió en París en febrero de 1939. Entre sus miembros fundadores se encontraban Constant Chevillon, Reuben Swinburne Clymer, Alfred I. Sharp, el conde Jean de Czarnomsky, Henri-Charles Dupont, Henri Dubois, Raoul Fructus (ex-miembro de FUDOSI), André Fayolle, Nauwelaerts, Laugenier y Camille Savoir. A la asamblea se unieron más tarde Hans Rudolf Hilfiker-Dunn y Arnoldo Krumm-Heller, que fue consagrado obispo de la *Ecclesia* Gnóstica Universal por el propio Chevillon.

Las siguientes órdenes y sociedades estuvieron representadas en la primera convención en 1939.

Las organizaciones enumeradas son algunas de las órdenes más conocidas que participaron en la FUDOFSI: La Orden Martinista-Martinezista de Lyon, la Iglesia Gnóstica Universal, la Orden de los Caballeros Masones Elus Cohen del Universo, el Antiguo y Primitivo Rito de Menfis-Mizraim, la Orden del Santo Grial, la Orden del Templo de Oriente (Suiza),[13] la Antigua Hermandad Rosacruciana, la Hermandad de la Rosa-Cruz, la Orden Cabalística de la Rosa-Cruz (diferente linaje),[14] el Rito

---

13. La OTO aparece aquí como una de las órdenes participantes, representadas por Hans-Rudolf Hilfiker-Dunn por Alemania y Chevillon por Francia. Pero en una carta que Hilfiker escribió a Chevillon, fechada el 13 de junio de 1936, declaró: «A pesar del hecho de que Heinrich Traenker se proclama heredero... La OTO murió junto con Reuss».

14. La *Ordre Kabbalistique de la Rose Croix* en ese momento estaba dividido en dos «linajes» debido al cisma posterior a la muerte de Téder (sucesor de Papus) dentro de la Orden Martinista. Victor Blanchard habría sucedido a Téder, pero desaprobaba la estructura masónica de la Orden Martinista. Esta estructura fue una idea realizada por Téder. En 1921 Blanchard establecería una nueva rama de la Orden

Escocés Rectificado y la Hermandad de los Hermanos Iluminados de la Rosa-Cruz.

Sin embargo, poco después de la primera reunión de la organización, en 1939, la información sobre la FUDOFSI es escasa debido al inicio de la Segunda Guerra Mundial. En 1944, Constant Chevillon fue fusilado por la milicia y, tal como ocurrió con Papus, allí acabó su sueño. La organización de Chevillon y Clymer no tuvo tanto éxito como la propia FUDOSI porque Clymer no tenía los recursos que la AMORC proporcionó a la FUDOSI.[15]

Durante la Segunda Guerra Mundial, la FUDOFSI se disolvió, pero algunos miembros se mantuvieron en contacto y buscaron continuar con su legado. Hans-Rudolf Hilfiker y R. Swinburne Clymer se esforzaron por establecer una Alianza Mundial de órdenes rosacruces. Clymer logró fusionar su organización con la de Krumm-Heller, en Río de Janeiro, mientras que Hilfiker y Clymer se encontraron dos veces en Zúrich, en el hotel Baur-au-Lac, sin llegar a ningún acuerdo. La biografía oficial de *Fraternitas Rosae Crucis* de Emerson Myron Clymer, hijo de R. Swinburne Clymer, lo confirma como Supremo Gran Maestro de la FUDOFSI después del fallecimiento de su padre. Esto sugiere que la *Fraternitas Rosae Crucis* reconoce que FUDOFSI sobrevivió posteriormente.

¿Podemos imaginarnos un mundo desprovisto de amor, belleza y armonía? Pensemos por un momento en un planeta ordenado únicamente por la ciencia moderna, sin tener en cuenta las verdades universales. Sería un mundo habitado por maníacos, dominado por los intereses económicos y plagado de delirios, desprovisto de arte y poesía, con la justicia reducida a una mera conveniencia. En un mundo así, la honestidad estaría descartada, la considerarían ingenuidad y a la verdad se la consideraría una tontería. El único dios adorado sería el ídolo del YO.

Martinista, que se conocería como la Orden Martinista y Sinárquica, en 1934, en la convención de Bruselas. El nuevo sucesor de Téder fue Jean Bricaud. Tanto Bricaud como Blanchard tenían un linaje con Papus, quien también era el Gran Maestre de la OKRC en el momento de su muerte en 1916.

15. Trophimus S. I. I., *A Martinist Treasury*, St. George Press, Ginebra, 1992.

DE LA SEGUNDA GUERRA A NUESTROS DÍAS

A lo largo de la historia numerosas personas se familiarizaron por primera vez con la Luz Masónica en los Templos Ritualísticos de Menfis-Mizraim. La herencia de cada grado dentro de estos ritos ha sido transmitida desde la antigüedad, y es un privilegio que muchos masones sigan defendiendo y preservando las tradiciones sagradas con el mayor orgullo y dedicación.

Antes que nada, es fundamental señalar las diferencias existentes que distinguen a los Antiguos y Primitivos Ritos unificados de Mizraim y Menfis (APRMM), linaje Bédarride-Tassoni-Frosini-Allegri, con el Rito Antiguo y Primitivo de Menfis-Mizraim (RAPMM), linaje asociado a Garibaldi-Degli Oddi-Yarker-Bricaud-Chevillon-Lagrèze-Dupont-Ambelain-Kloppel. Si bien puede parecer una diferencia mínima para el ojo inexperto, tiene una gran importancia significativa y sustancial entre quienes operan dentro de los Ritos Egipcios.

Debemos iniciar esta última etapa a partir del final de la Segunda Guerra Mundial en 1945. Los primeros en reconstruir el rito fueron los italianos, en particular Marco Egidio Allegri, que reanudó su trabajo abiertamente partiendo de Venecia y expandiéndolo por toda Italia. Se acercó a los sobrevivientes en Alemania y Austria, pero sus esfuerzos se vieron limitados en Europa del Este debido a la ocupación soviética.

Como quiera que fuera, Marco Egidio Allegri (*Flamelicus*), estableció el Gran Santuario Adriático del Rito Oriental Antiguo y Primitivo de Mizraim y Menfis. Otra vez es Italia quien lleva la iniciativa. También introdujo un requisito previo para la iniciación varios años después de su comienzo, que fue la plena aceptación de la tradición más pura en el Rito de Mizraim.

El 16 de mayo de 1945, el Gran Soberano Santuario del Adriático fusionó varias órdenes, ritos filosóficos e iniciáticos. Este Santuario recogió el legado del antiguo Soberano Santuario de Italia, fundado por Edoardo Frosini en 1908, y desde entonces se muestra como la nueva sede del rito para todos, manteniendo un enfoque natural, aristocrático y hermético de la investigación masónica.

En el caso de Francia, fue diferente.

Charles-Henry Dupont renunció de su cargo de Gran Maestro en 1944 a favor de Pierre Debeauvais, aunque luego lo recuperó en 1947 por un acuerdo del Soberano Santuario.[1]

Es también en esta fecha que Georges Lagrèze (*Mikael*), más conocido como Georges Bogé de Lagrèze,[2] decidió despertar el Rito de Menfis, reanudando la actividad y los contactos internacionales. Nombró a Jean-Henri Probst-Biraben, Gran Maestro para Francia, por un período de siete años. Más tarde lo convertirá en Gran Maestro *ad vitam* y lo instruirá con el fin de constituir un Soberano Santuario de Menfis, pero será sólo de ese rito, no de Menfis-Mizraim.

El despertar de ese rito era naturalmente irregular, debido a que la fusión de Mizraim y Menfis era ya un hecho consumado desde la época de Garibaldi e irrevocable, porque había sido consagrado por el uso con John Yarker. Este rito reconstituido difiere significativamente del creado por Marconis de Nègre. Afirma su creencia en un espíritu eterno que vive en su propia existencia y es incomunicable por su esencia, cuya revelación ha sido transmitida al hombre por la palabra sagrada. El problema de este resurgimiento de Menfis, generado por Lagrèze, es el que ha provocado, periódicamente en las Obediencias masónicas francesas, disidencias de todo tipo.

No sólo fue ésa la única dificultad que originó, también había sido él quien confirió a Ralph Maxwell Lewis, conocido como el *Imperator* de AMORC, el título de Superior Incógnito Iniciador (Desconocido) del martinismo, siendo el responsable del establecimiento de un Gran Consejo Regional de la Orden Martinista Tradicional en Estados Unidos.[3] Lagrèze fue ascendido al preciado papel de Gran Hierofante en el año

---

1. Es importante señalar este hecho, porque luego Gérard Kloppel volverá a utilizarlo más tarde.
2. Se convirtió en actor de teatro profesional, director y animador de casino. Quizás por ser un *showman,* entonces se hacía llamar Georges Bogé de Lagrèze.
3. La documentación y cartas relativas a los certificados de iniciación y la carta se pueden encontrar en *Documentos Martinistas* publicados por AMORC en 1977.

1944, asumiendo el cargo de Gran Maestro General del Rito Antiguo y Primitivo de Menfis-Mizraim. Poco después del fallecimiento de Augustin Chaboseau, en enero de 1946, George Lagrèze también sucumbió a la muerte el 27 de abril de 1946.

Estas dos muertes, además de los asesinatos de Constant Chevillon (GM por Francia) y George Delaive (GM por Bélgica), resultaron una significativa pérdida para la vía iniciática egipcia, ya que la dejó sin liderazgo. Con su fallecimiento, Robert Ambelain asumió la responsabilidad de continuar con su legado espiritual. Todo esto se puede llevar a cabo, porque, poco antes de su muerte, Chevillon le había confiado a Ambelain todas sus afiliaciones.

Lagrèze, que sólo había querido ser el Venerable Maestro de la logia *Hermès,* nombró a varios hermanos con el propósito de abrir una logia en París, aunque al fallecer no lo consiguió; pero fue Chaboseau quien finalmente lo solucionó, trasladando la logia *Hermès* a la capital el 30 de marzo de 1947.

Cuando Chaboseau renunció a la masonería para reintegrarse en la Iglesia Gnóstica Universal, fue Dubois, su sucesor, el que sentó las bases de una Gran Logia llamada Rito Oriental Antiguo y Primitivo de Menfis. Aunque seguían sin aceptar la unificación.

Charles-Henry Dupont también había sido recibido en la Iglesia Gnóstica Universal el 3 de septiembre de 1938 y ordenado diácono por Chevillon, pero obviamente no recibió de él ni el sacerdocio ni el episcopado. Después de haber sido consagrado obispo por Antoine Fayolle el 15 de abril de 1948, probablemente según la filiación de Jules Doinel, se presenta como patriarca de la Iglesia Gnóstica Universal bajo el título de Tau *Charles-Henry.* Poco después fue nombrado Caballero Benefactor de la Ciudad Santa (CBCS) en el Gran Priorato de las Galias el 20 de julio de 1950.

Tras la muerte de varios exmiembros del Supremo Consejo de la Orden Martinista, a finales de la década de 1940, y a petición de Robert Ambelain y Philippe Encausse –hijo de Papus–, firmó con ellos el acuerdo fundacional de una Unión de Órdenes Martinistas el 26 octubre de 1958. Allí se presentó en su calidad de representante de la Orden Martinista, conocida como «de Lyon», que se convierte por las circunstancias en la Orden Martinista-Martinezista y colabora en la revista *L'Initiation.*

El movimiento de unidad, ya iniciado entre los dos ritos «egipcios» –el de Dupont y el de Lagrèze–, tuvo su conclusión en 1959 por su fusión en un Supremo Consejo de las Órdenes de los Ritos Unidos de Menfis y Mizraim.

Desde el primer momento, la sintonía que provenía desde 1943, entre Georges Bogé de Lagrèze y Robert Ambelain hizo que el papel de la masonería egipcia fuera decisivo. El Gran Maestro Mundial de los Ritos Unidos de Menfis y Mizraim, primero fue Lagrèze; después Dupont y, por último, Ambelain, que en 1966 se convirtió en Gran Maestro Mundial de los Ritos Unidos de Menfis y Mizraim.

El 13 de agosto de 1960, Charles-Henry Dupont cita como testigos en la ciudad de Coutance, donde residía, a Philippe Encausse, Irénée Séguret, Paul Corcellet y nombra a Robert Ambelain para sucederlo en la Gran Maestría de los Ritos Unidos de Menfis-Mizraim.

Finalmente, en esa misma reunión, le transmite la Gran Maestría del Martinezismo a Philippe Encausse, a condición de que la fusione con la propia Orden Martinista. Dos días más tarde, el 15 de agosto, le confirió a Robert Ambelain el patriarcado de la Iglesia Gnóstica Universal, además de una patente de Gran Administrador del Rito de Menfis-Mizraim.

El Gran Maestro Charles-Henry Dupont fallece el 1 de octubre 1960, a la edad de 84 años, y el nombramiento de Ambelain se hace efectivo.

Hasta aquí hemos analizado algo de lo ocurrido en Francia después de la Segunda Guerra Mundial, pero mientras tanto qué pasaba en Italia, el país que dio vida a los ritos de Mizraim y de Menfis.

Las antiguas corrientes iniciáticas francesas pagaron un alto precio, pero las italianas también sufrieron daños significativos durante los acontecimientos históricos que comprenden las dos guerras mundiales. Como resultado, numerosos Maestros tuvieron que tomar decisiones difíciles. Algunos optaron por permanecer en silencio, mientras que otros se alinearon con causas sociopolíticas. Sin embargo, muchos se vieron obligados a exiliarse, dejando a sus discípulos sin guía ni apoyo.

Nos vienen a la mente los nombres de Amedeo Rocco Armentano, Leone Caetani, Arturo Reghini y Ciro Formisano. El primero de ellos, Amedeo Rocco Armentano (*ARA*), pasó sus últimos días en Brasil, mientras que Leone Caetani (*Ottaviano*) se fue a Canadá. Arturo Reghini (*Pietro Negri*) estuvo confinado en Budrio, y finalmente, Ciro Formisano (*Giuliano Kremmerz*) se retiró a Beausoleil. Éstos son sólo algunos ejemplos.

Humanamente, es comprensible el porqué optaron por abandonar sus actividades esotéricas, ya que debe haber sido una decisión difícil, aunque la razón fuera tan poderosa como que su vida estaba en peligro. Sin embargo, las consecuencias de su decisión fueron desastrosas para el mundo iniciático. Todavía estamos lidiando con los efectos de su abandono, incluida la proliferación de linajes falsos y engañosos. Pero, en especial, por la pérdida de valiosos archivos que contenían grandes tesoros de conocimiento.

Ante todo, veremos que fue una suerte que, en territorio francés, a pesar de que el rito sea de origen italiano, lo hayan hecho mejor que sus homólogos itálicos en la conservación y transmisión, sin ningún daño ni obstáculo, por lo menos hasta Gérard Kloppel.

Marco Egidio Allegri desempeñó un papel fundamental en la formación del Rito Oriental Antiguo y Primitivo de Mizraim y Menfis, también conocidos como los Ritos Unificados de Venecia, en 1945, dotando al rito de noventa y cinco grados. Así mismo, incluía un Soberano Gran Santuario, un Soberano Templo Místico, un Sublime Consistorio de los grados 30.º al 90.º y el Capítulo de los Huérfanos.

El 10 de marzo de 1949, Allegri fue intervenido quirúrgicamente y redactó testamento, designando a Ottavio Ulderico Zasio como su sustituto. Tras su fallecimiento, el 14 de octubre, el conde de Zasio fue nombrado su sucesor que, inmediatamente, puso en sueños las cámaras inferiores, es decir, los grados del 1.º al 30.º. Sin embargo, mantuvo bajo su dirección a la Gran Logia Madre Osiris, el Capítulo Orfeo, el Consistorio de Nerfertum, la Corte de los Defensores del Rito y el Templo Místico, que permanecieron activos, según los informes del Soberano Gran Santuario Adriático.

El 31 de mayo de 1965, Zasio redactó y firmó un testamento a favor de Gastone Ventura. Como representante del Gran Maestro, Ventura tuvo el honor de ratificar el tratado de amistad firmado, en 1965, entre dos Grandes Maestros: el conde Ottavio Ulderigo Zasio y el Dr. Philippe Encausse. También fueron signatarios de este documento el Gran Maestro de la Orden Martinista de Bélgica, Gustave-Lambert Brahy, y el representante de la Orden Martinista de España, Josep de Via.

Después de la muerte de Zasio, el 5 de enero de 1966, Gastone Ventura asumió el cargo el 16 de ese mismo mes y año. En ese momento los maestros que formaban el Soberano Gran Santuario Adriático habían sido reclutados de la Orden Mixta el «Derecho Humano». Ventura convocó al Soberano Gran Santuario Adriático en el templo de Boulogne, el

28 de noviembre de 1971, y anunció planes para despertar el rito en la totalidad de los grados, incluidas las logias simbólicas (Aprendices, Compañeros y Maestros). Sin embargo, no todo iba tan bien en Italia, ocurrió lo mismo que en Francia pero, en este caso, a causa del martinismo.

En Italia, la estrecha asociación de la Orden Masónica de los Ritos de Menfis y Mizraim con el martinismo no estuvo exenta de complicaciones. Gastone Ventura sucedió a Papus en la Orden Martinista Universal, con Francesco Brunelli (*Nebo*) como Gran Maestre adjunto. Rápidamente, surgieron diferencias significativas entre los dos, lo que les llevó a sus respectivas publicaciones de libros.

Estos trabajos reflejaron sus distintos puntos de vista sobre la práctica del martinismo. De modo que los desacuerdos entre ellos se notaron ampliamente, creando dos divisiones dentro del martinismo italiano durante esa época.

El 31 de octubre de 1971 fue el día en que un grupo de siete iniciadores martinistas (S:::I:::I:::), que ya no se consideraban parte del linaje del Gran Maestro Gastone Ventura, se reunieron en Roma para establecer una nueva orden martinista. Esta orden se caracterizó por un mayor énfasis en las prácticas mágico-teúrgicas de Robert Ambelain y de la Orden Martinista Iniciática.

Ventura falleció el 28 de julio de 1981, legando la Gran Hierofanía a Sébastiano Caracciolo como su sucesor, quien asumió el cargo de Gran Hierofante el 26 de septiembre de 1981. El Soberano Gran Santuario Adriático continuó bajo el liderazgo de Caracciolo en Italia, Francia y otros países europeos hasta su muerte. Pero cuando el 4 de abril de 2013, Roberto Randellini le sucedió, la línea cambió. El acta redactada en esta ocasión no deja ninguna ambigüedad, he aquí un extracto: «...por unanimidad, los presentes deciden para continuar la actividad floreciente del martinismo italiano, constituir por acto decisorio la Orden Martinista de la lengua Itálica, como la sección nacional italiana del martinismo universal en la observancia más estrecha y rígida de la tradición martinista, tal como fue transmitida por los Maestros Pasados, el primero de los cuales fue Louis-Claude de Saint-Martin, es decir, en todos sus aspectos (martinezista, willermozista, martinista) y de manera abierta y fraternal hacia todos los martinistas del mundo en todas sus aplicaciones y sus derivaciones, así como las alianzas tradicionales como la Orden Cabalista de la Rosa-Cruz, el Gran Priorato de los Caballeros Benefactores de la

Ciudad Santa, la Orden de los Caballeros Masones Elegidos Cohen y la Iglesia Apostólica Gnóstica Universal».

Así se consumaba el «divorcio» entre Ventura y Brunelli, que tendría un impacto evidente en la masonería italiana, con la exclusión de Brunelli del Soberano Gran Santuario Adriático. Pero también de la Orden Martinista Universal. Brunelli continuó sus actividades martinistas dentro de la Orden Martinista Iniciática (OMI), que dirigía Robert Ambelain en Francia.

Gastone Ventura siempre se mantuvo alejado del Soberano Santuario Internacional, dirigido por Robert Ambelain, y luego por Gérard Kloppel. Nunca se unió considerando que la cláusula de su reglamento, que especificaba que el Gran Maestre Mundial debía ser francófono y residir en París, no tenía ningún fundamento. Además, interpretó la adhesión a este Soberano Santuario Internacional como una injerencia en los asuntos de la orden en Italia. Cabe señalar también que el rito en Francia e Italia tenía serias diferencias en sus bases, especialmente en los rituales.

El 12 de junio de 1964, Robert Ambelain, el Gran Maestro Mundial del rito, forjó un vínculo como garante de amistad con Brunelli. Nueve años después, el 14 de noviembre de 1973, lo nombraba Delegado General del rito en Italia y en días posteriores, el 22 de noviembre de ese mismo año, la logia *Los Hijos de Horus* del Gran Oriente de Italia, en Perugia, adoptó por unanimidad el Rito de Menfis-Mizraim para los tres primeros grados. Unas semanas más tarde, Francesco Brunelli (*Nebo*), ahora Gran Maestre martinista, inició a quince miembros del Gran Oriente de Italia con los primeros tres grados del rito, marcando así el comienzo de las actividades de la línea de Ambelain en Italia.

Brunelli nombró a Giancarlo Seri, el 15 de noviembre de 1981, en el cargo de Gran Secretario Canciller. Por una costumbre habitual en el mundo masónico de los Ritos Egipcios, Giancarlo Seri fue iniciado, junto a Gérard Kloppel, su gemelo, en los grados 66.º, 90.º y 95.º del Rito de Memphis-Mizraim en París.

Brunelli falleció el 19 de agosto de 1982. Después de una serie de acuerdos, Giancarlo Seri fue reconocido oficialmente como Soberano Gran Maestre y Gran Comendador de Italia, el 14 de noviembre de 1982, por Robert Ambelain. El rito conocido en Italia como *Palazzo Giustiniani*, sigue operativo dentro del Gran Oriente de Italia, con sus propias tradiciones a partir del grado 4.º, mientras que los tres primeros simbólicos los administra el Régimen Escocés Rectificado. Vale la pena señalar que los Altos Grados practicados en las Cámaras Rituales difieren en títulos y rituales de los que trabajaba la Gran Logia Francesa de Memphis-Mizraim bajo la maestría de Robert Ambelain.

Llegados a este punto, creo que Ambelain se merece una pequeña biografía, porque finalmente fue él quien consiguió aunar lo máximo posible los Ritos Egipcios en todo el mundo. Eso nos dará pie a continuar con la historia del rito hasta su sucesor, Gérard Kloppel. Ahí finalizaremos, porque lo que pasó, posteriormente, hay que dejarlo reposar y escribir su historia unos años más tarde.

Posiblemente, Robert Ambelain haya sido considerado en general como uno de los Grandes Maestros y Hierofantes más influyentes en el avance del rito. Su búsqueda incansable de reflexión y exploración espiritual se ha convertido en un sello distintivo de su legado a lo largo del tiempo. Sus intrincadas experiencias de vida lo han transformado en un célebre experto en la exploración de los reinos invisibles.

Robert Ambelain nació el 2 de septiembre de 1907 en París. Su búsqueda del camino iniciático le llevó a incorporarse en diciembre de 1937 al Colegio Internacional de Ocultismo Tradicional (*Collège International d'Occultisme Traditionnel*, CIOT), donde se encontró con Paul Laugènie y Constant Chevillon. Dos años más tarde, se convirtió en miembro de la Asociación por la Renonvación del Ocultismo Tradicional (*Association pour la Rénovation de l'Occultisme Traditionnel*, AROT). Buscó fusionar todas sus afiliaciones y alcanzar el pináculo de la iniciación única. Para ello combinó las tradiciones orientales y occidentales, inspirándose en Egipto, la cábala, el taoísmo e incluso lo que en ese momento se sabía sobre el budismo.

En marzo de 1939 fue iniciado como Aprendiz en la logia de Menfis-Mizraim, *La Jerusalén de los valles egipcios*, con su apreciado Constant Chevillon haciendo de padrino. Ese mismo año, también fue aceptado en el martinismo. Al comienzo de la Segunda Guerra Mundial, Robert Ambelain conoció a muchos miembros dirigentes de Menfis-Mizraim y del Régimen Escocés Rectificado, eso le sirvió para las tareas que tuvo desarrollar a *posteriori*. Aunque ya era Aprendiz, su nombre no apareció publicado en el Boletín Oficial de la Obediencia, por lo que escapó a la represión del gobierno de Vichy. Fue movilizado como sargento primero en el 54.º Regimiento de Infantería de Zapadores, estacionado en la región de Hardt Forest, de Alsacia, donde los nazis lo hicieron prisionero y lo confinaron en el campo de concentración de Epinal. Allí, el 27 de junio de 1940, recibió los grados de Compañero y Maestro masón, que luego fueron reconocidos por un decreto de Georges Bogé de Lagrèze el 24 de junio de 1941.

Después de su liberación, en septiembre de 1940, regresó a París, donde recuperó su puesto en su antiguo trabajo. A pesar de estar bajo libertad condicional y, según él, gracias a eso, abrió sus puertas y acogió dos veces por semana a la logia *Alexandrie d'Égypte* durante los años de la guerra. Fue el único taller que permaneció operativo en ese tiempo, con Robert Amadou y Jules Boucher entre sus miembros. Un acta de elevación a la Maestría de un miembro de la logia en 1943 presentaba las firmas de André Chabro como Venerable Maestro; Cyril Novosselhof, Primer Vigilante; Robert Ambelain, Orador; y Robert Amadou, Secretario.[4] También Bogé de Lagrèze participó activamente en los trabajos de la logia y fue el responsable de transmitir los Altos Grados de la masonería a Ambelain. En diciembre de 1940 recibió por consiguiente el grado martinista de *Supérieur Inconnu Initiateur* [Superior Incógnito Iniciador] (S:::I:::I:::). El 20 de agosto de 1942 se le concedió el grado 33.º, seguido del grado 66.º el 8 de agosto de 1943 y el grado 95.º el 15 de agosto de 1944. Si bien algunas fuentes sugieren que la transmisión ocurrió el 15 de agosto de 1939, Serge Caillet, en *La Franc-maçonnerie égyptienne de Menfis-Misraïm*, proporciona una aclaración satisfactoria de la fecha real. Posteriormente, fue nombrado Gran Maestro Sustituto.[5]

A medida que avanzaba en la masonería, progresó de manera similar en las filas del martinismo. Junto con Georges Bogé de Lagrèze desempeñó un papel clave en la revitalización de la Orden de los Caballeros Masones Elegidos Cohen del Universo. Fue a través de esta orden que Ambelain obtuvo, finalmente, el grado de *Réau-Croix*.[6] Como auxiliar de las Fuerzas Francesas del Interior (F.F.I.),[7] desempeñó un papel clave

---

4. *Cf.* Museo del Gran Oriente en París; en la vitrina *La Franc-Maçonnerie sous l'Occupation*.
5. Serge Caillet, *op. cit.*
6. No debe confundirse con el grado Rosacruz.
7. Las Fuerzas Francesas del Interior (FFI) son el resultado de la fusión, el 1 de febrero de 1944, de las principales agrupaciones militares de la Resistencia Interior Francesa, contra los nazis, que se habían formado en la Francia ocupada: el Ejército Secreto (AS,

en la insurrección de París de agosto de 1944. En reconocimiento a sus servicios, en 1986 se le concedió la Orden Nacional al Mérito por parte del Gobierno francés.

Casi dieciséis años después, el 13 de agosto de 1960, Charles-Henri Dupont, también conocido como Tau *Henry-Charles*, era quien desempeñaba el cargo de Gran Maestro de Menfis-Mizraim para Francia y pasó su sucesión masónica a Robert Ambelain.

«Nos, Soberano Gran Maestro del Rito de Menfis-Misraim para Francia y sus Dependencias, Presidente del Soberano Santuario de Francia, deseoso de permitir el despertar y el florecimiento del Rito de Menfis-Misraim en Francia, confiamos, en la fecha de este día y para los Territorios antes citados, el cargo de Gran Administrador del Rito al Muy Ilustre Hermano Robert Ambelain, Grado 95.º del Rito desde 1943, siendo el citado Hermano, por lo tanto, de hecho y de manera inmediata, designado como mi Sucesor al Cargo de Gran Maestro del Rito de Menfis-Misraim para Francia y sus Dependencias. Dado en el Zénit de Coutances, en este decimotercero día de agosto de 5960».

El documento está firmado por Charles-Henri Dupont como Soberano Gran Maestro; por Robert Ambelain, 33.º, 90.º, 95.º, como *Ne varietur*; y por dos testigos: Philippe Encausse, 30.º; e Irénée Séguret, 32.º

Apenas cuarenta y ocho días después de su nombramiento, fallecía Henry Dupont, un sábado del mes de octubre. Sin embargo, el legado a Robert Ambelain está bien documentado.

Una vez Robert Ambelain tomó la dirección del rito, reformó radicalmente las ceremonias, renombrando la Obediencia como Gran Logia Francesa del Antiguo y Primitivo Rito de Menfis-Mizraim. A lo largo de su mandato trabajó incansablemente para unir las facciones divergentes de Menfis-Mizraim, aunque le supuso un esfuerzo excepcional. Por lo tanto, Ambelain se convirtió en Gran Maestro Mundial en 1960 y utilizó su mandato para establecer la primera logia femenina del rito.

A pesar de forjar con éxito las relaciones fraternales con la mayoría de las Obediencias francesas, bajo la Gran Hierofanía de Robert Ambelain, se cometió un enorme error que luego tuvo distintas consecuencias. El

---

gaullista, Agrupación de Combate, Liberación-Sur y Franco-Tiradores), la Organización de Resistencia Armada (ORA, giraudista), los Francotiradores y Partisanos (FTP, comunistas), etc.

tema fue seguir con la decisión de que la sede de la Gran Maestría general debía de estar necesariamente en París, y que el Gran Maestro siempre sería de habla francesa. ¿Esto incluía al Gran Hierofante? No queda claro. Seguramente fue este motivo que le impidió unificar varios grupos menores de Menfis y la distinta rama italiana de Menfis-Mizraim, que ya hemos examinado.

Para fomentar una mejor comunicación con otras Obediencias, ya en 1963 se habían revisado los treinta y tres primeros grados de Menfis-Mizraim y se adaptaron. El objetivo final era alinearlos con el Rito Escocés Antiguo Aceptado, y hacerlos más compatibles. Con el tiempo, las diversas formas de los Ritos Egipcios se simplificaron y finalmente evolucionaron hasta convertirse en la versión actual, que fue ideada por Robert Ambelain.

Esto resaltó el concepto de que los ritos del antiguo Egipto no podían ser restringidos por organizaciones que reclamaban la propiedad a través de innumerables estatutos y contradictorios certificados. Los Ritos Egipcios, tal como se practican hoy en día, provienen del trabajo de los masones que se han dedicado y se dedican a la antigua tradición occidental y vuelven a ser lo que fueron al principio. La práctica actual del rito implica el uso de rituales y documentos egipcios que creó Robert Ambelain y fueron recibidos de sus manos desde entonces, estos ritos han vuelto a su herencia original.

Ambelain siempre tuvo una visión a largo plazo y, como iremos viendo, descubrió que el mejor sustituto que podía tener era Gérard Kloppel. Este último había sido iniciado en la logia *Papus* de la Gran Logia de Francia en 1963, cuando tenía tan sólo 23 años, había nacido el 5 de marzo de 1940. Dos años después de su iniciación se unió a la logia *Hermès* del Rito de Menfis-Mizraim de Robert Ambelain, donde obtuvo los grados de Compañero y Maestro. El 3 de abril de 1976 fue el día en que Ambelain le confirió los grados 66.º, 90.º y 95.º del Rito de Menfis-Mizraim. Al alcanzar el grado 98.º, en 1982 fue nombrado Sustituto del Gran Maestro y un año más tarde fue nombrado Sustituto Gran Maestre Mundial por el Convento, celebrado el 26 y 27 de noviembre de 1983, cumpliendo los deseos de Robert Ambelain.

Posteriormente, el 30 de junio de 1984 fue nominado Gran Maestro de Francia y en la noche del 31 de diciembre de ese mismo año, el Gran Maestro y Gran Hierofante Mundial, Robert Ambelain, traspasó todas sus responsabilidades a Gérard Kloppel que se convirtió en Gran Maestro Mundial el 1 de enero de 1985. Más adelante, unos meses después, el 4 de julio de ese mismo año, también le transfirió las cartas patentes del Rito Primitivo Escocés y fue elegido como su sucesor en la Presidencia del Consejo Supremo de Ritos Confederados para Francia y sus dependencias.

En 1987, la orden cambia de nombre y pasa a llamarse *Ordre International du Rite Ancien et Primitif de Memphis-Misraïm* [Orden Internacional del Rito Antiguo y Primitivo de Menfis-Misraim].

En tres años, el ardor y dinamismo del renovado Gran Maestre permitirá duplicar los números, al mismo tiempo que establecerá una nueva relación con las demás Obediencias. Eso sí, sobre el impulso dado en años anteriores por Robert Ambelain. A partir de aquí se inicia una etapa que dará lugar a serios debates sobre la Gran Hierofanía, y provocará alguna que otra escisión.[8]

En ese año, Gérard Kloppel estableció el primer Soberano Santuario femenino. Sin embargo, el Santuario se separó y obtuvo la independencia en 1990. Se creó una nueva federación femenina en 1993, que finalmente se convirtió en la Gran Logia Femenina de Menfis-Mizraim.

La disolución de la Gran Logia Francesa del Antiguo y Primitivo Rito de Menfis-Mizraim, tuvo lugar a partir de 1995. Las premisas y conflictos se relacionaron principalmente:

1. Con aspectos de las logias, porque estaban mezcladas.
2. Con que algunas eran femeninas, y otras masculinas.
3. Sobre la independencia de los talleres de los tres primeros grados, frente a los de los grados superiores.
4. Con el nombramiento *ad-vitam* de algunos oficiales.

Como resultado, en 1996 se fundó la *Grande Loge Mixte Française de Memphis-Misraïm* [Gran Logia Mixta Francesa de Menfis-Mizraim], en principio, como algo experimental.

Después de la creación de una «vía» egipcia mixta, el proyecto para modificar la estructura de la Obediencia tuvo lugar en 1997, instituyén-

---

8. La última aparición pública de Robert Ambelain fue durante la conmemoración del bicentenario de Menfis-Mizraim, en 1988, hay documentación fotográfica en la que aparece como Pasado Gran Maestro Mundial junto a Gérard Kloppel, participando de las actividades de esta celebración.

dose definitivamente una estructura mixta. Las consecuencias fueron graves. El Tribunal de Créteil, basándose en la ley de estructura administrativa de 1901, disolvió la Orden Internacional del Rito Antiguo y Primitivo de Menfis-Mizraim.

Por si eso no fuera suficiente, a Robert Ambelain se le concedió la entrada en el Oriente Eterno el 27 de mayo de 1997, es decir, falleció mientras estaba en París. Esto supuso un verdadero cataclismo para el rito, ya que su figura era el auténtico aglutinante de la orden.

Tras el cisma, la organización se dividió en varios grupos, cada uno compitiendo por el poder. Esta lucha interna condujo al colapso de la Obediencia el 24 de enero de 1998, y la división en dos ramas separadas. Uno de estos grupos estaba dirigido por Georges Claude Vieilledent, y se conoció como la Gran Logia Simbólica de Francia. El otro permaneció fiel a Gérard Kloppel y recibió el nombre de Grande Loge Traditionnelle de Memphis et de Misraïm.

Cuando Gérard Kloppel se retira el 14 de marzo 1998 y designa a Cheickna Sylla como su heredero, surgen rumores que el traspaso de poder estuvo plagado de irregularidades, lo que desembocarían en una discrepancia al año siguiente. Esta maniobra acabaría por convertirse en el origen de todos los conflictos actuales. Dentro del círculo íntimo de Kloppel surgió una mezcla de verdaderos y falsos amigos, junto con hombres de corazón y fe. En resumen, las complejidades de la historia han resultado ser un intrincado escenario que dio lugar a la confirmación definitiva de las dos estructuras paralelas.

Asimismo, hubo un cambio en la forma de utilizar no sólo los rituales, también los colores decorativos. Los paramentos de las Grandes Logias Simbólicas muestran los colores azul sobre blanco, que representan los cuatro ritos: Primitivo, Filadelfo, Misraim y Menfis. Cada uno de estos ritos corresponde a una ciudad, y un año: París en 1721, Narbona en 1779, Venecia en 1788 y Montauban en 1815.

En las Grandes Logias Tradicionales de Menfis-Mizraim, como conservadoras del rito, es constante la presencia de Mizraim y de Menfis. El Rito Primitivo de los Filadelfos es el único añadido, representado en los paramentos por el color amarillo sobre el morado. Sin embargo, el Rito Primitivo y Original de Swedenborg nunca se incluyó en ellos.

El rito tiene sus raíces en los fundamentos de Menfis y de Mizraim. Además, se inspira en las tradiciones esotéricas que contribuyeron a la construcción de la pirámide. Estas tradiciones están envueltas en la enigmática historia de la masonería. A todos estos acontecimientos, Gérard Kloppel seguía dándoles vueltas en su mente y después de exactamente un año de haber transmitido la Gran Maestría Mundial del rito, y parte de la Gran Hierofanía, a Cheickna Sylla, observó que había habido varias desviaciones en el proceder de su sucesor.

Por esa razón, Kloppel se dirige como exGran Maestro General y Gran Hierofante del rito a los Patriarcas Grandes Conservadores de la Orden, grados 95.º, diciéndoles: «…en consecuencia, del mismo modo que el MRH, el Gran Maestro de Francia, Henri Charles Dupont, se había vuelto a hacer cargo un año después de haberle transmitido la Gran Maestría de nuestro rito al hermano Debauvais, me veo obligado a hacer lo mismo con respecto al Muy Ilustre Hermano Cheickna Sylla y volver a asumir la Gran Maestría a partir de este día, 2 de marzo de 2000». Además, añade: «Se decidió a nivel internacional que, de ahora en adelante, nuestro Rito, en el nivel iniciático, será dirigido por un triunvirato de hermanos y que cada uno recibirá un elemento de la Gran Hierofanía, transmitido operativamente, pero cuyas claves están en otra parte».

Sylla además era sufí, por lo que tropezaba con Kloppel en muchos plateamientos. Fue un error evitable el considerarle su heredero iniciático; y, tal vez, un error aún mayor el despojarle de la dignidad que le concedió, pese al desconcierto que ocasionó entre sus más próximos, porque eso ahondó en las divisiones.

No todos los miembros de la Obediencia inicial de Menfis-Mizraim estuvieron unánimemente de acuerdo con respecto al curso de la acción apropiada en estas circunstancias. En consecuencia, surgieron facciones dentro del grupo. Algunos miembros continuaron trabajando en Bélgica bajo la dirección de Cheickna Sylla, con la reconstitución de la Gran Logia Tradicional de Menfis-Mizraim, que fue despojada de su legitimidad por Gérard Kloppel, el mismo que se la había dado. Sin embargo, continuó trabajando en Bélgica.

A raíz de este terremoto que sacudió a la Obediencia, descubrimos varias estructuras reconstruidas sobre las ruinas de la Gran Logia Francesa de Menfis-Mizraim. Todas ellas reclamaban legitimidad como Obediencias regulares, y pretendían reemplazarla. La Gran Logia Simbólica de Francia de Vieilledent irrumpe de nuevo, esta vez bajo el control de François Bourcier.

Su invitación a la unificación se extendió a los miembros de la Obediencia original. Durante esta época, los Venerables que ocupaban el cargo junto con otros hermanos que asumieron deberes oficiales, recibieron multitud de cartas de varias organizaciones involucradas en el esfuerzo de reconstrucción. Vale la pena reconocer que Robert Ambelain dedicó gran parte de su vida a obtener el reconocimiento del Rito de Menfis-Mizraim, por las más importantes Obediencias francesas y mundiales.

Desafortunadamente, el propio colapso del mundo masónico sólo dejó espacio para el desdén y hasta el rechazo en ese momento que será difícil de olvidar. En la actualidad parece que ha cambiado la tendencia, y ahora el Rito de Menfis-Mizraim lo han incorporado a su estructura alguna de las Obediencias clásicas.

En 1999, seis logias y cuatro triángulos, por motivos personales y filosóficos, se acercaron y lograron su integración en el Gran Oriente de Francia. Aprovechando la circunstancia que no la iba a dejar pasar, el G.O.F. despertó de un «sueño de más de un siglo», con una patente de 1862, la *Grand Ordre Egyptien* [Gran Orden Egipcia], heredera del Rito de Menfis del Gran Hierofante Marconis de Négre. Hasta la muerte de Kloppel no se había preocupado por el rito, pero al fallecer éste desenterró la carta patente obtenida de Marconis, y la hizo valer. No debemos olvidar que en el caso particular del G.O.F., el rito posee solamente treinta y tres grados y no incluye la transmisión de la «Escala de Nápoles».

El 6 de octubre de 2008, a la edad de 68 años, falleció Gérard Kloppel, el Gran Hierofante de los Ritos Unidos de Menfis-Mizraim. A partir de ese momento, reina la confusión. No porque no existan Obediencias de Rito de Menfis-Mizraim, todo lo contrario, hay demasiadas. La totalidad se reclaman regulares de una u otra vía, lo que, en la mayoría de casos, es cierto. Pero veremos que la Gran Hierofanía que dejó Gérard Kloppel, la reclamaron Cheickna Sylla, Joseph Castelli y Michel Gaudart de Soulages. Todos pueden esgrimir argumentos para reivindicarla, pero al mismo tiempo existen argumentos para no reconocérsela.

Cheickna la perdió porque se la retiró el propio Kloppel antes de morir, y nombró a Castelli como su sucesor, según el siguiente decreto:

En el Zénith de Châteaurenard, el 21 de julio de 2007, E:.V:., el M:.R:.H:. Gérard Kloppel, Gran Hierofante Mundial grado 99.º del Rito de Menfis-Misraim y Presidente del Consejo Supremo de los Ritos

Confederados, sucesor de Robert Ambelain en 1985, E:.V:., nombra al M:.R:.H:. Joseph Castelli Gran Maestre Internacional grado 97.º, y le encarga que finalice la Restauración y el seguimiento de la Orden de los Ritos Unidos de Menfis y Misraim, otorgándole por delegación las patentes de Menfis y Misraim que regularmente ostenta el Supremo Consejo de ritos confederados. Esto le permitirá constituir un Santuario Soberano Internacional de los Ritos Unidos, Santuarios Soberanos Nacionales y Grandes Logias Nacionales Simbólicas.

Existe un decreto magistral por el que nombra a Joseph Castelli grado 98.º, Presidente del Supremo Consejo de Ritos Confederados y su sucesor, el 11 de agosto de 2008.

En cuanto a Michel Gaudard de Soulages, que había sido miembro de la Gran Logia Nacional francesa, afirmó en 2008 suceder a Gérard Kloppel al frente de la Gran Logia Tradicional de Memphis y de Misraïm afirmando que llevaba a cabo los últimos deseos de este último. Gaudard era su abogado y asumió ese postrero deseo, lo cierto es que era el único que tenía acceso a los archivos. Tras varios pactos entre Castelli y Gaudart, se terminó proclamando a este último como Gran Hirofante y le apoyaron bastantes Soberanos Santuarios.

Por lo que se refiere a España, se tardó muchos años en volver a trabajar en algún rito egipcio, es posible que hubiera algún intento de alguna logia, pero no dispongo de datos. Desde la época democrática, el Rito de Menfis-Mizraim no volvió a ser instalado de nuevo hasta el año 2009. Para ello se nombró primeramente, desde el 1 de enero de ese año, como Serenísimo Gran Maestro Nacional de la *Grande Loge Égyptienne d'Espagne* (GLEE) a Joseph Castelli, 99.º, que era el Presidente del *Suprême Conseil des Rites Confédérés y de l'Ordre des Rites Unis de Memphis & Misraïm* (ORUMM) [Supremo Consejo de los Ritos Confederados y de la Orden de los Ritos Unidos de Menfis-Mizraim], delegó en René Pauselli, 96.º, que como Presidente de la *Confédération Internationale Franc-Maçonnique*, CIFM [Confederación Internacional Francmasónica], entregó la carta patente núm. 5 para la constitución de la Gran Logia de España de Menfis-Misraim (GLEMM) y la autorización para trabajar en los Ritos de Cerneau, Menfis y Misraim, Escocés Primitivo y Escocés Rectificado.[9]

---

9. Decreto 1/2009, de 25/03/2009 de la GLEMM.

Como Joseph Castelli y Michel Gaudart de Soulages, finalmente llegaron a un acuerdo para dirigir la Obediencia a nivel mundial, Michel Gaudart quedó como Gran Hirofante y Joseph Castelli como pasado Gran Hierofante, aunque seguía siendo el Presidente del Supremo Consejo de los Ritos Confederados y Serenísimo Gran Maestro Mundial (99.º) del Rito Antiguo y Primitivo de Menfis-Mizraim (RAPMM) y de Orden de los Ritos Unidos de Menfis-Mizraim (ORUMM).

Era evidente que Castelli no iba a ser el Gran Maestro de España, era simplemente un formulismo diplomático para poder instalar la Gran Logia. Poco después se nombró a José Antonio Díaz de la Concepción como primer Serenísimo Gran Maestro de la Gran Logia de España de Menfis-Mizraim, y tanto Gaudart como Castelli fueron los firmantes del decreto del 30 de mayo de 2009 en Barcelona, que lo confirma.[10]

Castelli, como Presidente del Supremo Consejo de los Ritos Confederados, constituye el Soberano Gran Consejo General Ibérico; y entrega la Presidencia del mismo al Serenísimo Gran Maestro de España del Rito Antiguo y Primitivo de Menfis-Mizraim (RAPMM) José Antonio Díaz, 97.º, por un decreto firmado en Montélimar el 1 de marzo de 2011.[11]

Como ha ocurrido en otras ocasiones, se producen las dimisiones que no sabemos a ciencia cierta qué razones hay detrás. Lo cierto es que el Serenísimo Gran Maestro deja su cargo el 20 de enero de 2012 por motivos personales, cediendo su rango y legado esotérico al Gran Maestro Adjunto Gaston Clerc.[12]

El Gran Hirofante Michel Gaudart de Soulages y Jean-Pascal Pillot como Gran Canciller firman el decreto del nombramiento de Serenísimo Gran Maestro Nacional a Gaston Clerc González, 97.º, el 21 de enero de 2012.[13]

Finalmente, con el 5 de diciembre de 2014, el Serenísimo Gran Maestro Nacional Gaston Clerc, cambia el nombre de la orden por el de Gran Logia Regular de España de Menfis-Mizraim.[14]

Debo hacer hincapié que la Gran Logia Regular de España de Menfis-Mizraim (GLREMM) sigue la filiación iniciática de Jean Bricaud, Cons-

---

10. Decreto GH PS/09/3, de la Gran Hierofanía Mundial.
11. Decreto n.º 1103010001, del *Suprême Conseil des Rites Confédérés*.
12. Decreto 1/2012 de la GLEMM.
13. Decreto GH 97/12/01, de la Gran Hierofanía Mundial.
14. Decreto 5/2014 de la GLEMM.

tant Chevillon, Georges Bogé de Lagrèze, Charles-Henry Dupont, Robert Ambelain y Gérard Kloppel. Además, practica el Rito Antiguo y Primitivo de Menfis-Mizraim (RAPMM), según la tradición más pura, esotérica y regular. Está formada por una gran Federación de Logias soberanas, regulares, libres y mixtas, que están repartidas por la geografía española, constituyendo una Obediencia masónica plural y universalista; es decir, está integrada por logias mixtas.

Por las cartas patentes que han emitido los anteriores Grandes Hierofantes de la filiación de Robert Ambelain (que, a su vez, forma parte de la filiación de Giovanni Battista Pessina, John Yarker y Gérard Encausse) se puede decir que es la «legítima heredera» de la Soberana Gran Logia Simbólica Española de Memphis y Mizraim (GLSEMM) y del Soberano Gran Consejo General Ibérico (GCGI), fundados en Madrid, el 8 de febrero de 1887.

En estos años desde la fundación hasta ahora, se han sucedido varios cambios. A Gaudard de Soulages le retiraron la confianza varios Soberanos Santuarios el 29 de julio 2017, entre ellos España, al entender que había cometido algunas irregularidades. También hubo una separación de Castelli, que siguió por su cuenta y reivindicó la Hierofanía Mundial.

Las Grandes Logias que estuvieron de acuerdo en no seguir apoyando al Gran Hierofante Michel Gaudard, tomaron la decisión el 29 de julio de 2017 de crear la Federación Mundial de Grandes Logias Soberanas e Independientes de Menfis-Mizraim y, el 17 de marzo de 2020, eligieron como Gran Hierofante a Gaston Clerc González, 99.º, *ad vitam*.

Desgraciadamente, Joseph Castelli murió el 28 de junio de 2021, había hecho mucho por el rito, entre otras cosas unos nuevos rituales sobre la base de los creados por Ambelain y había publicado varios libros sobre temas de la orden.

Así es como actualmente están las cosas. ¿Se deberían de arreglar uniendo el máximo de Santuarios alrededor de un Gran Hierofante?, o, por el contrario, ¿hacer como las Obediencias clásicas y que cada Gran Logia tenga su Gran Maestro Nacional? No es fácil contestar a ello, aunque creo que ya va siendo hora de volver a los tiempos de Ambelain y conseguir una reunificación. Sea en un sentido u otro.

Hace poco ha habido novedades en España del Rito de Menfis-Mizraim. Lo del Gran Oriente de Francia, no sólo se quedó allí. Durante el año 2018, la logia *Porta de Denderah*, de Barcelona, le pidió a la Gran Logia Simbólica Española incorporarse a su estructura. Evidentemente la G.L.S.E. no practicaba el Rito de Menfis-Mizraim. Pero como sabemos el Gran Oriente de Francia, sí, y la Gran Logia Simbólica está auspiciada por el G.O.F.

Por lo tanto, en el año 2019, obtuvo una patente sólo de los grados azules del RAPMM (Rito Antiguo y Primitivo de Menfis-Mizraim) del Gran Oriente de Francia. Ésta ha sido la última incorporación a esta línea de pensamiento, aunque con alguna diferencia en cuanto a los Altos Grados, que en este caso son treinta y tres, como ya hemos visto anteriormente.

Si bien cada Obediencia tiene sus propias características únicas, los Ritos Egipcios actualmente no están afiliados a ninguna especificidad, a pesar de que se practican ampliamente. Esta libertad ha llevado al surgimiento de nuevas logias, que se dedican a explorar las grandes leyes del universo y el significado de la existencia. Estas logias abrazan un espíritu de devoción al conocimiento, y la comprensión. ¿Debemos olvidarlas? Pienso que no.

El objetivo final de los variados Ritos Egipcios es mejorar la humanidad, explorando las antiguas costumbres a través de diversas vías espirituales. Estos métodos también incluyen la búsqueda de la verdad por medios científicos, el estudio de la ley natural, el simbolismo y la filosofía. En última instancia, el objetivo es lograr «el retorno al Principio, es decir, dar el paso más allá del Manifiesto y las formas», como se afirma en el ritual.

La esencia y la herencia del Rito de Menfis-Mizraim está contenido dentro de los cuatro grados finales (del 87.º al 90.º), comúnmente denominados *Arcanum Arcanorum* o «Régimen de Nápoles». Se han llevado a cabo numerosas discusiones sobre estas transmisiones, pero muchas han sido inexactas. Estos grados constituyen toda la configuración filosófica y hermética de Menfis-Mizraim. Así mismo, exponen la intrincada conexión entre la humanidad y lo divino, facilitada por los espíritus celestes.

Muchos masones realizan ceremonias, rituales, con la creencia de que pueden transmitir Luz al receptor. Sin embargo, la verdadera comunicación radica en despertar la conciencia del perceptor, ya que la Luz está dentro de ellos. Es decir, la Luz siempre ha existido en su interior y es activada desde el momento de su nacimiento, de su primer soplo de vida, y no depende de ningún paradigma natural o cosmogónico específico. Un nuevo Aprendiz recibe los medios para activar y conectarse con esta Gran Luz Universal, imbuyéndolos de una dimensión única.

En mi opinión, el camino iniciático nunca debe girar en torno a disputas sucesorias o reclamos de legitimidad. Es lamentable que la gran variedad de nuestros ritos se vea a menudo ensombrecida por asuntos triviales, sobre todo cara a los desafíos a los que nos debemos enfrentar en un futuro cercano.

LOS GRADOS DEL RITO DE MENFIS-MIZRAIM

Hasta 1881 los Ritos de Menfis y Mizraim caminan paralelos y juntos en un clima particular.

Sin embargo, los HH∴ de los dos ritos comienzan espontáneamente a reunirse juntos, lo que provoca la doble pertenencia en la mayoría de los casos. También se unieron muchos masones del Rito Francés y del Rito Escocés Antiguo y Aceptado, que están interesados en el simbolismo masónico, el hermetismo esotérico, la gnosis, la cábala…

En efecto, además de sus herencias egipcias, los ritos de Mizraim (1788) y de Menfis (1815) siguen siendo los herederos y custodios de las antiguas tradiciones iniciáticas: Francmasonería Primitiva de Leonardo da Vinci (1517), Orden Rosa Cruz de Oro Alemana (1580), Rito Primitivo (1721), Rito de los Arquitectos Africanos o de la «Crata Rapoa» (1767), Rito de los Filaletos (1773), Rito de los Filadelfos (1780), Rito Egipcio de Cagliostro (1784), por citar los más importantes.

La escala del Rito de Mizraim contaba con noventa grados y la de Menfis con noventa y cinco, cuando Giuseppe Garibaldi fue designado como el Primer Gran Maestro General *ad vitam* y se produce una fusión *de facto* que hace posible el establecimiento de una escala común de grados. Actualmente, la escala de los dos ritos conjuntos ha crecido hasta los noventa y nueve grados.

Masonería Simbólica, Colegio Simbólico:
Grado 1.º, Aprendiz.
Grado 2.º, Compañero.
Grado 3.º, Maestro.

Colegios o Logias de Perfección:
Grado 4.º, Maestro Secreto.

Grado 5.º, Maestro Perfecto.

Grado 6.º, Secretario Íntimo.

Grado 7.º, Preboste y Juez.

Grado 8.º, Intendente de los Edificios.

Grado 9.º, Maestro Elegido de los Nueve.

Grado 10.º, Ilustre Elegido de los Quince.

Grado 11.º, Sublime Caballero Elegido.

Grado 12.º, Gran Maestro Arquitecto.

Grado 13.º, Caballero de Real Arco.

Grado 14.º, Gran Elegido de la Bóveda Sagrada.

Capítulos:

Grado 15.º, Caballero de Oriente o de la Espada.

Grado 16.º, Príncipe de Jerusalén.

Grado 17.º, Caballero de Oriente y Occidente.

Grado 18.º, Caballero Rosa-Cruz o del Águila Negra.

Areópagos:

Grado 19.º, Gran Pontífice o Sublime Escocés de la Jerusalén Celeste.

Grado 20.º, Caballero del Templo.

Grado 21.º, Noaquita o Caballero Prusiano.

Grado 22.º, Caballero de la Real Hacha, Príncipe del Líbano.

Grado 23.º, Jefe del Tabernáculo.

Grado 24.º, Príncipe del Tabernáculo.

Grado 25.º, Caballero de la Serpiente de Bronce.

Grado 26.º, Escocés Trinitario, Príncipe de la Misericordia.

Grado 27.º, Gran Comendador del Templo.

Grado 28.º, Caballero del Sol o Príncipe Adepto.

Grado 29.º, Gran Escocés de San Andrés, Príncipe de la Luz.

Grado30.º, Gran Elegido Caballero Kadosch, Caballero Blanco y Negro.

Tribunal:

Grado 31.º, Gran Inquisidor Comendador del Soberano Tribunal.

Consistorio:

Grado 32.º, Sublime Gran Inspector de la Orden.

Supremo Consejo del grado 33.º:

Grado 33.º, Soberano Gran Inspector General.

Grandes Consejos de los Sublimes Maestros de la Gran Obra (Grandes Consistorios del 34.º al grado 71.º, Grandes Consejos del 72.º al 90.º).

Grandes Consistorios:

Grado 34.º, Caballero de Escandinavia.

Grado 35.º, Sublime Comendador del Templo.

Grado 36.º, Sublime Negociante.

Grado 37.º, Caballero de Shota (Adepto a la Verdad).

Grado 38.º, Sublime Elegido de la Verdad.

Grado 39.º, Gran Elegido de los Eones.

Grado 40.º, Sabio Sivaísta (Sabio Perfecto).

Grado 41.º, Caballero del Arcoíris.

Grado 42.º, Príncipe de la Luz.

Grado 43.º, Sublime Sabio Hermético.

Grado 44.º, Príncipe del Zodíaco.

Grado 45.º, Sublime Sabio de los Misterios.

Grado 46.º, Sublime Pastor de las Chozas.

Grado 47.º, Caballero de las Siete Estrellas.

Grado 48.º, Sublime Guardián del Monte Sagrado.

Grado 49.º, Sublime Sabio de las Pirámides.

Grado 50.º, Sublime Filósofo de Samotracia.

Grado 51.º, Sublime Titán del Cáucaso.

Grado 52.º, Sabio del Laberinto.

Grado 53.º, Caballero del Fénix.

Grado 54.º, Sublime Escalda.

Grado 55.º, Sublime Doctor Órfico.

Grado 56.º, Pontífice de Cadmea.

Grado 57.º, Sublime Mago.

Grado 58.º, Príncipe Brahmán.

Grado 59.º, Gran Pontífice de Ogigia.

Grado 60.º, Sublime Guardián de los Tres Fuegos.

Grado 61.º, Sublime Filósofo Desconocido.

Grado 62.º, Sublime Sabio de Eleusis.

Grado 63.º, Sublime Kawi.

Grado 64.º, Sabio de Mitra.

Grado 65.º, Patriarca Gran Instalador.

Grado 66.º, Patriarca Gran Consagrador.

Grado 67.º, Patriarca Gran Eulogista.

Grado 68.º, Patriarca de la Verdad.

Grado 69.º, Caballero de la Rama de Oro de Eleusis.

Grado 70.º, Patriarca de los Planisferios.

Grado 71.º, Patriarca de los Vedas Sagrados.

Grandes Consejos:

Grado 72.º, Sublime Maestro de la Sabiduría.

Grado 73.º, Doctor del Fuego Sagrado.

Grado 74.º, Sublime Maestro de la Stoka.

Grado 75.º, Caballero de la Cadena Líbica.

Grado 76.º, Patriarca de Isis.

Grado 77.º, Sublime Caballero Teósofo.

Grado 78.º, Gran Pontífice de la Tebaida.

Grado 79.º, Caballero del Sadah Temible.

Grado 80.º, Sublime Elegido del Santuario de Mazias.

Grado 81.º, Patriarca de Menfis.

Grado 82.º, Gran Elegido del Templo de Midgard.

Grado 83.º, Sublime Caballero del Valle de Oddy.

Grado 84.º, Doctor de los Izeds.

Grado 85.º, Sublime Maestro del Anillo Luminoso. Caballero del Kneph.

Grado 86.º, Pontífice de Serapis. Sublime filosofo del Valle de Kab.

Grado 87.º, Sublime Príncipe de la Masonería.

Grado 88.º, Gran Elegido de la Cortina Sagrada.

Grado 89.º, Patriarca de la Ciudad Mística.

Grado 90.º, Patriarca Sublime Maestro de la Gran Obra.

Grandes Tribunales:

Grado 91.º, Sublime Patriarca Gran Defensor del Rito.

Grandes Templos Místicos:

Grado 92.º, Sublime Catequista.

Grado 93.º, Gran Inspector Regulador General.

Grado 94.º, Sublime Patriarca Príncipe de Menfis.

Soberanos Santuarios (Nacional e Internacional):

Grado 95.º, Patriarca Gran Conservador de la Orden.

Grado 96.º, Sustituto del Gran Maestro.

Grado 97.º, Gran Maestro.

Grado 98.º, Sustituto del Gran Hierofante.

Grado 99.º, Gran Hierofante Mundial.

BIBLIOGRAFÍA

ADAMS, W. M.: *El enigma de la gran pirámide*, Abraxas Ed., Barcelona, 2004.

AMALFI, G.: *La fossa del Coccodrillo in Castelnuovo e ancora della leggenda del Principe di San Severo*, Ed. V. Vecchi, Milán, 1896.

AMBELAIN, R.: *Le Martinisme, histoire et doctrine*, Ed. Niclaus, París, 1946. Reed. *Le Martinisme, histoire et doctrine, suivi de Le Martinisme contemporain*, Signatura, Montélimar, 2011.

—: *Cérémonies et rituels de la Maçonnerie symbolique*, Ed. Niclaus, París, 1966.

—: *Marconis de Négre en Daniel Ligou*, Dictionaire de la Franc-Maçonnerie, PUF, 1991.

BALAGUER, V.: *Las calles de Barcelona en 1865*, Ed. Salvador Manero, Barcelona, 1865.

BARBIER, E.: *Les infiltrations maçonniques dans l'Église*, De Brouwer et Cie, París, 1910.

BARRUEL, A.: *Mémoires pour servir à l'histoire du jacobinisme*, Hambourg, P. Fauche, 1798-1799, 5 vol.

BAYARD, J-P.: *Simbolismo masónico tradicional*, Edimaf, 1987, 2 vol.

BAYLOT, J.: «¿Guénon francmaçon?», en el número especial «El hombre y su mensaje, René Guénon», *Planète Plus*, abril de 1970.

BEAUREPAIRE, P-Y.: *L'Autre et le Frère. L'Etranger et la Franc-maçonnerie en France au XVIIIe siècle*, Honoré Champion, Col. Les dix-huitièmes siècles, París, 1998.

BÉDARRIDE, M.: *De l'Ordre Maçonnique de Misraïm*, Bernard et comp., París, 1845.

BERESNIAK, D.: *Les Premiers Médicis et l'Académie florentine*, París, Détrad, 1985.

BERTHELOT, M.: *La Chimie au Moyen Âge*, 1893. 3 vol. Reed. *Los orígenes de la alquimia*, Mira ed., Barcelona, 2001.

BOGDAN, H.: *Western Esotericism and Rituals of Initiation*, State University of New York Press, Albany, 2007.

BÖHME, J.: *Mysterium magnum*, Aubier, 1945, París.

BONNARDEL, F.: *L'Hermétisme*, PUF Que sais-je?, París, 1985.

BRAMATO, F.: *Napoli massonica nel Settecento*, Ed. Longo, Rávena, 1980.

—: *Storia del Templarismo in Italia*, Atanor, Roma, 1991.

BRICAUD, J.: *Notes historiques sur le Rite Ancien et Primitif de Menfis-Misraim*, Lyon, 1933.

BULWER-LYTTON, E.: *Zanoni*, Ed. Luis Cárcamo, Madrid, 1980.

CADET DE GASSICOURT, C.-L.: *Le Tombeau de Jaques de Molay, ou le secret des cospirateurs, a ceux qui veulent tout savoir*, París, 1796.

CAGLIOSTRO, CONDE DE, *Mémoire pour le comte de Cagliostro accusé contre le Procureur général*, Lottin l'ainé, París, 1786.

—: *Rituel de la maçonnerie égyptienne*, Arbre d'Or, Ginebra, 2004.

—: *Lettre au peuple français*, Chez Garnery, & Volland, París, 1786.

CAILLET, S.: *Dom Antoine-Joseph Pernety, le théosophe d'Avignon*, Signatura, Montélimar, 2009.

—: *La Franc-Maçonnerie égyptienne de Memphis-Misraïm*, Dervy, París, 2003.

CALÍMACO: *Himnos, epigramas y fragmentos*, Ed. Gredos. Madrid, 1980.

CASTIGLIONE, R.: *Alle sorgenti della Massoneria*, Atanor, Roma, 1988.

CASTILLO, L.: *Historia de Grecia antigua*, Universidad Autónoma de Chile, Santiago, 2002.

CHANEY, E.: *Roma Britannica and the Cultural Memory of Egypt: Lord Arundel and the Obelisk of Domitian*, David Marshall-Karin Wolfe-Susan Russell (eds.), Roma Britannica: Art Patronage and Cultural Exchange in Eighteenth-Century Rome, British School, Roma, 2011.

CHACORNAC, P.: *Le Comte de Saint-Germain*, Éd. Traditionnelles, París, 1947.

—: *La Vida simple de René Guénon*, Obelisco, Barcelona, 1987.

CHÉREL, A.: *André Michel Ramsay*, Lib. Acad. Perrin, París, 1926.

CHEVALIER, P.: *La première profanation du temple maçonnique ou Louis XV et la Fraternité, 1737-1755*, Ed. Vrin, París, 1968.

CISARIA, U.: *L'ordine Egizio e la Miriam di Giuliano Kremmerz*, Ed. Rebis, Viareggio, 2008.

CLAVEL, F. T. B.: *Historia pintoresca de la Franc-Masonería*, Imp. de la Sociedad de Operarios del mismo Arte, Madrid, 1847.

CLYMER, R.-S.: *The Rose Cross Order,* The Philosophical Publishing, Allentown, Pa., 1916.

COIL, H.-W.: *Enciclopedia masónica Coil*, Macoy Publishing, Nueva York, 1961.

COMENIUS, J.-A.: *Didáctica Magna*, Ed. Porrúa, México, 2000.

CORBIN, H.: *El hombre y su ángel. Iniciación y caballería espiritual*, Destino, Barcelona, 1995.

CORTÁZAR, J.: *Cuentos Completos II*, Alfaguara, Barcelona, 2010.

CUSA, N.: *De docta ignorantia*, 1440. Véase reedición, *La docta ignorancia*, Orbis, Barcelona, 1985.

D'ALVIELLA, G.: *Los orígenes del grado de maestro en la francmasonería*, Edicomunicación, Barcelona, 1991.

DE CESAREA, E.: *Preparación Evangélica*, Biblioteca Aut. Cristianos, Madrid, 2011.

DE CRESSAC BACHÈLERIE, J.-P. G.: *De la Rose Rouge à la Croix d'Or*, Ed. Axis Mundi, París, 1988.

DE MAISTRE, J.: *La francmasonería: memoria inédita al Duque de Brunswick*, Masonica.es, Asturias, 2013.

DE NERVAL, G.: *Viaje a Oriente*, Valdemar, Madrid, 1988.

DE RÓTERDAM, E.: *Elogio de la locura*, Alianza, 1996.

DINAUX, A.: *Les Sociétés Badines, bachiques, littéraires et chantantes*, Bachelin-Deflorenne, París, 1867.

DIODORO DE SICILIA: *Libro IV*, Ed. Gredos, Biblioteca histórica, Madrid, 2008.

DION DE PRUSA: *Obra completa*, Ed. Gredos, Madrid, 1997.

DOM PERNETY: *Diccionario mito-hermético*, Sincronía JNG, Barcelona, 2018.

—: *Les Fables égyptiennes et grecques dévoiléeset réduites au même principe, avec une explication des hiéroglyphes et de la guerre de Troye*, 2 vols., Chez Deladain, París, 1758. Reedición: *La Table d'émeraude,* París, 1982.

—: *Rituel Alchimique Secret, du grade de vrai Maçon Academicien.* Existe una traducción italiana del mismo, en facsímil, publicado por Edizioni Rebis, 1981.

DUMAS, A.: *Memorias de Garibaldi*, Biblok Book, Barcelona, 2014.

—: *José Bálsamo: Memorias de un médico*, Alba ed., Barcelona.

ECKERT, E.-E.: *La Franc-Maçonnerie dans sa véritable signification*, J. G. Lardinois, Liége, 1854, 2 vol.

ENCAUSSE, P.: *Sciences occultes ou 25 années d'occultisme occidental. Papus, sa vie, son oeuvre*, Ed. Ocia, París, 1949.

FABRE, B.: *Un Initié des Sociétés Secrètes supérieures «Franciscus, Eques a Capite Galeato» 1753 - 1814*, Arché, Milán, 2003.

FAIVRE, A.: *Espiritualidad de los movimientos esotéricos modernos*, Paidós, Barcelona, 2000.

—: *Accès de l'ésotérisme occidental*, Gallimard, París, 1986.

FINDEL, J.-G.: *Grundsätze der Freimaurerei im Völkerleben*, Dritte Auflage, Liepzig, 1881.

FRANCOVICH, C.: *Storia della massoneria in Italia. Dalle origini alla rivoluzione francese*, La Nuova Italia, Florencia, 1974.

FREKE, T.: *Hermética: La sabiduría secreta de los Faraones*, Grupo Z, Barcelona 1999.

FROSINI, E.: *Massonneria Italiana e Tradizione Iniziatica*, Gherardo Casini Ed., Roma, 2011.

GALTIER, G.: *La tradición oculta: masonería egipcia, Rosacruz y neocaballería*, Anaya, Madrid, 2001.

GILLY ORTIZ, C.: *Cimelia Rhodostaurotica*, Pelikaan, Ámsterdam, 1995.

GONZÁLEZ, F.: *Hermetismo y Masonería*, Kier, Buenos Aires, 2001.

GOULD, R. F.: *Histoire abrégée de la Franc-Maçonnerie*, J. Lebègue, Bruselas, 1911.

HAVEN, M.: *Le Maître Inconnu Cagliostro*, Dervy-Livres, París, 1996.

HERÓDOTO: *Historia, Obra completa*, Gredos, Madrid, 1987/1994.

HIVERT-MESSECA, Y.: *La franc-maçonnerie en Afrique et en Asie*, Toulouse, Cépaduès, 2018.

HÖBEL, S. E. F.: *Il fiume segreto*, Stamperia del Valentino, Nápoles, 2004.

HOFFMAN, D.: *The Case Against Reality and Visual Intelligence*, W. W. Norton, Nueva York, 1998.

HORNUNG, E.: *Introducción a la egiptología, estado, métodos, tareas*, Trotta, Madrid, 2000.

IBN TUFAYL: *El filósofo autodidacta Hayy ibn Yaqdhan*, Trotta, Madrid, 2003.

IDEL, M.: *Kabbalah in Italy, 1280-1510: A Survey*, Yale University Press, New Haven, CT, 2011.

JULIANO: *Discursos, VI-XII,* Gredos, Madrid, 1979.

JUNG, C. G.: *El Secreto de la flor de oro,* Paidós, Barcelona, 1996.

—: *Psicología y la Alquimia,* Plaza&Janés, Barcelona, 1977.

KATZ, J.: *Juifs et Francs-Maçons en Europe,* CNRS (Biblis), París, 2011.

KHUNRATH, H.: *Amphitheatrum Sapientiæ Aeternae,* Hamburgo, 1595. Reedición en español por la editorial Triemio, Madrid, 2016. Colección dirigida por Juan Carlos Avilés.

KÖNING, P. R.: *Der Grosse Theodor Reuss Reader,* ARW, Múnich, 1997.

KÖPPEN, K. F., y VON HYMMEN, W. B.: *Crata Repoa, oder Einweihungen in der alten geheimen Gesellschaft der ägyptischen Priester,* C. L. Stahlbaum, Berlín, 1778. Reed. en español Independently published, 2023.

KREMMERZ, G.: *La sapienza dei Magi,* Ed. Fratelli Melita, Milán, 1987.

LABOURÉ, D.: «Les rites maçonniques égyptiens: De Cagliostro aux arcana arcanorum», revista *Carnets d'un franc-maçon égyptien, n.º 52,* Seiten, CIRER, 2001.

—: *Secrets de la franc-maçonnerie égyptienne,* Chariot d'Or, Escalquens, 2002.

LACOUTURE, J.: *Champollion: Une vie de lumières,* Grasset, París, 1989.

LE COUTEULX, J.-B. CONDE DE: *Les sectes et sociétés secretes politiques et religieuses,* Didier et cie., París, 1863.

LAPASSE, VIZCONDE DE: *Essai sur la conservation de la vie,* Ed. Victor Masson, París, 1860.

LE FORESTIER, R.: *La Franc-maçonnerie templière et occultiste, aux XVIIIe et XIXe siècles,* Aubier Montaigne, París, 1970.

—: *La Francmasonería ocultista en el siglo XVIII,* Biblioteca Clásica de la Masonería, Barcelona, 2014.

LEVY, E.: *Historia de la magia,* Kier, Buenos Aires, 1988.

LIOY, F.: *Histoire de la persécution intentée en 1775 aux francs-maçons de Naples suivie de pièces justificatives,* Londres, 1780. Reed. Nabu Press, 2011.

LUCHET, J.-P.-L.: *Essai sur la secte des Illuminés,* París, 1789. Reeditado por FV Éditions, 2017.

LUSSY, F.: «Un peu de lumiére sur les origines anglaises de la Franc-Maçonnerie», *Revista de la Bibliothéque National,* núm. 12, París, 1984.

MACKENZIE, K. R. H.: *Royal Masonic Cyclopedia,* John Hogg, London, 1877. Reed. Aquariam Press, 1987.

MAINGUY, I.: *Les Initiations e l'initiation maçonnique*, Ed. Jean-Cyrille Godefroy, París, 2008.

MAGNARD, P.: *Questions à l'humanisme*, PUF, París, 2007.

MALAISE, M.: *Les conditions de penetration e de diffusion des cultes egiptiennes en Italie*, E. J. Brill, Leiden, 1972.

MALLINGER, J.: «Les Rites dits Egyptiens de la Maçonnerie», revista *Inconnues,* n.º 12, Lausanne, 1956.

MANDEL, A.: *Le Messie militant - Histoire de Jacob Frank e du mouvement frankiste*, Arché, París, 1989.

MAQUIAVELO, N.: *El príncipe*, Istmo, Madrid, 2001.

MARCONIS DE NÈGRE, J.-E.: *Le Sanctuaire de Memphis, ou Hermès: Développements complets des Mystères Maçonniques*, Bruyer, París, 1849.

—: *Le Panthéon Maçonnique*, Ascheuerman, París, 1860.

MARCOTOUNE, S.: *La Science Secrète des Initiés et la Pratique de la Vie*, André Delpeuch, París, 1928.

MASSAGLIA, P.: *La Massoneria spiegata ai profani*, Lulu Press, Carolina US, 2019.

MORO, T.: *Utopía*, Altaya, Barcelona, 1994.

MURRAY, L. D.: *Historia de la Logia de Edimburgo, (Mary's Chapel) n.º 1*, William Blackwood and sons, Edimburgo, Londres, 1873.

NEFONTAINE, L., y SCHREIBER, J.-P.: *Judaïsme et Franc-Maçonnerie*, Ed. Albin Michel, París, 2000.

NETTESHEIM, A.: *De occulta philosophia*, Ed. Órbigo, A Coruña, 2020.

NETTLAU, M.: *La Première Internationale en Espagne*, D. Reidel, Dordrecht, 1969.

NEUMANN, E.: *The origins and history of consciousness*, Pantheon Books, Nueva York, 1954.

ORIGLIA, P. G.: *Istoria dello Studio di Napoli*, G. di Simone, Nápoles, 1754. 2 vol.

PAPUS: *Ce que doit savoir un Maître Maçon*, Demeter, París, 1986.

PARACELSO: *Philosophia magna, tractus aliquot*, Otto Wilhem, Múnich, 1923.

PHOTIADÈS, C.: *Les vies du comte de Cagliostro*, Editions Grasset, París, 1932.

PINAUD, P.-F.: «Une loge prestigieuse à Paris à la fin du XVIIIe siècle: les Amis Réunis, 1771-1791», *Chroniques d'histoire maçonnique,* Institut d'Etudes et de Recherches Maçonniques, n.º 45, París, 1992.

PISANI, M.: *I Carafa di Roccella, Storie di Principi, Cardinali, Grandi Dimore*, Napoli Electa, Nápoles, 1992.

PLATÓN: *Apología de Sócrates, Menón, Crátilo*. Alianza Editorial, Madrid, 2004.

PLUCHE, N. A.: *Histoire du Ciel*, Ed. Jean Neaulme, La Haya, 1739.

PLUTARCO: *Isis y Osiris*, Obelisco, Barcelona, 2006. Trad. M. Meunier.

—: *Obras Morales y de costumbres (Contradicciones de los estoicos)*, Gredos, Madrid, 2004.

PORFIRIO: *Vida de Pitágoras, Argonáuticas e Himnos*, Gredos, Madrid, 1992.

PORSET, C.: *Les Philalèthes et les Convents de Paris*, Honoré Campion, París, 1996.

POWELL, B. B.: *Classical myth*, Upper Saddle River, Pearson/Prentice Hall, 2007. (5.ª edición).

RAGON, J. M.: *Orthodoxie maçonnique: suivie de la Maçonnerie occulte, et de l'Initiation hermétique*, E. Dentu, París, 1853.

—: *Tuileur General*, Collignon ed., París, 1861.

RAOULT, M.. *Les druides*, Rocher, París, 1983.

RASHED, R.: *Histoire des sciences arabes*, Seuil, París, 1998. 3 vol.

REBOLD, E.: *Histoire Général de la Franc-Maçonnerie*, A. Frank, París, 1851.

REGHELLINI DE SCHIO, M. F.: *Esprit du dogme de la Franche-Maçonnerie*, H.Tarlier, Bruselas, 1825.

—: *La maçonnerie, considérée comme le résultat des religions égyptienne, juive et chrétienne*, H. Tarlier, Bruselas, 1833. 3 vol.

—: *Esprit du dogme de la Franche-Maconnerie*, H.Tarlier, Bruselas, 1825.

—: *La maçonnerie, considérée comme le résultat des religions égyptienne, juive et chrétienne*, H.Tarlier, Bruselas, 1833. 3 vol.

RINIERI, I.: *Della Rovina di una Monarchia, Relazioni Storiche tra Pio VI e la Corte di Napoli negli anni 1776-1779*, Unione Tipografica, Turín, 1901.

RIPA MONTESANO, D. V.: *Origini del Rito Egizio Tradizionale, Quaderni di Loggia*, Ed. Riservata, Nápoles, 2016.

—: *Raimondo di Sangro Principe di San Severo primo Gran Maestro del Rito Egizio Tradizionale*, Ed. Riservata, Nápoles, 2011.

RIZOPOULOS, A.: «Activités maçonniques avec arrière-plan politique en Grèce au s. xixᵉ», en *Cahiers de Méditerranée*, 72/2006.

ROBINSON, J. J.: *Nacidos en la Sangre*, Obelisco, Barcelona, 2012.

Rosen, P.: *L'ennemie sociale*, Bloud & Barral, París, 1890.

Saint-Victor, L. G.: *Recueil Precious: de la Maçonnerie Adonhiramite*, Chez Philarete, Philadelphe (París), 1785. 2 vol.

San Isidoro de Sevilla: *Etimologías*, Biblioteca de Autores Cristianos, Madrid, 2009.

Sánchez-Casado, G.: *Los Altos Grados de la Masonería*, Akal (Foca), Madrid, 2009.

—: *El Templo de Salomón y las leyendas masónicas*, Obelisco, Barcelona, 2016.

—: *El Manuscrito Francken*, Masonica.es, Oviedo, 2018.

Schiffmann, G. A.: *Die Entstehung der Rittergarde in der Freimaurerei um die Mitte des XVIII*, Jh., Leipzig, 1882.

Schipa, M.: *Il muratori e la coltura Napoletana del suo tempo*, Ed. Pierro e Veraldi, Nápoles, 1902.

Schlözer, A. L.: *Stats-Anzeigen dritter Band*, Göttingen, 1786.

Sédir, P.: *Histoire et doctrine des Rose-Croix*, Colletion des Hermétistes, París, 1910. Reed. por Unicursal, Québec, 2020.

Swedemborg, E.: *Las maravillas del cielo y el infierno*, Siruela, Madrid, 2006.

Taxil, L.: *Le Culte du Grand Architecte*, Ed. Letouzey et Ané, París, 1886.

Thory, C. A.: *Acta Latomorum*, Dufart, París, 1815.

—: *Histoire de la fondation du Gran Orient de France*, Dufart, París, 1812.

Trophimus, S. I. I.: *A Martinist Treasury*, St. George Press, Ginebra, 1992.

Triaca, U.: *Abrégé de l'histoire de la Franc-Maçonnerie italienne*, Gloton, París, 1948.

Trowbridge, W. R. H. (William Rutherford Hayes): *Cagliostro: The splendour and misery of a Master of Magic*, Chapman and Hall, Londres, 1910.

Tschoudy, Barón: *La Estrella Flamígera*, Obelisco, Barcelona, 2005.

Vaughan, T.: *Antroposophia Theomagica,* Holmes Publishing Group, Washington, 1986.

Ventura, G.: *Les rites Maçonniques de Misraïm et Memphis*, Maisonneuve & Larose, París, 1986.

Vera y González, E.: *El Marqués de Santa Marta*, Ed. Francisco Bueno, Madrid, 1894.

Waite, A. E.: *Nueva Enciclopedia de la Masonería*, Obelisco, Barcelona, 2018.

Ward, J. S. M.: *Freemasonry and the Ancient Gods*, Simpkin-Marshall-Hamilton-Kent & Co. Ltd., Londres, 1921.

Woods, T.: H*ow the Catholic Church Built Western Civilization*, Regnery Publishing, Washington D. C., 2005.

Yarker, J.: *The Arcane Schools*, Ed. William Tait, Belfast, 1906.

Yates, F.: *El Iluminismo Rosacruz*, Siruela, Madrid, 2008.

ÍNDICE

PARTE IV

PARTE V

PARTE VI